全国高职高专汽车类规划教材编审委员会

主　任：王世震
副主任：何乔义　胡　勇　宋保林　周洪如　郭振杰
　　　　上官兵　吴喜骊　张红伟　于万海　刘晓岩
委　员：（按姓名汉语拼音排序）

曹景升	陈东照	陈　瑄	程丽群	崔培雪	崔雯辉
代　洪	戴晓锋	丁继斌	董继明	高朝祥	龚文资
郭振杰	韩建国	韩卫东	何乔义	侯世亮	胡　勇
黄杰明	黄远雄	惠有利	吉文哲	贾建波	贾永枢
李　刚	李　宏	李立斌	李效春	李　彦	李永康
李远军	刘凤波	刘鸿健	刘景春	刘晓岩	刘照军
卢　华	罗富坤	骆孟波	潘天堂	蒲永峰	强卫民
任成尧	上官兵	宋保林	宋东方	宋延东	孙海波
索文义	谭克诚	田春霞	涂志军	王凤军	王贵槐
王国彬	王海峰	王洪章	王怀玲	王　琳	王培先
王世震	王小飞	王秀红	韦焕典	韦　倾	吴东平
吴喜骊	吴兴敏	伍　静	熊永森	徐　强	闫　永
杨传福	杨会志	姚　杰	易宏彬	于万海	于秩祥
曾庆吉	张　博	张国勇	张红伟	张　军	张俊海
张立荣	张　文	张宪辉	张忠伟	张子成	赵北辰
赵伟章	赵文龙	郑　劲	周洪如	朱成庆	朱　凯

全国高职高专汽车类规划教材
国家技能型紧缺人才培养培训系列教材

汽车营销基础

李蓉 主编
李刚 张宪辉 副主编

化学工业出版社

·北京·

本书根据教育部颁布的《汽车运用与维修专业领域技能型紧缺人才培养培训教材指导方案》以及交通行业职业技能规范和技术工人标准组织编写而成。

本书内容主要包括：汽车市场营销概述、汽车市场营销分析、汽车产品策略、汽车产品定价策略、汽车分销策略、汽车产品促销策略、汽车服务策略、汽车营销实务等。书中有大量典型案例，内容新，实用性强。为方便教学，本书配套电子课件。

本书供高等职业院校汽车技术服务与营销专业及汽车类相关专业教学使用，也可供相关人员参考使用。

图书在版编目（CIP）数据

汽车营销基础/李蓉主编．—北京：化学工业出版社，2014.5（2024.7重印）

全国高职高专汽车类规划教材

国家技能型紧缺人才培养培训系列教材

ISBN 978-7-122-20241-3

Ⅰ.①汽… Ⅱ.①李… Ⅲ.①汽车-市场营销学-高等职业教育-教材 Ⅳ.①F766

中国版本图书馆CIP数据核字（2014）第066436号

责任编辑：韩庆利 　　　　　　　　　　文字编辑：杨　帆
责任校对：吴　静 　　　　　　　　　　装帧设计：史利平

出版发行：化学工业出版社（北京市东城区青年湖南街13号　邮政编码100011）
印　　装：北京天宇星印刷厂
787mm×1092mm　1/16　印张17½　字数497千字　2024年7月北京第1版第3次印刷

购书咨询：010-64518888　　　　　　　　　　售后服务：010-64518899
网　　址：http://www.cip.com.cn
凡购买本书，如有缺损质量问题，本社销售中心负责调换。

定　　价：48.00元　　　　　　　　　　　　　　　　　　　版权所有　违者必究

前　言

随着我国国内市场与国际市场的全面接轨，我国的汽车市场已由卖方市场逐渐转化为买方市场。一方面，我国汽车产销量已成为世界第一，然而在另一方面，中国汽车业也正经历着从2011年开始的低迷期——产销增幅持续萎缩，经销商倒闭现象接二连三，汽车价格一再探底，企业利润流失严重……2014年，在中国汽车市场已基本告别高增长时代之下，汽车企业究竟该如何改善自身处境，在调整过程中把握机遇寻求突围？如何将国内这么大的刚性需求转化为企业利润？因此，对汽车这种需要深度介入购买的商品就需要更多的智慧。很多专家、企业人士、高校学者对此进行了深入分析和探讨。

正因为如此，汽车市场营销课程才成为被很多学校设立的重点课程之一。学校对此课程的认可是由于其内容和结构能很好地反映汽车制造和销售公司运用最新的营销理论和实践的结果。可以看到，营销思想在某一企业内的作业，远远先于产品的制造这一环节。实际上，营销开始于企业对市场的研究与分析，决定怎样生产出更好的产品，怎样发掘销售该产品的更好的市场；营销的作用还延续至产品售后，衡量消费者购买产品的满意度，以及企业如何持续改进提供给消费者的产品。企业间的竞争归根结底是关于市场的竞争，市场竞争升级导致产生市场营销的理念和行为。伴随着商品经济的发展和市场竞争的日益激烈，企业更加重视营销。因此，如何能更好地培养一批具有现代营销理念，善于捕捉市场机遇，能够灵活掌握市场营销技能的人才，成为汽车公司在人力资源管理上需要考虑的长远问题。

为贯彻《国务院关于大力推进职业教育改革与发展的决定》以及教育部等六部委《关于实施职业院校制造业和现代服务业技能型紧缺人才培养培训工程的通知》精神，积极推进课程改革和教材建设，为职业教育和培训，提供更加丰富、多样和实用的教材，更好地满足职业教育改革与发展的需要，我们按照教育部颁布的《汽车运用与维修专业领域技能型紧缺人才培养培训教材指导方案》的要求，紧密结合目前汽车销售行业的实际需求，编写了本书。

本书较为系统地探讨和分析了营销管理方面的最新理论，并强调汽车市场营销仅仅是营销管理理论在汽车产品经营上的实践，重点阐述如何运用最新的营销理论向顾客传递汽车产品和相关服务信息，并在书中编写了汽车电子商务、汽车金融等较新的内容。在编写过程中，编者认真总结了多年的教学经验，注意吸收先进的职业教育理念和方法，在内容上注重汽车后市场职业岗位对人才的知识、能力要求，力求与相应的职业资格标准衔接。

本书主要内容包括：汽车市场营销概述、汽车市场营销分析、汽车产品策略、汽车产品定价策略、汽车分销策略、汽车产品促销策略、汽车服务策略、汽车营销实务等。

参加本书编写工作的有：武汉软件工程职业学院李蓉编写第一章、第二章、第九章；

胡寒玲编写第三章；李刚编写第四章、第五章；伍静编写第六章、第八章；陈珊编写第七章；大连职业技术学院张宪辉编写第十章、附录。全书由李蓉担任主编，李刚、张宪辉任副主编。

在本书的编写过程中，参考了国内外市场营销和有关汽车营销的书籍和论文等文献。在此，谨向原作者表示谢意。

本书可作为高等职业院校汽车类有关专业的教学用书，也可供从事汽车、工程机械及其配件营销的技术人员阅读及相关单位职工培训参考使用。

本书配套有电子课件，可赠送给用本书作为授课教材的院校和老师，如有需要可发邮件到 hqlbook@126.com 索取。

由于编者水平有限，书中不足之处在所难免，恳请读者指正。

编者

目　　录

第一章　汽车市场营销概述 ………………………………………………………… 1
- 第一节　市场营销概述 …………………………………………………………… 2
- 第二节　汽车市场营销学的产生和发展 ………………………………………… 11
- 第三节　汽车市场营销观念 ……………………………………………………… 21

第二章　汽车市场营销分析 ………………………………………………………… 27
- 第一节　汽车市场营销环境及其特征 …………………………………………… 27
- 第二节　汽车市场营销环境分析 ………………………………………………… 31
- 第三节　竞争者分析 ……………………………………………………………… 51
- 第四节　购买者行为分析 ………………………………………………………… 56

第三章　汽车产品策略 ……………………………………………………………… 73
- 第一节　产品与产品组合 ………………………………………………………… 73
- 第二节　形式产品策略 …………………………………………………………… 77
- 第三节　产品生命周期理论与营销策略 ………………………………………… 83
- 第四节　汽车新产品开发策略 …………………………………………………… 87

第四章　汽车产品定价策略 ………………………………………………………… 97
- 第一节　影响汽车产品定价的主要因素 ………………………………………… 98
- 第二节　汽车产品的价格决策 …………………………………………………… 100
- 第三节　汽车产品的价格策略 …………………………………………………… 109

第五章　汽车分销策略 ……………………………………………………………… 116
- 第一节　分销渠道的一般理论 …………………………………………………… 117
- 第二节　汽车产品分销渠道的发展 ……………………………………………… 128
- 第三节　汽车销售的物流管理 …………………………………………………… 132

第六章　汽车产品促销策略 ………………………………………………………… 141
- 第一节　促销策略概述 …………………………………………………………… 142
- 第二节　人员推销 ………………………………………………………………… 145
- 第三节　广告 ……………………………………………………………………… 151
- 第四节　营业推广 ………………………………………………………………… 153
- 第五节　公共关系 ………………………………………………………………… 160

第七章　汽车服务策略 ……………………………………………………………… 164
- 第一节　服务与服务营销 ………………………………………………………… 166
- 第二节　汽车的售后服务 ………………………………………………………… 175

第八章 汽车营销实务 ... 192
第一节 汽车市场营销调研 ... 194
第二节 汽车销售程序 ... 198
第三节 客户选择与商务谈判 ... 214
第四节 经济合同的订立与履行 ... 218
第五节 机动车辆保险 ... 223

第九章 汽车营销模式的探索与创新 ... 228
第一节 电子商务 ... 229
第二节 网络营销 ... 233
第三节 汽车网络营销 ... 238

第十章 汽车金融信贷 ... 246
第一节 汽车金融服务的基本概念 ... 246
第二节 汽车金融服务的功能及作用 ... 257
第三节 汽车消费信贷的模式及流程 ... 260

附录 购车合同范本 ... 266

参考文献 ... 270

第一章

汽车市场营销概述

> **学习目标**
> 1. 了解市场营销及其相关的概念。
> 2. 了解市场营销学及市场的发展。
> 3. 掌握市场营销哲学的发展阶段及核心指导思想。
> 4. 了解汽车工业在国民经济中的地位。

情景 东风悦达起亚：携手万达院线 打造K剧场

作为"Design KIA"的精髓之作，K系家族蕴含了东风悦达起亚精品的造车工艺及领先的技术力量。从诞生以来，一直深受目标消费人群信赖。为用户创造便捷，奉献精彩。

随着K系家族的诞生，"K-Art"文化营销成为东风悦达起亚完成品牌跨越的重要阶梯：包括举办"K5经典电影交响音乐会"；赞助2PM、最美"江苏颂"等演唱会；植入热播剧《心术》、《宝贝》等，都为企业注入了更多丰富内涵，帮助东风悦达起亚塑造起了丰满、立体的品牌形象。

2013年，东风悦达起亚提出了"顾客感动年"核心战略。如何围绕K系家族，强化东风悦达起亚年轻、活力、激情的品牌形象，提出文化营销新思路，为消费者带来更多真诚感动和优质体验，成为今年面临的一大营销课题。

案例详情：

"K"剧场由东风悦达起亚K系家族和万达院线融合呈现的汽车主题文化影院，因为K系家族的到来，万达影城新装登场。

当观众拿到电影票，会发现放映厅号已经由数字替换成了"K5厅"、"K2厅"等字样。

在前往放映厅的路上中，必然会通过一扇东风悦达的专属大门，观众将看到灯箱、放映厅口等处的K5 LOGO。进入放映厅之前，东风悦达起亚LOGO的迎宾灯炫目以待。

如果观众来早了，可移步影院大厅一侧由东风悦达起亚贴心设计的互动游戏区，玩赛车游戏消磨候场时光。

所有的这一切，都仿佛让人置身汽车世界。

除了随处可见的起亚元素之外，"K"剧场的营销价值还体现在：这里已经成为东风悦达起亚展现其品牌文化的秀场。影院通道的两侧，张贴着一手缔造K系家族的全球知名汽车设计大师彼得希瑞尔的画像,其面向未来的设计理念令人耳目一新,这让人们对起亚未来充满信心和期待。

与之相隔不远之处,K3 实力代言人张继科也以标志性的胜利手势,吸引人们的目光,在这里,人们可以全面了解东风悦达起亚在体育营销方面取得的丰硕成果。

相信东风悦达起亚 K 系车主走进电影院,看见有这么一位熟悉的伙伴时刻守候,感觉一定非常不错。

"K"剧场会不定期举办"K-Art Cinema Day",东风悦达起亚的车主及试驾用户,都将有机会得到万达电影套票,前往 K 剧场免费观影;同时,K 剧场周边的精彩活动,也将为消费者创造惊喜和感动。

2013 年 6 月 24 日,K 剧场剪彩暨首次"K-Art Cinema Day",在南京河西万达电影院东风悦达起亚 K 剧场 K5 厅举行。东风悦达起亚总经理苏南永到场剪彩并致辞,来自全国各地的主流媒体、车主以及东风悦达起亚员工一起欣赏了影片《超人:钢铁之躯》,共同感受"K"剧场的独特魅力。

问题:面对新的世界经济现状和需求发展,如何进行汽车营销?

第一节 市场营销概述

一、市场营销及其相关概念

市场是商品经济的产物,哪里有商品生产和交换,哪里就会有市场。因此,市场已经成为人们使用最频繁的术语之一。但市场的概念又是随着商品经济的发展和使用场合的不同而变化的,纵然如此,以下的归纳与总结却大体上代表了人们对市场概念的理解和运用。

1. 市场是商品交换的场所(Places for goods to be exchanged)

早期,在商品经济尚不发达的时候,市场的概念总是与时间概念和空间概念相联系,人们总是在某个时间聚积到某个地方完成商品的交换,因而市场被看作是商品交换的场所,即所谓"日中为市,至天下之民,聚天下之货,交易而退,各得其所"。至今,人们仍习惯地将市场看作是商品交换的场所,这种市场形式目前仍很普遍,如商场、集贸市场等。

2. 市场是各种商品交换关系的总和(General commodity exchange relationship)

从功能角度看,市场的作用在于商品交换,使产品转换为商品,因此交换是市场的经济实质。在现代社会,商品交换已经突破了时间和空间的限制,特别是现代金融信用、交通运输、通信事业的发展,人们可以在任何时间、任何地方达成交易,实现商品交换。因此,现代的市场已经不再是指具体的商品交易场所,而是泛指或特指商品的交换关系,代表着各种商品错综复杂的交换关系的总和。显然,这一概念更为深刻地揭示了市场的本质属性,丰富和发展了市场的概念。

市场既然是商品的交换关系,自然就反映了商品的供求关系,并进而可以调节商品的供求关系,包括供求在数量和结构上的关系。这样,市场便可以调节交易主体(供给者、购买者及其他交易参与者)之间的利益关系,因此市场就成为一只调节社会经济活动的"看不见的手"。

经济学就是在上述意义上理解和运用市场概念的,市场既被用于宏观经济研究,如研究社会总供给与社会总需求的关系以及政府相应的经济调控行为;又用于微观经济研究,如研究具体产业或产品的供求关系等。

3. 市场是某种商品的总需求（Total demand of one product）

随着经济的高速发展，商品的日益丰富，越来越多的商品出现供过于求的情况，厂商的生产能力也开始出现闲置。在商品交换关系中，买方的需求成为商品交换的决定性因素，买方在交换关系中居于主导地位，因而市场的内涵就主要是指需求。市场营销就是在这个意义上理解和运用市场概念的。

市场营销站在卖方的角度专门研究买方的需求，是帮助卖方研究、认识和占领买方需求的有力武器，是卖方营销活动的工具。对于卖方来说，自己就代表了供给，所以市场就只有需求（包括潜在需求）。因而有人这样描述市场：市场＝购买者＋购买力＋需求欲望。这里市场专指买方及其需求，而不包括卖方。卖方则与其竞争对手（卖方的同行）一起组成某个产业，他们之间属于竞争者，而不是市场。所以在市场营销中，市场往往等同于需求，不加区别。平时大家所讲的"市场疲软"就是针对需求不足而言的。

尽管市场营销是在需求意义上运用市场概念的，但这并不是说企业市场营销活动的全部工作仅仅就是正确地评估需求数量，而是还必须研究本企业可能占领的市场份额及占领的方法策略等，这就是丰富多彩的营销活动。所以对企业而言，市场与营销不可分割，市场营销就是要研究如何去适应买方的需要，如何组织整体营销活动，如何拓展销路，以达到企业的经营目标。

以上列举了3种经典的市场概念。在现代社会里，市场成为整个社会经济的主宰者，是社会经济生活的指挥棒和调节器，其作用被大大地加强了，其含义不可能是单一所指。此外，人们也常常借用市场术语，表达一些非经济现象或非经济关系。

二、市场营销的含义

"Marketing"一词有时是指社会的某些经济活动或企业的某些经济活动，或视为企业的市场营销活动；有时是指以市场营销活动为研究对象的市场营销学。可见，Marketing在不同场合的含义是不同的，不能将两种不同场合的"Marketing"的含义混为一谈。

对于市场营销，西方学者已下过上百种定义，其中较有代表性的有以下几种。

一种是美国市场营销协会（AMA）于1960年下的定义，市场营销是"引导产品和劳务从生产者流向消费者或使用者的企业活动"。

麦卡锡（E. J. McCarthy）认为"市场营销是引导商品和服务从生产者到消费者或使用者的企业活动，以满足顾客并实现企业的目标"。这一定义比AMA的定义前进了一步，指出了满足顾客需求及实现企业赢利成为公司的经营目标。但这两种定义都说明，市场营销活动是在产品生产活动结束时开始的，中间经过一系列经营销售活动，当商品转到用户手中就结束了，因而把企业营销活动仅局限于流通领域的狭窄范围，而不是视为企业营销活动的全过程，即包括市场营销调研、产品开发、定价、分销、促销等。

菲利浦·科特勒（Philip Kotler）于1984年对市场营销下了如下定义："市场营销是指企业的这种职能，即认识目前未满足的需要和欲望，估量和确定需求量的大小，选择和决定企业能最好地为其服务的目标市场，并决定适当的产品、劳务和方案，以便为目标市场服务。"

美国市场营销协会（AMA）于1985年对市场营销下了更完整和全面的定义，市场营销是"对观念、产品及服务进行设计、定价、促销及分销的计划和实施的过程，从而产生满足个人和组织目标的交换。"

从 Kotler 及 AMA 的定义看，①产品概念扩大了，它不仅包括产品和劳务，还包括观念（或思想）；②市场营销概念扩大了，它不仅包括赢利的经营活动，还包括非赢利组织活动；③强调市场营销计划的制订与实施；④突出了交换过程。

本书同意 AMA 对市场营销下的定义。

综上所述，市场营销是一种从市场需要出发的管理过程。它的核心思想是交换，是一种买卖双方互利的交换，即卖方按买方的需要提供产品或劳务，使买方得到消费满足；而买方则付出相应的报酬，使卖方亦得到回报和实现企业目标，双方各得其所。

市场营销是一门经济方面的、具有综合性和边缘性特点的应用科学，是一门经营管理的"软科学"。从某种意义上说，它既是一门科学（因为凝聚着诸多原理或理论），又是一门艺术（因为体现了一系列营销方法，即"问题、分析、管理和决策的方法体系"，或称之为方法论）。其研究对象是企业的市场营销活动和营销管理，即如何在最适当的时间和地点，以最合理的价格和最灵活的方式，把适销对路的产品送到适当的用户手中。

三、市场营销的形成和发展

历史进入 20 世纪后，以美国为代表的资本主义经济世界，经济迅速增长，商品生产供过于求，消费主义逐渐兴起，政府的宏观管理加强，导致企业的销售活动不断发展。于是在美国的一些大学里诞生了一些以总结和概括企业销售实践活动的课程，对企业的销售活动进行了总结、表达与研究，从而开启了营销领域研究的先河。这些课程以经济学、行为科学和早期管理学为基础，涉及对企业经营思想、销售手段和生产战略等许多方面的内容，形成了"市场营销学"的雏形。但当时的销售研究主要限于推销和产品广告领域，尚未形成自己的理论体系。

真正的现代市场营销是二战后在美国形成的。这是由于美国在二战后世界经济恢复时期，其经济实力迅速超过老牌劲旅——英国，一跃成为资本经济的头号强国。商品供给迅速超过商品需求，绝大部分商品市场成为买方市场，卖方之间的竞争空前激烈，使买方处于可以选择和左右市场的主导地位，因而原有的销售理论和方法面临着严峻的挑战。于是销售学在理论上发生了重大变革，研究的范围突破了流通领域，日益与企业生产经营的整体活动密切结合起来，研究的重点转为买方市场条件下的企业经营活动，形成了以市场需求为中心的现代营销观念及其指导下的一系列现代企业经营战略和方法，并得以广泛传播和运用，取得了显著的实践成效。

进入 20 世纪 50～60 年代，市场营销在世界各地得到广泛传播，可以说商品经济越发达的地方，市场营销也就越兴盛。其间，大量的市场营销研究组织和学术著作纷纷诞生，极大地推进了市场营销向纵深发展。大体上说，市场营销是市场经济条件下企业竞争的有效手段，是现代企业不可或缺的经营武器。现在，就世界范围来看，市场营销在理论上仍以美国处于领先地位，但日本企业在营销实践上的卓著成绩，特别是 20 世纪 70～80 年代曾一度为全世界所瞩目。

改革开放前，我国长期受到西方世界的经济封锁和执行计划经济体制，否定、抵制市场经济，缺少市场营销发展的环境。在长达 30 年的时间里，市场营销学的研究和传播在我国大陆基本中断，内地学者和企业对国外迅速发展的市场营销学知之甚少。改革开放后，西方的现代市场营销理论在我国得以传播，特别是一些学术团体的成立及其富有成效的工作，极大地推动了市场营销在我国的传播、研究和运用，也促进了我国企业界对现代营销理论的应用和自主创新。

市场营销的诞生,至今不过几十年的历史,但其发展很快,影响很深,并受到世界各国的普遍重视。其原因就在于它适应了社会化大生产和市场经济高度发展的客观需要。在现代社会,市场对社会资源分配起着基础性作用,指挥和调节着经济的运行,决定着每个企业的生存和发展、前途和命运。因此,每个企业都不能不去关心它、认识它、重视它。否则,就会遭受市场无情的惩罚,在竞争中败下阵来。

四、市场营销的核心概念

市场营销的核心概念是随着市场营销实践与营销理论的发展而变化的。菲利浦·科特勒在其《营销管理》第八版及之前的版本中,提出了市场营销的 14 个核心概念,第九版提出了 15 个核心概念,第十版(2000 年版)提出了 19 个核心概念,有些核心概念一直保持不变,诸如需要、欲望、需求、交换与交易、价值、成果、满意、产品、营销者等。有的概念更明确,诸如关系与网络,有些核心概念是新提出的,诸如营销渠道、竞争、供应链、营销环境及营销组合。可见,随着市场营销的发展,其核心概念将不断地扩大。这里主要对他的《营销管理》第十版有关的部分营销核心概念进行简介,如图 1-1 所示。

图 1-1 营销的核心概念

(1) 需要、欲望和需求

① 需要是人类的基本要求,人们需要食品、空气、水、衣服和住房以维持生存,人们还强烈需要娱乐、教育和文化生活。营销者可用不同方式去满足它,但不能创造需要。

② 欲望是指想得到需要的具体满足物的愿望,如人们需要食品,而对大米、面包、面条产生欲望等。人的欲望受社会因素及机构因素的影响,诸如职业、团体、家庭,营销者能够影响消费者的欲望。

③ 需求是指人们有能力购买并愿意购买某个具体产品的欲望。如人们为交通便利,有能力支付并愿意购买奥迪品牌汽车等。营销者不仅要了解有多少顾客愿意购买其产品,还要了解他们是否有能力支付,并有针对性地开展营销活动。

【营销视野 1-1】 对仅用轿车在中国市场打拼天下的品牌斯柯达来讲,SUV 车型的到来无疑雪中送炭,尤其是在中国这样一个 SUV 热潮久久不退的市场。

2013 年 11 月 18 日,上海大众斯柯达品牌正式推出了旗下高性能纯正德系 SUV 车型 Yeti 野帝。提供 1.4TSI、1.8TSI 两种动力选择,匹配 6 速 DSG 双离合变速箱、7 速 DSG 双离合变速箱和 5 速手动变速箱三款变速箱选择,结合不同配置,共推出 7 款车型,价格区间为 16.58 万~24.18 万元。

(2) 产品(商品、服务与创意)与供应品

① 人类靠产品来满足他们的需要和欲望。产品是用来满足人类某种需要或欲望的东西。

② 供应品是比产品更广的东西,供应品的主要类型包括:商品、服务、经验、事件、人员、地点、财产权、组织、信息和观念。可见,供应品既包括实体物品,又包括无形物品。营销者的任务是向消费者展示产品实体中所含的利益和提供的服务。

(3) 价值、成本和满意

① 如果某公司的产品或供应物能给目标购买者带来价值并使其满意,那么该公司的产

品和供应物是成功的。价值是指顾客所得与其所支出之比,即顾客所获得的利益及支出的成本。利益主要包括功能利益及情感利益,而顾客所付出的包括货币成本、时间成本、精力成本及体力成本,因此,价值可用如下公式表示:

$$价值 = \frac{利益}{成本} = \frac{功能利益 + 情感利益}{货币成本 + 时间成本 + 精力成本 + 体力成本}$$

如何给顾客带来最大价值,从而提高其满意度呢?在实践中有如下几种途径:

a. 提高利益(功能利益与情感利益)。

b. 减少成本。或减少货币成本,或减少时间成本、精力成本及体力成本。

c. 既提高利益,又降低成本。

d. 提高利益的幅度比增加成本的幅度大。

e. 成本降低幅度比利益降低幅度大。

② 满意是指某人通过对一种产品的可感知的效果与他的期望相比较后,所形成的愉悦或失望的感觉状态。可见,满意水平是可感知效果和期望价值之间的差异函数。如果效果低于期望,顾客不会满意;如果可感知效果与期望相符合,顾客就会满意;如果感知效果超过期望,顾客就会高度满意。

(4) 交换与交易

人们可以通过四种方式获取产品。即自产自用、强取豪夺、乞讨和交换等方式。前三种方式不存在市场营销,只有交换才使市场营销产生。交换是市场营销的核心概念。

① 所谓交换是指通过提供某种东西作为回报,从别人那里取得所需物的行为。交换的发生必须具备五个条件:至少有两方,每一方都有被对方认为有价值的东西;每一方都能沟通信息和传递物品;每一方都可以自由接受或拒绝对方的产品;每一方都认为与另一方进行交换是适当的或称心如意的。

交换能否成为现实,还取决于交换以后双方是否都比交换以前好。

交换被看做一个过程,一个创造价值的过程,而不是一个事件。如果双方正在进行谈判,并趋于达成协议,这意味着他们正在进行交换。当双方通过谈判达成协议,交易便产生。

② 交易是交换活动的基本单元,是由双方之间的价值交换所构成的行为。一次交易包括几个可以量度的实质内容:至少有两个有价值的东西;买卖双方所同意的条件;协议时间和地点。此外还要建立维护和迫使交易双方执行承诺的法律制度。

【营销视野 1-2】 假定东风公司生产某品牌商用车,追求典型顾客(潜在公司)方面所寻求的产品利益。这些利益动机列于图1-2。一个潜在的顾客希望得到高质量的汽车、公平的价格、及时的交车、优惠的付款条件和良好的服务,这是买方的要求一览表。这些要求的重要程度是不等的,并且随不同买主而异。东风公司的任务之一就是找出买主这些不同要求的重要程度。

同时,东风公司也有一个要求一览表。东风公司想的是把这批商用车卖个好价钱,能及时付款和获得良好的赞誉。如果这些要求一览表所列的条件完全一致或者部分一致,交易就有了基础。东风公司的任务是提出一个报价促使顾客购买自己的商用车,而顾客可以还价。这样一个寻求双方一致的过程就叫做谈判。谈判结果不是双方达成协议就是决定不做交易。

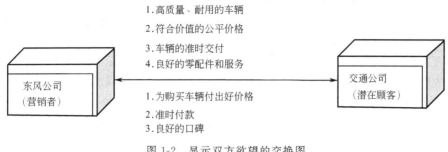

图 1-2　显示双方欲望的交换图

(5) 关系和网络 (Relationship and Networks)

关系营销是交易营销的进一步发展，关系营销通过建立企业同利益相关者（顾客、供应商、分销商、政府、公众及竞争者等）强有力的经济、技术及社会关系，不断承诺和提供高质量产品、优良的服务和公平的价格来实现保留顾客、降低成本及赢利的目标。

关系营销的主要结果是建立起公司的独特资产，即营销网络。营销网络由公司利益相关者（顾客、员工、供应商、分销商、零售商、广告代理人等）建立起互利的长期的关系。从而使竞争不仅在公司之间发生，而且主要在整个网络之间进行。只要能建立起好的营销网络，并能协调好多种矛盾，利益就会随之而来。

【营销视野 1-3】　有时关系也会带来好运

在 1988 年，美国化肥制造商农业全球公司的总裁遇见了一个离开中国农业部，正在攻读哲学博士学位的中国人。于是，该公司由此开始考察中国市场，并于 20 世纪 90 年代在中国站稳了脚跟。

(6) 目标市场与细分

顾客的需求是千差万别的，企业资源有限，难以满足每个消费者或满足消费者的所有需要，企业应当针对市场的这一特点进行细分，主要依据地理、人口、心理以及行为上的差异进行细分。然后，从中选择给其带来最大机会的服务对象作为目标市场并开发能为目标顾客带来核心利益的产品或供应品。

【营销视野 1-4】

目前国内中级车市场大概可以分为高低两个细分市场（如果把自主品牌奇瑞 A5、骏捷、F3 等自主品牌中级车考虑在内的话，可以分为高、中、低三个细分市场），两者以 12 万～13 万元为分界线。高端细分市场主流品牌主力车型的价格在 13 万～17 万元之间，主要有：速腾、英朗、思域、轩逸、卡罗拉等；低端细分市场主流品牌主力车型的指导价格在 9 万～12 万元之间，主要有新凯越、新宝来、朗逸、悦动、马自达 3 等。

(7) 营销者与预期顾客

① 营销者是指希望从别人那里取得资源并愿意以某种有价值的东西作为交换的人。营销者也可以是买方，当买卖双方都在积极寻求交换时都称为营销者。

② 预期顾客是指营销者所确定的有潜在愿望和能力进行交换的人。

(8) 竞争

竞争包括购买者可能考虑的所有实际存在的和潜在的竞争产品与替代物。企业可能面临同类产品竞争者，或替代物竞争者，或面临四种层次的竞争。a. 品牌竞争（Brand Competition)。当其他公司以相同的价格向相同的顾客提供类似产品和服务时,公司将其视为竞争者,如福特汽车公司将大众、丰田、本田、雷诺等品牌的汽车制造商视为其竞争者。b. 行业竞争(Industry Competition)。公司把制造同类产品的公司都视为竞争者,如福特汽车公司把其他汽车制造商都视为竞争者。c. 形式竞争(Form Competition)。公司将所有能提供相同服务的产品的其他公司视为竞争者,如大众汽车公司将能为顾客提供运输服务的汽车公司、摩托车公司、自行车公司、卡车公司都视为竞争者。d. 一般竞争(Generic Competition)。公司将所有争取同一消费者的其他公司都视为竞争者。如福特汽车公司将耐用消费品、新房产和房屋修理公司,旅游公司等视为竞争者。

(9)营销环境

竞争仅是营销者所面临的环境的一个因素,营销环境包括工作环境(Task Environment)及大环境(Broad Environment)。

① 工作环境包括直接影响生产、分销及促销的因素,具体包括公司、供应者、分销者、商人及目标顾客。在供应组织中则包括材料供应商及服务供应商,后者如营销调研机构、广告公司。分销商与经销商则包括代理人、经纪人、制造商代理人,他们有利于产品及服务的销售。

② 大环境包括人文、经济、自然、技术、政治和文化环境。它们成为影响工作环境的主要因素,而且是不可控的因素,营销者必须密切关注这些因素的趋势及作用特点,不断调整营销战略。

(10)营销组合

营销组合是指公司在目标市场上用来追逐其营销目标的一系列营销工具的综合运用。麦卡锡将营销组合概括为4P,即包括产品(Product)、价格(Price)、促销(Promotion)、渠道(Place),每个P下面包括若干特定的变量,如图1-3、图1-4所示。

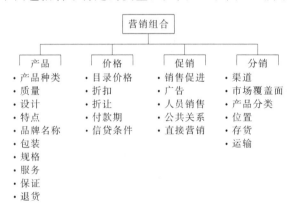

图1-3 营销组合四因素

营销从以交易为导向的4P演进为以顾客为导向的4C,即消费者(Consumers)、成本(Cost)、便利(Convenience)、沟通(Communication)。消费者是企业营销的出发点,创造顾客比开发产品更重要,满足消费者的需求和欲望比产品功能更重要。不能仅仅卖企业想制造的产品,而是要提供顾客确实想买的产品。成本是指消费者为满足自己的需要和欲望愿意付出的成本。便利是指营销者为顾客提供便利,既让顾客购买到商品,也让顾客购买到便利。沟通指与用户的沟通,着眼于加强双向沟通,增进相互了解,培养顾客的忠诚度。

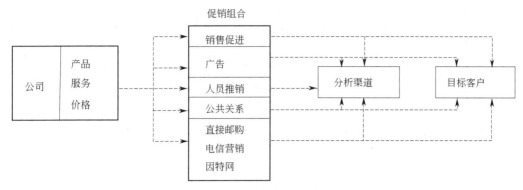

图 1-4　营销组合战略

(11) 市场营销管理（Marketing Management）

市场营销管理是指为创造达到个人和组织目标的交换而规划和实施理念、产品和服务的构思、定价、分销和促销的过程。市场营销管理过程包括分析、规划、执行和控制。其管理的对象包含理念、产品和服务。市场营销管理的基础是交换，目的是满足各方的需要。市场营销管理的主要任务是刺激消费者的需求以及影响消费者的需求水平、需求时间和需求构成，并且创造消费者的需求。

因此，市场营销管理的任务是刺激、创造、适应及影响消费者的需求，从此意义上说，市场营销管理的本质是需求管理。在实践中，市场存在不同的需求状况，营销者针对性地采取不同的营销策略，从而完成相应的营销任务。

① 负需求（Negative Demand）。负需求是指市场上众多顾客不喜欢某种产品或服务。市场营销管理的任务是分析人们为什么不喜欢这些产品，并针对目标顾客的需求重新设计产品、定价，进行更积极的促销，或改变顾客对某些产品或服务的信念。把负需求变为正需求，称为改变市场营销。

② 无需求（No Demand）。无需求是指目标市场顾客对某种产品从来不感兴趣或漠不关心，如许多非洲国家居民从不穿鞋子，对鞋子无需求。市场营销者的任务是创造需求，通过有效的促销手段，把产品利益同人们的自然需求及兴趣结合起来。

③ 潜在需求（Latent Demand）。这是指现有的产品或服务不能满足许多消费者的强烈需求。企业市场营销任务是准确地衡量潜在市场需求，开发有效的产品和服务，即开发市场营销。

④ 下降需求（Falling Demand）。这是指目标市场顾客对某些产品或服务的需求出现了下降趋势，市场营销者要了解顾客需求下降的原因，或通过改变产品的特色，采用更有效的沟通方法再刺激需求，即创造性地再营销，或通过寻求新的目标市场，以扭转需求下降的格局。

⑤ 不规则需求（Irregular Demand）。许多企业常面临因季节、月份、周、日、时对产品或服务需求的变化，而出现生产能力和商品的闲置或过度使用。市场营销的任务是通过灵活的定价、促销及其他激励因素来改变需求时间模式，这称为同步营销。

⑥ 充分需求（Full Demand）。这是指某种产品或服务目前的需求水平和时间与期望的需求相同，但消费者需求会不断变化，竞争日益加剧。

因此，企业营销的任务是改进产品质量及不断估计消费者的满足程度，维持现时需求，这称为"维持营销"。

⑦ 过度需求（Overfull Demand）。这是指市场上顾客对某些产品的需求超过了企业供应能力，产品供不应求。

企业营销管理的任务是减缓营销，可以通过提高价格、减少促销和服务等方式使需求减少。企业最好选择那些利润较少、要求提供服务不多的目标顾客作为对象。减缓营销的目的不是破坏需求，而只是暂缓需求水平。

【营销视野 1-5】 长城哈弗供不应求

长城汽车2013年年报显示，哈弗品牌的销量占到长城汽车总销量的45%以上，并贡献了主要利润。目前长城汽车无论是销量还是利润增长主要靠SUV来拉动，哈弗之所以一直受到市场追捧，高性价比是最主要原因。4S店内，热销的哈弗H6、M4等车型处于供不应求的状况。目前顾客需要提前下定金，提车周期都在一个月以上。

⑧ 有害需求（Unwholesome Demand）。这是指对消费者身心健康有害的产品或服务，诸如烟、酒、毒品、黄色书刊等。

企业营销管理的任务是通过提价、传播恐怖及减少可购买的机会限制需求或通过立法禁止销售，称之为反市场销售。反市场销售的目的是采取相应措施来消灭某些有害的需求。

五、汽车市场营销的含义

汽车营销就是汽车企业为了更好更大限度地满足市场需要，而达到企业经营目标的一系列活动。其基本任务有两个。一是寻找市场（需求）；二是实施一系列更好地满足需要的活动（营销活动）。在此方面，显然西方汽车营销活动比较成熟，有许多可以借鉴的理论和经验，但我国的汽车市场正处在发育之初，我国的国情、民情、商情等一系列与市场营销活动有关的因素都同西方有较大的差别。因此，西方汽车营销的经验有多少可以借鉴，又怎样借鉴呢？我国面临的汽车营销课题更重大和更为紧迫一些，这种必要性表现在：

第一，我国正处于市场经济建立的过程中，旧体制将被彻底打破，新体制将逐步确立，我国汽车营销将面临最重要的营销环境的变化。社会主义市场经济体制的建立，将逐步为企业创造一个公平竞争的营销环境，同时使企业成为市场主体，并享有作为相对独立的商品生产者和经营者应有的各种权利。市场作用的发挥，经营自主权的落实，有利于促进资源的流动和合理配置，增强企业活力。对汽车工业来说，一些长期阻碍其健康发展的因素，随着市场经济体制的逐步到位将在很大程度上得到解决。最终在市场经济规律的作用下，我国汽车工业必然按照自身的特点和世界汽车工业的一般规律，向高度集约化、集团化的方向加速发展。如果企业能够敏锐地洞察并积极、主动地顺应这一历史趋势，抓住营销机会，就可能更多地为自己争取发展的机会。

第二，我国汽车工业将在产业政策的扶植下，迎来一个发展的黄金时期，并成为支柱产业。市场营销活动的特点将大不同于以往。

第三，中国汽车工业将必然走向世界，被迫同国际大公司展开竞争。这场竞争实质上是一场市场营销大战。世界汽车工业发展的现状表明，在全球汽车市场不景气的形势下，国际汽车行业之间的竞争将会加剧。为了提高各自的竞争实力，国外一些汽车公司纷纷改组、合并，世界汽车工业进一步走向集中和垄断，国际汽车工业列强们基于现实的困境和长远战略考虑，早已垂涎中国这个巨大的潜在市场，中国内地被认为是世界上最后一块"处女地"。就使一些曾不愿与中国打交道的国外汽车公司也纷纷开始来投资设厂或建设销售网和维修服务站,试图瓜分成长中的中国汽车市场,中国汽车工业面临来自国际竞争对手日趋严峻的挑战。可以预见,一场没有硝烟的世界汽车工业大战将很快围绕争夺我国汽车市场而展开。中国汽车工业将被迫在国际、国内两个汽车市场上同国际汽车工业巨头短兵相接,展开营销大战。

以上分析表明,搞好我国汽车市场营销比以往任何时候的压力都大,当然机会也更多。我们也必须借助科学的营销策略,认识新的营销特点,探索新的营销规律,创造新的营销方法来开展市场营销活动,促进汽车市场及营销活动的发展。

第二节 汽车市场营销学的产生和发展

情景 中国汽车营销模式

① 汽车专卖店。这种销售模式通常是汽车制造商与汽车经销商签订合同,授权汽车经销商在一定区域内从事指定品牌汽车的营销活动。汽车制造商通常会对汽车经销商的销售方式、宣传方式、服务标准、销售流程等做出要求,通常在同一专卖店中销售同一品牌的产品。汽车专卖店的功能通常包括新车销售、二手车回收及销售、维修服务、配件销售、信息反馈。根据汽车专卖店功能的组合,可以将汽车专卖店分成1S专卖店、2S专卖店、3S专卖店、4S专卖店和5S专卖店。

从1998年广汽本田首先推出4S店模式开始,这种卖车模式就在全国风行开来,成为一种汽车销售的主流模式。4S店利润丰厚,一度有着"上千万的建设投资,一年回本"的大好光景,也因此受到众多经销商的追捧。而消费者在4S店享受服务,确实也有一种享用"原装正品"的踏实感。汽车专卖店具有品牌和服务优势,对客户来说,汽车专卖店可以提供让客户放心的原厂配件以及汽车制造商认可的维修服务;而对汽车制造商来说,汽车专卖店是他们的信息触角,他们可以通过4S店收集到客户的需求和市场信息,同时保证汽车制造商在售后方面的收入和利润。

虽然4S店模式被认为是目前最先进的汽车营销模式,但并非用在所有的车型、品牌上都奏效。近年来,4S店先天的许多"短板"开始凸显:投资大、运营成本高、营销同质化、盈利捉襟见肘等,这些都增加了4S店的销售压力。由于很多强势品牌网点数量的不断扩张,以及经销商在前期建设上动不动上千万元的高额投入,4S店高利润时代已经一去不复返,很多店处于半亏损甚至亏损状态。据相关数据显示,目前北京地区的4S店只有三分之一盈利,三分之一处于亏损边缘,另外有三分之一是负盈利运营。对客户来说,4S店车型品种相对单一,不符合中国消费者比价的消费习惯,而且通常不能提供购车一条龙服务,同时消费者对4S店提供的昂贵的售后服务也产生了质疑。对汽车经销商来说,汽车专卖店的投资大、收回投资的周期长。对汽车制造商来说,不容易找到合适的汽车经销商,同时管理的难度较大。

② 汽车超市。这是一种可以代理多种品牌的汽车、提供这些代理品牌汽车销售和服务的方式。例如北京的亚之杰联合汽车销售展厅里就有大众、奥迪、福特和奔驰品牌轿车,并且进口车与国产车摆在一起销售。汽车超市是与汽车制造商品牌专卖的要求相背离的,因此,汽车超市通常是一些有实力的、手上掌握了多个汽车品牌销售代理权的经销商运作的,

或者汽车超市是从其他4S店进货的。

汽车超市的优势在于，对消费者来说，方便了对车型的挑选，很容易货比三家。但对于生产制造商来说，通常会担心在同一个店里展示的其他品牌会影响到自己品牌产品的销售，因此，通常生产制造商都不会直接将代理权交给汽车超市，一些汽车超市只能从4S专卖店进货，增加了汽车超市的进货成本。目前一些汽车生产厂家也开始主导打破这种思维定式，例如国内自主品牌吉利和江淮，他们已开始尝试建设品牌汽车超市或者小规模的经销店。吉利作为一个迅速成长中的企业，给经销店的门槛就很低，允许建1S店、2S店，而江淮则是在一些县级市建设汽车超市，把旗下所有产品，包括轻卡和轿车打包销售。

③ 汽车交易市场。这是将许多3S、4S汽车专卖店集中在一起，提供多种品牌汽车的销售和服务，同时还提供汽车销售的其他延伸服务，如贷款、保险、上牌等的一种模式。通常由一家类似于房地产公司的实体公司来运作汽车交易市场，形成自己的品牌，并由该公司组织相关资源来提供延伸服务。最为著名的例子是北京的亚运村汽车交易市场，目前拥有160多家经销商。

汽车交易市场的优势在于消费者拥有更为自由的购车环境，有更多的选择机会，同时可以享受购车的一条龙服务。汽车交易市场还带来规模效应，统一的维修和配件供应，使得经销商的运作成本降低，而消费者可以买到更低价格的车。但是，由于汽车交易市场中聚集了几十甚至上百的汽车经销商，以及其他各种提供商和贸易商，从而使市场的管理难度提高。同时，由于汽车交易市场通常占地较大，要找到地理位置好并且面积合适的地皮非常困难，而且由于一些整车制造商对汽车专卖店服务半径的限制，也阻碍了一些汽车专卖店的加入。

④ 汽车园区。这是汽车交易市场规模和功能上的"升级版"。除了规模上的扩张，汽车园区最主要体现在功能上的全面性，在汽车销售、汽车维修、配件销售等方面，汽车园区更多的是加入了汽车文化、汽车科技交流、汽车科普教育、汽车展示、汽车旅游和娱乐等众多的功能。例如北京东方基业汽车城，不仅提供汽车交易，还有工商、税务、车检、交通、银行、保险等职能部门服务，而且提供汽车咨询、车迷论坛、汽车俱乐部、汽车博物馆等服务。未来甚至会包括购物中心的设施也会建在汽车园区内或紧邻，以满足中国消费者一站式服务的消费需求。

汽车园区的优势在于功能齐全，对客户购车来说非常方便，同时汽车园区自身具有更强的吸引消费人气的能力。而它的劣势在于投资巨大，投资回收期长，功能复杂，管理困难。

问题：未来十年，汽车营销模式何去何从？

一、我国汽车工业体系的形成与发展

我国的汽车工业是在新中国成立后的几十年内才逐步发展起来的。新中国成立后，中央就开始了建立我国汽车工业的筹划工作。从1953年兴建第一汽车制造厂开始发展到今天，我国汽车工业的发展总体上经历了三个阶段。

（1）第一阶段从1953年到1978年，是我国汽车工业的基本建设阶段

这个阶段，我国汽车工业在高度集中的计划经济体制下运行。由于经济基础薄弱，国家采取了集中力量重点建设的方式，先后建成了一汽和二汽等主机厂及一批汽车零部件厂，为我国汽车工业的发展奠定了基础。当时的汽车产品主要是中型载货汽车，全部由国家计划生产、计划销售。由于缺乏竞争机制和其他种种原因，在长达近30年的时间内，我国汽车工业的发展比较缓慢。

这一阶段，我国汽车工业的发展大体上又可分为两个历史时期，即：

① 从1953年到1967年为我国汽车工业的初创时期。第一汽车制造厂（简称一汽）于1953年开始在长春市兴建，仅用3年时间建成，并于1956年10月开始批量生产载质量4t的解放CA10系列载货汽车，从而结束了中国不能生产汽车的历史。

1958年，一汽又试制出我国第一辆轿车——东风牌轿车，毛泽东主席在乘坐后表示赞赏，并勉励一汽人继续为振兴我国汽车工业做贡献。之后，一汽又开始试制并小批量生产了红旗CA770型高级轿车。

在一汽逐步扩大生产的同时，我国各地相继建成了一批汽车制造厂，并生产汽车。例如济南试制并生产了黄河牌重型载货汽车，南京试制并生产了跃进牌轻型载货汽车，北京试制并生产了吉普车车型。同期，全国各地也纷纷试制轿车，但由于技术和条件限制，产品质量经受不了使用考验而被迫停产。

② 从1968年到1978年为我国汽车工业自主建设时期。这一时期由于一汽投产已经10年，我国汽车工业蕴藏着一定的发展潜力，而汽车产品品种和数量上都满足不了当时经济发展和国防建设的需要，于是国家决定在内地再新建一批汽车制造骨干企业。

1968年，在湖北省十堰市开始动工兴建我国规模最大的第二汽车制造厂（简称二汽）。1975年，二汽的第一个车型EQ230诞生并生产。1978年7月，又开始投产其主导产品EQ140，同期，我国又建成了生产重型汽车的四川汽车制造厂和陕西汽车制造厂。这批企业的建成，标志着我国汽车工业进入了自己进行产品设计和工厂设计的新阶段。

这期间，一些省、市、自治区利用本地的工业基础，开始发展地方汽车工业，有的地方汽车企业还形成了一定的生产能力，成为地方汽车工业的生产阵地。但这些地方企业主要是仿制当时汽车产品的主要车型，并采用各类汽车底盘开发各类变型汽车、专用汽车、改装汽车，有的企业还独立开发了重型载货汽车、矿用自卸车和微型客货车等。与此同时，主导国民经济的各部门，如原交通部、原商业部等，也组织布点了一批汽车制造厂、改装厂，从事本部门各类汽车的生产与改装。

总之，经过第一阶段的发展，我国汽车工业实现了零的突破。到1978年，汽车年生产能力达到近15万辆的规模。但相对来讲，汽车工业发展还存在着生产增长速度慢、产品品种"缺重、少轻（即缺重型车、少轻型车），轿车生产近乎空白"的事实，不能满足国家进一步发展的需要，汽车工业尚待大发展。

(2) 第二阶段从1979年至2001年，是我国汽车工业的结构调整阶段

这个阶段，也可以分为两个历史时期。

① 从1979年至1993年，我国汽车产业的产量获得极大发展。在这一时期内，随着国家经济体制改革的不断深入，计划经济模式被逐步打破，市场配置资源的作用被加强，竞争被强化。我国汽车工业开始走出自我封闭的发展模式，开始与国际汽车工业合作，通过KD生产方式、技术引进、消化吸收和建设改造，汽车产品结构由单一的中型货车，变为中型货车与重、轻、微型货车以及乘用汽车多品种同时发展，基本上改变了"缺重、少轻"的产品面貌，整个汽车工业在产品品种上有了明显进步。

同时，汽车工业受市场需求的巨大拉动，在中央和地方两个积极性的推动下，一批地方性和行业性的汽车企业应运而生。汽车生产能力获得了快速增长，汽车产量迅速增加，从1978年到1993年汽车生产保持年均15.4%的增长速度，1992年产销量首次突破100万辆大关，我国首次进入世界汽车生产排名前十名的行列。

历经了这个历史时期,我国汽车产业在产量和产品品种获得巨大发展的同时,也产生了投资散乱、生产集中度(Production Concentration)不高等问题,汽车产业在产品质量、企业综合素质和市场竞争实力等方面的能力没有明显提高。

② 从 1994 年至 2001 年,我国汽车产业的结构获得极大调整。这个时期,我国宏观经济持续实施"软着陆"的调控政策,转变经济的增长方式,全面进入市场经济建设,国民经济逐步实现"两个转变",即国家经济体制由计划经济体制向市场经济体制转变;企业经营从粗放经营向集约化经营转变。

经过这个时期的发展,特别是 1994 年国家颁布实施了第一个《汽车工业产业政策》,在其导向下,我国汽车工业在产品结构、企业结构和用户需求结构等方面得到了极大调整,汽车工业的综合素质得到提高,汽车生产稳步增长,国际合作更加广泛,私有资本进入汽车领域,汽车工业整体实现了由卡车工业向轿车工业和汽车零部件工业的转变,汽车市场也实现了从单一的公费购车向多元化市场结构转变。这些变化为后来汽车产业应对入世和获得持续发展,打下了坚实基础。

总之,经过第二阶段的发展,我国汽车工业实现了生产的快速发展,汽车总产量从 1978 年的 15 万辆,发展到 2001 年的 234 万辆,中国成为世界上汽车产量前 8 位的国家之一。同时,汽车的产品品种得以极大丰富,产品的性能和质量得到较大提高。值得一提的是,这个阶段以 1986 年上海轿车工业的大规模建设为标志,拉开了我国现代化轿车工业建设的历程,并先后在全国形成了数个轿车生产基地。轿车生产量从 1986 年的 1.25 万辆发展到 2001 年的 70 万辆,轿车产量在汽车总产量的比例相应的从不足 3% 提升到 30%。

(3) 第三阶段从 2002 年开始,直到目前,是我国汽车工业与国际接轨的阶段

这个阶段,中国经济开始全面参与国际经济大循环(以 2001 年 12 月 11 日中国正式加入 WTO 为标志)。至 2006 年,中国的汽车进口管理完全达到 WTO 规定的发展中国家的平均水平,开放了汽车市场,我国汽车工业开始全面面临国际竞争与合作。

这个阶段,我国汽车产业发展具有以下主要特点:

① 汽车产销规模实现快速增长。入世以来,我国经济持续保持 10% 左右的增长速度,经济总量由 2001 年的 10.8 万亿元,增长到 2007 年的 24.6 万亿元,经济总量跃居世界第四。人均 GDP 也相应由 8622 元增长到 18713 元。宏观经济的快速增长和居民收入的持续增加,使商用车和乘用车两个领域的客户群迅速增加(见表 1-1)。特别是从 2002 年以来,在私人购车拉动下,我国汽车市场出现井喷行情。2007 年,我国的汽车产销数量均达到 888 万辆,超过德国成为全球第三大汽车生产国。同时,超过日本,成为全球第二大新车销售市场。我国作为世界汽车生产和消费大国的地位已经确立,我国汽车市场需求增长成为世界汽车需求增长十分重要的组成部分。

表 1-1 入世后我国汽车生产增长情况

年 份	2007	2008	2009	2010	2011	2012
汽车总产量/万辆	888	934.5	1379.1	1826	1841	1927
同比增长率/%	22.10	5.2	48.3	32.4	0.8	4.6
乘用车产量/万辆	630	673.77	1038.38	1389	1448	1552
乘用车同比增长率/%	20.46	6.8	54.11	33.8	4.2	7.2

② 汽车产品结构发生重大变化。我国汽车工业在入世后,不仅产销规模快速增长,产品结构也发生了重大变化。以 2007 年为例,当年汽车生产 888 万辆,其中乘用汽车 630 万

辆，占70.9%；商用汽车258万辆，占29.1%。与此同时，我国汽车的市场结构，私人消费购车达到80%，社会集团购车降为20%。这种生产与消费结构，已经与美国等世界汽车工业先进国家基本一致，表明我国汽车工业的产品结构基本实现与国际接轨。从我国汽车保有量及其构成看，也表现出上述变化。目前，我国汽车保有量大幅上升。公安部交通管理局提供的数据显示，截至2011年11月，我国机动车保有量达2.23亿辆，汽车保有量达1.04亿辆，大中城市中汽车保有量达到100万辆以上的城市数量达14个。其中，以个人名义注册登记的私家汽车保有量达到7748万辆，占汽车总量的74.17%，成为汽车构成主体。根据国际通用的标准，每百户家庭拥有16辆小轿车即为汽车社会，中国有许多城市已进入汽车社会。截至2013年底，中国汽车保有量为1.37亿辆。中国的汽车保有量已经超过日本，成为世界第二大汽车保有国。业内预计，2020年我国汽车保有量将突破2亿辆。

③ 汽车产品质量得到极大提高。入世后，我国汽车产品的性能和质量较以往有了显著提升。如轿车的平均故障间隔里程，从2001年的15000km，提高至2007年的30000km，里程增加了1倍；重型商用汽车的无大修里程相应的从20万公里提高到80万公里。

④ 企业综合素质得到全面提升。在应对世界汽车工业挑战的过程中，我国汽车产业的素质得到了质的增强，汽车企业十分注重积蓄并初步形成参与国际竞争的实力。

各汽车企业借助国际合作的机遇，顺应国企改革的潮流，持续推进了体制、机制的改革和调整，基本完成了现代企业制度的建立。初步建立了"产权明晰、权责明确、政企分开、管理科学"的现代企业制度，为参与市场竞争创造了前提。在与跨国公司的合作竞争中，汽车企业通过学习、创新、超越，快速吸收了以丰田管理模式为核心的精益管理思想，对QCD（质量、成本、交货期）的控制能力显著增强。使汽车行业成为我国主要产业中学习进步最快、管理水平最高、专业化程度和劳动效率最高的现代化产业。

在汽车企业素质普遍增强的同时，我国的骨干汽车企业均保持了快速发展的态势。以一汽、上汽和东风为代表的行业前三强企业集团，全部实现由10万辆级到百万辆级的跃升，并在销售额上达到了世界企业500强的标准。

入世后，面对越来越激烈的国际竞争和越来越多的国际合作机遇，我国汽车企业通过跨国并购、委托开发、技术引进、联合开发、模仿创新、自主发展等途径和发展方式模式，逐步加大了自主品牌的开发力度，一批自主品牌的乘用汽车纷纷问世，自主品牌轿车的市场销售日益增加，2011年达611.22万辆。但2013年中国自主品牌乘用车市场却呈现低迷走势，共销售52.66万辆，环比下降4.39%，同比增长5.46%，占乘用车销售总量的37.53%。

在与跨国公司合作竞争中，我国企业自主创新、自主品牌建设意识普遍增强，推进自主创新的积极性不断提高，对自主研发投入的力度不断加大，研发经费从2001年的58.6亿元，增加到2006年244.7亿元。

基于汽车企业在生产经营、成本控制、技术开发和质量管理等方面的提高，我国汽车产品的国际市场竞争能力显著提高。入世后，我国汽车出口快速增长，持续保持年均80%的增长速度。据前瞻数据中心监测：2011年，我国汽车出口数量为82.4万辆，比上年同期增长52.2%；出口金额为99.4亿美元，比上年同期增长60.5%，出口量值均创历史新高。另一方面，我国汽车产品的出口市场也由以前的中东、拉美和俄罗斯等新兴市场，扩展到了欧美市场，主要汽车企业均建立了较稳定的目标区域市场，营销服务网络也在积极构建之中，一些企业已开始建立海外组装工厂。

⑤ 汽车工业成功经受入世考验。入世后,我国政府对汽车产业的健康发展十分重视,一方面,执行入世谈判关于汽车产业开放的有关承诺;另一方面在 WTO 规则框架下,研究和适时推出相关政策,引导和扶植汽车产业的健康发展,营造良好的产业发展环境。国家发布了《汽车产业政策》,明确了汽车产业发展的方向,提出要把汽车产业建设成为国民经济支柱产业的目标任务;发布了《汽车品牌销售管理实施办法》、《汽车贸易政策》,为建立统一开放、竞争、有序的汽车市场,规范汽车销售管理,发挥了积极作用;发布了《机动车登记办法》、《道路交通安全法》、《缺陷汽车召回管理规定》,使汽车的使用环境得到改善,消费者权益得到维护;发布了多项汽车金融、汽车保险、二手车流通的政策法规,规范了后汽车市场业务的经营行为,促进了后汽车市场业务的健康发展;停止了化油器汽车的生产,发布了《乘用车燃油消耗限制》,先后实施了欧Ⅰ、欧Ⅱ、欧Ⅲ、欧Ⅳ、欧Ⅴ排放法规,加大了汽车产品的节能、减排力度,促进了汽车产品性能、质量水平的提高。

在国家政策的扶植下,我国汽车企业抓住宏观经济持续发展、汽车需求快速增长的有利时机,加大了与国际汽车厂商合作、学习的力度,加快企业的体制、机制改革,强化企业生产经营、产品研发、技术进步、成本质量管理等能力的建设,重视汽车营销与服务,全面增强企业的综合素质和市场竞争能力,使得我国汽车产业成功经受了入世考验,汽车产业不仅没有遭到入世前部分人士担心的"毁灭性打击",而且还获得巨大发展。

根据我国汽车产业发展的总体战略目标,到 2020 年,我国汽车将实现年产销 2000 万辆,占全球份额的 25% 左右;汽车产业增加值占同期 GDP 的比重将达到 3%;将形成 2~3 家年产销能力达到 400 万辆以上的企业集团;产品的自主开发技术水平将接近日韩,自主开发产品在国内市场份额占 70% 以上。可以说,几代中国人的"汽车强国"之梦,即将实现。

二、我国汽车工业的战略地位

我国早在 20 世纪 90 年代初就已明确将汽车工业列为国民经济的支柱产业予以扶植和发展。汽车工业是国民经济的支柱产业,这种战略地位是我国经济社会发展和汽车产业自身的特点所决定的。

所谓支柱产业(Mainstay Industry)是指产品市场广阔,在国民经济中具有辐射面广、关联度大、牵动力强的产业。由于它的启动和发展可以促进其他产业发展,甚至对国民经济的起飞起直接的推动作用,进而可以提高一个国家的科技水平和综合国力。

一般认为,支柱产业应具有以下特征:①产品市场广阔,对经济增长贡献度高,在国民经济中具有突出地位;②对其他产业波及效果大,牵动力强,能够大面积促进相关产业的发展;③有利于优化国民经济的产业结构,促进产业结构高级化;④能够创造大量的就业机会。

(1) 汽车产品市场广阔,汽车工业对经济增长的贡献程度高

当今世界,汽车已经成为现代物质生产和社会运转的重要平台,汽车是否广泛使用成为衡量一个地区或国家是否发达的标志,汽车是现代社会物质文明最重要的象征之一。

我国的现代化,必然要求交通方式和交通工具的现代化。我国正在致力于建设以快速列车、高速公路、立交桥、地铁、轻轨、空运、海运为组成内容,各种交通运输方式彼此协作、相互协调发展的现代化综合交通体系。由于汽车既可以作为公共交通工具,又可以作为个人交通工具;既适合大小批量不一的货物运输,又适合多点多向、运距可近可远的旅客运输;同时,汽车还是与其他运输方式衔接,实现接力运输最理想的工具,因此汽车具有使用

上的灵活性、快捷性、方便性、适应性和广泛性，现代公路交通是现代交通体系最重要的组成部分。

我国作为一个幅员辽阔、人口众多的国家，物质生产和经济运转需要现代公路交通的强力支持。随着百姓生活水平的提高，方便、快捷、舒适的公路交通也是满足人们出行的客观需要。在这样的国情和发展背景下，汽车在我国已经呈现出市场广阔、需求量大的特点，并且在未来较长时期内，这种需求趋势仍将维持下去，入世后我国汽车市场的快速增长便是最好的例证。

汽车是高价值、大批量的产品，是世界上唯一的一种零件数以万件计、年产量以千万辆计、保有量以亿辆计、售价以万元计的商品。汽车产业的广阔市场（量变），能够创造巨大的产值，可以起到直接促进国民经济增长的作用（质变）。

从我国经济增长的实际情况看，2000～2004年，汽车工业每年新增产量所形成的增加值，平均占当年全部新增GDP的11.6%，平均可带动当年GDP增长1个百分点以上。2005～2010年汽车工业每年形成的新增加值，平均带动每年GDP增长1.8个百分点。

世界发达国家汽车工业发展都与国民经济发展直接相关，并基本保持与GDP的同向增长。日本经济高速发展的15年间，国民生产总值增长了6倍，而汽车工业的产值却增长了57倍。汽车工业完成的工业增加值在其国内生产总值中的比重，欧洲平均为7%，日本在10%以上，美国也超过5%。因而，有人从数量上理解支柱产业完成的工业增加值，占同期国内生产总值（GDP）的比例，应不小于5%。

目前，我国汽车工业完成的工业增加值，占同期国内生产总值（GDP）的比例在2%左右。尽管如此，改革开放以来，我国汽车工业的发展速度一直位居机械工业之首，也明显高于同期国民经济的发展速度，从增长趋势看，我国汽车工业在国民经济中的地位引人注目。

总之，汽车经济拉动了国民经济的增长，对国民经济发展的贡献度高，地位突出。

(2) 汽车工业在国民经济中占有突出地位

汽车工业是一个高投入、高产出、集群式发展的产业部门。汽车工业自身的投资、生产、研发、供应、销售、维修；前序的原材料、零部件、技术装备、物流；后序的油料、服务、报废回收、信贷、咨询、保险，直至广告、租赁、驾驶员培训、汽车运输、汽车救援、汽车美容、汽车运动、加油站、基础设施建设、汽车旅游、汽车旅馆、汽车影院、汽车餐厅等，构成了一个无与伦比的长链条、大规模的产业体系。

汽车产业链长，辐射面广，能带动钢铁、机械、电子、橡胶、玻璃、石化、建筑、服务等150多个相关产业的发展，汽车消费的拉动作用范围大、层次多，已经成为了社会经济的主导产业，是典型的波及效应大的产业，波及效应（相关产业为汽车工业服务所形成的增加值）是数倍于汽车工业本身的效益。

汽车工业的发展对整个国民经济发展的牵动力非常大。当这种作用被充分认识，并得到尊重时，汽车工业便会成为促进国民经济发展的积极因素；反之，它便会成为经济发展的制约因素。

(3) 汽车工业科技创新和科技成果吸收能力强，有利于促进国民经济产业结构升级

汽车市场的竞争，实质上是现代科技的较量，是技术创新的竞争。汽车厂家纷纷建立技术中心，投入大量的资金开展技术和产品创新；政府对汽车关键技术及其关联科技也保持较

大的经费投入，如我国原科技部在"十五"、"十一五"期间均设有电动汽车重大科技专项；高等院校、科研机构和汽车企业，承担了大量与汽车相关的科研课题。

汽车一直是最强大的科技产业之一。汽车诞生 100 多年来，其技术进步使得汽车的面貌日新月异，汽车工业变得日益强大和成熟。内燃机技术、变速器技术、底盘/驱动技术、汽车轮胎技术、车身技术等成功应用于现代汽车，使得汽车发动机的功率大大提高，燃油消耗率大大降低，实现了汽车高功率、高速度和高经济性的相互协调。20 世纪 70 年代以后，汽车在安全、节能和环保方面又有了新的突破和进展。蓄电池、各种电动机性能的改进推动了新能源汽车的诞生。特别是电子技术与汽车技术的结合，使得汽车技术又有一个新的质的飞跃，如今各种先进技术和装备，如微型电子计算机、无线电通信、卫星导航等新技术、新设备和新方法、新材料，广泛应用于汽车工业，汽车正在走向电子化、网络化、智能化、轻量化、能源多样化。同时，汽车的能耗、噪声和污染等公害日将减少，安全性、经济性、舒适性、使用方便性日益提高。汽车科技是国家整体提高科技水平的领头羊，是国家创新工程的重要阵地之一。

汽车工业的发展也不断对相关产业提出新的要求，促进相关产业的技术进步。例如，高性能燃料和润滑油、特种钢材和有色金属、子午线轮胎、工程塑料、夹层玻璃和钢化玻璃、汽车电子设备等，就大大推动了石油工业、冶金工业、橡胶工业、化学工业、玻璃工业、电子工业的技术进步。现代汽车科技涉及空气动力学、人机工程学、结构力学、机械工程学、热力学、流体力学、材料学、工业设计学等多个学科，它们紧密相连、相互依附、相互促进。

汽车工业还是带头应用最新技术成果的行业。通过新技术在汽车行业的试验、研究和完善，最后推广和运用到其他工业。组合机床、自动生产线、柔性加工系统、机器人、全面质量管理等新技术、新工艺、新方法，都是在汽车工业中最先得到推广和应用。汽车工业是消化吸收科技成果（尤其是高科技成果）最强的工业部门之一，如世界上 70% 的机器人被应用于汽车工业，CAD/CAM 技术正被广泛用于汽车设计和生产，以电子产品为代表的一大批高科技产品在汽车上的装车率日益提高。机械、电子、化学、材料、光学等众多学科技术领域取得的成就都在汽车上得到了体现和应用。

未来汽车的发展，还将推动各种高新技术和边缘学科的发展。如材料科学、人机工程、电子技术、能源科学、汽车空气动力学、车辆地面力学、汽车轻结构学、汽车轮胎学等。

汽车工业的发展，直接促进了国家产业结构的升级。由于汽车工业的水平几乎代表着一个国家的制造业水平、工业化水平和科技水平，汽车科技及其相关科技对其他产业的辐射，直接促进有关产业的进步，特别是技术含量相对较高产业的发展，从而使得国家的产业结构不断走向高级化。如美国的产业结构，由 1880 年以纺织、食品、木材加工为主体，发展到 1950 年以汽车、钢铁、石油、机械制造为主体，经过 70 年的时间，完成了产业结构由轻工业向重工业乃至深加工工业的产业结构转换。在转换中，汽车工业的发展起了极为重要的带动作用。又如日本，战后先后出现过三组带头主导产业：第一组是电力工业；第二组是石油、石化、钢铁等工业，第三组是以汽车工业为龙头的先进制造业。前两组工业的发展为汽车工业的大规模发展创造了必要条件，而汽车工业在形成一定规模后，便全面带动了日本制造产业的发展，实现制造业向深加工、高价值的转换。

产业结构的升级，提高了产业的国际竞争能力，必将导致国家出口产品结构的优化，形成以深加工、高附加值为主的出口结构。二战后，汽车"国际贸易第一大商品"的地位从未被撼动。2006年世界汽车产品贸易额突破万亿美元，其中，日本汽车出口连续第五年实现增长，德国的汽车出口业是欧洲最大的对外经济贸易，一些发展中国家，如巴西、墨西哥、马来西亚，都把汽车作为出口创汇的重要手段。

(4) 汽车产业能够提供众多的就业机会

汽车产业的发展，可以创造大量的就业机会。有统计数字表明，汽车工业每提供1个就业岗位，上下游产业的就业人数是10～15个。在几个主要汽车生产国和消费国中，与汽车相关的工业和服务业都拥有较高的就业人数，尤其是汽车服务业的就业人数自20世纪80年代以来大幅度增长，就业比重明显提高。据德国汽车工业协会统计计算，1997年德国汽车产业的直接和间接就业人数达到500万人，其中汽车产业直接就业人数为67万人，配套工业行业间接就业人数为98万人，与汽车销售和使用有关的间接就业人数为335万人，汽车产业间接就业人数为直接就业人数的6.5倍。

由于我国存在着大量剩余劳动力，就业矛盾突出，汽车产业对于多方面扩大就业途径，带动间接就业特别是服务业就业的增长，具有比其他国家更大的作用。据有关投入产出分析提供的资料，1997年，我国与汽车产业相关的主要上游产业的完全就业人数为273万人，是汽车产业直接就业人数的1.5倍；与汽车产业相关的主要服务业的间接就业人数达到1726.5万人，是汽车产业直接就业人数的9.52倍；因此汽车产业间接就业人数高达1999.5万人，是直接就业人数的11.02倍。

目前，世界主要汽车生产国汽车产业提供的就业机会，约占这些国家总就业机会的20%。在我国，2005年汽车产业就业人数已达4215万人，占全国就业人数的10%，有专家预测到2030年，这个数字将达1亿人以上。汽车产业对于多方面扩大就业途径，带动间接就业特别是服务业就业的增长，具有非常重要的作用。这种作用，无论是其经济意义，还是其政治意义，都是不可低估的。

综上所述，汽车工业具有支柱产业的特征。把汽车工业列入支柱产业予以扶植和发展，是保证我国经济持续、健康发展的重要举措之一。

三、我国汽车市场的形成与发展

我国汽车市场的形成过程，与西方国家存在着较大差别。西方国家的汽车市场是在其商品经济发展过程中自然形成的，而我国的汽车市场是通过经济体制改革而形成的。按照市场机制（价格机制、供求机制和竞争机制）在我国汽车生产、流通和消费各环节的作用程度不同，我国汽车市场的形成过程大体可以分为如下三个阶段。

(1) 孕育阶段

从1978年宏观经济体制开始转轨，到1984年城市经济体制改革着手实施，这7年是我国汽车市场的孕育阶段。从汽车产品的流通看，这一阶段开始从严格的计划控制，出现局部松动，但仍具有较浓厚的计划色彩。

1978年，中共中央《关于加快工业发展若干问题的决定》指出：加强物资管理，要统一计划，统一调控，但中央对一部分计划外分配的国产汽车，允许各省、市、自治区自行安排分配。1981年，国务院批准《关于工业品生产资料市场管理暂行规定》，规定各生产企业在完成国家计划前提下有权自销部分产品，企业自身利益开始得到承认，汽车产品流通也开始向市场化转变。但严格地说，这一阶段汽车产品分配仍属于国家计划控制之下，只是在管理方式和严格程度上有所改变。汽车产品的指令性计划由1980年的92.7%下降到1984年的58.3%，表明计划管理有了较大松动。由于在这一阶段，指令性计划对汽车的生产与流通仍占主导地位，企业自销与市场机制只是处于补充地位，计划体制没有根本改变，汽车市场尚未真正形成。

(2) 诞生阶段

从1985年以后，市场机制在汽车产品流通中的作用日益扩大，并逐步替代了传统的计划流通体制，汽车流通的双轨制向以市场为主的单轨制靠拢，市场机制开始成为汽车产品流通的主要机制。这一阶段的特点是正面触及旧体制的根基即计划分配体制，大步骤缩小指峰性计划，大面积、深层次地引入市场机制，为形成汽车市场创造了条件。至1988年，国家指令性计划只占当年国产汽车产销量的20%，1993年进一步下降到7%，并在一些中心城布建立了全国性的汽车交易市场、零部件市场、汽车自选市场、展销市场等有形市场。

在这一阶段，由于市场机制对汽车生产、流通和使用的作用越来越大，并上升至主导地位。因而可以说，我国的汽车市场已经全面形成。

(3) 市场主体多元化成长阶段

这一阶段以1994年我国开始全面进入市场经济建设为标志，并持续至2010年或稍后一些时间。这一阶段汽车工业基本建成国民经济支柱产业，汽车工业将在数量和品种结构方面，基本满足国内市场需要，市场主体将以私人消费为主导，从而使汽车市场转入私人消费主导阶段。

这个阶段的主要市场特点是：市场机制进一步被充分尊重，那些影响和制约汽车市场发育的不和谐因素逐渐减少，甚至得以消除；市场需求的规模迅速扩大，市场需求主体由过去比较单一的公费购买，向公务需求、商务需求和私人需求转变，并且私人需求的份额逐步增加至主导地位；进口汽车与国产汽车的竞争逐步加剧，从数量竞争到深层次竞争都更为明显。

综上所述，我国汽车市场的形成与发展，必将为我国汽车企业既提供更大的市场营销空间，又搭建更为严厉的竞争舞台。汽车企业要有足够清醒的认识，并充分重视营销研究工作。这种必要性表现如下：

第一，我国正处于市场经济建立的过程中，旧体制虽已基本被打破，但新体制的完善却还有待时日，经济生活中的不规范现象常常发生，我国又加入了世贸组织，这就表明我国汽车营销将面临非常复杂的营销环境。

第二，随着我国经济的持续快速增长，人们收入水平的提高，我国汽车工业尤其轿车工业，面临着黄金机会，但同时来自国内外的市场竞争又空前激烈，这表明我国汽车市场营销活动的特点将大不同于以往。从过去的历史看，我国汽车企业的营销活动还缺乏成熟性，尤其是受到需求活跃的影响时，现代营销观念及其指导下的一系列活动不能始终如一地得到贯彻和运用，我们还需要掌握调节市场需求的营销艺术。

第三，中国经济已经开始同世界经济接轨，已经迈出全面参与国际经济大循环的步伐。中国汽车工业也被迫要同诸如通用、丰田等世界级跨国公司展开一场力量悬殊的竞争，中国汽车工业被迫要在国际、国内两个汽车市场上同国际汽车工业巨头短兵相接，展开营销大战。

以上分析表明，搞好我国的汽车市场营销研究，比以往任何时候都有更大的现实意义和历史意义。

第三节　汽车市场营销观念

情景　征战中国大市场 成功营销全攻略　代表品牌：奥迪

奥迪轿车在中国市场上采取了"进口＋本土"的产品策略，即奥迪A4、A6通过德国奥迪公司、德国大公司负责。对于中国市场上奥迪系列产品，奥迪A6于1999年底下线、2000年正式上市，新款奥迪A6于2002年11月正式上市，奥迪A4于2003年4月上市，旗舰产品奥迪A8通过"进口"方式2003年7月登陆中国市场，奥迪公司完成了征战中国市场的产品布局。在世界高档豪华车市场上，宝马、奔驰都是奥迪最强劲的竞争对手，中国市场上亦是如此，因此他们也在积极运作中国市场。同时，凯迪拉克、沃尔沃（VOLVO）、丰田等品牌也在悄悄跟进，通过进口或在华寻找合作伙伴（如宝马与华晨合作）来争分高档车市场的"一杯羹"。就产品（线）竞争而言，奥迪A4产品级别与宝马3系列相当，奥迪A6与宝马5系列、奔驰S系列相当，A8与奔驰C系、宝马7系相当。那么，奥迪轿车如何成功博弈中国市场？

（1）品牌行销：营销的灵魂

"同一星球，同一奥迪，同一品质"，同德国大众公司一样，奥迪在全球有着统一的品牌准则。奥迪公司中国区总监狄安德对品牌有一个清晰的概念："品牌是一个承诺，品牌是一种体验。品牌是在顾客心中形成的概念，包括产品开发、设计、生产、销售、市场和服务。"其实，这是奥迪轿车行销中国的"指南针"，更是品牌行销规则。

广告行销：传播主阵地

奥迪中国总部负责奥迪品牌形象传播事业，包括围绕品牌而开展的品牌塑造、品牌传播、公关企划等作业，这样保证一汽大众的A4、A6与"进口"A8在品牌方面保持良好统一性，而产品广告一汽大众负责，但共同拥有一个完善的整合营销传播计划，保持良好合作关系。

奥迪广告一直在"运动"着，通过"运动"适应不同市场形势，不同的市场阶段，与"品牌运动"相呼应。总体来看，奥迪广告有如下特征：广告传播主线化、广告传播周期化、广告诉求规律化、广告媒体整合化、版面大气化、发布时间集中化、版面选择科学化、广告投放广泛化、核心媒体策略、广告运动化。

如何才能让抽象、感性的品牌价值观在中国的目标消费者心里植根并领略奥迪完美品质？这是整合营销传播所要解决的问题，而广告作为传播的核心载体，自然要比公关活动、事件行销等承担得更多。因此，必须做到广告传播方案的周密性、良好的计划性：全年的宣传概念和分阶段的主题，在每一阶段，媒体公关、事件营销、广告等都围绕这些主题进行，按部就班、有条不紊地把奥迪的品牌形象注入目标消费者的心里。

（2）服务行销：打造忠诚度

"一切以用户满意为中心"是一汽大众的核心服务理念，亦得到奥迪品牌的认可。通过开展情感营销，打造顾客忠诚度，服务于老客户重复消费，更影响新客户开发。2002年，根据美国著名权威市场调查机构J.D. Power对中国市场调查显示，奥迪A6售后服务满意度在被调查的国内20多家的知名整车产品中脱颖而出，获得中国整车售后服务第一名。

(3) 渠道分销：打造最佳通路

汽车渠道分销有独家分销、选择性分销、全面分销售，而选择性分销是奥迪中国市场分销策略。由于奥迪系列产品有"进口"和与本土生产之分，因国家明文规定"国产车"与"进口车"不能混合销售，使奥迪A6、A4与A8进入市场的通路有所不同，经销商服务配套体系方面亦有所区别。但是，这并不影响奥迪规范化的经销商管理体系在渠道分销中发挥重要作用。

(4) 艺术行销：嫁接艺术与品牌

如果说奥迪品牌行销是一种完全理性化，那么就忽略了其行销感性化的一面：奥迪更像一位集特长于一身的艺术家，艺术行销更为奥迪拼杀于中国高档豪华车市场平添了几分感性色彩。奥迪倡导"享受生活"的生活模式，于是艺术行销、娱乐行销走进奥迪营销视野。奥迪开展艺术行销的核心原理是：驾驭奥迪轿车是"享受人生"，享受艺术同样是"享受人生"，二者有着极其密切的关联点。

(5) 公关行销：传播"软武器"

公关行销包括新闻行销、事件行销、社会公益行销等多种策略形式。奥迪非常重视公关行销，诸如在上海设立奥迪新闻中心、在网站（包括中国公司网站、一汽大众网站）上设立网上新闻中心，能够拥有良好的新闻条件与环境，良好的公关环境是奥迪在中国市场快速发展的基础。要知道，目前奥迪与宝马、奔驰等豪华车已经开始了新闻上的舆论战，诸如奥迪作为第一家实现生产本土化的豪华轿车，面对的却是宝马大中华区总裁"我们有幸成为第一个在中国生产轿车的豪华品牌"的答记者问。在对豪华车概念相对模糊的中国市场，或者说消费还处于"启蒙教育"阶段，如果哪个品牌忽略了新闻媒体的作用，那是致命的，对此奥迪身体力行。

问题：奥迪如何成功进入中国市场的？

企业经营哲学（Business Philosophy）是指企业经营活动的指导思想。它是一种观念、一种态度或一种企业思维方式。企业经营哲学的核心是如何正确处理企业、顾客和社会三者之间的利益关系。无论是西方国家的企业，还是我国的企业，其经营哲学演变都经历或将经历生产导向→销售导向→营销导向→社会营销导向→关系导向这一过程。企业经营哲学的演进过程，既反映了社会生产力及市场趋势的发展，也反映了企业领导者对市场营销发展客观规律认识深化的结果。企业经营哲学的演进经历了四个阶段、五个观念。

一、生产观念（Production Concept）

这是一种古老的企业经营哲学，它产生于20世纪20年代前，当时，社会生产力仍较落后，市场趋势表现为供不应求的卖方市场，企业产品价值的实现不成问题。因而，企业经营哲学不是从消费者需求出发，而是从企业生产出发，也是以企业为导向。生产观念主要表现是"我生产什么，就卖什么"，消费者喜欢那些可以到处买得到而且价格低廉的产品。因此，企业的任务是提高生产率、增加产量、降低成本及提高分销效率。例如，1908年福特总结了过去的经验教训，及时调整了经营思想和经营战略，按照当时百姓的需要，作出了明智的战略决策，致力于生产规格统一、品种单一、价格低廉、大众需要又买得起的"T型车"，在产品标准化的基础上组织大规模生产。此后十余年，销售迅速增加，产品供不应求，获得巨大的商业成功。使其一举成为当时世界上最大的汽车公司。

二、产品观念 (Product Concept)

它也是一种较早的企业经营哲学,它和生产观念几乎在同一时期流行。这种观念认为,消费者最喜欢高质量、多功能及具有某些创新特色的产品,并认为只要企业生产这些产品就会顾客盈门,因而经常迷恋自己的产品,而未看到消费者的真正需求及其需求的变化。这种观点必然导致"一孔之见"的营销近视,致使企业营销陷入困境乃至失败。例如,美国著名的爱尔琴国民钟表公司自 1864 年创立以来,至 1958 年以前在美国享有盛名,销售量一直上升,支配了美国的钟表市场。但自 1958 年以后,消费者对手表的需求已发生变化,对手表的计时准确、名牌及耐用的观念已改变,只需要一个能告诉时间、外表吸引人及价格低的手表;分销渠道由珠宝商店向大众化商店扩展。当竞争者适应市场需求变化而投入相应产品时,该公司仍陶醉于自己高质量的手表,从而导致了经营的失败。

三、推销观念 (Selling Concept)

这是 20 世纪 20 年代末至 50 年代前盛行的企业经营哲学。这一时期,由于科技进步,社会生产力有了巨大的发展,市场趋势由卖方市场向买方市场过渡,尤其是在 1929~1933 年特大经济危机期间,大量产品卖不出去,因而驱使企业不能只注重大力发展生产,还必须重视采用广告术与推销术去推销产品。

推销观念认为,如果让消费者和企业自行抉择,他们不会大量购买某一企业的产品,因为消费者通常表现出一种购买惰性或者抗衡心理,因此,企业必须积极推销和大力促销,以刺激消费者大量购买企业产品。可见,推销观念既盛行于 20 世纪 50 年代以前时期,也存在于该时期以后。以至于当今社会推销术依然大行其道。这种观念虽然比前两种观念前进了一步,开始重视广告术与推销术,但其实质仍以企业为导向,以生产为中心,以产定销,而不是以消费者需求为导向。

四、市场营销观念 (Marketing Concept)

市场营销观念产生于 20 世纪 50 年代以后。第二次世界大战后,随着第三次科技革命的兴起,社会生产力迅速发展,市场趋势逐步呈现为供过于求的买方市场。同时,广大消费者个人收入迅速提高,消费需求不断变化,有能力对产品进行选择,企业之间为实现产品价值的竞争加剧,许多企业开始认识到,必须转变经营哲学,才能求得生存和发展。

市场营销观念认为:实现企业目标的关键在于确定目标市场的需要与欲望,并且比竞争者更有效能和效率地传递目标市场所期望的产品或服务。

市场营销观念的出现,使企业经营哲学发生了根本性的变化,哈佛大学教授西奥多·李维特(Theodore Levit)对推销观念与市场营销观念作了深刻的比较:推销观念注重卖方需要,营销观念则注重买方需要;推销观念以卖主需要为出发点,考虑如何把产品变为现金,而市场营销观念则考虑如何通过产品以及提供、传递与最终消费品有关的所有东西,来满足顾客需要。推销观念与市场营销观念的比较见图 1-5。

出发点	中心	手段	目的
工厂	产品	推销和促销	通过销售获得利润

(a) 推销观念

目标市场	顾客需求	整合营销	通过顾客满意获得利润

(b) 营销观念

图 1-5 推销观念与市场营销观念比较

由图 1-5 可见，市场营销观念基于四个支柱：目标市场、顾客需求、整合营销、赢利能力。从本质上说，市场营销观念是一种以顾客需求为导向的经营哲学。

五、社会营销观念（Social Marketing Concept）

社会营销观念产生于 20 世纪 70 年代。市场营销的发展，一方面给社会及广大消费者带来了巨大的利益，另一方面造成了资源短缺、环境污染，破坏了社会生态平衡，同时出现了假冒伪劣产品及欺骗性广告，引起了广大消费者的不满，并掀起了保护消费者利益运动及保护生态平衡运动，迫使企业营销活动必须考虑消费者及社会的长远利益。

社会营销观念认为，企业的任务是确定各个目标市场的需要、欲望和利益，并以保护和提高消费者和社会福利的方式，比竞争者更有效、更有利地向目标市场提供所期待的满足物。

社会营销观念要求企业在营销活动中考虑社会与道德问题。营销者必须不断平衡和评判公司利润、消费者需要的满足及公众利益三者的矛盾。

六、当代营销观念的创新

（1）顾客满意

基本理念：通过满足需求达到顾客满意，最终实现包括利润在内的企业目标。

顾客满意，是顾客的一种主观感觉状态，是顾客对企业的产品和服务满足其需要程度的体验和综合评估。通常可以用顾客的让渡价值去研究顾客满意问题。顾客让渡价值是指客户与企业的交往过程中，客户从企业那里获得的总价值与客户支付的总成本的差额。

客户获得的总价值包括产品价值、服务价值、人员价值、形象价值。客户支付的总成本包括支付的货币资金、耗费的时间、精力、体力。

企业为了争取顾客，战胜竞争对手，巩固或提高企业产品的市场占有率，往往容易采取顾客价值最大化策略。但追求顾客让渡价值最大化常常会增加成本，减少利润。因此，在市场营销实践中，企业应掌握一个合理的度，而不是片面强调顾客价值最大化，以确保实现顾客让渡价值所带来的利益超过因此增加的成本费用。换言之，企业的顾客让渡价值的大小应以能够实现企业的经营目标为原则。

（2）绿色营销

基本理念：谋求消费者利益、企业利益与人类环境利益的协调。

绿色营销具有广义和狭义两个概念。广义的绿色营销系指企业营销活动中体现社会价值观、伦理道德观，充分考虑社会效益，既自觉维护自然生态平衡，又自觉抵制各种有害营销。狭义的绿色营销，主要指企业在市场营销活动中，谋求消费者利益、企业利益与人类环境利益的协调。

实施绿色营销的企业，对产品的创意、设计和生产，以及定价与促销的策划和实施，都要以保护生态环境为前提，力求减少环境污染，保护和节约自然资源，维护人类社会的长远利益，实现经济的可持续发展。

（3）整合营销

基本理念：要求各种营销因素方向一致，形成合力，共同为企业的营销目标服务。

整合营销观念改变了将营销活动作为企业经营管理的一项职能的观点，它要求企业把所有的活动都整合和协调起来，努力为顾客的利益服务。同时强调企业与市场之间互动的关系和影响，努力发现潜在顾客和创造新市场，注重企业、顾客和社会的共同利益。

企业把与顾客之间的交流、对话、沟通放在特别重要的地位，并形成以顾客为中心的新的营销组合。

(4) 关系营销

基本理念：将建立与发展同所有利益相关者之间的关系作为企业营销的关键变量，把正确处理这些关系作为企业影响的核心。

它把营销活动看成是一个企业与消费者、供应商、分销商、竞争者、政府机构和其他公众发生互动作用的过程，企业营销活动的核心在于建立并发展与这些公众的良好关系。企业和这些相关成员包括竞争者的关系并不是完全对立的，其所追求的目标存在相当多的一致性。关系营销的目标也就在于建立和发展企业和相关个人及组织的关系，取消对立，成为一个相互依赖的事业共同体。

关系营销更为注重的是维系现有顾客，认为丧失现有顾客无异于失去市场、失去利润的来源。这就要求企业要及时掌握顾客的信息，随时与顾客保持联系，并追踪顾客的动态。因此，仅仅维持较高的顾客满意度和忠诚度还不够，还必须分析顾客产生满意感和忠诚度的根本原因。满意的顾客会对产品、品牌乃至公司保持忠诚，忠诚的顾客会重复购买某一产品或服务，不为其他品牌所动摇，且会购买企业的其他产品；同时顾客的口头宣传，有助于树立企业的良好形象。

(5) 客户关系营销

基本理念：以客户价值和客户让渡价值为核心，通过完善的客户服务和深入的客户分析来满足客户的需求，在使客户让渡价值最大化的同时，实现企业的价值。

客户关系营销源于关系营销，但又不同于关系营销。客户关系营销认为客户是企业最重要的资源，高质量的客户关系正在成为企业唯一重要的竞争优势。所以客户关系营销比关系营销更注重企业与客户的关系。

客户关系营销既是一种营销管理思想，又是一套管理企业与客户关系的运作体系。一方面，客户关系营销要求以"客户为中心"来构架企业，追求信息共享，完善对客户需求的快速响应机制，优化以客户服务为核心的工作流程，搭建新型管理系统；另一方面，客户关系营销实施于企业与客户相关的所有领域，使企业与客户保持一种卓有成效的"一对一"关系，向客户提供更快捷、更周到的优质服务，以吸引和保持更多的客户资源。

(6) 网络营销电子商务

基本理念：企业以电子信息技术为基础，以互联网为媒介进行的各种营销活动。

网络营销符合顾客主导、成本低廉、使用方便、允分沟通的要求，使得企业的营销活动始终和三个流动要素（信息流、资金流、物流）结合并流畅运行，形成企业生产经营的良性循环。

电子商务主要是指将销售业务借助计算机网络系统完成商品交易的形式。其中计算机网络系统包括企业网络和互联网络，网上完成的商务内容包括网上商品资源查找、网上定价、在线谈判、网上签约、网上支付等具体与商品销售环节相关的手续。电子商务不能等同于网络营销，它只是网络营销的部分业务。无论网络营销，还是电子商务都需要物流配送的支撑，才能最终完成有形商品的实物销售。

网络营销和电子商务丰富了营销或销售的形式，其意义主要不是营销观念的变革，而是在于它们促进了营销方式和手段的创新。

(7) 营销道德

基本理念：维护和增进全社会和人民的长远利益。

道德是评价某决定和行为正确与否的价值判断并用来评价某决定和行为是否被大众所接

受。市场营销道德则指消费者对企业营销决策的价值判断，即判断企业营销活动是否符合广大消费者及社会的利益，能否给广大消费者及社会带来最大的幸福。这势必涉及企业经营活动的价值取向，要求企业以道德标准来规范其经营行为及履行社会责任。

最基本的道德标准已被规定为法律和法规，并成为社会遵循的规范，企业必须遵守这些法律和法规。营销道德则不仅指法律范畴，还包括未纳入法律范畴而作为判断营销活动正确与否的道德标准。企业经营者在经营活动中应当遵循这两种类型的营销道德。这是调整企业与所有利益相关者之间关系的行为规范的总和，是客观规律及法律以外约束企业行为的又一要素。营销道德的最根本的原则是维护和增进全社会和人民的长远利益。

企业营销活动中道德问题的产生，或是由于经营者个人道德哲学观同企业营销战略、策略、组织环境的矛盾；或是由于经营者为实现赢利目标同消费者要求获取安全可靠的产品、合理价格、真实广告信息之间的矛盾；或是由于企业领导者错误的价值取向迫使经营者违背道德经营，诸如为增加利润及提高产品市场占有率迫使经营者去窃取竞争对手的商业秘密，或有意将伪劣产品推向市场等。

企业具有"经济人"及"社会人"双重身份。作为"经济人"，追求利润最大化成为其根本目的，因而，对社会责任往往难以自觉地履行。作为"社会人"，要求企业自觉承担社会责任。我们对自觉承担社会责任的企业应当给予肯定和支持，对不尽社会责任的企业要加以约束和限制、甚至惩处。

对不尽社会责任的企业如何调控呢？

从宏观方面看，政府要采用法律、行政监督管理手段及社会公众的监督手段。从外部对企业经营行为进行规范和控制，促使企业履行社会责任。

从微观方面看，企业进行自律是对企业社会责任调控的重要方式。企业自律是指企业从法律与道德角度对其经营指导思想及营销行为进行规范、约束和控制。

【课后练习】

（1）解释以下概念：

需要　　欲望　　需求　　关系和网络　　营销渠道　　供应链

（2）什么是市场营销与市场营销学？

（3）什么是微观营销与宏观营销？

（4）市场营销主要包括哪些核心概念？

（5）企业经营哲学的发展经历了哪些阶段？市场营销观念的革命性及其局限性表现在哪里？

（6）市场营销学的发展经历了哪些阶段？各阶段的主要特点是什么？

（7）市场营销在社会经济发展中有哪些作用？

【实训操作】

（1）营销辩论：营销能创造消费者的需要和欲望 VS 营销仅仅是反映消费者的需要的欲望。

（2）讨论：你身边的营销发生变化了吗？比如购物形式、接受教育的选择性、经常可以得到的免费赠品等。你觉得是哪些因素导致了这些变化？

（3）描述一个公司的营销组合。为了获得信息，你可以查阅一些出版物，如《汽车之友》、《商业时代》等，更好的是利用互联网，在百度中输入你感兴趣的公司，看看都有哪些收获。

第二章

汽车市场营销分析

> **学习目标**
>
> 1. 了解研究市场营销环境的含义和特点;
> 2. 了解影响企业营销决策的微观环境与宏观环境因素;企业如何识别所处的营销环境的特点和变化,及时调整营销策略以适应营销环境的变化;
> 3. 掌握竞争者行为分析的内容和方法;
> 4. 了解消费者行为特征对市场营销决策的影响;集团组织行为特征对市场营销决策的影响。

第一节 汽车市场营销环境及其特征

情景 阿迪达斯入驻淘宝商城

2011年8月15日,试运行的淘宝商城阿迪达斯官方旗舰店发出紧急通告:由于开业促销活动热情高涨,店内部分商品出现断码或缺货,阿迪达斯已经对这些商品进行紧急调拨处理,预计8月16日部分商品完成补货后重新上架。

2011年8月16日这天,全球领先运动品牌阿迪达斯与淘宝网联合宣布,双方达成战略合作,阿迪达斯淘宝商城官方旗舰店同日正式开启。

要知道,疯狂的8月15日仅仅是阿迪达斯淘宝商城旗舰店试运营的第一天。8月15日至17日,阿迪达斯淘宝商城旗舰店参加名鞋馆举行促销活动,一举引爆了网购消费者的激情。尤其值得注意的是,活动包括数百款本季新品。据介绍,阿迪达斯计划在未来几个月内将其在中国地区的全线产品放到淘宝商城旗舰店销售。

这显然不是一次普通的品牌入驻淘宝的商务合作。看起来,在前有耐克重兵,后有众多国产品牌的夹击之下,阿迪达斯迈出了重要的一步。而从消费者给予的热情反馈来看,这步棋走得相当漂亮。

阿迪达斯反击:上网包抄二线渠道。事实上,在中国市场上,阿迪达斯在2010年已被李宁超过。

有数据显示,2009年阿迪达斯在中国内地业务大幅下滑,销售额约为70亿元,而李宁以83.87亿元的成绩将中国运动品牌销售额第二的位置收入囊中。

分析人士认为，李宁、安踏等国产品牌的崛起，显示其先期攻占二、三线城市的"农村包围城市"策略奏效。2010年，李宁攻势不减，改LOGO走国际化路线、打出"90后李宁"的广告语，在一线城市避开对耐克、阿迪达斯怀有特殊情感认可的70后、80后群体，全力争夺新生代市场。

在此背景下，2010年成为阿迪达斯在中国市场的关键一年。阿迪达斯将实现翻盘，还是进一步被拉开差距，某种程度上决定了阿迪达斯在中国市场——当前最重要和最具潜力的市场的未来。

【营销启示】

现代营销理论告诉我们，企业对营销环境具有一定的能动性和反作用，它可能通过各种方式如公共关系等手段，影响和改变环境中的某些可能被改变的因素，使其向有利于企业营销的方向变化，从而为企业创造良好的外部条件。

一、汽车市场营销环境的概念

什么是市场营销环境？按照美国著名市场学家菲利普·科特勒的解释是：影响企业市场营销活动的不可控制的参与者和影响力。具体来说就是：影响企业的市场营销管理能力，使其能否卓有成效地发展和维持与其目标顾客交易及关系的外在影响力。因此，市场营销环境是指与企业营销活动有潜在关系的所有外部力量和相关因素的集合，它是影响企业生存和发展的各种外部条件。

企业市场营销环境的内容既广泛又复杂。不同的因素对营销活动各个方面的影响和制约也不尽相同，同样的环境因素对不同的企业所产生的影响和形成的制约也会大小不一。一般来说，市场营销环境主要包括两方面的构成要素：一是微观环境要素，即指与企业联系紧密、直接影响其营销能力的各种参与者，这些参与者包括企业的供应商、营销中间商、顾客、竞争者以及社会公众和影响营销管理决策的企业内部各个部门；二是宏观环境要素，即影响企业微观环境的巨大社会力量，包括人口、经济、政治、法律、科学技术、社会文化及自然地理等多方面的因素。微观环境直接影响和制约企业的市场营销活动，而宏观环境主要以微观营销环境为媒介间接影响和制约企业的市场营销活动。前者可称为直接营销环境，后者可称为间接营销环境。两者之间并非并列关系，而是主从关系，即直接营销环境受制于间接营销环境，如图2-1所示。

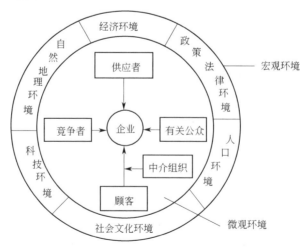

图2-1　市场营销环境

二、汽车市场营销环境的特点

汽车市场营销环境是一个多因素、多层次而且不断变化的综合体。其特点主要表现：

(1) 客观性

企业总是在特定的社会经济和其他外界环境条件下生存、发展的。不管你承认不承认，企业只要从事市场营销活动，就不可能不面对着这样或那样的环境条件，也不可能不受到各种各样环境因素的影响和制约，包括微观的、宏观的。一般来说，企业是无法摆脱营销环境影响的，它们只能积极主动地适应营销环境的变化和要求。因此，企业决策者必须清醒地认识到这一点，要及早做好充分的思想准备，随时应付企业面临的各种环境的挑战。

(2) 差异性

市场营销环境的差异性不仅表现在不同的企业受不同环境的影响，而且同样一种环境因素的变化对不同企业的影响也不相同。例如，不同的国家、民族、地区之间在人口、经济、社会文化、政治、法律、自然地理等各方面存在着广泛的差异性，这些差异性对企业营销活动的影响显然是很不相同的；再如，我国企业处于相同的国内经济环境、政治法律环境、技术环境、竞争环境等，但这些环境对不同企业影响的程度是存在差异的。由于外界环境因素的差异性，企业必须采取不同的营销策略才能应付和适应这种情况。

【营销视野 2-1】 AC 尼尔森公司总裁：中国消费者的心思真难猜

首先，家庭观念起了很大的作用。在中国，大宗消费品的购买决定一般都由家庭成员或者朋友做出，而在西方发达国家，一般都是消费者的个人决定。这在某种程度上抑制了中国人的消费。第二，中国的农村市场和城市市场存在巨大的差异。由于收入较高而且对未来充满了乐观，城市居民一般更乐意消费，而广大的农村居民消费意愿则普遍不足。随着越来越多的消费者加入中产阶级的队伍，这一局面将有所改观。第三，中国人重视教育，这是中国文化的一部分。对中国消费者来说，最重要的事情就是为后代存钱，为他们支付教育费用。这样一来，中国消费者手中的可支配收入就所剩无几了，这大大抑制了他们购买耐用消费品或者日常消费品的热情。当然，人们也注意到，为了提高生活质量，中国消费者还是越来越乐意花掉手中的余钱。由于老百姓对中国经济形势总体持乐观态度，人们享受生活的意识越来越强烈，消费得到了某种程度的刺激。这不仅在大城市是如此，就连大量第二和第三类城市也是如此。

(3) 相关性

市场营销环境是一个系统，在这个系统中各个影响因素是相互依存、相互作用和相互制约的。这是由于社会经济现象的出现，往往不是由某一单一的因素所能决定的，而是受到一系列相关因素影响的结果。例如，企业开发新产品时，不仅要受到经济因素的影响和制约，更要受到社会文化因素的影响和制约。再如，价格不但受市场供求关系的影响，而且还受到科技进步及财政政策的影响。因此，要充分注意各种因素之间的相互作用。

(4) 动态性

营销环境是企业营销活动的基础和条件，这并不意味着营销环境是一成不变的、静止的。恰恰相反，营销环境总是处在一个不断变化的过程中，今天的环境与十多年前的环境相比已经有了很大的变化。例如国家产业政策，过去重点放在重工业上，现在已明显向农业、轻工业、服务业倾斜，这种产业结构的变化对企业的营销活动带来了决定性的影响。再如，我国消费者的消费倾向已从追求物质的数量化为主流正在向追求物质的质量及个性化转变，也就是说，消费者的消费心理正趋于成熟。这无疑对企业的营销行为会产生最直接的影响。

（5）不可控性

影响市场营销环境的因素是多方面的，也是复杂的，并表现出企业不可控性。例如一个国家的政治法律制度、人口增长以及一些社会文化习俗等，企业不可能随意改变。而且，这种不可控性对不同企业表现不一，有的因素对某些企业来说是可控的，而对另一些企业则可能是不可控的；有些因素在今天是可控的，而到了明天则可能变为不可控因素。另外，各个环境因素之间也经常存在着矛盾关系。例如消费者对家用电器的兴趣与热情就可能与客观存在的电力供应的紧张状态相矛盾，那么这种情况就使企业不得不作进一步的权衡，在利用可以利用的资源前提下去开发新产品，而且企业的行为还必须与政府及各管理部门的要求相符合。

三、市场营销环境与企业活动

市场营销环境通过其内容的不断扩大及其自身各因素的不断变化，对企业营销活动造成影响。企业营销活动既要积极适应环境又要设法改变环境。

市场营销环境是企业经营活动的约束条件，它对企业的生存和发展有着极其重要的影响。现代营销学认为，企业经营成败的关键，就在于企业能否适应不断变化的市场营销环境。由于生产力水平的不断提高和科学技术的进步，当代企业外部环境的变化速度，远远超过企业内部因素变化的速度。因此，企业的生存和发展，越来越决定于其适应外界环境变化的能力。"适者生存"既是自然界演化的法则，也是企业营销活动的法则，如果企业不能很好地适应外界环境的变化，则很可能在竞争中失败，从而被市场所淘汰。强调企业对所处环境的反应和适应，并不意味着企业对于环境是无能为力或束手无策的，只能消极被动地改变自己以适应环境，而是应从积极主动的角度出发，能动地去适应营销环境，也就是说，企业既可以以各种不同的方式增强适应环境的能力，避免来自营销环境的威胁，也可以在变化的环境中寻找自己的新机会，并可能在一定的条件下转变环境因素，或者说运用自己的经营资源去影响和改变营销环境，为企业创造一个有利的活动空间，然后再使营销活动与营销环境取得有效的适应。

美国著名市场学者菲利普·科特勒针对该种情况，提出了"大市场营销"理论。该理论认为，企业为了成功地进入特定市场或者在特定市场经营，可应用经济的、心理的、政治的和公共关系技能，赢得若干参与者的合作。科特勒举例说，假设某家百货公司拟在美国某城市开设一家商店，但是当地政府的法律不许它开店，在这种情况下，它必须运用政治力量来改变法律，才能实现企业的目标。"大市场营销"理论提出，企业可以运用能控制的方式或手段，影响造成营销障碍的人或组织，争取有关方面的支持，使之改变做法，从而改变营销环境。这种能动的思想不仅对开展国际市场营销活动有重要指导作用，对国内跨地区的市场营销活动也有重要意义。因此，营销管理者的任务不但在于适当安排营销组合，使之与外部不断变化的营销环境相适应，而且要积极创造性地适应和积极地改变环境，创造或改变目标顾客的需要。只有这样，企业才能发现和抓住市场机会，因势利导，在激烈的市场竞争中立于不败之地。

第二节　汽车市场营销环境分析

一、汽车市场微观营销环境分析

微观环境指与企业关系密切、能够直接影响企业服务顾客能力的各种因素，包括企业自身、供应商、销售渠道、顾客、竞争对手和公众等，如图 2-2 所示。

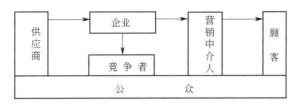

图 2-2　企业的微观环境因素

这些因素构成企业的价值传递系统，而这个系统的运行（运作）效率，在很大程度上决定着企业市场营销的绩效。通常，微观环境对企业营销活动的影响具有直接性和局部性，企业对微观营销环境在一定程度上也具有可控性，企业可以结合自身的营销目标，对部分微观环境因素进行必要的调整和控制。

（1）企业内部

企业内部环境系指企业的类型、组织模式、组织机构、研发能力及企业文化等因素。其中企业组织机构，即企业职能分配、部门设置及各部门之间的关系，是企业内部环境最重要的因素。

一般而言，企业内部基本的组织机构包括：高层管理部门、财务部门、产品研发与技术部门、采购部门、生产部门、营销部门等。这些部门之间的分工是否科学、协作是否和谐、精神是否振奋、目标是否一致、配合是否默契，都会影响营销的决策和营销方案的实施。营销部门必须与其他部门密切合作、相互支持，方可有效地开展市场营销活动，如营销计划必须征得高层同意方可实施，营销资金需要财务部门筹措、调度和管理，营销需要技术部门开发适销对路和生产部门生产质量上乘的产品，需要会计部门核算销售收入与营销费用等。从营销角度看，企业内部的所有部门都必须"想顾客所想"，并在工作行动中协调一致，共同提供上乘的顾客价值和顾客满意服务。

企业内部环境是企业提高市场营销的工作效率和效果的基础。因此，企业管理者应强化企业内部管理，为市场营销创造良好的营销内部环境。下面以通用汽车公司超越福特汽车公司的案例来说明企业内部管理对企业发展的重要性。

1908 年，通用的创始人威廉·杜兰特发起，在新泽西州以当时陷入困境的别克公司为核心，成立了通用汽车公司。在随后的 10 年，由于当时美国的汽车厂商众多，除福特致力于生产廉价的 T 型车外，其他汽车公司大多没有明显的经营特色，踌躇满志的杜兰特，通过投资和交换股份等形式，在化工大王皮埃尔·杜邦（Pierre DuPont）的支持下，历经曲折，先后将雪佛兰（Chevrolet）、凯迪拉克（Cadillac）、奥兹莫比尔（Oldsmobile）、庞蒂克（Pontiac）等公司全部收归至通用公司旗下。1919 年，杜兰特在特拉华成立新的通用公司，1919 年，当时世界上最大的办公大楼通用汽车大厦建成，通用公司总部迁至底特律。

可是，杜兰特在注重通用扩张的同时，忽视了公司的经营管理和工作效率，也缺乏治理大公司的管理经验,各分公司仍然各自为政,产品重复竞争,导致通用公司1920～1921年出现了最严重的危机。1920年,杜兰特被迫离开通用公司,当时已经处于部分退休状态的杜邦拜度出山,担任总裁,并选择阿尔弗莱德·斯隆(A. P. Sloan)接替杜兰特担任总经理。斯隆一上任,就提出改组通用公司管理体制的计划。

斯隆改组计划的核心,是用制度控制代替个人控制,将公司的决策权和经营权分开,建立协调控制与分散经营相结合的管理体制。公司董事会拥有决策权,负责经营方针政策的制订和协调控制,将各子公司改组为经营部门(事业部),拥有充分的经营权,是成本和利润责任中心。新计划于1923年初开始推行,决定凯迪拉克专门生产高档汽车,奥兹莫比尔和别克生产中高档汽车,雪佛兰和庞蒂克生产中低档汽车,这样通用公司便以多档次、多品种、多样式、多价格的汽车,向单一品种的福特汽车发起挑战。1924年,斯隆继承杜邦的董事长职务后,又创造性地提出分期付款、旧车折价、年年换型、密封车身等"四条销售原则",减轻了客户的经济负担,年年换型使得通用汽车始终保持对媒体与大众的吸引力。经过3～4年的不懈努力,通用公司获得了持续发展。1928年,其汽车产量超过福特公司,并在以后一直雄居世界车坛霸主地位,这标志着斯隆的改组计划取得了圆满成功。

(2)供应商

供应商系指向企业提供生产经营所需资源(如设备、能源、原材料、配套件、半成品等)的组织或个人。供应商的供应能力包括供应成本(供应价格)、供应的产品或服务的质量、供应的及时性(交货期及交货的节拍)等,这些能力短期将影响企业的生产和销售数额,长期将影响顾客的满意度。所以企业应不断地处理好同生产供应者之间的关系,本着合作、共赢的原则,打造富有竞争力的产品供应链条,为企业的市场营销营造有利的"小气候"。

对汽车企业的市场营销而言,企业的零部件(配套协作件)供应者尤为重要。汽车企业不仅要选择和规划好自己的零部件供应者,而且还应从维护本企业市场营销的长远利益出发,配合国家有关部门对汽车零部件工业和相关工业发展的政策,促其发展。我国的不少汽车厂商对其生产供应商采取"货比三家"的政策,既与供应商保持大体稳定的配套协作关系,又让供应商之间形成适度的竞争,从而使本企业的汽车产品达到质量和成本的相对统一。事实证明,这是一种对汽车厂商的生产经营活动具有较好效果的措施。

但值得关注的是,入世以后,随着我国汽车整车市场竞争的加剧,整车厂商往往习惯于降价促销,并迫使协作、配套的零部件供应商降低供应价格。在这个降价过程中,整车厂商往往很少考虑供应商的价格空间及其承受能力,结果导致供应商抱怨很多,出现过度节省材料、牺牲产品质量或者亏损经营等现象。正确的做法应该是,按照"双赢"的原则和以共赢发展为目标导向,整车厂商与供应商共同协商,共同确定降价的幅度和目标,并通过科技进步和提高管理水平及员工素质等方法,增强供应商的综合竞争能力。现代企业管理理论特别强调供应链管理,整车厂商应认真规划好自己的供应链体系,将供应商视为战略伙伴,不要为了自己的短期利益而过分牺牲供应商的利益,应让整个供应链提高市场竞争力和市场应变力。

【营销视野2-2】 福特与供应商亲密接触

在芝加哥南面沼泽地旁的一个光亮整洁的现代化厂房里,大约400名高塔汽车公司(Tower Automotive Inc.)的工人正在热火朝天地生产着沉重的汽车零配件——发动机支架、车架横挡以及车底板。这些都是福特汽车公司在家庭轿车市场上最新推出的福特500车型（the Five Hundred）上的部件。这种场景很常见。但令人惊讶的是，制成的零部件并没有被运往数百里以外，而是直接送到隔壁，那是福特公司一个刚刚翻修好的装配车间，这些零件在流水线上被装配成整车。这种就近生产模式是汽车制造业悄然改革的一部分。像高塔公司一样，很多汽车零配件生产商都把工厂建在距离福特厂房只有咫尺之遥的地方，这些厂房有 80 年的历史，刚刚修缮完毕。这些供应商提供的汽车零配件，约占福特生产新款轿车以及福特 Freestyle 运动型货车和 Mercury Montego 轿车所需配件总量的 2/3，这是一种即时制的供货方式。南美的汽车工厂率先采用这种低成本的运作方式，福特公司借鉴它们的经验，耗资 2.5 亿美元兴建了 155 公顷的零配件工业园区，这是全美规模最大的零配件厂。这个大型工业园区不仅为福特的北美工厂提供高度灵活方便的零配件供应方式，而且可以节约生产成本、提高产品质量，对福特公司的未来发展起到至关重要的作用。位于密歇根州安阿伯的汽车研究中心（CAR）的主任戴维·科尔说："这是他们运营的点睛之作，也将成为他们汽车生产的发展方向。"大型零配件供应商拿出他们有限的资金在福特公司的厂区附近修建生产车间，这一举措让福特公司都感到很意外。自从零配件工业园区投入运行以后，零配件的运输路程平均只有半英里，仅需要 10 分钟，而过去平均是 450 英里，至少一天的车程。仅在运输方面，每年就能为福特公司节省 1500 万美元。过去生产需要配备一到两天的零配件库存，现在只需要 8 小时的库存量，公司因此又能节省数百万元的库存费用。由于距离拉近，供应渠道变短了，生产中零配件的质量问题可以及时被发现并得到解决。像 TDS 汽车公司等芝加哥供应商，福特公司的工程师们经常会跑到他们的车间来帮忙，而福特公司自己的工人把主要精力放在装配生产上。把问题消灭在萌芽状态，防微杜渐，就能节省一大笔召回、维修和担保的费用。福特全球采购部的副总裁托尼·布朗说："供应商把厂子建在附近是寻求成本效益的重要举措。"

（3）营销中介人

营销中介人系指协助汽车厂商从事市场营销的组织或个人。营销中介对汽车厂商市场营销的影响很大，如影响到汽车厂商的产品市场覆盖、营销效率、经营风险、资金融通等。因而汽车厂商应重视营销中介的作用。营销中介的种类包括中间商、物流商、营销服务机构和汽车金融服务机构等。

① 中间商。中间商，也称销售渠道公司，系指能帮助汽车厂商寻找顾客并最终把产品售卖出去的商业组织或个人。一般商品的中间商主要有批发商、零售商等，汽车产品的中间商包括代理商、特许经销商等。

② 物流商。物流商系指专门帮助汽车厂商运入原材料、协作配套件和运出产成品（如商品车）的商业组织和个人，其主要业务包括运输、储存、包装、商检等作业。目前，我国汽车行业越来越广泛采取"谁销售，谁负责物流"的运行模式，即销售者负责自己所销售商品的物流或招募物流服务商完成物流工作。上述中间商、物流商的相关知识将在本书后续内容中再具体讨论。

③ 营销服务公司。营销服务公司系指专门向汽车厂商提高营销相关服务业务的商业组织和个人，主要包括市场调查公司、广告公司、信息传媒机构、营销咨询机构等。由于这些公司在服务资质、服务能力、服务质量及服务价格等方面差异较大，汽车厂商在选择营销服务机构时，应认真考察比较，择优利用。

④ 汽车金融服务机构。汽车金融服务机构系指为促进汽车厂商的产品（含服务）营销，专门提供金融服务的机构，包括商业银行、信贷联盟、信托公司、汽车金融服务公司、保险

公司和汽车企业集团财务公司等。它们能够为交易提供金融支持或对货物买卖中的风险进行保险。

　　a. 商业银行。在我国，商业银行是汽车消费贷款的主要供应商，也是唯一可以吸收公众存款的汽车金融机构。多年来，受我国经济体制和金融自由化发展程度的影响，商业银行无论是风险管理还是产品创新，同发达国家相比都还存在一定差距。我国商业银行尽管垄断着近80%的资金资源，并占据绝对主要的汽车消费信贷市场的份额，但是目前提供的汽车金融产品非常有限，基本只有分期贷款这种产品，而且产品的同质性很强。

　　b. 信贷联盟。信贷联盟最早起源于19世纪40年代的美国。它由会员发起，旨在提高会员经济和社会地位而创立，并以公平合理的利率为其会员提供金融服务的一种非盈利性信用合作组织。资金来源除了会员存款和储蓄外，还可以向银行、其他信贷联盟筹措。

　　c. 信托公司。信托公司有两种不同的职能，一是财产信托，即作为受托人代人管理财产和安排投资；二是作为真正的金融中介机构，吸收存款并发放贷款。近年来，信托公司的财产组合越来越趋于分散化，它与商业银行的差别越来越小，为增强自身竞争力，他们开始大量持有或设立其他专业化附属机构，如专门的汽车金融服务机构。

　　d. 汽车金融公司。国外的汽车金融公司是办理汽车金融业务的企业，通常属于汽车销售母公司，向母公司及其下属经销商提供贷款服务，并由经销商向消费者提供多种选择的贷款或租赁服务提供金融支持。设立汽车金融公司是推动母公司汽车销售的一种手段。由于它们与汽车制造商、经销商关系密切，具有成熟的运作经验和风险控制体系，因而能为消费者、经销商和生产商提供专业化、全方位的金融服务。在国外，汽车金融公司的发展已经非常成熟。

　　汽车金融公司的发展在中国才刚刚起步。按照《汽车金融公司管理办法》的定义，是指中国银行监督管理委员会依据有关法律、行政法规和办法批准设立的，为中国境内汽车购买者及销售者提供贷款的非银行金融企业法人。我国汽车金融公司的资金来源主要有股东投资、接受境内股东单位3个月以上期限的存款和向金融机构借款。其主要业务范围：提供购车贷款业务；办理汽车经销商采购车辆贷款和营运设备贷款，包括展示厅建设贷款和零配件贷款以及维修设备贷款等；转让和出售汽车贷款应收款业务；为贷款汽车提供担保；与购车融资活动相关的代理业务；经中国银行业监督管理委员会批准的其他信贷业务。

　　e. 汽车企业集团财务公司。按照《企业集团财务公司管理办法》的规定，企业集团财务公司是指以加强企业集团资金集中管理和提高企业集团资金使用效率为目的，为企业集团成员单位提供财务管理服务的非银行金融机构。它的资金来源主要有股东投入、成员单位的存款和同业拆借。其从事的业务主要有：对成员单位办理财务和融资顾问、信贷签证及相关的咨询、代理业务；协助成员单位实现交易款项收付；经批准的保险代理业务；对成员单位提供担保；办理成员单位之间的委托贷款和委托投资；对成员单位办理票据承兑与贴兑；办理成员单位之间的内部转账和相应的结算、清算；对成员单位办理贷款和融资租赁等。目前我国已有7家汽车企业集团设立了财务公司。在汽车消费信贷领域，由于资金来源有限，经营管理缺乏经验等原因，其在汽车金融领域的专业化优势还有待发挥。

　　(4) 顾客

　　企业的一切营销活动都是以满足顾客的需要为中心的，因此，顾客是企业最重要的环境因素。顾客是企业服务的对象，顾客是企业的目标市场。顾客可以从不同角度以不同的标准进行划分。按照购买动机和类别分类，顾客市场可以分为：

① 消费者市场，即为满足个人或家庭需要而购买商品和服务的市场。

② 生产者市场，即为赚取利润或达到其他目的而购买商品和服务来生产其他产品和服务的市场。

③ 中间商市场，是指通过转售和服务以期获得利润的市场。

④ 非盈利组织市场，是指为提供公共服务或将商品与服务转给需要的人而购买商品和服务的政府和非盈利机构。

⑤ 国际市场，指国外买主，包括国外的消费者、生产者、中间商和政府等。

上述每一种市场都有其独特的顾客及不同的需求，而这些市场上顾客的不同和变化着的需求，必定要求企业以不同的服务方式提供不同的产品（包括劳务），从而制约着企业营销决策的制订和服务能力的形成。因此，企业要认真研究为之服务的不同顾客群，主要研究其类别、需求特点、购买动机及购买行为等，使企业的营销活动能针对顾客的需要，符合顾客的愿望。

（5）竞争者

竞争是商品经济的基本特性，只要存在着商品生产和商品交换，就必然存在着竞争。企业在目标市场进行营销活动的过程中，不可避免地会遇到竞争者或竞争对手的挑战。因为只有一个企业垄断整个目标市场的情况是很少出现的，即使一个企工已经垄断了整个目标市场，竞争对手仍然有可能参与进来。因为只要存在着需求向替代品转换的可能性，潜在的竞争对手就会出现。

从消费需求的角度划分，企业的竞争者可划分为愿望竞争者、属类竞争者、形式竞争者和品牌竞争者。

① "愿望竞争者"，是指提供不同产品以满足不同需求的竞争者。假如你是电视机制造商，那么生产冰箱、洗衣机、地毯等不同产品的厂家就是愿望竞争者。因为如何促使消费者更多地购买电视机而不是其他产品，就是一种竞争关系。

② "属类竞争者"，是指提供能够满足同一需求的不同产品的竞争者。例如，自行车、摩托车、小轿车等都可以作为家庭交通工具，这3种产品的生产经营者之间必定存在着一种竞争关系，这种竞争关系是一种平行的竞争关系。

③ "形式竞争者"，即产品形式竞争者，它是指生产同种产品但提供不同规格、型号、款式满足相同需求的竞争者。例如汽车有手动挡、自动挡，还有三厢车、两厢车等不同形式，这些就是产品形式竞争者。

④ "品牌竞争者"，是指产品相同，规格、型号等也相同，但厂牌不同的竞争者，如汽车有"奥迪"、"奔驰"、"宝马"、"大众"等不同品牌，这些企业相互之间必定存在着一种品牌竞争的关系。

在汽车行业的竞争中，卖方密度、产品差异、市场进入难度是三个特别需要重视的方面。卖方密度是指同一区域市场中同一级别（或品牌）汽车经销商的数目。该数目的多少，直接影响到某一级别（或品牌）汽车市场份额的大小和竞争激烈的程度。产品差异是指不同级别（或品牌）的汽车在结构、技术或性能等方面的差异程度。这种差别会形成一种竞争关系。市场进入难度是指某个新汽车厂商试图进入某个市场时所遇到的困难程度。例如，在新兴的亚洲汽车市场上，新加坡和越南都对外国汽车公司的进入设置了不少障碍，获得当地政府准许就特别困难。

（6）社会公众

社会公众是指对企业实现其市场营销目标构成实际或潜在影响的任何团体。它可以是企业附近的居民和社区组织；也可以是各种民间组织，如消费者权益保护组织、环境保护组织和少数民族组织等；还可以是一般大众。

社会公众可能并不与企业直接发生交易关系，但他们对企业的营销决策及其效果有着十分重要的影响。

① 社会公众通过对消费者施加压力来影响企业的营销活动。公众群体的舆论导向可以是消费者购买决策的重要参考。比如，社会公众对自然环境和生活质量的普遍关注，导致越来越多的消费者开始热衷于"绿色消费"，从而迫使一些企业在某种程度上导入"绿色营销"的理念，在生产、运输、销售等方面注意节能、保护环境的问题。

② 社会公众通过对立法机关和行政执法机关施加压力来影响企业的营销活动。社会公众普遍关注的问题必然会引起政府机关的高度重视。如果企业的营销活动危及公众的利益或伦理道德，他们可以通过对政府施加压力来限制甚至禁止企业的行为。比如人们对生态环境的高度关注，导致许多旨在保护环境的法律和机关、团体不断涌现，从而约束、引导企业走上可持续发展的道路。

企业需要注意公众的舆论导向，树立和维护企业良好的公众形象，从而为企业的营销活动营造宽松的社会空间。

二、汽车市场宏观营销环境分析

企业宏观营销环境由人口环境、技术环境、社会文化环境、经济环境、自然环境、政治法律环境构成。如图2-3所示。

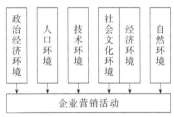

图2-3 企业的宏观环境因素

（1）人口环境

人口环境系指一个国家和地区（企业目标市场）的人口数量、人口质量、家庭结构、人口年龄分布及地域分布等因素的现状及其变化趋势。人口环境是一切社会经济活动的基础和出发点，是影响企业市场营销的基本宏观因素。

对汽车营销产生影响的人口变动趋势主要表现在以下方面。

① 人口总量增长。随着科技进步、生产力发展和生活条件的改善，世界各国的人口平均寿命大为延长，死亡率大幅度降低，尽管出生率有所下降，但总人口仍呈现增长态势，这为汽车营销提供了新的潜在市场。

【营销视野2-3】

为了防止人口增长过快，我国实行计划生育政策。国外玩具营销者注意到这个规定：中国的孩子从来也没有像现在这样被宠爱着并弄得家里一片忙乱。中国的孩子从糖果到电脑应有尽有。这种趋势使得日本班德尔公司、丹麦莱格集团和马特尔等公司进入了中国市场。

② 人口的地域分布出现城市化、郊区化趋势。城市化是工业化和现代化的必然趋势。随着社会经济的发展，农村剩余人口大量向城市转移，直接促进城镇人口的增加，加快城镇的发展。另一方面，由于市区人口拥挤，空气污染和噪声污染严重，市区人口不断向郊区流动，出现在市区上班、在郊区居住的格局。

③ 人口年龄老龄化、家庭规模小型化、人口性格独立化。随着经济的发展，人口平均

受教育程度提高，独生子女增多，使得社会的家庭规模减小，单亲家庭和空巢家庭增加；成年男女的经济比较独立，工作流动性增强，人们工作和生活的节奏加快，使得人口富有个性和独立性；人口平均寿命延长，老年人的人口比重增加，社会出现老龄化现象。这些变化为汽车营销都会增加新的市场机会，如私家车消费数量，能够彰显车主个性的车辆，方便老年人驾驶的车辆，需求都会增加。

汽车区别于其他交通工具的显著特点是其具有速度快和活动半径大的优势。在传统观念里，汽车只是中青年人的坐骑。如果以此定位，汽车市场的容量将非常有限。为了扩大市场容量，汽车厂商必须将目标市场向前和向后延伸。向前延伸的基本含义是占领青年市场（如就业前后的青年人），生产出符合他们胃口的汽车，重视青年人在私家车购买决策中的作用。向后延伸的基本含义是占领老年人市场，生产出符合老年消费者需要的汽车。美国福特汽车公司推出的"福特老人"系列轿车就是专门为60岁以上的老人设计的。该车考虑了老年人大多腿脚不便、反应迟钝的特点，不但车门较宽、门槛较低，而且特别配备了主动驾驶座、放大的仪表盘和后视镜，按钮式制动以及自动锁车系统等以适应老年人对安全性和方便性的特殊要求，深受老年人欢迎。汽车市场向后延伸，这在人口老龄化的社会里，是非常重要的。

汽车营销人员在研究人口环境时，还应注重区别人口环境对国际、国内两个汽车市场的不同影响。如对西方发达国家而言，由于汽车尤其轿车已经作为耐用消费品广泛地进入一般家庭，人口因素就是营销者必须充分重视的环境因素。而对国内汽车市场，由于汽车正处于私人消费的普及时期，人口因素正在成为越来越重要的环境力量。在这个时期，营销者应着重研究高收入阶层的人口数量、职业特点、地理分布等因素的现状及其发展变化，加强对我国人口具体特点的研究，以抓住不断增加的营销机会。

【营销视野2-4】 大众汽车公司

1993年的销售5万辆到后10年的销售30多万辆，这一结果部分是由于公司开展的一项新"66驾驶者需要"的活动，这一活动的定位是热爱娱乐或年轻的消费者。大众汽车并不去吸引大众市场，而是跟随一批年轻人，这些年轻人愿意为大众汽车的德国工程技术、运动的外表和多变性多花一点额外的钱。对其目标受众的区分还体现在它的电视广告语上：在人生的道路上有司机也有乘客。

(2) 经济环境

经济环境指企业营销活动所面临的外部经济条件，其运行状况及发展趋势会直接或间接地对企业营销活动产生影响。

1) 直接影响营销活动的经济环境因素。市场不仅是由人口构成的，这些人还必须具备一定的购买力。一定的购买力水平则是市场形成并影响其规模大小的决定因素，它也是影响企业营销活动的直接经济环境。主要包括：

① 消费者收入水平的变化。消费者收入，是指消费者个人从各种来源中所得的全部收入，包括消费者个人的工资、退休金、红利、租金、赠与等收入。消费者的购买力来自消费者的收入，但消费者并不是把全部收入都用来购买商品或劳务，购买力只是收入的一部分。因此，在研究消费收入时，要注意以下几点：

国内生产总值（GDP）。它是衡量一个国家经济实力与购买力的重要指标。从国内生产总值的增长幅度，可以了解一个国家经济发展的状况和速度。一般来说，工业品的营销与这个指标有关,而消费品的营销则与此关系不大。国内生产总值增长越快,对工业品的需求和购买力就越大,反之,就越小。

人均国民收入。这是用国民收入总量除以总人口的比值。这个指标大体反映了一个国家人民生活水平的高低,也在一定程度上决定商品需求的构成。一般来说,人均收入增长,对消费品的需求和购买力就大,反之就小。根据近40年的统计,一个国家人均国民收入达到5000美元,机动车可以普及,其中小轿车约占一半,其余为摩托车和其他类型车。

个人可支配收入。这是在个人收入中扣除税款和非税性负担后所得余额,它是个人收入中可以用于消费支出或储蓄的部分,它构成实际的购买力。

个人可任意支配收入。这是在个人可支配收入中减去用于维持个人与家庭生存不可缺少的费用(如房租、水电、食物、燃料、衣着等项开支)后剩余的部分。这部分收入是消费需求变化中最活跃的因素,也是企业开展营销活动时所要考虑的主要对象。因为这部分收入主要用于满足人们基本生活需要之外的开支,一般用于购买高档耐用消费品、旅游、储蓄等,它是影响非生活必需品和劳务销售的主要因素。

家庭收入。很多产品是以家庭为基本消费单位的,如冰箱、抽油烟机、空调等。因此,家庭收入的高低会影响很多产品的市场需求。一般来说,家庭收入高,对消费品需求大,购买力也大;反之,需求小,购买力也小。

需要注意的是,企业营销人员在分析消费者收入时,还要区分"货币收入"和"实际收入"。只有"实际收入"才影响"实际购买力"。因为,实际收入和货币收入并不完全一致,由于通货膨胀、失业、税收等因素的影响,有时货币收入增加,而实际收入却可能下降。实际收入即是扣除物价变动因素后实际购买力的反映。

② 消费者支出模式和消费结构的变化。

a. 消费支出模式。随着消费者收入的变化,消费者支出模式会发生相应变化,继而使一个国家或地区的消费结构也发生变化。西方一些经济学家常用恩格尔系数来反映这种变化。19世纪中叶,德国统计学家恩斯特·恩格尔(Ernest Engel,1821～1896年)根据他对英国、法国、德国、比利时的许多工人家庭收支预算的调查研究,发现了关于工人家庭收入变化与各方面支出之间比例关系的规律,即恩格尔定律。恩格尔定律通常用恩格尔系数来反映。恩格尔系数的计算公式:

$$恩格尔系数 = \frac{食物支出变动百分比}{收入变动百分比}$$

恩格尔系数表明,在一定的条件下,当家庭个人收入增加时,收入中用于食物开支部分的增长速度要小于用于教育、医疗、享受等方面的开支增长速度。食物开支占总消费量的比重越大,恩格尔系数越高,生活水平越低;反之,食物开支所占比重越小,恩格尔系数越小,生活水平越高。

恩格尔系数是衡量一个国家、地区、城市、家庭生活水平高低的重要参数。根据国家统计局1995年调查资料,按全国居民平均水平计算,我国的"恩格尔系数"约为54%。到2005年,我国城镇居民的"恩格尔系数"达到45%,农村居民"恩格尔系数"达到50%左右。到2010年,则可分别达到35%及40%。按联合国划分富裕程度的标准,"恩格尔系数"在60%以上的国家为饥寒;在50%～60%之间的为温饱;40%～50%之间的为小康;40%以下的为富裕。按此标准,我国已向小康阶段迈进,并逐渐进入中等收入国家行列,见表2-1。

表 2-1 我国恩格尔系数表

恩格尔系数	2005	2006	2007	2008	2009	2010	2011	2012
农村	45.50%	43.00%	43.10%	47.47%	43.00%	41.10%	40.40%	40.80%
城镇	36.70%	35.80%	36.30%	33.70%	37%	35.70%	36.30%	37.10%

b. 消费结构。消费结构指消费过程中人们所消耗的各种消费资料（包括劳务）的构成，即各种消费支出占总支出的比例关系。优化的消费结构是优化的产业结构和产品结构的客观依据，也是企业开展营销活动的基本立足点。第二次世界大战以来，西方发达国家的消费结构发生了很大变化：ⓐ恩格尔系数显著下降，目前大都下降到 20% 以下；ⓑ衣着消费比重降低，幅度在 20%～30% 之间；ⓒ住宅消费支出比重增大；ⓓ劳务消费支出比重上升；ⓔ消费开支占国民生产总值和国民收入的比重上升。从我国的情况看，消费结构还不尽合理。长期以来，由于政府在住房、医疗、交通等方面实行福利政策，从而引起了消费结构的畸形发展，并且决定了我国居民的支出模式以食物、衣物等生活必需品为主。随着我国社会主义市场经济的发展，以及国家在住房、医疗等制度方面改革的深入。人们的消费模式和消费结构都会发生明显的变化。企业要重视这些变化，尤其应掌握拟进入的目标市场中支出模式和消费结构的情况，输送适销对路的产品和劳务，以满足消费者不断变化的需求。

③ 消费者储蓄和信贷情况的变化。消费者的购买力还要受储蓄和信贷的直接影响。

a. 消费者的储蓄。消费者个人收入不可能全部花掉，总有一部分以各种形式储蓄起来，这是一种推迟了的、潜在的购买力。消费者储蓄一般有两种形式：一是银行存款，增加现有银行存款额；二是购买有价证券。当收入一定时，储蓄越多，现实消费量就越小，但潜在消费量越大；反之，储蓄越少，现实消费量就越大，但潜在消费量愈小。企业营销人员应当全面了解消费者的储蓄情况，尤其是要了解消费者储蓄目的的差异。储蓄目的不同，往往影响到潜在需求量、消费模式、消费内容、消费发展方向的不同。这就要求企业营销人员在调查、了解储蓄动机与目的的基础上，制订不同的营销策略，为消费者提供有效的产品和劳务。

我国居民有勤俭持家的传统，长期以来养成了储蓄习惯。近年来，我国居民储蓄额和储蓄增长率均较大。据调查，居民储蓄的目的主要用于供养子女生活及受教育和婚丧嫁娶，但从发展趋势看，用于购买住房和大件用品的储蓄占整个储蓄额的比重在逐步增加。我国居民储蓄增加，显然会使企业目前产品价值的实现比较困难，但另一方面，企业若能调动消费者的潜在需求，就可开发新的目标市场。

b. 消费者信贷。西方国家广泛存在的消费者信贷对购买力的影响也很大。所谓消费者信贷，就是消费者凭信用先取得商品使用权，然后按期归还贷款，以购买商品。这实际上就是消费者提前支取未来的收入，提前消费。西方国家盛行的消费者信贷主要有：短期赊销；购买住宅分期付款；购买昂贵的消费品分期付款；信用卡信贷等几类。信贷消费允许人们购买超过自己现实购买力的商品，从而创造了更多的就业机会、更多的收入以及更多的需求；同时，消费者信贷还是一种经济杠杆，它可以调节积累与消费、供给与需求的矛盾。当市场供大于求时，可以发放消费者信贷，刺激需求；当市场供不应求时，必须收缩信贷，适当抑制、减少需求。消费者信贷把资金投向需要发展的产业，刺激这些产业的生产，带动相关产业和产品的发展。我国现阶段的信贷者消费还主要是公共事业单位提供的服务信贷，如水、电、煤气的交纳，其他方面，如教育、住宅建设以及一些商家的信用卡消费正在逐步兴起。

【营销视野 2-5】 消费者收入和支出的变化

日本收入的 18% 用于储蓄，尽管有这么高的储蓄率，经济衰退还是影响人的消费。为了减少食品支出，日本人尽量不吃快餐。麦当劳为此推出"价值"快餐，强调服务质量和物有所值。在认识到价格是消费者满意的主要因素后，麦当劳对三明治、饮料和炸薯条打 8 折。营销者必须非常注意收入、生活费、利息、储蓄和借款形式的任何变化，因为这对生产收入和价格敏感的企业具有重大影响。

2) 间接影响营销活动的经济环境因素。除了上述因素直接影响企业的市场营销活动外，还有一些经济环境因素也对企业的营销活动产生间接的影响。

① 经济发展水平。企业的市场营销活动要受到一个国家或地区的整个经济发展水平的制约。经济发展阶段不同，居民的收入不同，顾客对产品的需求也不一样，从而会在一定程度上影响企业的营销。例如，以消费者市场来说，经济发展水平比较高的地区，在市场营销方面，强调产品款式、性能及特色，品质竞争多于价格竞争。在经济发展水平低的地区，则较侧重于产品的功能及实用性，价格因素比产品品质更为重要。在生产者市场方面，经济发展水平高的地区着重投资较大而能节省劳动力的先进、精密、自动化程度高、性能好的生产设备。在经济发展水平低的地区，其机器设备大多是一些投资少而消耗劳动力多、简单易操作、较为落后的设备。因此，对于不同经济发展水平的地区，企业应采取不同的市场营销策略。

我国目前正开始进入经济起飞阶段，市场规模进一步扩大，企业投资机会增多。市场交换成为企业的根本活动，信息竞争将成为市场竞争的焦点。企业应当注意经济起飞阶段市场中的变化，把握机会，主动迎接市场的挑战。

② 经济体制。世界上存在着多种经济体制，有计划经济体制，有市场经济体制，有计划—市场经济体制，也有市场—计划经济体制，等等。不同的经济体制对企业营销活动的制约和影响不同。例如，在计划经济体制下，企业是行政机关的附属物，没有生产经营自主权，企业的产、供、销都由国家计划统一安排，企业生产什么，生产多少，如何销售，都不是企业自己的事情。在这种经济体制下，企业不能独立地开展生产经营活动，因而也就谈不上开展市场营销活动。在市场经济体制下，企业的一切活动都以市场为中心，市场是其价值实现的场所，因而企业必须特别重视营销活动，通过营销，实现自己的利益目标。现阶段，我国的社会主义市场经济体制已初步建立，但是仍然受到计划经济体制的束缚，一些企业的经营机制还没有完全转变过来，政府的直接干预也还比较常见，因而企业的营销活动在一定程度上受到制约。另外，市场发育不完善、市场秩序混乱，行业垄断和地方保护主义盛行，极不利于企业开展营销活动。因此，企业要尽量适应这种局面，注意选择不同的营销策略。例如，可以运用"大营销"策略打破地区封锁，通过横向联合进入对方市场等，从而开拓自己的市场。

③ 地区与行业发展状况。我国地区经济发展很不平衡，逐步形成了东部、中部、西部三大地带和东高西低的发展格局。同时在各个地区的不同省市，还呈现出多极化发展趋势。这种地区经济发展的不平衡，对企业的投资方向、目标市场以及营销战略的制订等都会带来巨大影响。

我国行业与部门的发展也有差异。今后一段时间，我国将重点发展农业、原料和能源等基础产业。这些行业的发展必将带动商业、交通、通信、金融等行业和部门的相应发展，也给市场营销带来一系列影响。因此，企业一方面要处理好与有关部门的关系，加强联系；另一方面，则要根据与本企业联系紧密的行业或部门的发展状况，制订切实可行的营销措施。

④ 城市化程度。城市化程度是指城市人口占全国总人口的百分比，它是一个国家或地区经济活动的重要特征之一。城市化是影响营销的环境因素之一。这是因为，城乡居民之间存在着某种程度的经济和文化上的差别，进而导致不同的消费行为。例如，目前我国大多数农村居民消费的自给自足程度仍然较高，而城市居民则主要通过货币交换来满足需求。此外，城市居民一般受教育程度较多，思想较开放，容易接受新生事物，而农村相对闭塞，农民的消费观念较为保守，故而一些新产品、新技术往往首先被城市所接受。企业在开展营销活动时，要充分注意到这些消费行为方面的城乡差别，相应地调整营销策略。

【营销视野 2-6】 城市化进程助推跨界车成汽车生活新主张

2013 年，两组数字值得玩味。一组关于城市化进程，一组关于汽车。汽车的跨界与畅行，创造了城市化进程中汽车生活的新价值。诺贝尔经济学奖获得者斯蒂格利茨说，21 世纪将会有两件大事影响人类的进程：一是新技术革命；二是中国的城市化。举例说，中国最年轻的直辖市重庆，在从 1997 年以来的短短十几年中，城市人口翻倍，最大的特征就是城市与乡村的结合。这意味着城里人与乡镇、农村相互之间的交通增多，无论是自驾游还是商业往来，这就需要一款能经常出入城乡的跨界车型。而天语 SX4 正好承担了这样一个时代责任。从另一个层面来看，中国的城市化发展速度很快，直接带来中国家庭对汽车的需求非常迫切。但由于家庭收入的原因，一家人拥有几款车的情况不怎么现实。而一车多用、跨界，将会逐渐成为生活的主流。由此可见，天语 SX4 这款车能拥有较高的增长速度就不难理解了。在长安铃木的所有车型中，天语 SX4 上市的时间已经不短了，而依然能保持旺盛的生命力，必定和社会的发展和需求有关。可以说，天语 SX4 的推出和热销，是在中国城市化进程中，新时代汽车生活的缩影。

（3）科技环境

众所周知，人类历史上经历了四次科技革命。第一次以蒸汽机技术为标志，第二次以电气技术为标志，第三次以电子技术为标志，第四次以信息技术为标志。

第二次世界大战以后，以物理学革命为先导，以现代宇宙学、分子生物学、系统科学等学科为标志的新科学革命蓬勃兴起，新科学革命又推动着信息技术、能源技术、新材料技术、生物工程技术、海洋工程技术、空间技术等现代技术革命迅猛发展，形成了科学－技术－生产体系，科学技术在现代生产中起着领头和主导的作用。工业发达国家科技进步因素在国民生产总值中所占比重已经从 20 世纪初的 5%～20%，提高到现在的 80% 以上。我国目前这一比重仅占 30% 左右，说明我国的科技水平还比较落后。现代科学技术是社会生产力中最活跃和决定性的因素之一，它作为重要的营销环境因素，不仅直接影响企业内部的生产和经营，而且还同时与其他环境因素相互依赖、相互作用，影响企业的营销活动。

从汽车营销角度看，科技环境的影响表现在以下几方面。

① 科技水平的整体进步为汽车营销增加机遇。一个国家或地区科技水平的整体进步，会直接促进国民经济的发展，增强百姓的消费力，从而有利于汽车厂商赢得更多的营销机会。

② 汽车营销的竞争本质是汽车科技的竞争。汽车厂商谁掌握和应用了先进的汽车科技成果，必然会在产品成本、产品质量、产品性能等方面赢得竞争优势，从而掌握汽车营销的

主动权。当前,汽车科技的发展方向主要有:

a. 汽车电子化。对于传统汽车,电子技术是综合解决节能、减排、安全、舒适等课题最有效的技术手段。当代汽车电子是汽车科技最活跃的因素。汽车电子化包括的主要技术有:

改善汽车排放和节能性能的电子技术。这类技术,往往可以同时起到降低排放和节约能源的效果,如电子燃油喷射技术、发动机电控系统或发动机综合管理系统等。目前,这类技术的发展相对比较成熟,在汽车上的装车率较高。

汽车安全电子技术。由于汽车安全包括主动安全和被动安全,因此相应的电子技术也可以分为两类。其中,主动安全电子技术有 ABS 电子控制防抱死制动系统、ASR 驱动防滑系统、EDL 电子差速锁、EBD 电子制动力分配装置、ESP 电子增稳系统、轮胎压力监测系统雷达测距报警系统、车辆安全状态监控系统、智能车灯等;被动安全电子技术有安全气囊、安全带等。

提高汽车舒适性的电子技术,包括自动空调控制系统、座椅位置调节与记忆系统、自动变速器控制系统、电子控制悬架系统等。

其他电子技术,如电子防盗系统、电子控制转向系统、车身附件电子控制系统、门窗或门锁控制系统、电源控制系统、电子仪表等。

【营销视野 2-7】

未来的汽车电子发展,电力电子模块控制的混合动力驱动将成为主要趋势;氢燃料电池混合动力汽车会有新进展;电控电喷复合火花点火发动机高速发展;各种线控制系统或线驱动系统将迅速发展;线控制或驱动系统将取代机械连杆机构而实现以电子信息技术为基础的电动化,汽车底盘结构将发生革命性变化;智能汽车运输系统(ITS)正在迅速兴起。电子燃油喷射系统、制动防抱死系统和安全气囊系统开始在轿车产品上得到更广泛应用,燃料经济性大大提高,有害气体及二氧化碳的排放得到控制并大幅度降低。同时,汽车电子化程度逐年增加,使汽车进入高科技产品的范畴,并被看作是衡量一个国家汽车工业水平的重要标志。

b. 汽车网络化。随着汽车采用的电子控制系统和控制器数目的增加,在整车控制系统中连接的传感器和分布的控制信号也越来越多。如果仍采用常规的布线方式,将导致车上电线数目急剧增加。为了减少汽车电器线束,保证各电子控制系统的电子控制单元(控制器)之间能够快速准确地进行大容量的数据通信,从 20 世纪 80 年代中期开始,汽车采用了车载局域网 CAN(Controller Area Network)技术,利用计算机总线技术进行数据通信和数据传输,使汽车电器与电子控制系统各控制器实现信息共享和多路集中控制,从而改变了汽车电气系统传统的布线方式和单线制控制模式。

20 世纪 90 年代以后,车上媒体网络、线控系统网络和智能交通系统网络的研究开始兴起,在网络协议、软硬件支撑技术和元器件等方面进入了试制阶段。

随着汽车视听设备、通信设备和信息服务设备的广泛应用,1998 年汽车媒体网络 MOST 诞生。因此,现代高档汽车的网络由车载局域网 CAN,局部连接网络 LIN 及媒体 MOST 网络构成。其中,局部连接网络简称 LIN,是由国际上的几大汽车公司和通信设备公司共同组成的 LIN 联合体,提出的一个汽车底层网络协议。LIN 网络及其开发应用,将会降低车上电子系统开发、生产、使用和维护费用。

【营销视野 2-8】 4G 对汽车行业意味着什么

50Mbit/s 与 100Mbit/s 的上下行速率、高效的图像和数据传输，4G 给车联网产业链掀起了不小的涟漪。包括整车厂、TSP 运营商、内容和服务提供商、网络运营商、硬件终端制造商在内的上下游企业，都希望在车联网的千亿盛宴中分得一杯羹。

得益于通信技术的演进，汽车厂商正在弥补同高速换代的消费品电子产品之间的差距。从最初的 Onstar、Gbook，到现在几乎所有整车厂都推出了具有各自品牌特征的车载系统，车联网已经成为售车环节一个重要营销手段，也是车厂高附加值利润所在。

Onstar 是 2G 时代的产品，提供的仅仅是道路救援、被盗车辆定位、远程车门应急开启、音控免提电话等基础服务。这款在 20 世纪 90 年代推出的产品至今仍为通用带去源源不断的利润。据 Autonews 报道，分析师预计 Onstar 服务的年收入达到 15 亿美元，利润率高达 30%～35%，远高于整车销售利润。

不过随着智能手机的普及以及移动互联网的兴起，汽车厂商开始意识到封闭、界面单一、功能同质化的传统车载系统，早已不能满足车主越来越个性化的需求。车联网服务内容逐渐从救援和安防向社交、音乐、新闻、预订服务、实况交通等演进。奥迪 A3 是首个尝试 4G LTE 的车型，车主可以查看实况导航、街景地图、社交网站，另外车内无线热点还允许其他设备连接网络。

通用首席执行官曾向媒体表示，厂商的思维不能只停留在 2G 时代，4G 技术允许车机能随时更新软件和服务。而以往的嵌入式设备，如果用户不续费，地图等数据便无法更新。

汽车每小时能产生 5～250GB 的数据，有发动机转速、油耗、胎压等车辆数据，有紧急制动频率、闯红灯次数等驾驶员驾驶数据，也有平时的兴趣点、常用联系人等信息。4G 能让这些数据及时地上传到云端，关键是如何分析和利用数据。为驾驶者建立 ID、向经销商、保险公司、整车厂反馈数据，这些都将成为车联网产业延伸下去的价值链。

c. 汽车智能化是当代汽车技术的重要发展方向，它有利于降低汽车驾驶的劳动强度，甚至实现无人驾驶，有利于提高汽车的安全性。当前，随着人工神经网络、模糊识别与控制、图像实时处理等人工智能技术的发展，智能汽车正变得越来越成为可能。

汽车智能化是当代汽车技术的重要发展方向，它有利于降低汽车驾驶的劳动强度，甚至实现无人驾驶，有利于提高汽车的安全性。当前，随着人工神经网络、模糊识别与控制、图像实时处理等人工智能技术的发展，智能汽车正变得越来越成为可能。

汽车智能化首先是实现智能交通的需要。当前，世界各个经济发达国家，都纷纷投入巨资开发和实施智能交通系统（Intelligent Transport Systems，简称 ITS）。近年来我国也逐步加大了 ITS 的技术开发力度。智能交通系统综合采用了计算机技术、控制技术和现代通信技术，使车辆和道路智能化，形成了安全快速的道路交通环境。智能交通系统，由于可以实现实时通信，预测和引导交通，缓解交通拥堵，削减交通事故，提高交通安全，管理交通需求，提供交通信息服务，实时组织车辆调度，实现电子快速收费，事故及时救援等功能，因此，其被认为是目前解决交通综合问题的最有效手段。现阶段，智能交通系统的部分成果，已经在国内外的一些城市开始投入实际应用。在智能交通环境下，汽车必须要具备一定的智能，才能充分发挥智能交通系统的优势。

汽车智能化也是提高交通安全的需要。如汽车智能的防撞系统，通过对障碍物、汽车运行姿态的实时检测，准确判断发生碰撞的可能，随时提醒驾驶人员注意安全，并适时采取必要的措施以避免碰撞危险或减轻事故危害。

汽车智能化还有减轻驾驶劳动强度的功能。如声控操作系统，可以使驾驶员在汽车行驶过程中，通过声音下达某些指令，如打开收音机、选择频率、调节空调温度、拨打电话等操作。

未来汽车的智能驾驶辅助系统，甚至可以代替驾驶员进行车辆的安全驾驶。安装在汽车前后、两侧或四角的环境摄像系统或光学传感器，对汽车前后左右一定区域的环境目标，进行不停地扫描和监视，车载计算机对环境信息进行分析计算，得出某种正确的操作指令，如同人的大脑一样，指挥执行机构操纵汽车。

【营销视野 2-9】 中国消费者对车载技术最青睐，需求将推动新一代车联网技术的推广

根据 2013 年调查显示，新兴经济体的驾车者对于新一代车载技术的浓厚兴趣将推动未来的销售需求，从而为汽车产业带来持续的收入来源。相对于车辆性能，车载技术对受访者的购车决定显示出双倍的影响力。这说明车联网技术对汽车产业的发展日益重要。

参与此次调查的驾车者共有 1.4 万名，分别来自巴西、中国、法国、德国、印度尼西亚、意大利、马来西亚、南非、韩国、西班牙、英国和美国，调查主要分析了他们目前对车载技术的使用情况及未来使用预期，内容涉及一系列广泛领域，包括导航和交通路况服务、自动驾驶辅助技术、车载服务（如娱乐、工作效率服务和学习服务）、安全服务、监控驾驶习惯以减少保险费用的"黑匣子"服务，以及各种乘客相关服务。39%的受访驾车者表示，他们挑选新车的首要考虑是车载技术；相比之下，只有 14%的受访者表示车辆性能是影响其购车决定的最重要因素。

d. 汽车轻量化。汽车汽车轻量化对于合理利用各种材料，降低汽车自重，提高能源的有效利用率，降低油耗，减少排放，均具有重要意义，因此它是当代汽车的又一个重要发展方向。汽车轻量化的途径主要包括优化结构设计和选用轻量化材料。

结构优化设计，可以使得汽车的结构布局更加合理，结构尺寸更小，结构更为紧凑，在保证结构强度、刚度满足力学性能要求的前提下，降低非结构件的重量，减少材料的使用，从而实现汽车的轻量化。

选用轻量化材料，包括减少使用自重较大的铸铁、铸钢等传统汽车材料，提高使用高强钢的比例，推广使用轻质的、高强度的铝合金、镁合金等有色合金材料，增加工程塑料、碳纤维增强树脂基复合材料、有机纤维复合材料等非金属材料的使用率等。

e. 能源多样化。能源多样化和开发利用新型能源，对于汽车节约传统石油资源，合理利用现有的各种能源形式，解决能源危机，降低汽车有害废气（主要包括一氧化碳、碳氢化合物、氮氧化物、硫化物、铅化物等）、颗粒物和温室气体（二氧化碳）排放，具有十分明显的意义。

汽车能源多样化的途径，主要是开发利用除传统汽油、柴油以外的油气资源，可再生的生物燃料资源和其他清洁能源等。

作为适合汽车使用的油气资源，主要包括天然气和液化石油气（LPG）。其中，天然气来自地表下的矿物层或海洋中的可燃冰，其利用形式包括压缩天然气（CNG）、液化天然气（LNG）和吸附天然气（ANG）；而液化石油气则是从石油中提炼出来的。CNG 和 LPG 是理想的点燃式发动机燃料，燃气成分单一、纯度高，与空气混合均匀，燃烧完全，一氧化碳（CO）和微粒物的排放量较低；燃烧温度较低，氮氧化合物（NO_x）的排放也较少；稀燃特性优越，低温启动及低温运转性能好。使用这两类燃料的汽车，既可采用单燃料系统，又

可采用双燃料系统。所谓双燃料系统，系指汽车上同时具有一个汽油或柴油燃料系统和一个压缩天然气或液化石油气系统，汽车可由其中任意一个系统提供燃料，并能容易地由一个系统过渡到另一个系统。目前，天然气汽车和液化石油气汽车，技术已经成熟，作为城市公共汽车和出租车已经在很多地方广泛使用。

　　生物燃料的常见种类包括乙醇（又称酒精）和生物柴油等。由于乙醇来自各种植物的发酵处理，而生物柴油则是由植物油经过脱甘油处理而来，因此，生物燃料属于可再生的能源。以乙醇为例，其来源就非常广泛，制取技术也比较成熟，最新的利用纤维素原料生产乙醇的技术，可利用的原料几乎包括了所有的农林废弃物、城市生活有机垃圾和工业有机废弃物。目前，乙醇与汽油或柴油以任意比例掺和的灵活燃料，基本不需要改造现有发动机，已经在汽油汽车上得到广泛使用，起到良好的节能、降污效果。而生物柴油，其制取技术也日臻成熟，成本迅速下降，正在作为矿物柴油的替代品，将越来越多地用于载货汽车。

　　其他清洁燃料包括甲醇、二甲醚（DME）、燃料氢等。它们都可以从煤炭资源中提炼，如用煤直接提炼甲醇，利用甲醇再合成二甲醚，从焦炭厂或化工厂生成的伴随气体中提取氢气等。当然，以上清洁燃料也可以从植物等有机物质中提取。当出现电力富余时，也可以将富余的电力用于电解水而获得氢气。这表明，我们可以更合理地利用各种能源形式，为汽车寻找到更充裕的燃料。这对于煤炭资源和水电资源相对比较丰富，而石油资源相对比较贫乏的我国而言，具有非常重要的现实意义。

　　以上各种燃料，均被用于内燃机缸内燃烧。发动机的工作原理与矿物汽柴油内燃机完全一样，相应的汽车尚不能做到零排放（即使氢燃烧也不可避免会产生 NO_x）。

　　燃料电池电动汽车、蓄电池电动汽车或太阳能电动汽车才是真正的零排放汽车。燃料电池电动汽车，主要依靠燃料（如氢）和氧气，通过电化学反应（而不是燃烧方式），产生电能，进而驱动汽车；而蓄电池电动汽车，则主要依靠蓄电池储存的电能驱动汽车。太阳能电动汽车，依靠太阳电池作电源，当太阳照射到电池板时，通过光电转换产生电能，驱动汽车行驶。目前，电动汽车成为中外汽车界研发的热点，汽车大国甚至将其作为重要的国家战略。其研究成果已经在一些特定类型的车辆上得以应用。当然，受当今人类整体科技水平的限制，电动汽车的实用性还不够好，离广泛使用尚有一定的差距。如果说蒸汽车、内燃机汽车是自走式车辆历史上的两次革命，那么电动汽车有可能引起第三次革命。

　　f. 生产柔性化。在激烈的汽车市场竞争中，汽车厂商越来越重视提高顾客的满意度，充分满足汽车消费者的个性化需求。在这种背景下，汽车厂商也改变了传统的大批量生产体制，基于准时供应（JIT）、精益生产（Lean Production）、组装自动化和计算机网络技术等先进生产和管理技术，采取大批量定制模式，实现汽车多品种的柔性生产。

　　总之，节能、减排、安全，成为当代汽车发展需要解决的三个突出课题。从某种意义上来讲，它们也是当今世界政治的主题。要解决好这些课题，汽车科技必须充分吸收电子信息科学、能源科学和材料科学等相关学科的发展成果。

　　③ 科技进步促进了汽车营销的现代化。科技进步特别是信息技术、网络技术、办公自动化等技术成果在汽车营销领域的应用，带来了汽车营销策略的革新，促进了汽车营销手段的现代化，提高了汽车营销的工作效率和工作效果。如汽车厂商建立汽车营销管理信息系统、营销环境监测系统以及营销预警系统，增强了企业营销决策的能力；基于互联网和企业局域网，企业可以异地实现产品的同步开发，可以实施网络调研，进行网上促销和与消费者实现"一对一"的销售互动，让消费者参与企业的营销过程，减少市场的不确定因素；可以

彻底突破时间和空间的限制，开展电子商务，在网上实现订货和结算，并借助物流体系完成商品交付。

(4) 政治法律环境

政治与法律环境是影响企业营销活动的重要宏观环境因素。政治因素像一只有形的手，调节着企业营销活动的方向，法律则为企业规定商贸活动行为准则。政治与法律相互联系，共同对企业的市场营销活动发挥影响和作用。

① 政治环境因素。政治环境因素是指有可能对企业市场营销活动带来影响的外部政治形势和状况以及国家方针政策。

a. 政治局势。政治局势是指企业营销所处的国家或地区的政治稳定状况。一个国家的政局稳定与否会给企业营销活动带来重大的影响。如果政局稳定，生产发展，人民安居乐业，就会给企业营造良好的营销环境。相反，政局不稳，社会矛盾尖锐，秩序混乱，不仅会影响经济发展和人民的购买力，而且对企业的营销心理也有重大影响。战争、暴乱、罢工、政权更替等政治事件都可能对企业营销活动产生不利影响，能迅速改变企业环境。因此，社会是否安定对企业的市场营销关系极大，特别是在对外营销活动中，一定要考虑东道国致局变动和社会稳定情况可能造成的影响。

b. 方针政策。各个国家在不同时期，根据不同需要颁布一些经济政策，制订经济发展方针，这些方针、政策不仅要影响本国企业的营销活动，而且还要影响外国企业在本国市场的营销活动。例如，产业政策、人口政策、能源政策、物价政策、财政政策、金融与货币政策等，都给企业研究经济环境、调整自身的营销目标和产品构成提供了依据。就对本国企业的影响来看，一个国家制订出来的经济与社会发展战略、各种经济政策等，企业都是要执行的，而执行的结果必然要影响市场需求，改变资源的供给，扶持和促进某些行业的发展，同时又限制另外一些行业和产品的发展，那么企业就必须按照国家的规定，生产和经营国家允许的行业和产品。这是一种直接的影响。国家也可以通过方针、政策对企业营销活动施以间接影响。例如，通过征收个人所得税，调节消费者收入，从而影响消费者的购买力，进而影响消费者的需求；国家还可以通过增加消费税来抑制某些产品的需求，如对香烟、酒等可以较重的税收来抑制消费者的消费需求。这些政策必然影响社会购买力，影响市场需求，从而间接影响企业营销活动。从对国外企业的影响来看，东道国的方针、政策是外国企业营销的重要环境因素，会直接和间接影响到外国企业在东道国的营销活动。例如，改革开放之初，我国的外贸政策还比较谨慎，有关外贸的法律制度既不健全，又缺乏稳定性和连续性。因此，外国资本来华投资很多表现为短期行为，投资期限短，抱着捞一把算一把想法的投资者也不乏其人。随着我国改革的进一步深入和对外开放的进一步扩大，特别是我国加入WTO以后，对外开放政策的进一步透明化和外贸、外商投资法律制度的进一步完善，外商看到了在华投资的前景，因而扩大投资规模，延长投资期限（由最初的1～3年，延长到5年以上，甚至10年、20年、50年），来华投资的外国企业也越来越多。以零售业为例，目前世界50家最大的零售商，已有半数以上进入中国；从1995年到2000年底，外资企业的零售额年平均增长速度高达42.7%；到2000年底，实际营业的外资零售企业达到305家。2000年外资企业全部零售额合计526亿元，占社会消费品零售总额的1.54%。这说明东道国的方针、政策对外来投资有非常大的影响。

目前，国际上各国政府采取的对企业营销活动有重要影响的政策和干预措施主要有：

• 进口限制。这指政府所采取的限制进口的各种措施，如许可证制度、外汇管制、关税、配额等。它包括两类：一类是限制进口数量的各项措施；另一类是限制外国产品在本国市场上销售的措施。政府进行进口限制的主要目的在于保护本国企业，确保本国企业在市场上的竞争优势。

【营销视野 2-10】 限购新政或推高 2014 年汽车销量

天津市发布通告显示，从 2013 年 12 月 16 日零时起在该市实行小客车增量配额指标管理，增量指标必须通过摇号或竞价方式取得。至此，自上海、北京、广州、贵阳之后，天津成为中国实施限购措施的第五座城市。政策一出，很快引发了民众的恐慌性购车，据悉，天津市多家 4S 店库存轿车被抢购一空。

值得关注的是，此番限购的背后是国内城市限购风潮的蔓延。将来，天津、深圳、杭州、成都、重庆、青岛、武汉等城市都可能实施汽车限购措施。中银国际研报指出，预计未来每年都将有两个左右的城市出台类似广州、天津的限行限购政策。限购预期的加剧对汽车行业的影响，也为业界所关注。全国乘用车市场信息联席会负责人表示，随着 2013 年持续的限购传闻导致恐慌性购车出现，这种购车潮推动了二季度以来车市火爆持续升温。负责人称，这样的大城市销量暴增有可能迫使地方政府进一步限购。

"局部地区限购，对产业影响并不大"，华泰证券研究员表示，2013 年国内乘用车销售约 1550 万辆，2013 年天津地区乘用车销售约 30 万辆，按照一半的限购，减少约 15 万辆，影响增速不足 1%。如果 2014 年限购城市扩大到 5 个，全国销量增速影响约 4 个百分点。不过他同时表示，我国 41 个大中城市狭义乘用车销量占全国 45% 左右，如果全面限购将对汽车产业形成重大打击。

- 税收政策。政府在税收方面的政策措施会对企业经营活动产生影响。比如对某些产品征收高额税，则会使这些产品的竞争力减弱，给经营这些产品的企业效益带来一定影响。
- 价格管制。当一个国家发生了经济问题时，如经济危机、通货膨胀等，政府就会对某些重要物资甚至所有产品采取价格管制措施。政府实行价格管制通常是为了保护公众利益，保障公众的基本生活，但这种价格管制直接干预了企业的定价决策，影响企业的营销活动。
- 外汇管制。指政府对外汇买卖及一切外汇经营业务所实行的管制。它往往是对外汇的供需与使用采取限制性措施。外汇管制对企业营销活动特别是国际营销活动产生重要影响。例如，实行外汇管制，使企业生产所需的原料、设备和零部件不能自由地从外国进口，企业的利润和资金也不能随意汇回母国。
- 国有化政策。指政府由于政治、经济等原因对企业所有权采取的集中措施。例如为了保护本国工业避免外国势力阻碍等原因，将外国企业收归国有。不过国家一般也不会无偿征收，对企业的所有者会有一定的补偿。

c. 国际关系。这是国家之间的政治、经济、文化、军事等关系。发展国际间的经济合作和贸易关系是人类社会发展的必然趋势，企业在其生产经营过程中，都可能或多或少地与其他国家发生往来，开展国际营销的企业更是如此。因此，国家间的关系也就必然会影响企业的营销活动。这种国际关系主要包括两个方面的内容：

- 企业所在国与营销对象国之间的关系。例如，中国在国外经营的企业要受到市场国对于中国外交政策的影响。如果该国与我国的关系良好，则对企业在该国经营有利；反之，如果该国对我国政府持敌对态度，那么，中国的企业就会遭到不利的对待，甚至攻击或抵制。比如中美两国之间的贸易关系就经常受到两国外交关系的影响，美国在贸易上常常采取一些歧视政策，如搞配额限制，所谓"反倾销"等，阻止中国产品进入美国市场，即便是中国加入世界贸易组织（WTO）后，这种状况依然存在。这对中国企业在美国市场上的营销活动是极为不利的。

● 国际企业的营销对象国与其他国家之间的关系。国际企业对于市场国来说是外来者，但其营销活动要受到市场国与其他国家关系的影响。例如，中国与伊拉克很早就有贸易往来，后者曾经是我国钟表和精密仪器的较大客户。海湾战争后，联合国对伊拉克的经济制裁，使我国企业有很多贸易往来不能进行。阿拉伯国家也曾经联合起来，抵制与以色列有贸易往来的国际企业。当可口可乐公司试图在以色列办厂时，引起阿拉伯国家的普遍不满，因为阿拉伯国家认为，这样做有利于以色列发展经济。当可口可乐公司在以色列销售成品饮料时，却受到阿拉伯国家的欢迎，因为他们认为这样做会消耗以色列的外汇储备。这说明国际企业的营销对象国与其他国家之间的关系，也是影响国际企业营销活动的重要因素。

② 法律环境因素。法律是体现统治阶级意志，由国家制订或认可，并以国家强制力保证实施的行为规范的总和。对企业来说，法律是评判企业营销活动的准则，只有依法进行的各种营销活动，才能受到国家法律的保护。因此，企业开展市场营销活动，必须了解并遵守国家或政府颁布的有关经营、贸易、投资等方面的法律、法规。如果从事国际营销活动，企业就既要遵守本国的法律制度，还要了解和遵守市场国的法律制度和有关的国际法规、国际惯例和准则。这方面因素对国际企业的营销活动有深刻影响。例如，一些国家对外国企业进入本国经营设定各种限制条件。日本政府曾规定，任何外国公司进入日本市场，必须找一个日本公司同它合伙。也有一些国家利用法律对企业的某些行为做特殊限制。美国《反托拉斯法》规定不允许几个公司共同商定产品价格，一个公司的市场占有率超过20%就不能再合并同类企业。除上述特殊限制外，各国法律对营销组合中的各种要素，往往有不同的规定。例如，产品由于其物理和化学特性事关消费者的安全问题，因此，各国法律对产品的纯度、安全性能有详细甚至苛刻的规定，目的在于保护本国的生产者而非消费者。美国曾以安全为由，限制欧洲制造商在美国销售汽车，以致欧洲汽车制造商不得不专门修改其产品，以符合美国法律的要求；英国也曾借口法国牛奶计量单位采用的是公制而非英制，将法国牛奶逐出本国市场；而德国以噪声标准为由，将英国的割草机逐出德国市场。各国法律对商标、广告、标签等都有自己特别的规定。比如加拿大的产品标签要求用英、法两种文字标明；法国却只使用法文产品标签。广告方面，许多国家禁止电视广告，或者对广告播放时间和广告内容进行限制。例如德国不允许做比较性广告和使用"较好"、"最好"之类的广告词；许多国家不允许做烟草和酒类广告等。这些特殊的法律规定，是企业特别是进行国际营销的企业必须了解和遵循的。

从当前企业营销活动法制环境的情况来看，有两个明显的特点：

a. 管制企业的立法增多，法律体系越来越完善。西方国家一贯强调依法治国，对企业营销活动的管理和控制也主要通过法律手段。在这方面的立法主要有三个内容或目的：一是保护企业间的公平竞争，制止不公平竞争；二是保护消费者正当权益，制止企业非法牟利及损害消费者利益的行为；三是保护社会的整体利益和长远利益，防止对环境的污染和生态的破坏。近几年来，我国在发展社会主义市场经济的同时，也加强了市场法制方面的建设。陆续制订、颁布和完善了一系列有关的重要法律法规，如公司法、广告法、商标法、经济合同法、反不正当竞争法、消费者权益保护法、产品质量法、外商投资企业法等。这对规范企业的营销活动起到了重要作用。

b. 政府机构执法更严。有了法，还必须进行执法，这样法律才能起到应有的作用。各个国家都根据自己不同的情况，建立了相应的执法机关。例如，在美国，就有联邦贸易委员会、联邦药物委员会、环境保护局、消费者事务局等执法机构，日本有公正交易委员会，德国有联邦卡特尔局，瑞典有消费者行政长官处和市场法院，加拿大有市场保护委员会等。这些官方机构对企业的营销活动有很大的影响力，近年来执法更加积极、严格。我国的市场管理机构比较多，主要有工商行政管理局、技术监督局、物价局、药品监督管理局、环境保护局、卫生防疫部门等机构，分别从各个方面对企业的营销活动进行监督和控制，在保护合法经营，取缔非法经营，保护正当交易和公平竞争，维护消费者利益，促进市场有序运行和经济健康发展方面，发挥了重要作用。因此，企业必须知法守法，自觉用法律来规范自己的营销行为并自觉接受执法部门的管理和监督。同时，还要善于运用法律武器维护自己的合法权益。当其他经营者或竞争者侵犯自己正当权益的时候，要勇于用法律手段保护自己的利益。

(5) 自然环境

一个国家、一个地区的自然地理环境包括该地的自然资源、地形地貌和气候条件，这些因素都会不同程度地影响企业的营销活动，有时这种影响对企业的生存和发展起决定性的作用。企业要减少由自然地理环境带来的威胁，最大限度地利用环境变化可能带来的市场营销机会，就应不断地分析和认识自然地理环境变化的趋势，根据不同的环境情况来设计、生产和销售产品。

① 物质自然环境。物质自然环境是指自然界提供给人类各种形式的物质财富，如矿产资源、森林资源、土地资源、水利资源等。这些资源分为三类：一是"无限"资源，如空气、水等；二是有限但可以更新的资源，如森林、粮食等；三是有限且不可再生资源，如石油、锡、煤、锌等矿物。自然资源是进行商品生产和实现经济繁荣的基础，和人类社会的经济活动息息相关。由于自然资源的分布具有地理的偶然性，分布很不均衡。因此，企业到某地投资或从事营销必须了解该地的自然资源情况。如果该地对本企业产品的需求大，但缺乏必要的生产资源，那么，企业就适宜向该地销售产品。但是如果该地有丰富的生产资源，企业就可以在该地投资建厂，当地生产，当地销售。可见，一个地区的自然资源状况往往是吸引外地企业前来投资建厂的重要因素。

此外，自然环境对企业营销的影响还表现在两个方面：

● 自然资源短缺的影响。随着工业的发展，自然资源逐渐短缺。例如，我国资源从总体上看是丰富的，但从人均占有量来看又是短缺的。我国水资源名列世界第一，但人均量仅为世界人均占有量的1/4。资源紧张使得一些企业陷入困境，但又促使企业寻找替代品，降低原材料消耗。

● 环境的污染与保护。环境污染已经成为举世瞩目的问题。占世界人口总数15％的工业发达国家，其工业废物的排放量占世界废物排放总量的70％。我国虽属于发展中国家，但工业"三废"（废渣、废水、废气）对环境也造成严重污染，其中煤烟型污染最为突出。为此，各个国家（包括我国）政府都采取了一系列措施，对环境污染问题进行控制。这样，一方面限制了某些行业的发展，另一方面也为企业提供了两种营销机会：一是为治理污染的技术和设备提供了一个大市场；二是为不破坏生态环境的新的生产技术和包装方法创造了营销机会。因此，企业经营者要了解政府对资源使用的限制和对污染治理的措施，力争做到既能减少环境污染，又能保证企业发展，提高经济效益。

② 地理环境。一个国家或地区的地形地貌和气候，是企业开展市场营销所必须考虑的

地理环境因素，这些地理特征对市场营销有一系列影响。例如，气候（温度、湿度等）与地形地貌（山地、丘陵等）特点，都会影响产品和设备的性能和使用。在沿海地区运转良好的设备到了内陆沙漠地区就有可能发生性能的急剧变化。有些国家地域辽阔，南北跨度大，各种地形地貌复杂、气候多变，企业必须根据各地的自然地理条件生产与之相适应的产品，才能适应市场的需要。例如我国北方寒冷与南方炎热的气候，都会对产品提出不同的环境适应性要求。这就是为什么在号称三大"火炉"之首的武汉市的夏天，降温产品（冷饮、电风扇、空调器、电冰箱）等特别畅销的原因所在。如果从经营成本上考虑，平原地区道路平坦，运输费用比较低，而山区三陵地带道路崎岖，运费自然就高。可见，气候、地形地貌不仅直接影响企业的经营、运输、通信、分销等活动，而且还会影响到一个地区的经济、文化和人口分布状况。因此，企业开展营销活动，必须考虑当地的气候与地形地貌，使其营销策略乏适应当地的地理环境。

（6）社会文化环境

文化环境的含义有广义和狭义之分。广义的文化又称社会文化，指人类历史实践过程中所创造的物质财富和精神财富的总和。它是由人类自身所创造的一部分社会环境，包括政治、经济、科学技术、知识信仰、艺术、道德、法律、社会规范等方面构成。人类学家将之定义为"在人类一定的群体中形成的世代相传的生活方式的总和"。狭义的文化，则仅就社会的意识形态而言，即精神文化，指一个国家、地区或民族的传统文化，如价值观念、伦理道德、生活方式、风俗习惯、行为规范和宗教信仰等。

社会文化包括核心文化和亚文化。核心文化是人们持久不变的信仰和价值观，它具有世代相传，并由国家机构予以强化和不易改变的特点。亚文化是按民族、经济、年龄、职业性别、地理、受教育程度等因素划分的特定群体所具有的文化现象，它根植于核心文化，但比核心文化容易改变。

传统观念认为，市场营销是一种经济活动，经济因素是决定市场营销环境的唯一主要因素。但是，单纯用经济因素已不足以说明消费者行为的特点，例如它不能解释为什么两个完全相同的人或人均收入相近的两个国家，他们在消费模式上迥然不同的现象。近年来，虽然国际贸易往来越来越频繁，发达国家居民收入水平和经济技术水平越来越接近，在一定程度上产生了需求的趋同性，但实质上各个国家的消费者在需求爱好、消费模式上，却仍存在很大的差异性。由此可见，非经济因素对市场营销具有相当重要的作用。市场营销动不仅是经济活动，也是一种文化活动。

社会文化环境对汽车营销的影响有：①它影响着人们的行为方式（包括购买行为），对企业不同的营销活动（如产品设计、造型、颜色、广告、品牌等）具有不同的反应程度。例如某些性能先进、款式国际流行、深受外国人欢迎的"溜背式"汽车（两厢车），在中国20世纪90年代的汽车市场上却遇到了销售不畅的麻烦，这同我国传统的审美观念有直接的关系。国人认为，这种车型"不符合国情"，致使有关企业不得不为改变上述文化观念，花费大量促销费用。②亚文化的发展与变化，决定了市场营销活动的发展与变化。例如，在20世纪60年代以前，由于受二战和战后物资相对匮乏的影响，人们的心理还非常庄重、严肃，世界汽车多以深色为主。之后，由于世界汽车工业的中心向日本转移，因为日本人喜欢白色，而且人们已开始追求自由自在的生活，世界汽车的流行色也变得轻快、明亮（如白色、银灰色）。

营销者也可以利用亚文化的相对易变性，充分发挥主观能动作用，可以引导亚文化方向；

利于本企业市场营销的方向发展。如中国人对日本产品总是抱有一种复杂情绪，丰田就专门针对中国市场，设计了"车至山前必有路，有路就有丰田车"的广告词。这则广告是利用了中国的文化，宣传自己的产品。在文字上做到了"醒目、上口、简短、明了、含蓄、深刻"，表达了丰田车无路不走、无处不在、无高不攀、无人不爱的特点，并取得营销上的成功。

第三节　竞争者分析

企业要制订出有利的竞争性营销战略，必须了解竞争者的有关情况，诸如谁是我们的竞争者？它们的战略是什么？它们的目标是什么？它们的优势和劣势是什么？它们的反应模式是什么？

一、识别竞争者

一个企业识别竞争者似乎很容易，如福特汽车公司视日本丰田汽车公司为主要竞争对手。然而，企业的现实与潜在竞争者的范围是很广泛的。一个企业很可能被新出现的竞争对手打败，而非当前竞争者。如柯达胶卷的更大威胁者不是日本富士公司，而是新出现的"摄像机"。

（1）从销售商数量及产品差异化程度

销售商数量与产品差异化这两个要素组合产生4种行业竞争结构类型。

① 完全垄断。指在一定地理范围内（如一国或一个地区），只有一个公司提供一定的产品或服务。完全垄断可能是由规章法令、专利权、许可证、规模经济及其他因素造成的。在完全垄断条件下，由于缺乏密切替代品，垄断者追求最大的利润。如果行业出现了替代品或紧急竞争危机，垄断者会通过改善产品和服务来阻止竞争者的进入。守法的完全垄断者，通常会考虑公众利益而降低产品价格并提供更多的服务。

② 寡头垄断。指一个行业的结构是少数几个大企业生产从高度差别化到标准化的系统产品。寡头垄断有两种形式：完全寡头垄断，指某行业由几家生产本质共属于同一类产品（石油、钢铁等）的公司所构成，每个企业只能按现行价格水平定价，只能通过降低成本，增加服务来实现差异化；差异寡头垄断，指一个行业由几家生产部分有差别的产品（汽车、电冰箱、发电机）的公司组成，在质量、特性、款式或服务等方面实现差异化，各竞争者在其中某一方面居领先地位，吸引顾客偏爱该属性并接受该价格。

③ 垄断竞争。指某一行业内许多能从整体上或部分地区提供的产品或服务的差异性，并通过产品或服务的差异性去吸引顾客的公司开展的竞争。其竞争的焦点在于扩大本企业品牌与竞争者品牌的差异，突出特色。

④ 完全竞争。指某一行业内由许多提供相同产品或服务的公司所构成的竞争。众多公司只能按市场供求关系来确定价格，它们是"价格接受者"而不是"价格的决定者"。其竞争战略焦点是通过降低生产成本、分销成本来提高利润率。

（2）从市场角度识别竞争者

除了从行业角度识别竞争者外，还可以从市场角度，即把其他竞争者看做是力求满足相同顾客需求或服务于同一顾客群的公司。如从顾客需求观点看，文字处理软件是获取书写能力。这种需要可由铅笔、钢笔、计算机等予以满足，因而，铅笔制造商、钢笔制造商、电脑制造商成为文字处理软件商的竞争者。可见，从市场角度看，对竞争者的识别开阔了公司的视野，扩大了实际和潜在竞争者的范围，使企业制订出更具竞争性的营销战略。

二、判定竞争者的战略与目标

(1) 判定竞争者的战略

公司最直接的竞争者是那些对相同目标市场推行相同战略的公司。战略群体指在某个特定行业中推行相同战略的一组企业。一个企业必须识别与其竞争的战略群体。

识别行业内战略群体不仅从质量形象与纵向一体化进行，还应从技术先进水平、地区范围、制造方法等方面了解每个竞争者更详细的信息，具体包括：竞争者的研究与开发、制造、营销、财务与人力资源管理；产品质量、特色及产品组合；顾客服务；定价策略；分销；广告、人员推销等。

由于市场环境在不断变化，因此，富有活力的竞争者将随着环境的变化而修订其战略，如通用汽车公司因适应了市场对汽车的多样化需求而超过福特汽车公司。

(2) 判定竞争者的目标

企业不仅要识别竞争者的战略，还必须了解它们的目标。竞争者最终目标是获取利润，但不同公司对于长期与短期利润的重视程度不同：有的公司注重长期利润；有的公司重视短期利润；有的公司重视利润最大化；有的只重视适度利润。

三、评估竞争者的实力与反应

(1) 评估竞争者的优势与劣势

① 收集每个竞争者的信息。主要是收集有关竞争者最关键的数据，诸如销售量、市场份额、心理份额、情感份额、毛利、现金流量、设备能力等。

② 分析评价。根据已收集的信息综合分析竞争者的优势与劣势进行分析评价，见表 2-2。

表 2-2 竞争者优势与劣势分析

	顾客知晓度	产品质量	产品利用率	技术服务	推销人员
A	优	优	差	差	良
B	良	良	优	良	优
C	中	差	良	中	中

表中，优劣分四个等级，即优、良、中、差。根据四个等级评估 ABC 三个竞争者的优劣势，可见：A 在顾客知晓度与产品质量方面是最好的，而在产品利用率与技术服务方面最差，处于劣势；B 产品的顾客知晓度、产品质量及技术服务方面不如 A，产品利用率与推销人员优于 A；C 则无明显的优势，产品质量差，其他方面均处于不利地位。

③ 寻找标杆。指找出竞争者在管理和营销等方面较好的做法为标准，然后加以模仿、组合和改进，并力争超过标杆者。如施乐公司实行标杆法而缩短了其成为行业领导者的时间。柯达使用标杆法使其产品更可靠并成为行业的领头羊。

标杆法包括七个步骤：确定标杆项目；确定评估关键绩效的变量；识别最佳级别的公司，即寻找出标杆公司；衡量标杆公司的绩效；衡量公司绩效；制订缩小差距的计划与行动；执行和监测结果。

(2) 评估竞争者的反应模式

由于每个竞争者的经营哲学、企业文化、价值观念不同，它们对竞争者的反应模式应不同。概括起来，大约有以下四种反应模式。

① 从容型竞争者。指一个竞争者对某一特定竞争者的行动没有迅速反应或反应不强烈。

其原因有多种，或者认为其顾客忠于他们，不会转移购买；或者他们实行短期收割榨取策略而不必理睬竞争者；或者由于他们缺乏资金对竞争者行动没有作出迅速反应。

② 选择型竞争者。指竞争者只对某些类型的竞争攻击作出反应，而对其他竞争攻击无动于衷。竞争者经常对削价作出反应，而对广告费的增加可能不作出任何反应，因为它相信此因素对其威胁不大。了解主要竞争者在哪方面作出反应，可以为企业提供最为可靠的攻击类型。

③ 凶狠型竞争者。指对所有竞争者的攻击行为作出迅速而强烈的反应。这类竞争者在警告其他企业最好停止任何攻击。

④ 随机型竞争者。指对竞争攻击的反应具有随机性，让人捉摸不定。许多小公司往往是随机型的竞争者。

四、企业面对行业竞争者的一般竞争战略

制订竞争战略的本质在于把某公司与其所处的环境联系起来，而厂商环境的关键方面在于某公司的相关行业、行业结构，它们对竞争者战略的选择有强烈影响。所谓行业是指生产彼此可密切替代的产品的厂商群。行业内部的竞争状态取决于三种基本的竞争势力，即新参加竞争的厂商、替代产品的威胁、买方的讨价还价能力、供应方的讨价还价能力以及行业现有竞争者之间的抗衡。为了长期中形成与这五种竞争势力相抗衡的防御地位，而且能在行业中超过所有的竞争者，企业可选择以下三种互相有内在联系的一般竞争战略，即成本领先战略、差异化战略和集中性战略。

(1) 成本领先战略

① 成本领先战略的含义。成本领先战略是指通过有效途径，使企业的全部成本低于竞争对手的成本，以获得同行业平均水平以上的利润。实现成本领先战略需要有一整套具体政策，即要有高效率的设备，积极降低经验成本，紧缩成本和控制间接费用以及降低研究开发、服务、销售、广告等方面的成本。要达到这些目的，必须在成本控制上进行大量的管理工作，即不能忽视质量、服务及其他一些领域工作，尤其要重视与竞争对手有关的低成本的任务。

② 成本领先战略的优点。只要成本低，企业尽管面临着强大的竞争力量，仍可以在本行业中获得竞争优势。这是因为：

- 在与竞争对手的斗争中，企业由于处于低成本地位上，具有进行价格战的良好条件，即使竞争对手在竞争中处于不能获得利润、只能保本的情况，本企业仍可获利。
- 面对强有力的购买者要求降低产品价格的压力，处于低成本地位上的企业仍可以有较好的收益。
- 在争取供应商的竞争中，由于企业的低成本，相对于竞争对手具有较大的原材料、零部件价格上涨承受能力，能够在较大的边际利润范围内承受各种不稳定经济因素所带来的影响；同时，由于低成本企业对原材料或零部件的需求量一般较大，因而为获得廉价的原材料或零部件提供了可能，同时也便于和供应商建立稳定的协作关系。
- 在与潜在进入者的竞争中，那些形成低成本地位的因素常常使企业在规模经济或成本优势方面形成进入障碍，削弱了新进入者对低成本者的进入威胁。
- 在与替代品的竞争中，低成本企业可用削减价格的办法稳定现有顾客的需求，使之不被替代产品所替代。当然，如果企业要较长时间巩固企业现有竞争地位，还必须在产品及市场上有所创新。

③ 成本领先战略的缺点如下。

●投资较大。企业必须具备先进的生产设备，才能高效率地进行生产，以保持较高的劳动生产率。同时，在进攻型定价以及为提高市场占有率而形成的投产亏损等方面也需进行大量的预先投资。

●技术变革会导致生产工艺和技术的突破，使企业过去大量投资和由此产生的高效率一下子丧失优势，并给竞争对手造成以更低成本进入的机会。

●将过多的注意力集中在生产成本上，可能导致企业忽视顾客需求特性和需求趋势的变化，忽视顾客对产品差异的兴趣。

●由于企业集中大量投资于现有技术及现有设备，提高了退出障碍，因而对新技术的采用以及技术创新反应迟钝，甚至采取排斥态度。

④ 成本领先战略的适用条件。低成本战略是一种重要的竞争战略，但是，它也有一定的适用范围。当具备以下条件时，采用成本领先战略会更有效力：

●市场需求具有较大的价格弹性。

●本行业的企业大多生产标准化产品，从而使价格竞争决定企业的市场地位。

●实现产品差异化的途径很少。

●多数客户以相同的方式使用产品。

●用户从一个销售商改变为另一个销售商时，不会发生转换成本，因而特别倾向于购买价格最优惠的产品。

（2）差异化战略

① 差异化战略的含义。所谓差异化战略，是指为使企业产品与对手产品有明显的区别，形成与众不同的特点而采取的战略。这种战略的重点是创造被全行业和顾客都视为独特的产品和服务以及企业形象。实现差异的途径多种多样，如产品设计、品牌形象、技术特性、销售网络、用户服务等。如美国卡特彼勒履带拖拉机公司，不仅以有效的销售网和可随时提供良好的备件出名，而且以质量精良的耐用产品闻名遐迩。

② 差异化战略的优点。只要条件允许，产品差异化是一种可行的战略。企业奉行这种战略，可以很好地防御五种竞争力量，获得竞争优势：

●实行差异化战略是利用了顾客对其特色的偏爱和忠诚，由此可以降低对产品的价格敏感性，使企业避开价格竞争，在特定领域形成独家经营的市场，保持领先。

●顾客对企业（或产品）的忠诚性形成了强有力的进入障碍，进入者要进入该行业则需花很大气力去克服这种忠诚性。

●产品差异可以产生较高的边际收益，增强企业对付供应者讨价还价的能力。

●由于购买者别无选择，对价格的敏感度又低，企业可以运用产品差异战略来削弱购买者的讨价还价能力。

●由于企业具有特色，又赢得了顾客的信任，在特定领域形成独家经营的市场，便可在与代用品的较量中，比其他同类企业处于更有利的地位。

③ 产品差异化战略的缺点如下。

●保持产品的差异化往往以高成本为代价，因为企业需要进行广泛的研究开发、产品设计、采用高质量原料和争取顾客支持等工作。

●并非所有的顾客都愿意或能够支付产品差异所形成的较高价格。同时，买主对差异化所支付的额外费用是有一定支付极限的，若超过这一极限，低成本低价格的企业与高价格差异化产品的企业相比就显示出了竞争力。

- 企业要想取得产品差异，有时要放弃获得较高市场占有率的目标，因为它的排他性与高市场占有率是矛盾的。

④ 差异化战略的适用条件如下。
- 有多种使产品或服务差异化的途径，而且这些差异化是被某些用户视为有价值的。
- 消费者对产品的需求是不同的。
- 奉行差异化战略的竞争对手不多。

（3）集中战略

① 集中战略的含义。集中战略是指企业把经营的重点目标放在某一特定购买者集团，或某种特殊用途的产品，或某一特定地区，来建立企业的竞争优势及其市场地位。由于资源有限，一个企业很难在其产品市场展开全面的竞争，因而需要瞄准一定的重点，以期产生巨大而有效的市场力量。此外，一个企业所具备的不败的竞争优势，也只能在产品市场的一定范围内发挥作用。例如，天津汽车工业公司面对进口轿车和合资企业生产轿车的竞争，将经营重心放在微型汽车上，该厂生产的"夏利"微型轿车，专门适用于城市狭小街道行驶，且价格又不贵，颇受出租汽车驾驶员的青睐。

集中战略所依据的前提是，厂商能比正在更广泛进行竞争的竞争对手更有效或效率更高地为其狭隘的战略目标服务，厂商或由于更好地满足其特定目标的需要而取得产品差异，或在为该目标的服务中降低了成本，或两者兼而有之。尽管集中战略往往采取成本领先和差异化这两种变化形式，但三者之间仍存在区别。后二者的目的都在于达到其全行业范围内的目标，但整个集中战略却是围绕着一个特定目标服务而建立起来的。

② 集中战略的优点。实行集中战略具有以下几个方面的优势：
- 经营目标集中，可以集中企业所有资源于一特定战略目标之上。
- 熟悉产品的市场、用户及同行业竞争情况，可以全面把握市场，获取竞争优势。
- 由于生产高度专业化，在制造、科研方面可以实现规模效益。这种战略尤其适用于中小企业，即小企业可以以小补大，以专补缺，以精取胜，在小市场做成大生意，成为"小型巨人"。

③ 集中战略的风险。集中战略也包含风险，主要是注意防止来自三方面的威胁，并采取相应措施维护企业的竞争优势。
- 以广泛市场为目标的竞争对手，很可能将该目标细分市场纳入其竞争范围甚至已经在该目标细分市场中竞争，构成对企业的威胁。这时企业要在产品及市场营销各方面保持和加大其差异性，产品的差异性越大，集中战略的维持力越强；需求者差异性越大，集中战略的维持力也越强。
- 该行业的其他企业也采用集中战略，或者以更小的细分市场为目标，构成了对企业的威胁。这时选用集中战略的企业要建立防止模仿的障碍，当然其障碍的高低取决于特定的市场细分结构。另外，目标细分市场的规模也会造成对集中战略的威胁，如果细分市场较小，竞争者可能不感兴趣，但如果是在一个新兴的、利润不断增长的较大的目标细分市场上也采用集中战略，开发出更为专业化的产品，就会剥夺原选用集中战略的企业的竞争优势。
- 如果社会政治、经济、法律、文化等环境的变化，技术的突破和创新等多方面原因引起替代品出现或消费者偏好发生变化，导致市场结构性变化，此时集中战略的优势也将随之消失。

要成功实行以上三种一般竞争战略，需要不同的资源和技巧，需要不同的组织安排和控制程序，需要不同的研究开发系统，因此，企业必须考虑自己的优势和劣势，根据经营能力选择可行的战略。表 2-3 列出了三种竞争战略所需要的技能和要求。

表 2-3　一般竞争战略的要求

一般竞争战略	共同需要的技能和资源	共同的组织要求
成本领先战略	1. 持续的资本投资和获得资本的途径 2. 生产加工工艺技能 3. 严密的劳动监督 4. 设计容易制造的产品 5. 低成本的分销系统	1. 严密的成本控制 2. 经常而又详尽的成本控制报告 3. 结构严密的组织和责任 4. 以实现严格的目标为基础的刺激
差异化战略	1. 强有力的市场营销能力 2. 产品工艺技术 3. 创造性的眼光 4. 强有力的基础研究能力 5. 公司在质量或技术领先方面的声誉 6. 行业内长期形成的传统或吸取其他企业经营技能的独特的组合方式 7. 各种销售渠道强有力的合作	1. 对研究开发、产品开发和市场营销等职能活动强有力的协调 2. 用主观测定和刺激代替定量化的测定 3. 吸引高技能的工人、科研人员或有创新能力人才的舒适环境
集中性战略	针对特定战略目标的上述各种政策的结合	针对特定战略目标的上述各种政策的结合

同样，一般性竞争战略还需要不同的领导风格，适合各种战略的企业文化，这些因素对能否成功实施一般战略影响也较大。

第四节　购买者行为分析

市场营销的过程就是充分满足顾客需要的过程。而顾客需要的满足，总是在欲望支配下，通过一系列的购买和消费行为去实现的，因而市场营销必须对顾客的行为进行研究，掌握其中的规律和特点。这将有利于营销者实施针对性强的策略，从而提高营销效率和营销业绩。

一、汽车产品的使用特点

汽车与其他工业产品一样是一种有形商品，但与其他的工业产品相比又有其明显的使用特点。这种在使用上的特殊性主要体现在以下两个方面。

（1）汽车既是生产资料又是消费资料

从使用的角度看，汽车产品按其用途可以分为以下两类。

① 作为生产资料使用。各种生产型企业都利用自己所拥有的汽车，进行原材料、零配件、半成品、成品及辅助用品的运输。因为这类运输活动构成企业生产活动的一部分，所以汽车为生产资料。国民经济基本建设单位、公共工程建设单位等集团组织，也把汽车作为必不可少的运输装备使用，汽车也是其生产资料的一部分。对从事公路专业运输、出租；城市公共交通运输、汽车租赁、旅游业务等服务性经营活动的单位和个人来说，汽车也是作为经营资料使用的，它是运输服务的工具，这种作为经营资料使用的汽车，亦可看做是生产资料。综上所述，我们可以得出这样的结论，即绝大部分载货汽车、专用汽车、自卸汽车和部分客车及轿车都是作为生产资料使用的。

② 作为消费资料使用。汽车作为消费资料的一种表现是它属于一种集团消费资料。用于满足各类企事业单位、各级各类政府籍贯、非盈利团体组织等公务及事业活动需要的轿

车，用于解决职工上下班的通勤客车以及用于解决学生上学放学的通学客车等，都属于集团消费资料。很大一部分轿车、客车及某些载货汽车都是作为集团消费资料使用的。汽车尤其轿车作为消费资料的另一种表现形式是它作为一种生活耐用品，进入到广大居民家庭消费领域。此时，汽车（主要是轿车、微型客车等）作为消费资料，用于私人上下班代步、旅游等，满足消费者的出行需要。

(2) 汽车是一种最终商品

从产品的加工程度来看，汽车属于一种产品成品。无论是作为生产资料使用的汽车还是作为消费资料使用的汽车，都是最终可以直接使用的产品。从这个意义上来说，汽车与那些作为原材料、中间产品、生产协作件等中间产品形态的生产资料存在差别。

汽车的上述使用特点，决定了汽车用户的广泛性，也决定了汽车购买行为既有与一般生产资料和消费资料等商品相似的一面，又有不同的一面，汽车营销者必须对其进行深入研究。

二、汽车私人消费市场及购买行为

汽车私人消费市场由汽车的消费者个人构成。研究这个市场的特点及其发展规律，对于那些以这个市场为目标市场的汽车厂商而言，具有非常重要的意义。现代营销理论对于普通市场做了大量研究，取得了许多成果，这些成果值的我们参考和借鉴。但是由于汽车商品的使用特点及价值特点与普通商品存在着较大的差别，因此我们不能简单地套用这些成果，必须对汽车私人消费市场的特殊性及其购买行为的特点进行深入研究。

(1) 汽车私人消费市场的需求特点

汽车私人消费市场的消费者由于受经济、社会、文化等因素的影响，呈现出千差万别、纷繁复杂的形态。但从总体上讲，各种需求之间存在着共性。具体来说，有以下特点。

① 消费需求的多样性。众多的汽车消费者，其收入水平、文化素质、职业、年龄、性格、民族生活习惯等各不相同，因而在消费需求上也表现出不同的需求特性。比如说，年轻人喜爱运动型的车辆，而老年人喜爱舒适型的车辆。再比如说，经常在道路条件较差的地区活动的人，所选择的车辆主要是要求汽车的通过性要好（如越野车）；而主要在城市范围道路条件较好地区活动的人，所选择的车辆主要是要求舒适性要好（如轿车等）。总之，人们对需求是多种多样的，从而表现出需求的多样性特点。

② 消费需求的层次性。消费者由于在社会上所处地位的不同，或者由于经济收入与消费能力的不同，对汽车所需求的档次也就不同。一般的普通老百姓购买汽车的目的主要是作为代步工具，所选购的汽车大多为经济型的。而民营企业老板、社会地位较高或消费能力较强的人，购买的汽车必须体现其消费心理，所选购的车型大多为豪华型或中高级型的。社会阶层的存在，使得汽车的消费需求表现出层次性。

③ 消费需求的伸缩性。一方面，汽车作为一种高档耐用商品具有较强的价格弹性，即汽车的售价对汽车的个人需求有较大的影响。另一方面，这种需求的结构是可变的。当客观条件限制了这种需求时，它可以被抑制，或转化为其他需求，或最终被放弃；反过来，当条件允许时，个人消费需求不仅会得以实现，甚至会发展成为流行消费。

④ 消费需求的可诱导性。对于大多数私人消费者而言，由于他们缺乏足够的汽车知识，往往会受到周围环境、消费风尚、人际关系、宣传报道等因素的影响，对某种车型产生较大的需求。例如，某单位的职工，由于最初有人购买了某款轿车，使用后感到该款轿车油耗低、质量好、方便灵活，是很实用的代步工具，受其影响，后来这个单位的职工，先后有数

十人购买了该款轿车。

⑤ 消费需求的习惯性。有的人在长期的消费活动中积累下来的一些偏好和倾向是很难改变的。例如，某人在使用车的过程中，对某公司生产的汽车产生了偏爱，认为其可靠性、安全性和服务质量比其他品牌的车要好，所以在以后更换汽车时所买的几辆车都是该公司生产的。这就是俗话所说的"买车认品牌"，从而表现出消费需求的习惯性。这种习惯性，主要是指品牌忠诚度，而不一定是重复消费原样产品。

⑥ 消费需求的可替代性。私人购买汽车（尤其是首次购买）在面临多种选择时，一般都要进行反复的比较、鉴别，也就是俗话所说的"货比三家"，只有那些对私人消费者吸引力强、各种服务较好的商家的汽车产品才会导致消费者最终购买。也就是说，同时能够满足消费者需要的不同品牌或不同商家之间存在竞争性，消费者需求表现出可替代性。

⑦ 消费需求的发展性。人的需求永远是进步和发展的，某种需求被满足后，新的需求又会被产生。因此汽车私人消费需求（主要表现为对车辆性能、操控和服务质量的要求）也是永无止境的，在不过分增加购买负担的前提下，消费者对汽车的安全、节能和舒适等性能的要求总是越来越高。

⑧ 消费需求的集中性和广泛性。一方面，私人的购买水平与其经济实力有密切的关系，只有达到一定经济收入的消费者才可能购买汽车。在特定时期内，经济发达地区的消费者达到这一收入条件的人比其他地区的人多，这一地区的汽车需求比其他地区明显高，从而表现出一定的在地理上的消费集中性。另一个方面，达到一定经济收入的人各地都有，而随着经济的发展会不断地增多，因此又表现出消费需求在地理上的广泛性。

（2）汽车私人消费者的购买行为模式

研究消费者购买行为的理论中最有代表性的是刺激-反应模式（见图2-4）。从图中可见，市场营销刺激因素由四个P组成：产品（Product）、价格（Price）、地点（Place）和促销（Promotion）；外在的环境刺激主要包括经济的、技术的、政治的、文化的和社会的因素。这些刺激因素进入消费者的"黑匣子"中，在里面转换成一系列可以观察到的购买者反应：产品选择、品牌选择、经销商选择、购买时间选择及购买地点选择。

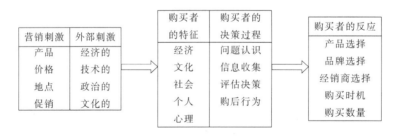

图2-4 消费者购买行为模式

营销人员要想了解市场刺激因素和外部环境刺激因素在消费者的"黑匣子"中如何转换成特定的购买反应，首先必须了解消费者购买特征及其影响因素，另外还要熟悉消费者市场购买者的决策过程。

（3）消费者购买行为类型

消费者购买行为的类型，有多种多样的划分方法，其中最具有典型意义的有两种。一是根据消费者的购买行为的复杂程度和产品差异程度加以区分（见表2-4），另一种是根据消费者的性格进行划分。

表 2-4 消费者购买行为类型

产品差异程度高低	消费者购买行为复杂程度	
	高	低
	复杂型	多变型
	和谐型	习惯型

① 根据消费者购买行为的复杂程度和所购产品的差异程度划分。

- 复杂型。这是消费者初次在购买差异性很大的消费品时所发生的购买行为。购买这类商品时，通常要经过一个较长的考虑过程。购买者首先要广泛搜集各种相关信息，对可供选择的产品进行全面评估，在此基础上建立起自己对该品牌的信念，形成自己对各个品牌的态度，最后慎重地作出购买决策。

对于复杂型的购买行为，营销者应制订策略帮助购买者掌握产品知识，运用报纸、电台、电视等广告媒体和销售人员大力宣传其品牌的优点，发动商店营业员和购买者的亲友影响消费者的最终购买决定，简化购买过程。

- 和谐型。这是消费者购买差异性不大的商品时所发生的一种购买行为。由于各个品牌之间没有显著差异，消费者一般不必花费很多时间去收集并评估不同品牌的各种信息，关心的重点在于价格是否优惠，购买时间、地点是否方便等。因此，和谐型购买行为从产生需要和动机再到作出购买决定所用的时间较短，购买过程迅速而简单。如果消费者在购买以后认为自己所买产品物有所值甚至优于其他同类产品的话，就有可能形成对该品牌的偏好；相反，就有可能形成厌恶感。

- 习惯型。所谓习惯性购买决策，是指消费者对所选购的产品和品牌比较了解，已经发展起了相应的选择标准，主要依据过去的知识和经验习惯性地作出购买决定。消费者认为各品牌之间差异性很小，产品价格比较低廉，对某种产品的特性及其相近产品的特点非常熟悉，并已经形成品牌偏好，购买决策时几乎不涉及信息搜集和品牌评价这两个购买阶段。

针对这一类型的消费者，企业应该努力提高产品质量，加强广告宣传，创品牌，保品牌，在消费者中树立良好的品牌形象，使自己的产品受到消费者的偏爱，成为他们习惯购买的对象。

- 多变型。多变型的购买行为是指消费者了解现有各品牌和品种之间的明显差异，在购买产品时并不深入收集信息和评估比较就决定购买某一品牌，购买时随意性较大，只在消费时才加以评估，但是在下次购买时又会转换其他品牌。消费者转换品牌的原因不一定与他对该产品是否满意有什么联系，可能是对原来口味心生厌倦或者只是为了尝尝鲜，主要目的还是为了寻求产品的多样性。

对于多变型的消费者购买行为，市场领导者和挑战者的营销策略是不同的。市场领导者力图通过占有货架、避免脱销和提醒购买的广告来鼓励消费者形成习惯性购买行为。挑战者则以较低的价格、折扣、赠券、免费赠送样品和强调试用新品牌的广告来吸引消费者改变原习惯性购买行为。

② 根据消费者性格划分。

- 习惯型。消费者是某一种或某几种品牌的忠诚顾客，消费习惯和偏好相对固定，购买时心中有数，目标明确。

- 理智型。作出购买决策前对不同品牌加以仔细比较和考虑，相信自己判断，不容易被他人打动，不轻易作出决定，决定后也不轻易反悔。

- 冲动型。易受产品外观、广告宣传或相关群体的影响，决定轻率，缺乏主见，易于动摇和反悔。营销者在促销过程中争取到这类消费者并不困难，但要想使他们转变为忠诚的顾客就不太容易了。
- 经济型。对价格特别敏感，一心寻求经济划算的商品，对产品是否物美价廉特别看重。
- 情感型。对产品的象征意义特别重视，联想力较丰富。如有些宾馆在对客房编号时，专门在每个房号前后加"8"，就是为了迎合某些旅客希望"发财"的心理。
- 不定型。此类消费者往往比较年轻，独立购物的经历不多，消费习惯和消费心理尚不稳定，没有固定偏好，易于接受新的东西。

三、影响消费者购买行为的主要因素

（1）文化因素

① 文化。文化是决定人类欲望和行为的最基本因素，对消费者购买行为的影响最为深远。文化是指某一特定社会生活方式的总和，包括语言、法律、宗教、风俗、价值观、信仰、工作方式等独特的现象。每一个人都生活在一定的社会文化境中，通过家庭和其他社会组织的社会化过程学习和形成了基本的文化观念。不同地区、不同民族的文化是不尽相同的，文化的差异会引起消费行为的差异。

② 亚文化。每一个国家的文化内又包含若干亚文化群，主要有四种：

- 民族亚文化群。世界上许多国家，除了各自具有相对同一的某种文化类型外，都还存在着以民族传统为基础的亚文化。如中国，共有五十多个民族，其中汉族占全国总人口的90%以上，其他民族所占的比例较少，人口超过百万的只有壮族、满族、回族、苗族、维吾尔族、蒙古族、朝鲜族等十几个民族。不同民族的消费者具有不同的消费行为，诸如食品、服饰和娱乐方面的要求因民族不同而存在差异。
- 宗教亚文化群。每个国家往往存在许多不同的宗教。如我国存在着佛教、伊斯兰教、天主教、基督教等。不同的宗教，其教规、戒律不同，从而对商品的偏好和禁忌也会有所不同，在购买行为和购买种类上也表现出各自的特征。
- 种族亚文化群。一个国家可能有不同的种族，各个种族都有自己独特的生活习惯和文化传统。如世界上有白种人、黑种人、黄种人、棕种人4个种族，他们的购买行为各不相同。与白人相比，美国的黑人购买的衣服、个人用品、家具和香水相对要多一些，但在食品、运输和娱乐方面的支出则较少。虽然他们对价格更加敏感，但是对商品的质量和品牌的要求也不低。
- 地理亚文化群。处于不同地理位置的各个国家，同一国家内处于不同地理位置的各个地区的消费者有着不同的习俗、口味和消费需求。例如，闻名中国的川菜、鲁菜、苏菜、粤菜、闽菜、浙菜、徽菜、湘菜等八大菜系，皆风格各异，各成一派，就是因为地理位置不同而形成的。

③ 社会阶层。社会阶层是根据职业、收入来源、教育水平、价值观和居住区域对人们进行的一种社会分类，是按层次排列的。每一阶层成员具有类似的价值观、兴趣、爱好和行为方式。对商品品牌、宣传媒体等有不同的偏好。

社会阶层具有以下特征：属于同一个阶层的社会成员的价值观、兴趣、消费行为比较相似，因而其消费行为趋向一致；人们在社会中地位的高低一般取决于他们所处的社会阶层；

一个人究竟归属于哪个社会阶层往往受到职业、收入、教育、价值观和居住区域等多种因素的综合制约；一个人所处的社会阶层并不是一成不变的，有的人可能上升到更高的社会阶层，也有的人可能下降到更低的阶层。

社会阶层对消费者的影响主要体现在以下五个方面：①商店的选择。大部分消费者喜欢去符合自己社会地位的商店选购商品。②消费和储蓄倾向。有研究证明，社会阶层的层次高低与消费倾向成反比，与储蓄倾向成正比。一个人的社会阶层越高，储蓄倾向越大，消费倾向越小，反之亦然。③消费产品的品位。高阶层的消费者常把购买活动看做是身份、地位的象征和标志。在食品消费上，阶层较高的消费者更讲究档次、氛围和营养；阶层较低的消费者考虑更多的可能是味道、分量和价格。④娱乐和休闲方式。由于受时间、经济条件和精力的影响，高阶层的消费者从事较多的户外活动，一般会选择网球、高尔夫、滑雪或海滨游泳等休闲活动。⑤对价格的心态。很多时候，价格也是一种身份地位的象征。对于上层的消费者来说，他们可以以很高的价格买下某件商品以显示自己的身份，低层的消费者则要购买价廉物美的商品。

【营销视野 2-11】
"明天会更好"。几乎80%的上海人同意这个观点，而马尼拉只有50%。

"我更注重今天的生活价值，而非为明天打算"。大约60%的上海人同意，而雅加达市40%。

"我今天的工作是为了养老"。超过70%的马尼拉人和雅加达人同意，而在上海和曼谷，同意这个观点的人只有35%。

（2）经济因素

经济因素指消费者可支配收入、消费信贷、商品价格、商品效用、机会成本、经济周期等因素。经济因素是决定消费者购买行为的首要因素，决定着消费者能否发生以及发生何种规模的购买行为，决定着所购商品的种类和档次。必须注意，经济因素对消费者购买行为的影响是不断变化的。在消费者收入水平较低的情况下，经济因素的影响作用更大。随着可支配收入的增加和市场商品供应的日益丰富，消费者对商品的要求越来越高，经济因素对消费者的影响作用也就会逐步减少。

① 消费者收入。消费者收入水平是决定消费者购买行为的根本性的经济因素。如果消费者仅有购买欲望，但是没有一定的收入作为购买能力的保证，购买行为根本上就无法实施。只有既有购买愿望，又有支付能力，才能实施购买行为。不同的收入水平，也决定了需求的不同层次和倾向。人们的消费水平的提高，首先是与人们收入水平的提高相联系的。

② 商品价格。价格的高低，是影响消费者购买行为最直接的因素。一般情况时，质量相同而品牌不同的商品中，价格低的比价格高的品牌对消费者的吸引力更高；收入低的消费者对商品价格的敏感性比收入高的消费者要高。

③ 商品效用。商品效用是人们在消费商品或服务时所获得的满足程度。消费者之所以购买某种商品主要是由于该种商品具有能够满足其某种欲望的效用。消费者得到这种商品的数量越多，他的需要得到满足的程度就越高。但是，消费者购买某种商品的数量越多，获得的边际效用反而会越少。这种现象，就是边际效用递减规律。

根据边际效用递减规律，任何一个消费者都不会把他所有的钱集中花在购买同一种产品或服务上。在其他因素不变的前提下,一个消费者通常会选择购买某种能在特定场合给他带来最大边际效用的商品。消费者的购买行为,特别是在购买价值较高的耐用品时,是一种理性的行为。消费者总是在其收入允许的范围内作出最合理的购买决策,尽量以最合理的方式安排其支出,以达到满足自己需要的最大限度效用。

④ 机会成本。机会成本是指一个人购买某种商品或从事某项工作时,所不得不放弃的购买另一种商品或从事另一项工作的价值。由于消费者的购买能力总是有一定限度的,所以当他持有一定的货币时,他既可以购买一台电视机,也可以购买几套高档时装,或者存在银行用做将来购房或子女教育的储备。消费者在作购买选择时,往往要选择对于自身来讲机会成本最小的购买对象。

⑤ 经济周期。一个国家的经济周期与消费者行为之间存在着相互影响、相互作用的关系。一方面,消费者行为影响经济周期阶段的发展。另一方面,当经济处于不同周期阶段,消费者的行为是不同的。一个国家的经济周期可以分为四个阶段:繁荣、衰退、萧条和复苏。在繁荣阶段,国民生产总值最高,失业率最低,但商品价格较高,存在着一定程度的通货膨胀,消费者对经济发展的信心在下降。随着消费品价格增加,利率也就逐渐增加。利率上升,会引起消费者减少贷款而增加储蓄,导致商品需求的下降。

(3) 社会因素

① 相关群体。相关群体指能够直接或间接影响消费者态度、价值观和购买行为的个人或集体。按照对消费者的影响强度分类,相关群体可分为主要群体、次要群体和其他群体:a. 主要群体。指那些关系密切、经常发生相互作用的非正式群体,如家庭成员、亲朋好友、领导和同事等。这类群体对消费者影响最强。b. 次要群体。指较为正式但日常接触较少的群体,如宗教、专业协会和同业组织等。这类群体对消费者的影响强度次于主要群体。c. 其他群体。也称为渴望群体,指有共同志趣的群体,即由各界名人如文艺明星、体育明星、影视明星和政府要员及其追随者构成的群体。这类群体影响面广,但对每个人的影响强度比主要群体和次要群体要弱。

按照对消费者影响的性质分类,相关群体可分为准则群体、比较群体和否定群体。a. 准则群体。指人们同意和赞赏其行为并乐意加以仿效的群体。b. 比较群体。指人们以其行为作为判断自己身份和行为的依据而并不加以仿效的群体。c. 否定群体。指其行为遭人厌恶和排斥的群体。消费者通常不会购买那些与否定群体相关的产品。

消费者行为主要在三个方面受到相关群体的影响:一是示范性,即相关群体为消费者展示了新的消费行为和生活方式;二是仿效性,即相关群体还影响个人的态度和自我概念,从而引起人们仿效的欲望,影响人们的商品选择;三是一致性,即相关群体能产生一种令人遵从的压力,影响人们选购与其一致的产品和与其偏好在相同的产品。

② 家庭。所谓家庭,是指以婚姻、血缘和有继承关系的成员为基础组成的一种社会生活组织形式或单位。家庭是社会的细胞,也是社会中最重要的消费者购买组织。家庭成员对消费者的购买行为产生的影响最直接和最为强烈。不同家庭形态和家庭生命周期的不同阶段,需求会呈现出不同的特点。同一家庭中的不同成员对购买决策影响往往是不同的,在不同家庭类型中同一家庭角色对购买行为的影响也是有区别的。

从家庭的形态来看,一般有以下几种:年轻的单身未婚者;已婚而无子女的"丁克"家庭;成年夫妇与子女组成的家庭;成年夫妇与父母及子女组成的家庭;离异单身的家庭;离异但有子女的家庭;鳏寡成年人的家庭;隔辈人组成的家庭;成年夫妇与子女分居的家庭;

单身老人的家庭；丧偶或离异者携子女和老人组成的家庭。家庭形态的不同，家庭消费结构会表现出很大的差别。例如，一对年轻但没有孩子的夫妇，他们可能会把大部分闲暇时间和金钱花费在娱乐、学习或旅游上；而一对已婚而且子女很小的家庭，则对儿童食品、服装、玩具有较大的需求。

【营销视野 2-12】 调查显示孩子是家庭购车的重要影响因素

为分析儿童在家庭购车中影响，新浪汽车频道与新华信国际信息咨询（北京）有限公司共同推出"孩子在家庭决策中的话语权"的网络调查。

此次调查中，42.0%的被访者表示孩子对家庭购车没有任何影响，其余58%的被访者在购车过程中孩子起到了不同程度的影响，其中22.4%的被访者因为孩子而提早购车，16.4%的被访者因为孩子放弃了原本喜欢的车型，9.1%的被访者因为孩子而改变了车辆的配置或颜色，甚至有10.1%的被访者因为孩子而购买车辆，孩子对于家庭购车的影响可见一斑。

③ 角色和角色地位。一个人在一生中要参加许多群体并担任很多角色，比如，在家庭里担任父亲、丈夫的角色，在公司里担任经理角色。角色是指一个人所期望做的活动内容，每个角色则伴随着一种地位。角色地位是周围的人对一个人的要求或一个人在各种不同场合应起的作用，反映了社会对他的总体评价，即社会或团体为个体提供和规定的地位。

消费者做出购买选择时往往会考虑自己的角色和角色地位，角色和角色地位对消费者行为的影响是多重的。首先，每一种角色都有与之对应的角色产品需求。不同角色的消费者在购买产品或服务时，一方面要考虑社会的期望，另一方面也要满足自身的心理需求。经济收入高的公司总经理会去购买豪华的轿车，穿考究的高档西服，出入奢华的酒店。其次，新的角色的产生，往往会引起对新产品的需求。角色的获取和转换会引起消费者行为上的改变。比如，一个普通员工被提升为经理后，可能会因为工作的需要，或者因为收入的增加需要购买便携式电脑，添置一些高档套装及皮鞋等。最后，角色冲突和角色紧张会引起对缓和这类冲突与紧张的产品的需求。比如，在现代家庭中，大部分的父母都是双职工，由于他们工作繁忙，在家与子女交流的时间较少。所以会对能够加强他们与子女沟通和感情联络的产品和服务产生需求。

【营销视野 2-13】

在日本的形象意识社会中，崇光百货公司擅长提高礼品的购买者和接受者的地位。赠送礼物在日本是一种重要风俗，并且，购买礼物的地点和买了什么同样重要。送一份像在崇光这样一家体面的商店里购买并且包装的礼物，说明是对接受者有足够的重视并且体现了赠送者的诚意。

(4) 个人因素

个人因素指消费者的生理、个性、生活方式等对购买行为的影响。

① 生理因素。生理因素指年龄、性别、体征、健康状况和嗜好等生理特征的差别。人从出生到死亡一般要经历儿童期、青年期、中年期和老年期四个不同的年龄阶段，处在不同年龄阶段的消费者有着不同的需求和心理行为。

由于生理上的差别以及后天社会化过程的区别，男性和女性消费都带有典型的性别色彩。一般来说，女性消费者的购买行为容易受到外界因素的影响，注重价格和实际利益，具有浓厚的感情色彩；男性消费者购买的主动性较差，购买过程中较少有耐心去精挑细选和询问商品细节,理性化较强,感情色彩较弱。

② 个性。个性指一个人经常的、稳定的、本质的心理特征的总和。个性特征有若干类型,如外向与内向、细腻与粗犷、理智与冲动、乐观与悲观、领导与顺从、独立性与依赖性等。

与个性相联系的另一个概念是自我形象,即个人的自我画像,自己认为是哪一种人,而别人又会把自己视为哪一种人。不同的人具有不同的自我形象,不同自我形象会影响消费者的购买行为。如果一个人的自我形象是教师,其购买的服装则会有别于公司职员。

个性心理特征的不同,即能力、气质和性格上的差别,是导致消费者购买行为差异的主要原因。比如,性格外向的人爱穿浅色衣服和时髦的衣服,内向的人爱穿深色衣服和庄重的衣服;追随性或依赖性强的人对市场营销因素敏感度高,易于相信广告宣传,易于建立品牌依赖和渠道忠诚;独立性强的人对市场营销因素敏感度低,不轻信广告宣传。

③ 生活方式。生活方式是指一个人在生活中表现出来的活动、兴趣和态度的综合模式。来自同一社会阶层、同一亚文化群,甚至同一职业的消费者,可能具有不同的生活方式。营销人员要研究其产品和品牌与具有不同生活方式的各群体之间的关系。

(5) 心理因素

消费者的购买行为受到动机、知觉、学习、信念和态度等四个心理因素的影响。

① 动机。动机是一种被刺激的需求,一个人的需求只有达到一定的强烈程度才能成为动机。动机迫使人们采取相应的行动来获得满足。心理学家曾提出许多人类行为动机理论,其中最著名的是亚伯拉罕·马斯洛的需求层次理论。

马斯洛认为,人类价值体系中存在两类不同的需要,一类是低级需要或生理需要,这是人类沿着生物谱系上升方向逐渐变弱的本能或冲动,另一类为高级需要,是随生物进化而逐渐显现的潜能或需要。人的基本需要可以归纳为五类:生理需要、安全需要、社交需要、尊重需要和自我实现需要(见图2-5)。

图2-5 需要层次论

- 生理需要。这是人类最原始的最基本的需要,它指人在饥饿的时候要吃,渴时要喝,严寒和酷暑时要衣服和住房。如果这些需要得不到满足,就会有生命危险,所以生理需要是最强烈的,也是不可缺少的最低层次的需要。

- 安全需要。这是确保人身安全和健康的需要,如对交通工具、社会保险、人身保险以及医疗保险的需要。如果一个人安全需要已经基本上得到满足,就会产生新的需要。

- 社交需要。指人类对归属感、被接纳的需要。人们可能因为期望获得他人的尊重和友谊,而要求参加俱乐部、工会及各种社会团体。

- 尊重的需要。指人们期望获得他人的尊敬。人须自重,尊重他人,才可能得到他人的尊重,才会有自信、成就、信任和荣誉感。如果这类需要得不到满足,必将产生自卑感、虚弱感和无能感。

- 自我实现的需要。这是人类最高的需要,指通过发挥个人最大的才能,实现自己的理想和抱负。正如马斯洛所说:"音乐家必须演奏音乐,画家必须绘画,诗人必须写诗,这样才会使他们感到最大的快乐。是什么样的角色就应该干什么样的事,我们把这种需要叫做自我实现。"

【营销视野 2-14】

越来越多的日本游客在周游亚洲。虽然费用很重要，但日本游客在决策到哪些国家旅游时有潜在的卫生要求，这些因素体现为 3 个 "K"，即 "Kitani" 脏：这个国家的旅馆和厕所的公共卫生好吗？"Kowai" 害怕：这里安不安全？"Kakkowarui" 简单：这里有没有足够的生活设施而太 "乡下气" 吗？

② 感知。当消费者产生购买动机之后，便可能采取购买行动，但采取何种行动，则视其对客观情景的感知如何而定。所谓感知，是指个人搜集、选择、组织并解释信息的过程。消费者不仅对不同的刺激物或情景的感知不同，就是对于相同的刺激物或情景的感知也会有所区别。出现这种现象的主要原因是由于感知过程的特殊性。心理学家认为，感知过程是一个有选择性的特殊性心理过程。这种过程主要包括三个方面，即选择性注意、选择性曲解和选择性记忆。

● 选择性注意。在众多信息中，人们容易接受对自己有意义的信息以及与其他信息相比有明显差别的信息。从心理学的角度分析，有三种情况能引起人们的注意：一是与目前需求相关的信息或刺激物；二是预期将要出现或等待出现的信息或刺激物；三是变化大、异乎寻常的信息或刺激物。在激烈的市场竞争中，营销人员不仅要分析、了解消费者的需求，而且要采取相应的措施引起消费者对自己产品的注意。

【营销视野 2-15】

人们会更多地注意那些与当前需要有关的刺激物。一个人想买一辆汽车时，会注意汽车的广告，而不会注意有关家具的广告。

人们会更多地注意他们期待的刺激物。一个人在汽车展示室中多半会注意做介绍的小册子而非地图，因为他们对店内有无地图不感兴趣。

● 选择性曲解。人们按照自己个人的认识或意愿来解释客观事物或信息，即先入为主。由于存在选择性曲解，消费者愿意接受的信息不一定与信息的本来面貌相一致。

● 选择性记忆。人们在感知过程中更容易记住与自己的态度和信念一致的信息，忘记与自己的态度和信念不一致的信息。

③ 学习。人类的行为是多种多样的，其行为产生的原因则可归结为两个方面：一是人类本能的、与生俱来的；一是通过实践经验得来的，由经验引起的个人行为改变则是学习。人类的学习过程是由驱使力、刺激物、提示物、反应和强化等五个要素组成力（见图 2-6）。

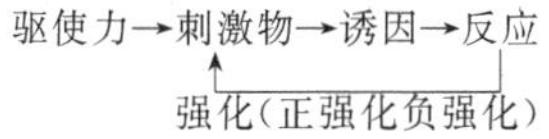

● 驱使力。指驱使人们产生行动的内在推动力，即内在需要。心理学家把驱使力分为原始驱使力和学习驱使力两种。原始驱使力指先天形成的内在推动力，如饥、渴、逃避痛苦等。新生婴儿也知道饿了想吃，渴了要喝，疼了会哭等。学习驱使力则是指后天形成的内在刺激力，如恐惧、骄傲、贪婪等。成人会担心财产安全、交通安全，希望在工作中能有所建树等，都是从后天环境中学习得到的。

驱使力→刺激物→诱因→反应
强化（正强化负强化）

图 2-6 "刺激-反应" 学习模式

● 刺激物。指可以满足内在驱使力的物品。比如，人们感到饥渴时，食物和饮料就是刺激物。如果内在驱使力得不到满足，就会处于 "紧张情绪" 中，只有相应刺激物可使之恢复平静。当驱使力发生作用并找到相应的刺激物时，就变成了动机。

- 诱因。也称为提示刺激物,指刺激物所具有的能吸引消费者购买的因素,决定着动机的程度和方向。所有营销因素都可能成为诱因,如刺激物的品种、性能、质量、商标、服务、价格、销售渠道、销售时间、人员推销、展销、广告等。
- 反应。指驱使力对具有一定诱因的刺激物所发生的反作用或反射行为,比如是否决定购买某商品以及如何购买等。
- 强化。指驱使力对具有一定诱因的刺激物发生反应后的效果。若效果良好,则反应被增强,以后遇到相同诱因的刺激物时就更容易发生相同的反应;若效果欠佳,反应则会被削弱,以后即使遇到诱因相同的刺激物也不会发生反应。比如,某位女士在刚被提拔为部门经理后应邀出席某个正式活动(驱使力),需要购买一套得体的职业套装(刺激物),正好从报纸上看到一则某品牌西服降价(诱因)的广告,于是她决定在下班后就去购买(反应)。如果她穿上这套西服在宴会上受到他人的称赞,她就会强化对该款西服的反应,以后在相同诱因的诱导下,仍然会作出同样的积极反应。

④ 信念和态度。
- 信念。指一个人对某些事物所持有的描述性思想。信念的形成可以基于知识,也可以基于信仰或情感等。顾客的信念决定了企业和产品在顾客心目中的形象,影响着顾客的购买行为。营销人员应当高度重视顾客对本企业或本品牌的信念,一旦发现顾客的信念有误并阻碍了他的购买行为,就应运用有效的营销手段加以纠正以促进产品的销售。

【营销视野 2-16】
亚洲妇女相信容貌比皮肤更能吸引人。这意味着化妆品业和外科手术业将有利可图。中国内地有 2000 多个中国品牌的化妆品,但国内的消费者却认为西方的化妆品更好。
在亚洲,有越来越多的人正在接受整容手术,因为他们认为容貌较好的人得到了幸福和成功。

- 态度。态度是指人们对事物的看法,是由情感、认知和行为构成的综合体。人们几乎对所有事物都持有态度。消费者对某一商品所持有的正面或反面的认识上的评价,情感上的感受和行动倾向都属于对该商品的态度。态度的形成不可能是与生俱来的,有一个逐步形成的过程。有的态度是从学习中来的,有的则是受到相关群体的影响。态度作为一种内在的心理过程,不一定能直接观察得到,但可以从个体的脸部表情、言谈举止和行为活动中作出推断。态度一旦形成,则直接影响人们的行为,而且很难改变。消费者态度往往会影响到他的学习兴趣和学习效果;影响他对产品、商标的判断和评价;影响到他的购买意向。

【营销视野 2-17】
本田摩托车进入美国市场时,曾经面临一项重大决策,即是只把摩托车卖给已对摩托车感兴趣的少数人,还是想方设法增加对摩托车感兴趣的人数。后者的成本很高,因为很多人对摩托车没有好印象。他们认为摩托车是同黑皮夹克、弹簧刀联系在一起的。然而,本田公司采取了第二种方案,发动了一场大规模的"骑上本田迎亲人"的宣传活动。结果很成功,许多人改变了对摩托车的态度。

四、消费者购买决策过程

典型消费者的购买决策过程,是相互关联的购买行为的动态系列,一般包括 5 个具体步骤,即:

确认需要→收集信息→评估选择→决定购买→购后感受和评价

上述购买过程是一种典型而完整的过程，但并不意味着所有的购买者都必须一一经历每个阶段。如有的购买者对汽车工业情况很了解，其购车过程经过的阶段就少；有的对汽车工业一无所知，其经过的阶段自然就更多。上面的购买决策模式表明，购买过程实际上在实施实际购买行为之前就已经开始，并且要延伸到购买之后的很长一段时间才会结束。基于此，企业营销人员必须研究个人购买者的整个购买过程，而不能只是单纯注意购买环节本身。

用户购后感受阶段对企业的市场营销有着重要意义。因为用户在购买汽车后，总是要在使用中证实一下自己的购买决策是正确的，并希望达到预期的目的，从而形成购后感受。这种感受可分为满意、基本满意、不满意三种。用户感到满意或基本满意，将会对企业的销售有利，这些用户会向他的相关群体作满意的信息传播。同样，如果用户感到不满意，则会向其相关群体作不利于企业的信息传播。所以企业在宣传、广告等售前服务中，一定要实事求是地介绍自己的产品，不可搞虚假宣传，那样不仅会引起用户的失望，还可能会被指控为不正当竞争，而受到相关法律的制裁。此外，企业从用户的购后感受中还可以了解到许多改进产品、改进服务的信息。营销人员通过了解用户的购后感受，保持同用户的联系，既是搞好公共关系，树立良好企业形象的重要途径，又是巩固市场的重要手段。

【营销视野 2-18】

在汽车品牌选择的资料显示了最后一次购买该品牌感到高度满意的顾客，在重购时仍会倾向于买该品牌。例如，在美国有75%丰田汽车的购买者感到高度满意，则有75%倾向于重购丰田；35%雪佛兰购买者高度满意，便有35%雪佛兰的重购率。

【营销视野 2-19】

新华社最近的一项调查显示，再购群体和首购群体对汽车生活观念的认识有所差异。有62.1%的再购用户认为汽车是"出行工具"，比例高于首购用户；再购用户认为汽车是"身份地位的象征"、"移动的私人空间"的比例均低于首购用户；再购和首购用户认为汽车是"生活必需品"的比例基本相当。

再购用户再购车时更看重"品牌"因素，而首购用户更看重"价格"因素；在购车资金来源方面，首购和再购的多数用户付款方式为"自有资金，一次付清"，但再购用户比例明显高于首购用户；在车型选择方面，再购用户选择"SUV"及"1.9～2.5L"排量汽车的比例明显多于首购用户，选择"手自一体"及"高配车型"的比例也明显多于首购用户。

总体来说，再购车主的购车用途以"上下班代步"和"公私兼用"为主，更加关注"品牌"、"油耗"、"性能"和"安全性"因素，"三厢轿车"、"SUV"、"1.4～2.5L"、"手动挡"、"手自一体"和"中高配置"为主要选择。

五、集团组织市场和购买行为分析

（1）集团组织购买行为的主要类型

罗宾逊将生产者购买情况分为三类：直接再购买、修正再购买和新任务购买。

① 直接再购买。指在所涉及的供应商、产品、服务、供货条件变化不大的情况下，生产者的采购部门按照过去惯例再订购产品。比如，当一个客户对原先的纸张供应商感到满意时，即使纸张的价格和质量略有变动，但只要变动范围不超出合同规定的许可界限，买卖双方也可以不经过重新协商而直接再购买。另外，生产者有时考虑到需要的产品或服务很普遍，可以轻易获取或者价格很低廉，所需要的数量也不是很多，即使是初次购买，采购者也

可能采取直接再购买的方式。

② 修正再购买。指生产者用户原来购买的产品或服务、协议条件、供应商出现重大变故时，买卖双方需要对原来所购产品或服务的规格、数量、价格或其他交易条件进行重新商议后再行购买。购买者可能继续与原先的供应商联系并就供货协议加以协商和修订，也有可能考虑从新的供应商那里购买同样的产品或服务。发生修正再购买的原因主要有：客户对现有供货质量、服务水平、采购数量、交付期限的需求发生变化；竞争状况、法律约束、技术或宏观经济等环境发生变化；供应商在供应价格和产品开发上发生变化；买卖双方对购买定期复查。

③ 新任务购买。这是生产者购买行为中最复杂的一种。指生产者用户首次购买某种产品或服务。生产者在购买之前需要进行大量的准备工作，就一系列问题作出决策，如相关产品和供应商的信息，购买的成本和重要性，本次购买与以前各种采购的类似性，员工的经验，购买全过程的效率以及产品的试用等。采购者需要详细了解产品的规格、购买数量、价格范围、交货时间与条件、服务要求、付款方式、可接受的和可选择的供应商等。新任务购买的成本和风险越大，购买决策的参与者就越多，需要收集的信息就越全面，购买过程就越复杂。

（2）集团组织购买决策的参与者

由于生产者购买产品或服务的价值高，技术复杂，除了专职的采购人员需要参与购买决策以外，还有很多其他相关者也要参与决策。这些人员一起组成企业的采购中心（Buying Center）或是决策单位（Decision-Making Unit，DMU）。所谓采购中心是指"所有参与购买决策过程的个人和集体，他们具有某种共同目标并一起承担由决策所引起的各种风险"（韦伯斯特与温德尔）。生产者购买决策的采购中心包括：

① 使用者。指组织中将直接使用所购买的产品或服务的成员，如一线的生产工人、秘书、维修工程师。使用者往往最先提出购买建议，并协助确定拟购产品的规格、型号。如果某些员工对某种产品或服务有过不愉快的使用经历，他们就会拒绝再次使用此类产品或服务。这类使用者对于购买决策影响很大。

② 影响者。指组织中直接或间接对采购决策形成影响的人员，如生产工程师、设计师、研究人员。他们协助确定产品规格和购买条件，通过正式或非正式的渠道提供与采购有关的信息，采取建议、批评、抗议等方式对企业采购需求施加影响或予以确认。

③ 信息控制者。指组织内部能够控制信息流入采购中心的人员。如采购代理人或技术人员可以拒绝或阻止某些供应商和产品的信息流入，而接待员、电话接线员、秘书、门卫等可以阻止推销者与使用者或决策者接触。

④ 信息评估者。并非所有的信息对生产者购买决策都有用，很多信息在被采购中心的人员使用前要经过分析、评估、筛选和加工。外部咨询机构、质检人员和样品实验人员都可以承担信息评估的职责。

⑤ 决策者。指有权决定产品规格、购买数量和供应商，或作出最后批准决定的人员。决策者可以是企业的高层管理人员，如总经理、首席执行官、采购总监，也可以是获得授权的中级甚至是初级的管理人员。

⑥ 购买者。指被赋予权力进行常规采购洽谈、执行采购协议、管理与供应商关系的人员，如采购代理人、质量管理人员。如果采购活动较为重要，购买者中还可能增加高层管理人员。另外，由于购买者与供应商接触频繁，对其可靠性、声誉和竞争优势最有发言权，是

企业购买决策的重要影响者。

(3) 集团组织购买决策过程

集团组织购买活动属于理性购买,采购活动包括八个阶段:

① 提出需要;

② 确定需求内容;

③ 决定产品规格;

④ 寻求供应商;

⑤ 征求报价;

⑥ 选择供应商;

⑦ 发出正式定单;

⑧ 审查履约状况。

对于新购业务类型来说,一般包括这八个采购阶段,属于完整的采购过程。而对于修正重购和直接重购两种业务类型而言,所包括的决策过程的阶段要少一些,尤其以直接重购包括的决策阶段最少,这两种决策过程都属于不完整的采购决策过程。

总之,汽车产品的集团组织购买行为与个人购买行为很不相同,市场营销人员必须了解客户的需求、采购决策的特点等,然后在此基础上按客户的具体类型设计出合适的营销计划。

【课后练习】

(1) 解释下列概念

市场营销环境　微观营销环境　宏观营销环境　人口环境　经济环境　技术环境　政治法律环境　自然环境　　社会文化环境　消费者市场　消费者行为　相关群体　选购品　70's架构　　需求层次理论　亚文化　社会阶层　商品效用　选择性曲解

(2) 市场营销环境具有什么特点?

(3) 微观营销环境与宏观营销环境之间存在什么关系?

(4) 企业应该如何看待所处的市场营销环境?

(5) 请结合你身边感受最深的环境变化,说出它对企业营销活动的影响和启示。

(6) 请你结合实际说明,在市场环境快速变化的今天,企业如何应对自如?

(7) 消费者市场有何特点?

(8) 消费品可以分为哪些类型?

(9) 消费者购买行为类型有哪些?各有何特点?

(10) 影响消费者行为的经济因素有哪些?

(11) 影响消费者行为的文化因素有哪些?

(12) 影响消费者行为的个人因素有哪些?

(13) 依据期望值选择模型分析消费者对备选品牌的评价过程。

(14) 消费者如何进行购后评价?企业应该如何采取营销对策?

案例分析　　　　　丰田大打"营销战"

营销方面的最佳书籍并非由哈佛大学的教授所写,也不是由通用汽车公司、通用电气公司或宝洁公司的人员所写。著名营销学家里斯和屈特认为,关于市场营销的最佳书籍是由一位名叫卡尔·冯·克劳塞维茨的普鲁士退役将军写的。克劳塞维茨首先提出,武器可以发生变化，但是战争本身却以两个不变特征为基础，即战略和战术。

里斯和屈特认为营销也是一场战争。传统的营销概念让人以为，营销必须满足消费者的需要和需求。西北大学的菲利普·科特勒教授认为，营销是"人类通过交换过程来满足需要和需求的活动"；美国营销协会给营销下的定义是：用以引导商品和服务从生产者到消费者流动的商业行为。

但是现在每家公司都是面向顾客的。假如十几家公司都在努力满足同样顾客的需求，则只了解顾客的需求便没有多大用处。许多汽车公司的问题并不在于顾客，而在于与通用、福特、宝马及其他进口汽车的竞争。现在一个公司要想成功，必须要面向竞争对手。它必须寻找对手的弱点，并针对那些弱点发动营销攻势。许多营销成功的例子证明了这一点。赛文公司成功地建立了小型廉价复印机这一滩头堡，而这正是施乐复印机系列产品的一个薄弱环节。在竞争激烈的可乐市场中，百事可乐用其更甜的味道对可口可乐发起挑战。与此同时，汉堡王提出了"烤而不炸"的口号，对麦当劳发起了进攻。

这一切对将来的营销决策者而言意味着什么呢？这意味着他们必须做好准备，发动营销战。成功的营销战将越来越像军事战斗一样，须制订作战计划。战略计划将会越来越重要。公司必须学会怎样对竞争对手发起进攻或包抄、怎样坚守阵地、怎样以及何时发动游击战。他们需要更聪明的头脑来预测竞争动向。

营销就是战争。在这场战争中，敌人就是竞争对手，目标就是要赢得胜利。

日本丰田汽车公司 20 多年前开拓美国市场时，首次推向美国市场的车牌"丰田宝贝"仅售出 228 辆，出师不利，增加了丰田汽车以后进入美国市场的难度。丰田汽车公司面临的营销环境变化及其动向是：美国几家汽车公司名声显赫，实力雄厚，在技术、资金方面有着别人无法比拟的优势。

● 美国汽车公司的经营思想是：汽车应该是豪华的。它们忙于比豪华，因而其汽车体积大，耗油多。

● 竞争对手除了美国几家大型汽车公司外，较大的还有已经先期进入美国市场的日本大众汽车公司，该公司已在东海岸和中部地区站稳了脚跟。该公司成功的原因主要有：以小型汽车为主，汽车性能好，定价低；有一个良好的服务系统，维修服务很方便，成功地打消了美国消费者对外国车"买得起，用不起，坏了找不到零配件"的顾虑。

● 大众汽车公司忽视了美国人的一些喜好，许多地方还是按照日本人的习惯设计的。

● 日美之间不断增长的贸易摩擦，使美国消费者对日本产品有一种本能的不信任的排斥和敌意。

● 美国人的消费观念正在转变，他们将汽车作为地位、身份象征的传统观念逐渐减弱，开始转向实用化。他们喜欢腿部空间大、容易行驶且平稳的美国车，但又希望大幅度减少用于汽车的耗费，如价格低、耗油少、耐用、维修方便等。

● 消费者已意识到交通拥挤状况的日益恶化和环境污染问题，乘公共汽车的人和骑自行车的人逐渐增多。

● 在美国，核心家庭大量出现，家庭规模正在变小。

任何企业往往都面临着若干威胁和市场机会。然而，并不是所有的环境威胁都有一样的严重性，也不是所有的市场机会都有同样的吸引力。企业对自己所面临的主要威胁和最好的机会应当做出适当反应。

（1）利用机会

当企业面临最好的市场机会时,应当利用机会。

① 抢先。在市场营销活动中,抢先利用机会包含两个方面,一是先,二是快。企业在利用市场机会的过程中,谁能"抢先",谁就赢得了时间和空间,就赢得了主动,赢得了胜利。其他企业要利用同一市场机会,往往要付出几倍乃至几十倍的努力。上例中丰田汽车公司抢先利用了美国汽车公司生产体积大、耗油多的豪华汽车以及美国家庭规模变小和美国人购买汽车转向实用化带来的市场机会,成功地将小汽车打进美国市场。

② 创新。企业在利用市场机会时一定要大胆"创新",如果说"抢先"利用市场机会是力求做到"人无我有",则"创新"就是"人有我优"。

③ 应变。包括会有哪些竞争者发现同一市场机会?它们会怎样利用这一市场机会?企业和竞争者先后利用了该市场机会之后,要考虑竞争者和本企业实力差不多、产品差不多时应该怎么办?比本企业实力强,产品好时应该怎么办?这一市场机会是否会变成环境威胁?是继续利用这一市场机会,还是寻求新的市场机会?

(2) 化解威胁

① 反抗。即努力设法限制或扭转不利因素的发展。丰田汽车公司可以同竞争对手展开直接的正面竞争,即同美国的大汽车公司比豪华、比档次、比实力,这种对抗式竞争过于激烈,一般情况下不宜采用,当初丰田汽车进入美国市场时就没有采用这种方式。而针对大众汽车公司的威胁,丰田公司的反抗是全面的。针对大众汽车比美国汽车价格低的特点,丰田汽车公司本着"皇冠就是经济实惠的原则",毅然将价格定得更低,每辆"皇冠"只有2000美元,而随后推出的主要产品"花冠"系列每辆还不到1800美元;丰田汽车公司吸收了大众汽车公司售后服务系统很完善的优点,做得比大众更出色,力所能及地在自己的销售阵地设立各种服务站,并且保证各种零配件"有求必应",消除了顾客的后顾之忧。

② 减轻。威胁总是存在的,实在无法对抗的可以设法减轻环境威胁的严重性。丰田公司在当时广告设计和促销过程中,极力掩饰汽车的日本来源和特性及风格,强调产品的美国特点和对美国的消费者的适应性,从而减轻了美国消费者对丰田企业的抵触心理。

③ 转移。即"避实击虚",躲开环境威胁,钻对手的空子和薄弱环节。丰田公司当时针对大众公司在东海岸和中部地区的优势,把战略重点放在大众产品市场基础薄弱的西海岸,待站稳脚跟,再向东扩张。在分销渠道的选择上,也没有急于设立自己的分销机构,而是采用代理制,给代理商以很大的优惠。据统计,这一政策实施5年以后,有46%的代理商转为专营丰田汽车。

④ 改良。即对自身产品进行改良,增强对环境威胁的防御能力。丰田公司为汽车增加新功能,使其全面适应美国市场,从品质、价格、型号、促销、分销等方面进行全面改进。

⑤ 利用。利用可以理解为利用机会。丰田汽车公司利用"美国汽车公司正忙于比豪华"、"大众汽车按日本人的习惯设计"、"美国消费者对汽车的消费观念正在转变、开始趋于实用化"、"核心家庭出现,家庭规模变小,因而总收入减少",形成了对小型、实用、便宜的汽车的需求这些机会,推出的"皇冠"汽车不仅外形美观、操纵灵活、省油、价低、方便,而且内部装备了所有美国人都渴望的装修,如柔软舒适的座椅、柔色的玻璃、连扶手长度和脚部活动空间的大小都按美国人的身材要求来设计,因而取得了极好的效果。但此处所讲的"利用",不是指利用"机会",而是专指利用"威胁因素",使"威胁因素"变成"机

会"、"因势利导"以便"化害为利"。因为在市场营销的大环境中,"威胁"与"机会"是相对的,没有绝对的利,也没有绝对的害,关键是企业如何去努力设法驾驭它们,使"威胁"转化成"机会"。

当时美国消费者由于意识到交通拥挤问题和环境污染问题,乘公共汽车的人和骑自行车的人逐渐增多,这对整个汽车产业都是个极大的威胁。丰田汽车公司分析了这一威胁的严重性,认识到这种倾向背后的深层原因,推出了"皇冠"汽车。该车由于停靠方便,转向灵活,油耗极低(比一般汽车的油耗低25%~30%),备受消费者青睐,成功地使"威胁"变成"机会",取得了超过其他汽车的优势。由于采取了上述措施,丰田汽车成功地解决了"环境威胁",从而利用机会,顺利地进入了美国市场。

【问题】:

1. 丰田是如何分析市场环境的?
2. 有利的因素和不利因素有哪些?
3. 丰田是如何利用自己的优势的?

【实训操作】

1. 课堂讨论:你认为什么品牌和产品让你觉得能成功地和你对话,并且能有效地针对你的年龄群体?为什么?什么品牌和产品没有做到这几点?有什么是它们可以做得更好的?
2. 模拟不同类型的汽车消费者用户的特点,并指出营销人员应该分别运用什么样的营销策略?
3. 以年轻女性购买汽车为例分析其购买行为的决策过程。

第三章

汽车产品策略

> **学习目标**
> 1. 了解产品及产品组合的概念及内容。
> 2. 熟悉几种重要的形式产品策略。
> 3. 熟悉产品生命周期理论及掌握生命周期各阶段的营销策略。
> 4. 了解新产品开发策略。

第一节 产品与产品组合

情景 产品组合竞争渐成市场新趋势

在拳击赛场上，我们知道击倒对手的方式一般有两种：一种是找准时机，倾全身力气，一记重拳击倒对手；另一种是打出漂亮的组合拳，以点数赢得比赛。而在汽车市场的产品竞争中，其实也像拳击赛场上一样，也有着类似的两种在竞争中赢得先机的思路：一是集中企业最优质资源，研发和投放一款战略车型，实现较高产销量，从而获取相对较高回报，这种情况一般出现在汽车企业面临巨大竞争压力以及汽车市场的竞争程度还不高，市场需求仍较单一的时候；二是利用科学合理的产品组合策略，推出系列车型，从而赢得市场，这种产品组合策略又分为两种，其一是针对于各个细分市场的产品组合，其二是针对了单个细分市场的产品组合，而前一种产品组合策略运用的背景是汽车企业纵向产品线还未丰富完善或汽车市场需求趋向多元化，市场竞争趋于激烈；而后一种产品组合策略运用的背景则是汽车企业纵向产品线已经丰富完善以及市场需求已经多元化，市场竞争已趋白热化。

而从当前中国汽车市场的竞争现状来看，单靠某一款产品实现战胜对手的时代已经过去，中国汽车市场此前"老三样"的辉煌时代已经难以复制。主要原因无疑就是当前车市已经成为买方市场，消费者需求已经呈现多元化趋势，单一产品已经难以满足所有消费者的需求。在这样一种背景之下，汽车企业开始实施产品组合策略，而目前汽车市场应用最广的则是新老产品的"两代同堂"销售，如新福克斯与经典福克斯组合、花冠EX与卡罗拉组合、伊兰特悦动与朗动组合等。而这样一种产品组合策略也的确给汽车企业带来了销量的提升，以福克斯为例，2011年仅有老福克斯一款车型时，其月均销量为1.6万辆，而2013年的1～9月，由新福克斯和经典福克斯组成的产品组合，创造的月均销量达到了3.2万辆，而这样的例子同样也在花冠 EX 与卡罗拉组合、伊兰特悦动与朗动组合等产品组合上得以体现。

但是，随着越来越多的企业采取上述这种新老产品两代产品同堂销售的方法，这样一种产品组合策略给汽车企业带来的市场效果必然会越来越不明显，汽车企业如果一味地执行这种产品组合策略，则有可能出现与竞争对手相比的市场产销增速表现并不出众，从而导致汽车产品在市场上不能处于领先地位。

因此，在这样一种情况之下，针对于单个细分市场进行的更深层次的产品组合策略，无疑就成为了汽车企业有效保持并抢占市场先机的新举措。而刚刚亮相的上海大众 Lavida 品牌家族系列产品组合，应该来讲，就是这样一种在单一细分市场进行产品组合策略的典型案例。

从 Lavida 品牌旗下的 6 款产品来看，其以新朗逸（New Lavida）为核心，两厢车型为朗行（Gran Lavida），跨界风格衍生朗境（Cross Lavida），运动风格产生两款运动版车型——朗逸运动版（New Lavida Sport）和朗行运动版（Gran Lavida Sport），技术升级产生朗逸蓝驱技术版（Lavida BlueMotion）。同时，6 款车型虽然价格有差别，但总体价格体系同在 10 万～18 万元范畴。应该来讲，这样一种详尽的在一个细分市场的横向布局，无疑能够实现企业在这一细分市场的全面细化竞争，进而实现其在这一细分市场的产销规模最大化。

当然也应该注意到一点，无论是之前的单一产品策略或之后的产品组合策略，并不代表汽车企业运用这种或那种产品策略就能保证一定成功。无论是单一产品策略竞争时代还是在产品组合策略竞争时代，汽车企业赢得竞争先机的一个基本前提就是要有一个十分优秀的产品平台，没有一个优秀的产品平台，做得再精彩的产品策略也将只是"梦中花，水中月"。无论是早前的"老三样"时代，还是之后的"两代同堂"时代，抑或是诸如上海大众 Lavida 品牌家庭式的新产品组合时代，都可以看到"老三样"时代的桑塔纳、捷达和爱丽舍，"两代同堂"时代的福克斯、花冠和伊兰特悦动以及当前新产品组合时代的朗逸，无不都在各自的时代，当之无愧地被称为经典车型。

【营销启示】

该案例给我们展示了汽车产品的内涵以及相应的产品策略，使我们认识到产品是其他营销组合的基石。

一、现代市场营销关于产品的概念

GB/T 9000 系列标准指出的产品定义是"活动或过程的结果"或者"活动或过程本身"。该定义给出的产品概念，既可以是有形的，如各种实物；也可以是无形的，如服务、软件；还可以是有形与无形的组合，如实施一个由计算机控制的某种产品的生产过程。

市场营销是一个满足用户需要的过程。用户的需要包括物质方面的需要和心理方面的需要，以及满足自己心理和精神上的需要，如身份、地位、富贵、舒适等。尤其是那些轿车用户更是如此。此外，汽车产品的用户还希望制造商能够提供优质的售后服务，如备件充裕、维修网点多、上门服务、"三包"等。由此可见，现代市场营销产品的概念是一个包含多层次的整体概念。因此市场营销学对产品的定义是：凡是能够提供给市场以引起人们注意、获取、使用或消费，从而满足顾客某种欲望或需要的一切东西，它包括实物、服务、场所、组织和构思等，这就是市场营销中的"整体产品概念"。

换种说法，也可理解为产品就是顾客通过购买所获得的需要和满足。具体来讲，可把整体产品划分为三个层次，即核心产品、形式产品和附加产品。核心产品是满足用户需要的核心内容,即用户所需要的基本效用或利益。汽车的核心产品就是汽车可以满足用户交通和运输的需要以及精神需要。形式产品是实质产品借以存在的形式,形式产品由产品本身的结构形式、质量水平、特色、式样、商标,以及包装装潢等方面的内容构成。附加产品指用户在购买产品时所得到的附加服务或利益,如提供信贷、免费送货、调试、维护、包换等。现代市场营销已产生了所谓"系统销售"的概念,即售给用户的不是单纯的形式产品,不仅包括上述有形产品,而且还包括附加产品。

【营销案例 3-1】 担保与保证

2013 年,离汽车"三包"实施还差一个月,绝大多数主流车企在 2013 年 9 月 1 日前后已经开始提前实施,引得消费者一片赞誉。上海通用、大众集团联合南北大众、东风标致、广汽三菱、北京奔驰等国内多家车企相继宣布提前执行"三包",消费者购车可提前享受汽车"三包"政策。这其中,部分车企均实施了高于国家"三包"政策质保标准,可享受整车质保提高至 3 年或 10 万公里的政策。值得关注的是,相对于跨国品牌,自主品牌在本轮三包政策"抢跑"大战中,并没有任何示弱。比亚迪、上汽乘用车、东南汽车等自主品牌也陆续宣布提前迈入"三包"阶段。随着自主品牌在产品体系的建设上逐步成熟,"三包"政策实施在一定程度或为自主品牌"正名",自主品牌不再是品质低劣的代名词,自主品牌服务同样可与跨国品牌平分秋色。这场"三包"抢跑战,无疑唱响了"车市好声音",受益的无疑是消费者。

总之,以上三个层次相互依存共同构成了完整的产品概念,即产品包括有形的与无形的,物质的与非物质的,核心的与附加的等多方面的内容。整体产品概念要求企业不仅要给顾客提供生理上、物质上的满足,而且要给予心理上、精神上的满足。充分体现了以顾客为中心的现代营销观念,从而为企业有效竞争提供了新的思路。

二、产品组合概念

(1) 产品组合的含义

产品组合是指企业生产经营的全部产品的结构,它既反映企业的经营范围,又反映市场开发的深度。它包含了产品线和产品项目这两个概念。

产品线,又称产品大类或产品系列,是指产品组合中使用功能相似、销售渠道、消费群体类同的一组产品,例如所谓的车型系列。

产品项目是指一个车型系列中各种不同档次、质量和价格的特定产品。例如,一个车型系列中各种不同档次、质量和价格的特定品种。

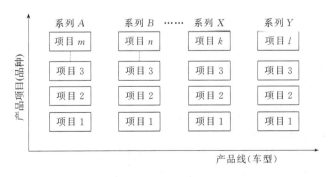

图 3-1 产品组合概念

(2) 产品组合的因素

① 产品组合的长度。即各条产品线所包含的产品项目的总数。

② 产品组合的宽度，即产品线的数量。例如我国一汽集团拥有的车型、品牌系列均是较多的，其产品组合的宽度相对较宽。

③ 产品组合的深度。即企业各条产品线中所包含的产品项目的平均数量。如一个车型系列中产品品种的多少。

④ 产品组合的关联度。即产品组合中各产品线之间在最终用途、生产技术、销售渠道以及其他方面的相关程度。例如，两个车型系列中在零部件总成上的通用性高低。

以上产品组合各因素关系如图 3-1 所示。

三、产品组合的调整

现代社会科学技术发展迅猛，市场需求变化大，再加上竞争形势和企业内部条件的变化，不论生产经营单一产品的企业，还是生产经营多种产品的企业，其产品有的可能销售形势很好，销售和利润增长较快；有的产品销售和利润的增长已趋于平稳；有的产品销售发展比较缓慢；而有的产品可能已趋向衰落。因此，企业有必要对现有产品组合进行调整。

(1) 产品组合调整基本原则

① 满足需要原则：产品的开发是为了满足消费需求服务的，产品组合中的每一项目都要能满足市场需要，生产的产品要具备一定的市场规模。

② 利润原则：利润是企业营销的最终目的，不管是产品开发还是产品线的调整，都要考虑企业利润。

③ 竞争原则：建立产品组合时，要从竞争的角度出发，采取与竞争者"避实就虚"的策略。

【营销案例 3-2】 大众丰富产品线，拉宽市场覆盖范围

一汽-大众"大众"品牌的市场占有率、销售总量均有相当不俗的表现。但事实上，产品档次偏低、产品覆盖范围过窄、价格不稳定等严重的产品问题已经凸现，特别是在整体大盘的暴涨情况下，一汽-大众巨大的产能缺口，更给其应对市场竞争带来了空前的压力。解决好产品问题，恰恰是一汽-大众的整体营销战略突破的第一步。它对产品线进行调整形成从捷达、宝来、速腾、高尔夫、迈腾、CC 共同组成的强大产品体系。从 A0、A、A+、B、B+ 全系，从 7 万～30 万元价格空间，从初级入门车型到优雅动感的高级轿车，形成市场的全面覆盖。发挥科技领先的优势，用全系列先进科技发动机、变速箱的合理搭配，形成单一品牌的最宽泛市场覆盖车型。

④ 资源利用原则：产品结构选择要考虑企业人力资源、设备条件、财力状况等资源，如果有闲置的资源，可再增加产品组合的长度和广度。

(2) 产品组合的调整策略

通常有以下几种策略。

① 产品项目（品种）发展策略。企业如果增加产品品种可增加利润，那就表明产品项目（品种）太短；如果减少品种可增加利润，那就表示产品项目（品种）太长。产品线长度应主要取决于企业的经营目标。目前我国汽车市场已经进入买方市场，各汽车企业有增加产品项目长度，不断丰富产品品种的趋势。产品项目的调整是企业市场营销经常面临的决策，营销人员必须经常根据汽车市场行情的变化，分析各品种的销售增长率和利润率，以确定各

品种的获利能力，决定该增加或减少哪些品种的生产与投放，从而保证市场营销取得最大的成果。

② 产品线（车型系列）发展策略。企业产品系列的发展受到各种因素的制约。这些因素主要有：a. 其他企业的产品系列。即其他企业是否有相同系列的汽车产品。如有，这些产品的水平如何，市场上是否畅销，市场规模有多大等，这些问题的答案将影响到本企业的产品线发展；b. 本企业的经营战略如何；c. 本企业的产品开发能力以及产品线形成生产能力所需的资金等。企业至少对上述问题调查摸底后，才能制订科学的产品发展规划。所以产品线发展策略实际上是一个做好企业新产品开发决策的问题。

【营销案例 3-3】 产品线填补——宝马 AG（BMWAG）

宝马在 4 年内从单一品牌、5 个车型的汽车制造商发展到拥有 3 个品牌、10 个车型的汽车制造商。宝马减少它的 MINI Coopers 和 1 系列车型的生产，增产了劳斯莱斯车型，弥补 X3 越野车和 6 系列车型间的空缺。企业通过增加产品成功地吸引了追求享受的人、有钱人和富人，并保持着纯粹的高定位。

③ 淘汰产品策略。对一些已不能满足市场需求，又不能为企业带来经济效益的产品，企业应做出果断的决策，淘汰和放弃这些产品，避免更大的损失。

汽车产品组合决策对企业的市场营销有着重要意义：增加产品组合宽度（如车型系列多），扩大经营范围，可减少单一车型的经营风险；增加产品组合的长度或深度（品种多），可使产品线丰满，同时给每种产品增加更多的变化因素，有利于企业细分市场，提高产品的市场占有率和用户满足率。在市场竞争激烈的情况下，增加产品品种是提高企业竞争能力常用的手段。目前我国的汽车市场，除了中型载货汽车的品种发展较为完善外，其余各种车型都还有很大的品种发展余地。而在轿车和重型汽车方面对车型系列的发展空间还很大，因而各汽车企业更要做好产品线与产品项目的决策，以谋求企业更大的发展空间。

第二节　形式产品策略

上面讲到，实质产品要通过一定的产品形式去体现，如产品质量、特色特征、品牌商标甚至外观包装等。为了让产品能更好地占领市场，企业在这些方面必须采取相应的营销策略。

一、产品质量策略

产品质量是产品的生命，是竞争力的源泉。优良的质量对企业赢得信誉、树立形象、满足需要、占领市场和增加收益，都具有决定性意义。对质量的理解不仅包括产品本身质量，还包括产品质量形成全过程各个环节的质量，是一个全面质量的概念。

产品质量水平策略主要是指企业根据目标市场的需求水平、竞争者产品的质量水平以及企业的产品定位战略等情况综合加以确定，将企业产品的质量水平确定在一个适当的水平上。一般来讲，企业对产品质量水平的决策应是不断地提高产品质量，逐步丰富产品功能，创名优品牌。这样可以使企业产品持久地保持较高的市场占有率和投资收益率。如德国奔驰汽车以其"经久耐用"、"名贵优质"的形象，长期饮誉全球，其原因就在于奔驰车的质量过硬。据称，即使是用户一般不太注意的汽车座椅，奔驰汽车公司也极为认真地对待。其座椅的纺织面料用的羊毛是专门从新西兰进口的，其粗细必须在 $23\sim25\mu m$ 之间，细的用来织高档车的座椅面料，柔软舒适；粗的用来织中低档车的座椅面料，结实耐用。纺织时，根据各种面料的要求不同，还要掺入从中国进口的真丝和印度进口的羊绒。奔驰公司如此严格的质量精神，令人联想到其对主要机件的质量保证，这就是奔驰汽车公司成功的秘诀。

二、产品特色与设计策略

产品特色，是指产品基本功能之外的附加功能。它是与竞争者产品区别的有效方法，也是市场竞争的有利武器。企业可根据目标用户的需要来设计产品的特色。如丰田公司总是通过增加一些功能，以此提高价格，并获得经营上的成功。企业的营销者一定要了解用户对各种特色的感受，然后研究各种特色的成本，这样企业就可以对各种特色的利润大小做到心中有数，并在营销管理活动中，优先增加那些利润多的特色，从而实现企业经济效益与社会效益的统一。

汽车产品的设计工作除了涉及汽车专业技术问题外，从市场营销的角度看，设计工作应注意以下问题：

① 要安排好产品的使用功能（适用性）、美学功能（外观）和贵重功能（名牌、豪华等）的组合，三者结合，综合考虑，并根据目标市场的需要有所侧重。设计者要运用价值工程的原理，正确处理必要功能与过剩功能的关系，使产品设计充分兼顾技术、经济和艺术等多方面的协调。

② 汽车设计应力求驾驶室内有一个较为舒适的小环境和操纵上的方便性，室内应软化，色彩应协调，各种仪表显示应醒目，还应力求操作上的简单化、方便化、仪表开关等元器件的组合化、小型化和多功能化等。

③ 重视汽车造型。汽车造型是汽车外观的主要内容，它在很大程度上影响着产品形象，通常人们也是从造型上去认识汽车产品的。总体来讲，汽车造型经历了"四个时代"，即"流线型"、"方形"、"梯形"和"理智型"，而后面的造型都保留了以前造型的优点。

汽车造型首先是在马车基础上，加上发动机罩，形成封闭车箱，这样的造型有较强的整体感，如福特T型汽车。但这种造型过于简陋、车身高、稳定性差、空气阻力大，于是汽车设计师开始追求曲线、曲面造型，形成了流线型造型。这种造型持续了较长时间，如德国大众的"甲壳虫"汽车。可是，时间久了，人们开始感觉到流线型缺乏力度，软绵绵且臃肿笨拙，汽车设计师便以流线型为基础，吸收马车造型的优点，以许多小平面为主，形成汽车的方形造型，这种造型给人以刚劲挺拔的力度感，朴实、大方，轮廓较为鲜明，制造工艺性也好，如"斯太尔"汽车。尽管如此，这种方型造型仍显得笨重，且缺乏生机。汽车设计师又开始改进，形成梯形造型，该造型从正面和侧面看，汽车均由上下两个梯形构成，上梯形为上小、下大，下梯形为上大、下小，且上下梯形不相等，上梯形高、收缩大，下梯形矮、收缩小。汽车外形的大表面基本由梯形平面组成，并广泛使用曲线和曲面的小圆角过渡。这种造型刚中有柔，艺术感染力强，有很强的稳定感和轻巧感，轮廓也分明，如"皇冠"、"蓝鸟"等汽车。在梯形造型基础上，人们又开始以曲率半径大的曲面代替各平面，形成了现代的理智型造型，这是目前汽车广泛使用的造型。目前载货汽车外形也开始变得像客车外观，驾驶室玻璃为大曲面玻璃，顶部为斜曲面过渡，室内舒适程度如同轿车，车厢封闭。

一种汽车造型常常代表着一个时代，至少是那几年的风尚，如果造型不变，即使内在质量提高许多，也不易被用户或消费者认知。在竞争越来越激烈的市场上，汽车企业必须重视造型设计。我国汽车产品过去那种"30年一贯制"的做法，成为中国产品没有技术进步的代表，现已遭到彻底抛弃。

三、品牌和商标的策略

品牌和商标是形式产品整体概念的重要组成部分,其作用对于营销者和消费者来说都是不可或缺的。了解品牌和商标的含义及其作用,掌握制订和实施品牌(商标)策略的原理和方法,有利于优化产品组合。

(一)品牌和商标的概念

品牌(Brand)和商标(Trademark),都是用以识别不同生产经营者的不同种类、不同品质产品的商业名称及其标志。但在企业的营销实践中,品牌和商标并不完全等同,商标是指受法律保护的品牌,属于品牌的一部分。

(1)品牌的概念

品牌是用以识别生产经营者的产品或服务,并使之与竞争者的产品或服务区别开来的商业名称及其标志,通常由文字、标记、符号、图案和颜色等要素组合而成。品牌是一个集合概念,它包括品牌名称和品牌标记两个基本部分。品牌名称是指品牌中可以用语言称呼的部分,如奥迪(Audi)、奔驰(Benz)等;品牌标记是指品牌中可以被认识、易于记忆但不能用语言称呼的部分,通常由符号、图案和颜色等要素组成,如奥迪车的品牌标记是四个相连的圆圈,奔驰的品牌标记是一个汽车方向盘。

品牌,就其实质而言,它代表着销售者对其产品特征、利益和服务的承诺。久负盛名的品牌就是优质品质的保证。不仅如此,品牌还是一个非常复杂的要素系统,这些要素有:

① 属性。品牌最基本的含义就是代表着特定的产品属性,如驰名汽车品牌就是产品信誉好、价值高、高贵耐用等产品属性的象征。

② 利益。品牌还体现着特定的利益,顾客通过购买特定品牌产品,其品牌属性要转化为用户或消费者的特定利益,如著名品牌就可以让用户或消费者获得心理上的满足。

③ 价值。品牌凝聚着生产经营者的价值观,这种价值观是可以得到一定的消费者群体认同的,如驰名品牌代表着企业持之不懈的核心价值观。

④ 文化。品牌还蕴藏着特定的文化底蕴,如企业文化、民族文化甚至国家的文化。

⑤ 个性。品牌就是要让消费者能够将此种商品与彼种商品区别开来,每个品牌都有自己的个性。

⑥ 用户或消费者群。每个品牌实际上还代表着一定的消费者群体,起到"物以类聚、人以群分"的作用。现实生活中,营销者常常只注重品牌的属性,忽视品牌的其他要素,如只注重产品的功能,一旦有功能更好的产品出现,企业原来苦心经营的品牌价值就会丧失殆尽。其实,价值、文化和个性才是品牌最持久的意义,品牌有了这些内涵,即使出现功能更好的产品,原来的品牌价值依然存在,只要企业及时改进产品,对其市场营销就不会带来过分的损失。正如可口可乐总裁所说,即使可口可乐公司一夜之间倒闭,只要这个品牌不倒,公司同样会在一夜间复生。

(2)品牌的性质

品牌的性质可以通过其作用和价值去体现。首先,品牌无论对营销者还是对消费者,都具有重要作用。对营销者而言,品牌有利于促进产品销售,树立企业形象。借助品牌,消费者了解了某个品牌的产品属性,记住了品牌及其相应的产品,也记住了企业,有利于企业建立稳定的用户群,培养用户的品牌忠诚度。正因为如此,企业就会珍惜品牌,约束不良的经营行为,并利用品牌的无形力量支持企业的新产品销售,不断优化产品组合。品牌还便于企业的营销管理，如做广告和签订合同可以简化手续，对销往不同目标市场的产品给以不同的品牌，有利于强化目标市场的营销。所以创立和发展品牌，使之行销全国乃至全世界，是企业家梦寐以求的一个重要目标。对消费者而言，品牌有利于他们选择和区别商品，形成自己的品牌偏好，维护消费权益。

其次，品牌还是一种企业的无形资产，是企业知识产权的重要组成部分。它的价值，体现在超过商品或服务本身以外的价值，即体现在为消费者提供的附加利益上，这种附加利益越多，品牌对消费者的吸引力就越大，品牌价值越高。不仅如此，品牌只要使用得当，管理有方，品牌价值不会在使用中贬值，相反还可能增值，这又是它与有形资产不同的地方。

(3) 商标的概念

商标是一个专门的法律术语，是指经过政府商标管理部门依法注册，企业取得专用权的品牌。所以商标与品牌的联系十分密切，但二者在概念外延上也有着明显的区别。

首先，商标是一个法律概念，受法律保护，任何人未经注册商标所有者允许，不得使用注册商标。否则，假冒、仿冒和恶意抢注他人商标，均是侵权行为，为法律所不许。所以商标可以起到防止他人假冒，维护公平竞争的作用。而品牌是一个市场概念，需要市场接受，需要消费者认同，假若品牌出现危机，消费者对品牌的信心下降，那么品牌价值就会减少。

其次，商标是品牌中被消费者易于识别的标志和符号部分，商标是品牌的一个组成部分；而品牌不仅是一个易于区分的名称和符号，更是一个多要素组成的综合象征，需要赋予其形象、个性和生命。建立一个品牌不仅需要好的品牌名称和标志，更需要在品牌个性、品牌认同、品牌定位、品牌传播、品牌管理等方面做大量的工作。

最后，商标不管使用与否，商标总是有价值的。因为至少在商标的申请注册、维护管理等环节上，企业已经为商标花费了一定的成本；而品牌如果不使用就没有价值，因为品牌的价值是通过特定品牌的产品或服务在市场上的表现来进行评估的。所以商标的产权或使用权可以转让与买卖。那些驰名商标通常具有很高的价值，是企业的重要财富。国外有的调查机构民意测验表明，世界十大著名商标中汽车商标有两个，分别是"奔驰"（位列第三）和"丰田"（位列第七）。

商标的专用权，是在商标得到政府商标管理部门（知识产权管理局）批准后才成立的。目前，国际上对商标权的认定有两种方式，一种采用注册在先的原则。如中国、德国、法国等大陆法系国家；另一种采用使用在先的原则，如英国、美国、加拿大、澳大利亚等英美法系国家。但驰名商标的认定，一般采取注册权超越优先申请的原则。例如某品牌被一个国家商标管理机关认定为驰名商标，即使该商标在其他国家或地区没有申请注册，它也要受到商标保护（《保护工业产权巴黎公约》的规定），所以驰名商标的专用权是自动跨越国界的。

(二) 品牌和商标策略

品牌和商标策略包含的内容比较广泛，在此只择要介绍三个方面的内容。

(1) 品牌设计策略

品牌和商标有制造商品牌（也称全国性品牌），中间商品牌（也称自有品牌）和服务标记三种。目前我国汽车市场上只有制造商品牌，汽车产品从出厂到用户手中，其品牌均不发生变化。但汽车经销企业有的则有其服务标记，它的作用主要是用于将本企业同其他经销企业加以区别，树立其经营形象，如货源正宗、实力雄厚等。服务标记同企业的"厂标"、学校的"校标"一样，也是知识产权，不容假冒与侵犯。

品牌设计包括对品牌名称的设计和对品牌标记的设计，一般应当遵循这样一些原则和要求：

简洁醒目、易记易读；构思巧妙、暗示属性；富蕴内涵、情意浓重；避免雷同、超越时空。

对品牌名称的设计，企业除了考虑是采用单一品牌，还是多个品牌之外，还必须遵守有关法律规定，如我国禁止使用领袖人物姓名、国旗、国徽等文字、图案作商标，否则不予注册登记。国内外汽车企业对其产品的品牌设计方法大体有以下几种：

① 以地名作品牌名称。我国多数企业都是用生产企业所在城市名作品牌名称，如"北京"、"沈阳"、"天津"等。也有的企业用企业所在地附近的名胜名称作品牌名称，如"黄河"、"延安"以及捷克的"太脱拉"（太脱拉是捷克最大的山峰）。

② 以时代特征或政治色彩作品牌名称。如我国一汽集团公司的"解放"，东风汽车公司的"东风"，重庆汽车制造厂的"红岩"等。

③ 以厂史作为品牌名称。如上海重型汽车厂以"交通"，军工、航空航天等部门汽车产品的名称也多与厂史有关。

④ 以人名作品牌名称。如"梅塞德斯"、"福特"、"克莱斯勒"、"松田（马自达）"等。

⑤ 以产品特点作品牌名称。这种命名在特种车、专用车中常见，采用象征或寓意来命名。如武汉冷藏机械厂以"企鹅"作品牌名，叫人联想到南极洲的冰冷，也寓意该车冷藏效果好。

⑥ 以产品序列化命名。如菲亚特的兰旗公司，分别以"α""β""γ""△"等命名，而美国万国联合收割机公司的汽车则以"货运之星"、"车队之星"、"经济之星"、"运输之星"、"北极星"等命名，均给人以产品有其系列之感，有利于扩大品牌名声。

⑦ 以社会阶层及其物品命名。如"皇帝"、"总统"、"王宫"、"君主"、"王子"、"公爵"、"市民"、"莫斯科人"等都是以社会阶层命名，"皇冠"、"花冠"、"御马"等都是以贵族的物品命名。

⑧ 以体育赛事命名。如丰田的"短跑家"、AMC的"马拉松"，大众的"水球"等。

⑨ 以神话、寓言、作品主人翁或文艺艺术命名。如"戴娜"、"蓝鸟"、"罗密欧"、"小妖精"、"幽灵"、"序曲"、"桑巴舞"、"民谣"、"五重唱"等。

⑩ 以动植物命名。如"美洲豹"、"猎鹰"、"小马"等。

⑪ 以吉利的数字命名。如英国利兰公司、美国通用公司分别用"双六"、"九十八"为其汽车命名。

⑫ 以引人注意的名词命名。如大众的"新设计"、英国Lotus的"精灵"、"精华"、三菱的"永久"等。

⑬ 以美好的愿望命名。如"桑塔纳"取名于美国加州一座山谷的旋风名，祝愿其汽车像旋风一样风靡全球。

总之，汽车品牌名称可谓是五化八门，但都有一个共同特点，那就是要有利于产品在目标市场上树立美好的形象。品牌设计必须集科学性和艺术性于一体，创意要新颖，给人以美感，还要符合民俗民情，尤其在产品出口时，必须要研究出口产品的品牌，否则就难以成功。如我国东风汽车公司出口品牌为"风神"（AEOLUS）；不可将"东风"直译过去，因多数国家以"西风"为吉，在英国的东风是从欧洲北部吹来的寒风，相当于我国的西风，乃至北风。又如通用公司在向使用西班牙语的墨西哥出口汽车时，曾取名为"雪佛兰诺瓦"，该车销路极差，原因就在于"诺瓦"与"走不动"同音，试想有谁会去买这种走不动的汽车呢？而福特公司推出的"艾特塞尔"汽车也与一种镇咳药相似，销路也不好。美国一家生产救护车的公司将其公司名缩写为"AIDS"并印在其汽车上，生意一直不错，但自从艾滋病流行以后,该公司生意一落千丈,原因在于其缩写正好与艾滋病的名称的缩写完全相同。

(2) 品牌定位策略

消费者的偏好千变万化,不同地区、不同行业对品牌有不同的看法和评价。因此,建立品牌的关键是在消费者心中确定一个形象,即品牌定位。品牌定位有多种方式,有以消费者类型为主导的定位体系。有以市场形态及空隙度为主导的定位体系,有以技术在产品中的含量或质量表现为主导的定位体系,也有以不同价格来反映的定位体系。但品牌定位最基本的是建立在它所希望的、对目标客户具有吸引力的竞争优势上。

品牌定位营销一般有三个步骤:

第一步,确认潜在的竞争优势。竞争优势有两种基本类型,成本优势和产品差别化。前者是在同样的条件下比竞争者定出更低的价格,后者是提供更具特色的、可满足客户的特定需求。美国学者波特提出用价值链方法来确定潜在的竞争优势,具体内容为:通过价值链,将企业策略分解为相互联系的9项活动。其中5项为主要活动,包括进货、生产、发货、销售和售后服务。另外4项为辅助活动,包括主要活动所需的一切投入、技术发展、人力资源管理和日常一般的经营管理开支。具体分析每项活动的成本和经营状况,并与竞争者作比较,以最终确定竞争优势。

第二步,准确选择竞争优势。在价值链分析的基础上,放弃那些优势微小、成本太高的活动,而在具有较大优势方面进行扩展。

第三步,准确地向市场传播企业定位概念。选择竞争优势后,就需要通过广告宣传将其传播开来。日本丰田汽车公司曾在美国轿车市场面前一败涂地,甚至连国内头号出口轿车大王的宝座也被日产公司夺走。为此,丰田公司制订了全力改进"光环车"的战略。推出了以中产阶级为对象的"光环"牌1500型高级轿车,投入竞争行列。新车性能大为改进,但由于第一代光环车名声不佳,人们对光环车普遍缺乏信心。因此,新车投放市场后,销路依然不佳。为了扭转人们心目中"光环车不坚固"的印象,公司不惜工本,耗资上千万日元,在全日本乃至全世界掀起了一场旷日持久的宣传战和心理战。以广告片《海之虎——光环》为开端,在商业电视广播中接二连三出现《空中飞车——光环》、《猛撞油桶——光环》、《悬崖滚车——光环》等破坏性试验影片。在《空中飞车——光环》中,有这样一个惊险镜头:高速行驶的光环车,在一瞬间腾空而起达3米高,悬空飞行大约25米远,着地后仍然高速行驶。丰田公司一系列的广告片投入及其他手段的辅助,使消费者对"光环"刮目相看,自然形成了与以前迥然不同的市场定位。由此也奠定了丰田的行业位置。

(3) 品牌延伸策略

当企业决定使用自己的品牌后,面临的抉择是,对本企业的各种产品是分别使用不同的品牌还是使用统一的品牌,如何利用已成功的品牌的声誉来推出改良产品或新产品等。这些都是品牌延伸策略必须考虑的问题。基本的品牌应用策略有:

① 统一品牌策略。企业所有的产品使用同一品牌,它的好处是:推出新产品时可省去命名的麻烦,并可节省大量的广告宣传费用;如果该品牌已有良好的声誉,可以很容易地用它推出新产品。但是任何一种产品的失败都会使整个品牌受损失。因此,使用单一品牌的企业,必须对所有产品的质量严加控制。

【营销视野3-4】 恒大冰泉

根据媒体报道,越来越多的球迷记住了球队背后的品牌——恒大集团,当恒大推出矿泉水后,这种品牌效应的优势则将发挥得淋漓尽致。3.8元一瓶的矿泉水虽然价格相对偏高,但对于一名恒大队的粉丝来说,这并不是多么高的门槛。作为恒大足球队——恒大品牌——恒大冰泉的粉丝来说,为球队背后的支持者做出3.8元的经济贡献显然是令人喜闻乐见的一件事。

② 个别品牌策略。即企业的各种产品分别使用不同的品牌。这种策略的最大好处是:可把个别产品的成败同企业的声誉分开,不至于因为个别产品的失败而有损整个企业的形象。但这要为每个品牌分别做广告宣传,费用开支较大。

③ 企业名称与个别品牌并用的策略。在每个品牌名称之前,统统冠以企业的名称,以企业的名称表明产品的出处,以品牌的名称表明产品的特点。这种策略的好处是,既可利用企业名誉推出新产品,节省广告宣传费用,又可使品牌保持自己相对的独立性。世界上大型汽车企业无不使用这一策略,如丰田、通用公司等。

(三) 互联网域名策略

域名作为互联网的单位名称和在Internet网络上网页所有者的身份标识,它不仅能给人传达很多重要信息(如单位属性、业务特征等),而且还具有商标属性。这是因为,域名的所有权属于注册者。若某企业的商标由另一个不同行业的企业抢先注册,那么该企业就可能永远失去了注册与自己商标名称一致的域名了。然而,域名的传播和使用范围却是全社会的。某个域名用得久了,人们会对它有了特殊的感觉与记忆。企业一旦有了域名,就表明企业在互联网上拥有了自己的门牌号码,有了通往网络世界把握商机的一把钥匙。正因为如此,许多企业都把知名商标注册成域名。由于域名系统是国际共有资源,可较好实现信息传播,这就决定了它有巨大的商业价值。

四、汽车产品的包装策略

包装是企业营销管理的有机组成部分。包装作为运输、装卸与保管有关物流全过程联系在一起的手段,具有保护商品、便于存放、促进销售及传递信息的作用,尤其对于汽车配件、KD散件,包装的作用更大一些。此外,一个好的包装,实际上也是作为商品的广告随物流而传播的。

因此,对于汽车企业来说,应重视包装工作,并在有关包装标准、法规要求下,解决好汽车产品,尤其是汽车配件的包装问题。

第三节 产品生命周期理论与营销策略

任何一种产品(如某个车型系列),在市场上都不会永远畅销,它自投入市场到退出市场都要历经销售形势由弱到强,又由盛转衰的发展演变过程。由于这一规律的存在,企业就必须做到:第一,企业必须为其处于不同发展阶段的产品制订适当的营销策略,即产品的阶段营销策略;第二,企业必须不断地做好产品改进和新产品的开发工作,不断地向市场推出新产品,以取代那些处于衰退和即将衰退的产品。否则,企业就不可能持久地立足于市场。

一、产品市场生命周期的理论

(1) 产品市场生命周期的定义

产品生命周期是现代市场营销的一个重要概念。企业对自己产品生命周期发展变化的研究,有助于掌握其市场地位和竞争动态,为制订产品策略提供依据,对增强企业的竞争能力和应变能力也有重要意义。

产品生命周期是指一种产品自开发成功到上市销售,在市场上由弱到强,又由盛转衰,再到被市场淘汰所持续的时间。其长短主要取决于市场竞争的激烈程度和科技进步的快慢。

(2) 产品生命周期的形态

一般认为,产品生命周期的典型形态包括以下五个阶段。

① 产品开发期。产品开发期是产品生命的培育阶段,它始于企业形成新产品构思。在此阶段,产品的销售量为零,企业投入的研究开发经费与日俱增。

② 市场导入期。在市场导入期,产品开始上市,知名度还不高,销售增长率缓慢增长,为打开市场,企业对该产品的促销宣传等费用较大,该产品很可能还没有为企业带来利润。

③ 快速成长期。在快速成长期,产品的知名度日益扩大,销售增长率迅速增加,利润显著增长,竞争者的类似产品也可能开始出现。

④ 平衡成熟期。在平衡成熟期,产品开始大量生产和销售,销售量和利润额达到高峰后并开始下降,销售增长率趋缓,市场竞争加剧,产品成本和价格趋于下降,但在成熟期后期,营销费用开始渐增。

⑤ 衰退期。在衰退期,市场竞争激烈,开始出现替代性新产品。原产品的销售量明显下降,销售增长率为负值,利润渐少,最后因无利可图而退出市场。

产品生命周期是一种抽象理论,虽然各个阶段的转化一般没有具体的数量界限,难以非常具体地去描述它,但它又是客观存在的,是可以感知的。通常根据产品销售量、销售增长率和利润等变化曲线的拐点去划分,如图3-2所示。不同产品的生命周期长短,以及各个阶段时间的长短,都可能有较大的差别。但总体来说,随着科技进步的加快以及竞争的加剧,产品生命周期有缩短的趋势。结合汽车产品而言,汽车市场营销人员在判断产品处于生命周期哪个阶段时,应综合加以分析,不可仅以销售量去衡量。因为汽车市场形态还会受到国家宏观调控政策的影响,一时的滞销可能是由于国民经济处于低速运行状态所致,此时不一定意味着产品到了衰退期;反之,一时的畅销可能是由于经济发展过热造成的,此时不一定意味着产品处于成长期。所以企业对产品所处的生命周期阶段要综合判断。

现实生活中,具体产品的生命周期形态更是多种多样。例如有的产品因预测失误,在导入期便夭折;有的产品在设计时虽然看起来尽善尽美,但市场却不接受,销售增长十分缓慢;有的产品在成长期后可能没有成熟期而直接转入衰退期;有的产品可能在衰退期还能"起死回生"。所以产品的生命周期并不是都呈现图3-2所示的形态。随着企业在不同阶段采取的营销策略的不同,生命周期也会表现出不同的形态,如图3-3所示。对企业来讲,理想

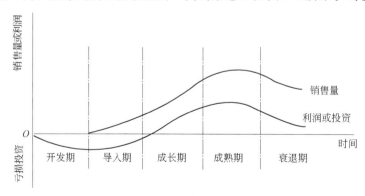

图 3-2 产品生命周期示意图

的产品生命周期的形态应该是：开发期、导入期和成长期要短，投入要少，很快达到销售的高峰，并持续很长的时间，企业可以获取大量利润；而且衰退期要缓慢，利润缓慢减少。企业应当通过实施正确的营销策略，尽量让产品的生命周期按理想的形态发展。

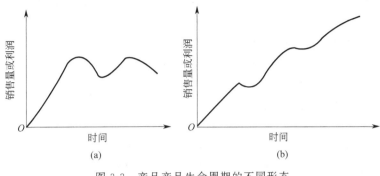

图 3-3　产品产品生命周期的不同形态

二、产品生命周期各阶段的营销策略

产品在不同生命周期阶段具有不同的市场特点，需要制订相应不同的营销目标和营销策略。

（一）导入期营销策略

在市场导入期，为了建立新产品的知名度，企业需要大力促销，广泛宣传，引导和吸引潜在用户，争取打通分销渠道，并占领市场。营销策略要突出一个"准"字，即市场定位和营销组合要准确无误，符合企业和市场的客观实际。处于导入期的新产品由于产量小、销售量小、成本高、生产技术还有待完善，加之必须支付高额促销费用，所以定价需要高些。

如果把价格与促销两个营销因素综合起来考虑，各设高低两档，则对处于导入期新产品的营销策略有以下四种。

① 高价格高促销策略。高价格高促销策略以高价和大量的促销支出推出新产品，以期尽快收回投资。这种策略的适用条件是：a. 产品确有特点，有吸引力，但知名度还不高；b. 市场潜力很大，并且目标用户有较强的支付能力。如某些国外汽车公司在推出富有特色的中高级轿车时常采用这一策略。

② 高价格低促销策略。高价格低促销策略以高价和少量的促销支出推出新产品，目的是以尽可能低的促销费用取得最大限度的收益。这种策略的适用条件是：a. 市场规模有限；b. 产品已有一定的知名度；c. 目标用户愿支付高价；d. 潜在的竞争并不紧迫。

③ 快速渗透策略。快速渗透策略以低价和大量的促销支出推出新产品，以争取迅速占领市场，然后再随着销量和产量的扩大，使产品成本降低，取得规模效益。这种策略的适用条件是：a. 市场规模很大，但用户对该产品还不了解；b. 多数购买者对价格十分敏感；c. 潜在竞争的威胁严重；d. 单位成本有可能随生产规模扩大和生产经验的积累而大幅度下降。如日本、韩国的汽车公司在刚进入北美市场时，便采用了此种营销策略。

④ 缓慢渗透策略。缓慢渗透策略以低价和少量促销支出推出新产品。低价可扩大销售，少量促销支出可降低营销成本，增加利润。这种策略的适用条件是：a. 市场规模很大且消费者熟悉该产品；b. 市场对价格敏感。

企业应根据具体情况灵活运用以上策略。

(二) 成长期营销策略

新产品上市后如果适合市场的需要，即进入成长期。在此阶段，销量迅速增长，营销策略的重点应放在一个"好"字上，即保持良好的产品质量和服务质量，切忌因产品销售形势好就急功近利，粗制滥造，片面追求产量和利润。企业为了促进市场的成长，应做好如下工作。

① 努力提高产品质量，增加新的功能、特色。
② 积极开拓新的细分市场和增加新的分销渠道。
③ 广告宣传的重点，应从建立产品知名度转向促进用户购买。
④ 在适当时间降低售价，吸引对价格敏感的用户，并抑制竞争。

上述市场扩张策略可以加强企业的竞争地位，但同时也会增加营销费用，使利润减少。因此，对于处于成长期的产品，企业面临两难抉择：是提高市场占有率，还是增加当期利润量。如果企业希望取得市场主导地位，就必须放弃当期的最大利润，而期望下一阶段获得更大的收益。

(三) 成熟期营销策略

产品进入成熟期的标志是销售增长率渐缓，市场趋于稳定，并持续较长时间。由于销售增长率降低，竞争日益加剧，名牌逐渐形成。这个阶段的营销策略，应突出一个"争"字，即争取稳定的市场份额，延长产品的市场寿命。

企业对处于这个阶段的产品不应满足于保持既得利益和地位，而要积极进取，进攻是最好的防御。成熟期可供选择的策略有三种：

① 调整市场。寻找新的细分市场和营销机会，特别是要提高产品的地区覆盖率，挖掘更多的用户。

② 改进产品。企业可通过改变产品特性，吸引顾客，扩大销售。它又包括两种策略，一是提高产品质量，主要是改善产品性能。如提高汽车的动力性、经济性、操纵稳定性、舒适性、制动性和可靠性等来创名牌、保名牌。此种策略适合于企业的产品质量有改善余地，而且多数买主期望提高质量的情况；二是增加产品的功能，即提高产品的使用功效。如提高轿车的观赏性、舒适性、安全性和动力性等，采取使小型车高级化等措施，都有利于增加产品品种，扩大用户选择余地，使用户得到更多的效用。

③ 调整营销组合。企业可通过改变营销组合的一个或几个因素，来扩大产品的销售。如开展多样化的促销活动，改变分销渠道，扩大附加利益和增加服务项目等。营销组合之所以必须不断调整，是因为它们很容易被竞争者效仿，以致使企业失去竞争优势。

(四) 衰退期营销策略

企业对处于衰退期的产品，如仅仅采取维持策略，其代价常常是十分巨大的，不仅要损失大量利润，而且还有许多其他损失。例如，在经营管理上要花费很多精力和时间，影响企业的声誉并影响新产品的开发，损害企业形象，削弱企业在未来市场上的竞争能力等。因此，对大多数企业来说，应该当机立断，弃旧图新，及时实现产品的更新换代。在这个阶段，营销策略应突出一个"转"字，即有计划、有步骤地转产新产品。

当决定放弃某种"超龄"产品时，还要进一步做出以下决策：是彻底停产放弃，还是把该品牌出卖给其他企业；是快速舍弃，还是渐进式淘汰。需注意的是：企业的老产品停产后，应继续安排好其配件供应，以保证在用老产品的使用需要。否则，企业形象仍会受到损害。

综上所述，产品生命周期各阶段及相应的营销策略可归纳见表3-1。

表3-1 产品生命周期各阶段及相应营销策略

	开发期	导入期	成长期	成熟期	衰退期
销售额	无	低	迅速上升	达到顶峰	下降
单位成本	高	高	平均水平	低	低
利润	无	无	上升	高	下降
营销策略	尽快上市	建立知名度	提高市场占有率	争取利润最大化	推出新产品

第四节 汽车新产品开发策略

在当今激烈竞争的市场上，企业要想持久地占领市场，不产生"营销近视症"，仅仅依靠现有产品是绝对不行的，产品必须不断推陈出新，才能适应经常变化的市场需求。因此，不断研究和开发新产品，是使企业保持竞争活力的关键所在，是企业战胜竞争者的秘密武器。为此，企业新产品开发应做到"人无我有，人有我优，人优我转"和"改进、开发、预研"的统一。

一、新产品的概念

市场营销学中使用的新产品概念，不是从纯技术的角度理解的，产品只要在功能或形态上得到改进，与原有产品产生营销意义上的差别，能够为顾客带来新的满足、新的利益，都可称之为新产品。它大体上包括：新研制的全新产品（整体更新的产品）、新产品线的产品（进入新市场的产品）、增补产品（现有产品线的补缺产品）、更新改良产品（对现行产品注入新的价值的产品）、新牌号和再定位产品（改变原来的产品市场结构的产品）以及成本减少的产品等。因而，以上各种新产品的研制与开发都可称为新产品开发。企业在完成新产品开发后，还要研究新产品的商品化问题，以保证新产品能够有效和成功地上市。

【营销视野3-5】

逍遥国内多年的三位"老顽童"（桑塔纳、捷达、富康）又要在这个繁杂的车市中"搅局"了，目前已有两位"满血复活"，而最后这位步伐慢了些，但后来者的优势就是可以看清局势取长补短。全新爱丽舍这个后来者凭借全新的平台和酷似C4L的长相，还有同级罕见的7寸触摸液晶屏和2652mm的轴距，说它漂亮舒服空间大，不夸张。

东风雪铁龙全新爱丽舍已于2013年9月26日正式上市，预售价为8.5万～12万元，共推出5款车型，均搭载1.6L自然吸气发动机，现款爱丽舍车型不会停产，改名为经典爱丽舍，继续销售。1.2T涡轮增压发动机车型已经于2014年推出。

二、汽车新产品开发

（一）新产品开发的方式

企业进行新产品开发时，必须解决的一个重要问题是采取什么方式开发新产品。一般而言，有四种方式可供企业选择：

（1）独立开发

这是指企业依靠自己的力量研究开发新产品。这种方式可以紧密结合企业的特点,并使企业在某一方面具有领先地位,但独立开发需要较多的开发费用。

(2) 引进

即利用已经成熟的制造技术,借鉴别人已经成功的经验来开发新产品。采用这种方式不仅可以缩短开发新产品的时间,节约开发费用,而且可以促进技术水平和生产效率的提高。但要注意引进技术与企业自身条件的适应性。

(3) 开发与引进相结合

就是在新产品开发的方式上采取两条腿走路,既重视独立开发又重视技术引进,二者有机结合,互为补充会产生更好的效果。

(4) 联合开发

联合开发除了企业与科研机构、大专院校的联合外,更多的是企业之间的"强强联合"。这种方式,有利于充分利用社会力量,弥补企业开发能力的不足。

当今世界汽车工业进一步向着高科技方向发展,汽车企业新产品开发需要巨额投资,风险大失败率高。例如,美国福特汽车公司曾推出一种新车,由于营销失败,损失数亿美元。各汽车公司为减少新产品开发的风险,除了大量利用人类已有的研究成果外,汽车公司纷纷走上了联合开发的道路,甚至借助政府的力量。这种联合有助于企业节省开发经费,集中财力提高本国汽车工业的竞争水平,有助于吸收和学习对方产品开发的先进思想,弥补开发力量的不足和缩短产品的开发周期。

除联合途径外,汽车企业的新产品开发还有多种途径。企业还可以通过技术市场获得部分或全部新产品。企业究竟应采取何种方式开发新产品,并无统一定式,各个企业应结合自己的企业规模、技术能力、发展战略以及新产品的具体情况等因素选择合理的新产品开发方式。

尽管新产品开发的形式具有多样化的特点,但对那些希望形成较强市场营销能力的汽车企业来说,拥有足够的产品自主开发能力甚为重要。它对于当前的中国汽车工业具有非常现实的意义。

【营销案例 3-6】

2013年12月2日,随着广州车展,洛杉矶车展以及东京车展的如期举行,有关三大车展中新车消息的报道可谓精彩纷呈。并且,通过热点新闻分析,除了在车展一显身手之外,不少厂商已经放眼于2014年度新车市场的竞争。这也为新车消息注入了更加丰富精彩的内容。谍照方面,新一代奥迪Q7,雪佛兰Trax国内路试以及新款雪铁龙C4L参数配置表和日产全新楼兰路试等谍照的曝光获得了大家广泛的关注。全新保时捷Macan售价公布和2014款本田锋范印度发布的报道领衔了本周海外新车方面的热点消息。国内方面,比亚迪全新SUV,众泰T600还有长安铃木锋驭全系售价和丰田4Runner申报消息的报道相当具有吸引力,并且,大众将推全新品牌,主打低端市场仅4.9万起的报道更是成为本周所有新车新闻中的焦点新闻。

(二) 新产品开发的过程

由于汽车工业发达国家的汽车厂家产品开发经验十分丰富,并且更适用于市场经济条件,因此,这里主要介绍国外汽车公司新产品开发的成熟做法。

汽车新产品开发和投放市场能否获得成功,能否为市场所接受和为企业带来效益,关键在于新产品开发是否准确。为此，新产品开发必须按科学程序办事，在每个环节上充分尊重科学，力戒主观臆断。汽车新产品开发的一般工作程序，用图3-4表示。

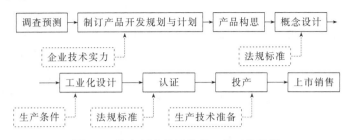

图3-4 汽车新产品开发的一般工作程序

除了各个过程包括的技术因素外，从市场营销角度看，各环节的具体操作如下：

（1）调查与预测

企业新产品开发的前期工作首先是要做好调查与预测，这项工作做得是否细致和充分，对新产品开发的准确性有直接的影响。

就企业新产品开发和制订产品规划而言，调查应包括的内容有：

① 市场调查。具体包括用户需求和市场容量及构成调查。调查途径大体有用户例会、特约经销商例会、改装厂例会以及对外调查部门等几种。

② 宏观环境调查。其中包括有关汽车产品的技术法规以及社会运输状况调查。

③ 竞争者调查。主要包括各公司商品及其市场评价、商品价格以及他们的动向调查。

④ 汽车产品技术发展调查。

⑤ 本企业的技术实力及经营状况评价。

在上述调查中，市场调查和竞争者调查更为重要些，是企业必须认真做好的调查项目。例如，日本某汽车公司拟开发一种1.3~1.5L级的普及型轿车在欧洲市场上销售。通过调查，该公司找出了该级别轿车的用户及新增用户构成，如图3-5所示。

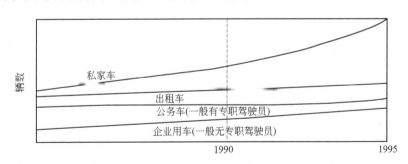

图3-5 某汽车公司对新产品用户构成的调查

在图3-5中的几类消费者中，大部分消费者已经拥有同级别的轿车，该公司对他们重新购车的可能性和要求，特别是对改进方面的要求做了调查。该公司对消费者的调查，包括了这样一些内容：消费者的汽车知识水平；购买此轿车的用途和使用维护方法；（对已有轿车者）当初购买此类轿车的出发点，目前的满足程度以及日常用途；消费者对轿车魅力的看法和拥有轿车后的乐趣；消费者希望的汽车装备；消费者的生活情况和消费意识；消费者的个人简介、爱好和兴趣；消费者的汽车驾驶特点。

该公司还针对竞争车型和竞争对手进行了详细的调查。调查后发现在欧洲同类型的轿车有 Golf，Kadett 和 Escort，占这一级车的 55%。对竞争者的调查包括以下内容：a. 静态调查。这包括竞争车型的造型、外形尺寸、室内尺寸、室内装饰、行李箱容量、居住性能和车辆装备，发动机、变速器、制动器、转向机等主要总成的构造以及各系统的构造。b. 动态调查。包括竞争车型的动力和经济性能、操纵稳定性、制动性能、乘坐舒适性能、噪声水平、视野、操作方便性、安全装置、法规满足程度、空调暖气性能、发动机性能、传动系匹配、维修保养的方便性等。c. 使用条件。包括气候情况、路面状况、弯道及坡度、经常乘车的人数；操作使用方面包括对离合器的使用、脚制动的使用、刮水器使用、下坡行驶的操作及红灯停车时的操作；维护保养方面包括多长时间洗一次车，是否按使用说明书进行保养和维护等。d. 质量。包括汽车出厂的质量水平、耐久性方面包括多少里程出现杂音和异常振动、多少里程出现车体变形和零件损坏、车辆的使用寿命是多少、能否再生利用、质量保证期为多少等。e. 服务。包括竞争对手的服务网点有多少，管理体制上与竞争对手的关系如何等。

该公司通过对消费者的调查，总结出用户的具体要求。通过对竞争对手的调查和比较，找出本企业应注意的问题和重点，为自己的产品构思打下基础。

新产品开发的预测内容一般包括：市场容量与构成预测（见图 3-5）；潜在市场机会；预测具有竞争力的价格；预测技术发展方向，研究新技术的发展动向。

（2）制订产品发展规划与计划

它是企业新产品开发的重要依据，一般是在调查与预测的基础上，再结合本企业技术实力等内部条件，科学地加以制订的。同时，产品发展规划也是企业经营战略规划的重要内容之一。国外汽车公司一般都要做出今后 5～10 年的产品发展规划。该规划包括两种情况：一是在一定的时间，在企业当前的产品线中增加一种新的品种（开发新产品）；二是对现有某种产品在一定的时候进行换代。企业根据产品发展规划再确定某一项新产品的具体开发计划。新产品开发计划一般包括产品特点、目标市场、竞争情况、预计销售量、价格、研制时间及费用、制造成本以及投资收益率等内容。下面是某公司拟开发一种在国外投产的新轿车，在制订计划时所考虑的内容：

① 开发目的。这包括为什么要开发此产品。是为了占领新市场还是为了巩固现有的份额、是为了拓宽品种还是为了更新换代。

② 使用对象。什么样的人使用？在什么条件下使用？用途又是什么？

③ 产品概要。包括整体的形式、系列化车型、规格参数、性能指标、主要总成的规格等。

④ 销售目标。什么时候投产？投产后年销售量是多少？

⑤ 质量目标。产品要达到怎样的质量水平？保修里程和耐久性指标是多少？

⑥ 外购件的安排。外购件占多大比例？进口件和当地生产件的比例如何？当地政府关于自制件比例的政策如何？

⑦ 法规认证。明确具体的法规要求和认证手续。

⑧ 生产准备。需要做哪些项目的生产准备？准备周期需要多长时间？

⑨ 设备和投资。为生产该产品必须要有多少投资？要增加一些什么设备？

⑩ 效益。定出目标售价、生产成本和管理费、各种税负和企业利润。根据年销售量计算出每年的获利额，从而计算出投资收益率。

企业的产品发展规划和新产品开发计划，经企业商品规划委员会确定后，董事会作最后决策。对拟开发的新产品，商品规划主管部门应同设计开发部门一起，提出新产品构思。

(3) 新产品构思

新产品构思包括的内容有：

① 该产品的目标。例如某公司针对较为富裕的发展中国家，在 A 型和 C 型之间推出一种 B 型轿车。B 型与 A 型、C 型之间的关系如图 3-6 所示。

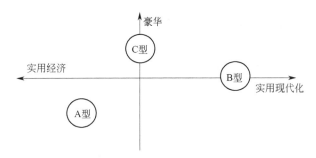

图 3-6　某公司开发新产品的构思

② 确立设计原则。是保持企业原有风格还是创造新风格；是一种传统派的三厢四门车，还是一种现代派车；是尽量与老车型通用，还是以尽可能满足市场要求为前提，等等。

③ 计算销售目标价格、生产成本和销售量。

④ 确定生产方式（如何组织生产）和投产日期。

⑤ 车型的系列化。排量范围、车身形式（两厢、三厢；三门、四门；旅行车等）、驱动方式、装备分级等。

⑥ 设计车型的技术参数、系统结构和总成结构及参数。

⑦ 质量目标：保修里程、寿命周期、维修费用目标等。

新产品构思常常不止一种，这就需要筛选构思，即选出最优的构思，剔除不好的构思。正确的筛选必须根据企业内部和外部的具体条件，全面分析衡量，审慎地决定取舍。新产品构思一旦完成，就应确定产品开发的基本任务书，交由设计部门进行概念设计。

(4) 概念设计

该步工作就是要把构思变成实物，从造型和整车设计到结构设计和试制出样车。这样，可使消费者形成一种产品印象，如企业认为有必要时，企业可以将样车拿到一组目标顾客中测试，请他们考察样车后回答这样一些问题：

① 你认为这种车与其他相似车型相比有何优点？还有哪些可以改进的地方？

② 这种车是否能充分满足你的需要？

③ 你认为这种车价值多少钱？

④ 你愿意购买这种车吗？购买或不购买的原因是什么？等等。

企业营销人员应研究和设计好问题。这样的测试可以帮助企业更好地修改概念设计，开发出一种适销对路的新产品。同时，还有利于企业了解预计的销售量。

概念设计完毕后，企业就应确立正式的产品开发基本任务书，交由设计部门进行工业化设计。

(5) 工业化设计

本步工作就是要把构思变成能大量生产的图纸和技术文件。设计过程中要把设计原则、成本控制和满足用户要求协调地贯彻在设计思想中。汽车产品的设计是不可能面面俱佳的。

高性能和豪华与经济实惠是相矛盾的，高自动化与高成本也是直接联系在一起的，过于流线型与尺寸控制和低成本也是相矛盾的，良好地协调这些矛盾才能设计出为市场接受的产品。某公司曾在设计一种经济实用但也不失气派的轿车时，所贯彻的思想是这样的：

① 产品可靠，使拥有者感到自豪。

② 产品使用的时间越长，其造型越让人感到美观，并能够充分体现公司形象。

③ 价格合适。

④ 易于操作驾驶、符合使用要求、视野开阔、令人爽快。

⑤ 内部空间宽敞，让一家人乘坐感到舒适，行李箱容量足够大。

⑥ 足够的性能提供理想的行驶特性，可靠的空调和暖气装置。

⑦ 易于保养，维护工作量少，使用费用适中。

三、汽车产品改进

任何一种车型的汽车产品，由于生命周期规律的作用，都不可避免地会进入衰退期，此时必须推出换代新产品，而且产品在使用过程中，也可能会暴露出各种新问题，影响着用户的满意程度。为此，企业必须经常对在产汽车品种实施改进措施，不断完善和提高企业产品的质量和性能水平。实践表明，企业对在产汽车不断地进行技术革新，走"量变到质变"的产品发展道路是可取的；而那种平时不注重革新，待失去竞争力后再停产作"垂直换型和转产"的道路是不可取的。

企业对在产汽车（老产品）改进的方法很多，但通常都是根据用户使用过程中暴露的问题进行改进。营销部门将故障（不属于用户使用不当导致的故障）信息反馈给企业的产品部门或生产部门，修改产品设计或改进制造工艺，从而不断地提高老产品的综合技术水平。有的改进项目是由产品部门根据科学技术的发展，将新技术成果应用到本企业的产品上；有的改进项目是营销部门根据竞争对手的先进水平提出改进意见，由产品部门负责实施的。

企业对汽车产品进行改进时必须符合国家对汽车产品强制性认证管理规定。2008年1月10日根据《强制性产品认证管理规定》国家认证委对《机动车辆类（汽车产品）强制性认证实施规则》（CNCA-02C-023；2005）进行了修改，修订后的实施规则为《机动车辆类（汽车产品）强制性认证实施规则》（CNCA-02C-023；2008）。对于2008年7月1日起新申请认证车型，须按照新规则要求执行，在2008年7月1日前，新申请认证车型新老规则均可适用，对于按老版规则认证的获证车型须在2009年12月31日前，完成换发新版证书。

企业在投产制造时各项指标必须符合国家认证标准，加强质量监督管理，不断完善和提高企业产品的质量和性能水平。

自2010年1月1日起制造商须制作经认证机构认可的车辆一致性证书，获证车辆出厂时须随车附带该证书，并接受地方认证监督管理部门的认证执法监督。

【营销案例3-7】 要经典也要创新 2013款改进型新车

这里为大家介绍的三款车加起来已经有100多年的历史了，其中一个是有着近30年历史的铃木雨燕，另一个是风靡了近40年福特嘉年华，还有一个是同样诞生了近40年的大众Polo。虽然它们都拥有着可追溯到上个世纪的历史，但却在经历了多次换代之后，如今仍活跃在A0级车市场，成为了同级最受欢迎的两厢小车。如今，这三款车全推出了新款车型，新车在传承了经典的同时,也为我们带来许多的创新。

四、汽车产品的商品化

新产品开发成功后,或者老产品改进后,企业均应将其商品化。严格说来,只有完成了商品化过程后,企业才能大量生产和销售。所谓商品化过程系指企业为了产品的大批上市而进行的市场试验。汽车新产品的商品化一般包括以下内容:

① 试用。它是企业从目标市场中选定一些有代表性的客户,如客户类型、使用条件、产品用途等方面比较符合新产品目标市场特征的客户,请他们在规定的时间内实地使用新产品,并对有关使用状况及发现的现象做出记录。然后了解客户对产品的意见和对技术咨询及服务方面的需要。试用客户一般不宜过于分散,试用车辆一般应具有一定数量(如几十辆),但也不能太多。对出现的使用故障一般应请试用客户对外保密,不宜扩散,以免给将来的客户留下不良印象。试用过程本身就是企业发现问题的过程。

② 试销。经试用初步成功的新产品便可进行试销,这是比试用范围更大且直接面向市场的一种有控制的营销活动,一般应由汽车企业亲自举行,以便直接了解市场。试销活动一般可以吸引大量的购买者参观选购,企业既可以从中了解他们对新产品的反映和购买意向,又可以借以提高新产品的知名度。企业的试销活动要对试销的市场范围、试销时间、试销的费用、试销后的营销策略等做出安排,在试销活动中还要做好有关数据的记录和资料的整理完善。

③ 测算有关项目。尽管企业在市场调研和概念设计时对有关项目进行了调查和测算,如目标市场规模、销售量、市场占有率、投资收益率、促销预算等,在新产品开发计划中也对这些项目订立了计划。但在商品化之前,上述项目都只是一种估计,而在商品化过程中对这些项目再进行测算,则大体反映了未来的实际情况。企业也可由此对新产品开发予以验证,并寻找差距,分析原因,及时采取补救措施。

④ 确立未来的市场营销组合策略。企业通过商品化过程后,基本可以对新产品市场的结构、购买行为和特点,未来市场发展趋势及企业收益等做到心中有数,从而制订出正确的导入期,乃至其他各生命周期阶段的营销策略。

企业在商品化过程中,应认识到购买者对新产品的购买过程一般是知晓、兴趣、评估和购买等几个阶段,因而应针对处于不同阶段的客户做好营销工作,促其尽快进入购买阶段。此外,企业还应努力增加各阶段的客户数量。

五、产品开发的组织管理

企业的新产品开发工作涉及众多部门的参与,各部门应各司其职而又协调配合,按照并行工程的原则进行管理,以共同搞好新产品开发,缩短产品开发周期。为此,产品开发必须有组织地进行,强化新产品开发的管理职能。

新产品开发的组织管理关键是应设置好各部门的职能及工作流程,尤其是在企业经营战略指导下,在围绕科学的产品开发规划与计划的制订阶段应做好组织工作。图3-7表示的是国外某汽车公司参与制订产品规划的主要部门、职责及工作流程。

从图中可以看出,汽车企业除了应设立汽车技术、工艺材料和技术装备研究单位,具体从事产品开发工作外,还必须设立新产品规划委员会,该委员会应由市场营销、财务、制造等各个部门共同参与,在主管领导或总工领导下,专门对新产品规划做出决策,审批产品开发计划,对企业的市场营销战略目标负责。

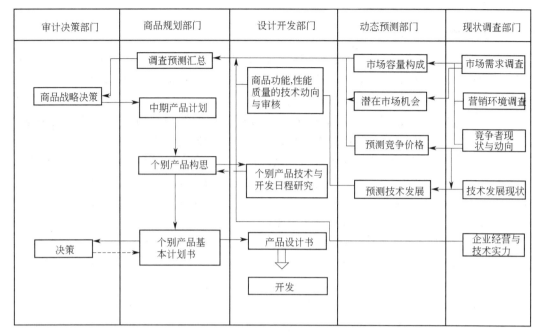

图 3-7 汽车新产品开发规划的部门、职责与流程

企业独立自主开发能力的形成是一项系统工程，决非朝夕之功。它不仅受到汽车工业和科学技术的整体水平及相关工业（含汽车零部件工业）等外部条件的影响，而且受到企业内部的多种因素的影响。就企业内部因素来说，企业新产品开发能力除了应有先进的设计手段（如高效率的 CAD 系统）、试验检测手段（如检测设备、试车场等）外，还要拥有一支强大的产品开发技术队伍。从某种意义上说，现代企业之间的竞争就是人才的竞争，企业拥有数量足够，质量较高，学科结构合理的试验和设计人员，是开发出有竞争能力产品的基本条件。

由于现代的汽车产品技术含量很高，它涉及多种学科和领域。尤其是轿车产品，为了满足美观、舒适、安全、节能和环保等项指标的要求，要涉及许多高技术领域、高技术产品以及社会科学的某些学科。这就要求汽车工业企业要有各学科和技术门类的科学家、工程师和设计师。同时，人才的学科结构需不断调整，使之趋于合理。对我国企业而言，产品开发人员要增加计算机科学和电子学等方面的科学家和工程师的比例。此外，企业还应在基础研究、产品设计、产品试验各领域有自己的学科带头人，这些人应有基础理论扎实、富有想象力、创造力和实践能力等特征。企业应依靠这些学科带头人，把企业的产品开发能力推向更高水平。

【课后练习】

1. 产品及产品组合的概念是什么？
2. 产品组合决策的原则是什么？
3. 品牌及商标的概念是什么？
4. 品牌和商标策略的主要内容是什么？
5. 简述产品生命周期理论内容。
6. 产品生命周期各阶段的营销策略是怎样的？

7. 汽车新产品开发的主要过程是什么？

案例分析　　　　耐人寻味的车型"生命周期"

一、案例介绍

由于技术日臻成熟和激烈的市场竞争，中国车市上的车型生命周期正变得越来越短，甚至超过了国际市场的车型更替频率。通常，跨国汽车公司每隔5～6年才会在全球各地推出一款基于全新平台上设计开发的新车型，经常会有外观内饰方面的小改动，但一般是一年一次。但在观察国内车市之后可以发现，两年引进一款新车已不是什么新鲜事，每家公司每年推出两款集20多种改进于一身的改良款新车，更是司空见惯的事情。新出的威驰还成色十足，花冠却已按捺不住上市的冲动；赛欧在车市才驰骋两年多，却已堪称老将，一款同档次的新车型正准备"上场换人"；而风神蓝鸟上市才两年多，今年却已将推出第4代车型等。对于中国车市如此快的新陈代谢速度，跨国公司也感到压力很大，以至丰田在中国一位已经离职的总经理在离开北京时提出的建议便是：丰田应该调整在中国市场的产品生命周期战略，国际上按6～8年市场周期设计、制造汽车的通行规则，在中国市场已行不通，这个数据应被缩短为不超过4年。

当今的中国车业已融入全球一体化，世界汽车研发水平提升及新车研发周期的缩短，是"中国车市周期"出现的前提。经过不断探索，国际上目前新车平均研发时间已由过去的36个月缩短到了24个月左右，日本丰田甚至在其新推出的花冠车型上实现了12个月完成研发的目标。这种日新月异的速度，使各车型在进入中国市场时旨在适应国内路况和消费者口味的改进变得更快。从POLO和GOLF开始，中国车市的新车投放开始与全球同步，研发周期的缩短，为"中国车市周期"的持续提供了有力保障。

近年来，国际车业孜孜以求的另一个目标，是加快车型平台的通用化进程。过去，美国通用汽车为零配件供应商制订详尽的质量指标，根据型号不同，其麾下5大品牌汽车产品选用的刮水器，一度竟出现过230多种不同的规格和生产要求。由此，实现产品通用化就成了当务之急。同时，为"中国车市周期"提供平台支持的还有"供应链物流管理"体制的导入。据由全球40多家汽车及零部件制造商设立的"国际汽车分销纲领"一份研究报告显示，一辆普通汽车从制造到交货要用42天时间，这期间，制造时间仅为2天，运输5天，其余时间全得用来完成各类文件及各种配件和制造过程的安排。而一旦加速了供应链物流中的订货环节，顾客第14天就能拿到车，使产品的上市周期缩短2/3。经过几年的探索，今天国内各汽车制造商也已普遍提升了物流管理水平。一些厂家还引进美国通用提出的"产品全生产周期管理系统"，实现了对整个供应链的有效监控，缩短了生产、销售和订货周期。

在中国，车型生命周期缩短，除了有上述诞生条件外，更缘于国内有别于海外的独特市场环境和市场特点。

在来华4～5年之后，各跨国汽车公司渐渐摸清了中国消费者的脾气和喜好，其商务政策也开始显现出明显的本土化特征。其中一个最特别的现象就是善于"制造"新品。由于国内消费者对新车型的极端渴望，不仅大量新款被引进国内，许多改良车型也被不断推出。上海通用别克系列中的新世纪车型经过改进后被冠以君威的名称重新上市，市场立时火爆起来，在上市14个月后，仍然供不应求。有记者询问通用系统一位高层管理人员：如果是在欧美市场，新世纪会摇身一变成为君威吗？回答是否定的，原因很简单，因为中国消费者和欧美人不同。在国外，通过多年使用，客户通常会对某品牌某车型产生较强的忠诚度，改换车型可能面临损失相当部分忠实消费群体的危险。而在我国，消费者似乎更容易喜新厌旧。汽车生产商为迎合国内消费者容易变换的口味，便加速推出新车型，使汽车生命周期越来越短。另一方面，中国市场车型的频繁换代也源于世界汽车工业百年的积累。可以这么认为，是世界车业的底蕴厚度和国内车市的竞争强度，共同造就了当今车型的淘汰速度。而残酷的淘汰，正使国内市场车型生命周期与传统经济理论日渐背离。在通常意义上，市场产品生命周期可以分为投入期、成长期、成熟期和衰退期四个阶段。在投入期，企业通常很难获利，而在眼下的国内车市中，由于购买力旺盛，新车上市当年即赢利的情况比比皆是，使国内市场新车型普遍出现"早熟"。而到了成熟期，产品在市场中所占的份额已达到顶峰，降价也开始出现。许多车型一降再降，当利润空间荡然无存之时，就立刻为新产品所代替，因而，几乎没有成长期和衰退期。对此专家指出，快速变幻的市场动态将挤压企业的反应时间，在产品生命周期较短的市场中，投入产出时间较短，资本回报率较高，但风险的集聚过程也会变短，而且一旦爆发，缺乏准备的企业必然将难于承受。

二、案例讨论

试阐述你对汽车产品生命周期的看法。

【实训操作】

（1）从"从产品层次的概念"角度，比较以下汽车：日产阳光、大众斯柯达昊锐、标致3008。

（2）去超市实地考察并借助互联网来浏览，宝洁公司有哪些产品品种？它是否应该进一步多样化和引进新的产品，或者是否应该消减产品线？

（3）去图书馆或者借助互联网，找一个新品牌成功或失败的例子，并与大家分享。

第四章

汽车产品定价策略

学习目标

1. 了解影响汽车产品定价的主要因素。
2. 掌握汽车产品定价的基本定价方法。
3. 掌握汽车产品的主要价格策略。
4. 熟悉汽车产品的定价程序。

案例导入 自主SUV销量增长加速 合资车价格下探争夺份额

目前,SUV销售已成为自主品牌最重要的增长动力。全国乘用车市场信息联席会(以下简称乘联会)最新发布数据显示,2013年10月,国内SUV销量26.3万辆,同比增长70.3%;2013年1~10月,SUV累计销售221.4万辆,同比增长53.8%。

在此背景下,自主品牌SUV的销量也保持着高速增长势头。盖世汽车网整理数据显示,2013年前三季度,自主品牌SUV销量累计87.28万辆,同比增长47.4%,远远高于自主品牌轿车销量同比9.2%的增幅。长城汽车、比亚迪、广汽乘用车、华晨汽车等多个乘用车生产企业的销量增长,主要贡献者均来自于旗下SUV车型,其中长城SUV产品在其整体销量中的占比已经达到六成。

除了长城汽车,SUV产品同样是比亚迪汽车的重要支柱。乘联会数据显示,2013年10月比亚迪销售4.13万辆,其中S6销量为1.01万辆,相对于2012年同期的0.76万辆增长32.7%。

除了长城H6和比亚迪S6之外,2013年以来,吉利GX7、奔腾X80、华晨V5、传祺GS5等SUV车型,也均呈现快速增长势头,其中传祺GS5 2013年10月的销售量为6033辆,同比增长68.8%。

在此背景下,还有越来越多的自主品牌SUV车型争相入市。刚刚下线的奇瑞瑞虎5已于2013年11月底上市,而哈弗H8等车型也已上市。随着国内消费者不断趋于年轻化,尤其以首次购车者为代表的消费群体对SUV车型的青睐度增强,15万元以下SUV市场开始迅速成长。在这一背景下,合资车企纷纷加速布局这一细分市场。自去年末起,以福特、通用等为代表的公司相继引入了小型SUV,在排量下探的同时也进一步进行售价下探。其中三菱劲炫、别克昂科拉分别以12.88万元和14.99万元的"起步价",切入了15万以内的价格区间,而福特翼博的车型排量已经下探至1.0L,"起步价"更是下探到10万元以内。

目前,合资品牌的这一下探行为已在市场上初显成效。乘联会数据显示,2013年3月上市的福特翼博,截至三季度末已累计销售近 4 万辆,并且长期处于供不应求状态;1 月上市的标致 3008 2013 年前 10 个月累计销量为 41620 辆,为东风标致贡献了 18.5% 的销量;别克昂科拉 2013 年前 10 月累计销量也达到 46913 辆。

此外,目前已有越来越多的合资品牌开始竞相布局小型 SUV。

第一节 影响汽车产品定价的主要因素

价格是产品价值的货币表达。确定产品价格是市场营销过程中一个非常重要、非常敏感的环节,它直接关系着产品受市场接受的程度,影响着生产者、经销者、用户等多方的利益。价格策略是指根据营销目标和定价原理,针对生产商、经销商和市场需求的实际情况,在确定产品价格时所采取的各种具体对策。价格策略是市场营销组合中极其重要的部分。

汽车价格的高低,主要是由汽车包含的价值量的大小决定的。但是,从市场营销角度来看,汽车的价格除了受价值量的影响之外,还要受以下十种因素的影响和制约:

一、汽车成本

汽车在生产与流通过程中要耗费一定数量的物化劳动和活劳动,并构成汽车的成本。成本是影响汽车价格的实体因素。汽车成本包括汽车生产成本、汽车销售成本和汽车储运成本。汽车企业为了保证再生产的实现,通过市场销售,既要收回汽车成本,同时也要形成一定的盈利。在汽车市场竞争中,汽车产品成本低的企业,对汽车价格制订就拥有较大的灵活性,在市场竞争中就将占有有利的地位,能获得较好的经济效益。

【营销视野 4-1】

2013 年以来,一汽丰田陆续导入了四款车型,包括运动型跑车 GT86 上市、全新 RAV4、2013 款锐志和全新威驰,不仅产品推新和升级的速度明显加快,且涵盖了不同的细分市场。其中,时尚、运动、亲近,是新车型较以往更为强调的元素。

在产品更具年轻化基因的同时,一汽丰田在价格体系的制订方面也更为亲民,如运动型跑车丰田 GT86 底价为 26.8 万元起,相当于国内 B 级车的价格,全新 RAV4 则拉低至 18 万元,全新威驰的最低报价更是较旧款下降了两万元。

对于价格体系的大幅下滑,松田健称,能够使一汽丰田实现这样的价格下探,主要原因在于国产化率的提升从而导致生产成本的大幅下降。据其透露,全新威驰的国产化率达到了 98%,相比旧款车型的 65% 有了明显的提升。其中,旧款车型的发动机和变速器都在日本生产,而全新威驰的核心零部件均在中国生产。

二、汽车消费者需求

汽车价格的高低直接反映了汽车买者与卖者的利益关系。汽车消费者的需求对汽车定价的影响,主要通过汽车消费者的需求能力、需求强度、需求层次反映出来。汽车定价要考虑汽车价格是否适应汽车消费者的需求能力。需求强度是指消费者想获取某品牌汽车的程度,如果消费者对某品牌汽车的需求比较迫切,则对价格不敏感,企业在定价时,可定得高一些,反之,定价应低一些。不同需求层次对汽车定价也有影响,对于能满足较高层次需求的汽车,其价格可定得高一些,反之,定价应低一些。

三、竞争者行为

汽车价格是竞争者关注的焦点和竞争的主要手段。汽车定价是一种挑战性行为,任何一次汽车价格的制订与调整都会引起竞争者的关注，并导致竞争者采取相应的对策。在这种对抗中，竞争力量强的汽车企业有较大的定价自由，竞争力量弱的汽车企业定价的自主性就小，通常是追随市场领先者进行定价。同时，汽车企业竞争者的定价行为也会影响到本企业的汽车的定价，迫使本企业作出相应的反应。

四、汽车特征

它是汽车自身构造所形成的特色。一般指汽车造型、质量、性能、服务、商标和装饰等，它能反映汽车对消费者的吸引力。汽车特征好，该汽车就有可能成为名牌汽车、时尚汽车、高档汽车，就会对消费者产生较强的吸引力，能给消费者带来物质和精神的双重满足，这种汽车往往供不应求，因而在定价上占有有利的地位，其价格要比同类汽车高。

五、汽车市场结构

根据汽车市场的竞争程度，汽车市场结构可分为完全竞争市场、完全垄断市场、垄断竞争市场和寡头垄断市场四种不同的汽车市场类型。

（1）完全竞争市场。完全竞争市场，又称自由竞争市场。在完全竞争市场上，汽车企业不可能通过提高汽车价格的方法来获得更多的利润，只能靠提高汽车企业的生产效率或降低汽车成本来获得更多利润。这种汽车市场在现实生活中是不存在的。

（2）完全垄断市场。完全垄断市场，又称独占市场。这是指汽车市场完全被某个品牌或某几个品牌汽车所垄断和控制，在现实生活中也属少见。

（3）垄断竞争市场。垄断竞争市场，指既有独占倾向又有竞争成分的汽车市场。这种汽车市场比较符合现实情况，其主要特点是：

① 同类汽车在市场上有较多的生产者，市场竞争激烈；

② 新加入者进入汽车市场比较容易；

③ 不同企业生产的同类汽车存在着差异性，消费者对某种品牌汽车产生了偏好，垄断企业由于某种优势而产生了一定的垄断因素。在垄断竞争的市场中，少数汽车企业由于拥有较优越的竞争条件，他们的竞争行为可能会对汽车市场上的汽车价格产生较大的影响。

④ 寡头垄断市场。寡头垄断市场是指某类汽车的绝大部分由少数几家汽车企业垄断的市场，它是介于完全垄断和垄断竞争之间的一种汽车市场形式。在现实生活中，这种形式比较普遍。在这种汽车市场中，汽车的市场价格不是通过市场供求关系决定的，而是由几家大汽车企业通过协议或默契规定的。这种汽车价格一旦确定，一般便不会轻易地发生改变。

正是由于不同类型的市场有着不同的运行机制和特点，对汽车企业的行为具有不同的约束力，因而不同类型的市场在汽车定价方面表现出显著的差异性。

六、社会经济状况

社会经济状况从多方面影响汽车价格的变化，它的周期性变化直接影响着汽车市场的繁荣和疲软，并决定着汽车价格总水平的变化。一个国家或地区经济发展水平及发展速度高，人们收入水平增长快，购买力强，价格敏感性弱，有利于汽车企业较自由地为汽车定价。反之，一个国家或地区经济发展水平及发展速度低，人们收入水平增长慢、购买力弱、价格敏感性强，企业就不能自由地为汽车定价。

七、货币价值

价格是价值的货币表现。汽车价格不仅取决于汽车自身价值量的大小,而且取决于货币价值量的大小。汽车价格是汽车与货币交换的比例关系。

八、政府干预

为了维护国家与消费者利益,维护正常的汽车市场秩序,国家采取制订有关的法规,来约束汽车企业的定价行为。这种约束反映在汽车定价的种类、汽车价格水平和汽车定价的产品品种等方面。在我国,汽车市场是相对受到政府干预较多的市场。

九、汽车企业销售渠道和促销宣传

汽车企业销售渠道的建设和选择、中间环节的多少直接决定着汽车销售费用的高低,直接影响着汽车的价格。汽车企业的促销宣传需要大量资金的支持,促销费用最终也要进入汽车的销售价格之中。总体来说,企业营销能力强的汽车企业,有利于在既定汽车价格水平下完成销售任务,对制订汽车价格有着较大的回旋余地。

十、汽车企业的整体营销战略与策略

各个汽车市场营销决策相协调配合,形成一个有机的整体,构成一个汽车市场营销决策体系。汽车价格策略作为汽车市场营销决策体系的重要组成部分,既要服从于汽车市场营销战略目标的实现,又要配合其他诸如汽车产品策略、汽车销售渠道策略等各项决策的制定与实施。

总体来说,只有在了解了各因素对汽车定价的影响之后,才能制订出具有竞争力的汽车价格策略。

第二节 汽车产品的价格决策

为汽车产品定价是一项系统性强、工作较为复杂的过程。一般来说,汽车厂商的价格决策遵循以下六个步骤,即明确定价目标,测定需求弹性,估算成本费用,分析竞争状况,选择定价方法,核定最终价格。

一、确定定价目标

汽车厂商在进行价格决策时,应首先明确期望价格所产生的市场营销效果。不同的汽车厂商,所面临的生产经营形势各不相同,因而拟定的定价目标也可能有所差别。汽车厂商的定价目标主要有以下几点。

(1) 维持企业生存

由于种种原因造成企业销路不畅、产品滞存、资金占用严重时,维持生存成为企业的首要目标。企业以维持生存为目标时,宜定低价吸引用户,这时价格只要能收回可变成本和部分固定成本即可。显然,这种定价目标只能是企业的短期目标,从长期来看,企业必须改善生产经营状况,谋求利润和发展,否则企业终将面临死亡。

(2) 争取当期利润最大化

即企业以目前的利润最大化作为定价目标。采用这种定价目标,必须要求被定价产品市场信誉高,在目标市场上占有优势地位。因而,这种定价目标比较适合于处于成熟期的名牌产品。其做法是通过市场调查和预测,测算不同价格及其相应的销售量,并结合不同销售量

下的产品成本综合比较后，从中选择一个可以使企业取得当期最大利润的价格。

企业在定价实践中，确定当期利润最大化的价格，是一项具有难度和挑战的工作。因为它要求企业必须有非常完善和准确的市场需求变动和产品成本变动的有关资料，例如需求函数、成本函数等。而实际工作中，取得这些资料，且要保证资料的准确性是有困难的。并且，企业追求当期利润最大化，不一定能使其长期利润最大化。因此，企业通常都是通过提高市场占有率、扩大销售量、增强市场优势等方式，来追求长期利润的最大化。

（3）保持或扩大市场占有率

市场占有率是企业经营状况、产品竞争力的直接反映，企业的产品只有在市场上占有一定份额后才有较强的市场控制力，享受到更大的规模经济效益，才有可能获得更多的长期利益。为此，就要实行全部或部分产品的低价策略。这种定价目标比较适合投产不久的新产品或不为市场所熟悉的产品。但必须指出，价格只是提高市场占有率的一个重要但非决定性的因素，更多情况下，市场份额的增加要通过非价格因素的竞争才能实现。

（4）抑制或应付竞争

有些企业为了阻止竞争者进入自己的目标市场，或者想打入别人的市场，故意将产品价格定得比竞争对手低。这种定价目标比较适合于目标实现的可能性很大，而且实力雄厚的企业。

（5）保持最优产品质量

有的企业的经营目标是以高质量的产品占领市场，这就需要实行"优质优价"策略，以高价来保证高质量产品的研究与开发成本以及生产成本。这一定价目标比较适合于市场美誉度好的知名产品。

（6）保持良好的分销渠道

为了保证分销渠道畅通无阻和中间商的利益，企业必须研究价格对中间商的影响，为中间商留出一定的利润空间，从而调动其销售本企业产品的积极性。这一定价目标比较适合那些大部分产品都由中间商销售的企业。

（7）保持稳定的价格

价格稳定可以有效地避免不必要的价格竞争。而价格波动太大且较频繁，则容易造成市场紊乱，用户无所适从，损害产品乃至企业在用户心目中的形象。这种定价目标比较适合在行业中占主导地位的大型企业，这种企业往往后备资源丰富，主要着眼于长远发展，需要一个稳定的市场。

（8）达到目标投资利润率

即企业追求获取满意的利润。许多企业都是根据产品的成本水平和预定的目标利润率来确定价格水平的。

除上述定价目标外，企业还可有其他的定价目标。对于大多数企业来说，产品价格往往不是由单一定价目标所决定的。在这些定价目标中，企业可能会同时追求或兼顾几个目标，但其中各个目标的重要程度是不同的。

企业在制订自身的定价目标时，会遇到不同的情况和约束条件，每一价格目标又可能包含多重要求，因此定价目标的设置是一种相当复杂的工作。为了提高企业定价的效果，企业决策者可以按照一定的科学程序来确定产品的定价目标，企业定价目标决策图如图 4-1

所示。

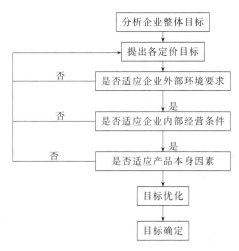

图 4-1 企业定价目标决策图

二、测定需求弹性

汽车厂商在进行价格决策时,必须要了解价格变动对产品需求的影响方向和影响程度,才能合理选择价格策略和制订价格决策。通常情况下,市场需求会按照与价格变动相反的方向变动,即价格提高,市场需求就会减少;价格降低,市场需求就会增加。营销理论中通常使用需求价格弹性,以反映价格变动而引起需求变动的情况,或者说需求对价格变动的敏感程度。

(1) 需求的价格弹性的概念及其应用

不同商品,其市场需求量对价格变动的反应程度不同,通常采用需求价格弹性来表征商品需求量对价格变动的敏感程度。需求价格弹性是指商品的市场需求量随着价格变化而变化的程度,即价格变化率引起的需求量变化率大小。用公式表示如下:

$$E_d = \frac{\frac{Q_2 - Q_1}{Q_1}}{\frac{P_2 - P_1}{P_1}} \tag{4-1}$$

式中 E_d——需求价格弹性函数;

P——价格;

Q——需求量。

通常情况下,价格上涨将导致需求量下降,因而需求价格弹性 $E_d < 0$,但有时在人们"买涨不买落"的心理驱使下,也会出现 $E_d > 0$ 的情况。

分析商品的需求价格弹性,通常采用其绝对值 $|E_d|$ 的形式。因而,需求价格弹性在理论上有五种情况:完全无弹性 ($|E_d| = 0$);单位弹性 ($|E_d| = 1$);完全有弹性 ($|E_d| = \infty$);缺乏弹性 $|E_d| < 1$ 和富有弹性 $|E_d| > 1$。但是,在现实生活中,前三种情况非常罕见,主要还是缺乏弹性和富有弹性两种情况。

汽车厂商在制订价格策略时,对弹性大(富有弹性)的产品可用适度降价的办法,刺激需求量的增加,扩大销售,从而取得更大的收益。但对需求价格弹性小(缺乏弹性)的产品,则不宜采用降价策略。因为降价后,需求量并未增加多少,反而使企业的收益下降;反之,采取适度提价的策略,需求量也不会明显下降,更有利于企业增加收益。一般而言,轿车比商用汽车的需求弹性大;私人购买比集团购买的需求弹性大。

(2) 需求交叉弹性

需求交叉弹性是指相关两种商品中一种商品的价格变动比率,引起的另一种商品的需求量变动比率,即一种商品的需求量变动对另一种商品价格变动的反映程度。用公式表示如下:

$$E_{XY} = \frac{\frac{Q_{X2}-Q_{X1}}{Q_{X1}}}{\frac{P_{Y2}-P_{Y1}}{P_{Y1}}} \quad (4-2)$$

式中:E_{XY}——X 商品对 Y 商品的需求交叉弹性;
　　　P_Y——Y 商品的价格;
　　　Q_X——X 商品的需求量。

式(4-2)中,如 $E_{XY}>0$,表明此种产品价格上涨,会导致另一种产品需求量增加,这两种产品互为替代品,例如不同车型的汽车产品即属于这种情况。如 $E_{XY}<0$,表明此种产品价格上涨,会导致彼种产品需求量下降,这两种产品即为互补品,例如整车与其零配件即属互补品。

(3) 需求影响弹性系数的因素

影响需求弹性系数的因素很多,就汽车产品而言,主要有以下因素:

① 消费者对汽车的需求程度。即汽车对于消费者而言到底是生活必需品还是奢侈品,一般而言,奢侈品比生活必需品需求弹性大。

② 替代品或竞争产品的数量和竞争力的强弱。凡是商品的替代品或竞争产品少并且竞争力不强时,该产品的需求弹性就小;反之,需求弹性就大。

③ 产品质量和币值的影响。凡用户认为价格变动是产品质量变化或币值升降的必然结果时,需求弹性就小;反之,需求弹性就大。

企业定价时考虑需求价格弹性的意义在于,不同产品具有不同的需求弹性。如果需求弹性较强,厂商就可考虑降低价格,以刺激需求,促进销售,增加销售收入。如果需求缺乏弹性,厂商可考虑适当提高价格,也会增加收入。

【营销视野 4-2】 德国大众汽车公司推出的无装饰甲壳虫轿车在欧洲市场上被冷遇,却在美国市场获得很大成功。当时在港口甚至通道上堆放了大量库存甲壳虫轿车,期待着进入新的市场。于是大众公司在一段时间内集中研究如何刺激市场需求。当时通用和福特公司也正在开发微型轿车,大众公司决定以极低的促销价 800 美元进入美国市场。然而,两年以后,大众公司将价格提高了 25%,即上升到 1000 美元。1960 年,大众再次提价 20%,价格上升为 1200 美元。这两次提价的结果,虽然销售量有所下降,但公司收益都是增加的。1964 年,价格上升至 1350 美元,其销售量达到 38.4 万辆。此时大众公司发现,其价格提高带来的收益增加正好被销售量的减少所抵消。

在此前的美国市场上,大众公司没有建立经销网络,而只是在新泽西、南卡罗来纳州的查尔斯顿和得克萨斯州的休斯敦等港口提供销售及相关服务。为了进一步扩大市场份额,此时大众公司开始着手建立美国市场上的经销网络。

1968 年,大众又以 1500 美元的价格售出了 56.2 万辆甲壳虫汽车。尽管这种轿车的价格仍是很便宜的（1968年的1500美元大约相当于现在的8500美元），但由于高速公路法的出台，以及拉尔夫·内德发动的反对小型后置发动机运动，再加上汽油价格较低，使得消费者转而大量购买野马，卡布罗和新型的马力更大的超级甲壳虫。1969年，大众公司最后一次提高甲壳虫的价格，价格上升到1800美元，收益也上升至9.68亿美元（当年的销售量为53.8万辆）。

三、估算成本费用

企业都不能随心所欲地制订价格。一般情况下，某种产品的最高价格取决于市场需求（消费者愿意支付），最低价格取决于这种产品的总成本。从长远看，企业要获得健康稳定的发展，任何产品的销售价格都必须高于产品成本。只有这样才能以销售收入来抵偿生产成本和经营支出。

企业的成本包括制造成本、管理成本、营销成本、储运成本和提取折旧基金等，通常可分为不变成本和可变成本两种。不变成本，是指在短期内并不随着企业的产量和销售收入的变化而变化的费用，具有相对不变特性，其构成包括服务和设备的折旧费、租金、利息、企业管理经费、员工的固定薪金等。这种成本在企业存在期间都需要支出，即使企业未进行生产也需负担。

可变成本，是指直接随着企业的产品产出和销售收入变化而变化的费用支出，包括原材料费、能源动力消耗、储运费用、计件工资等，其特点是企业不进行生产时，可变成本应等于零。

产品总成本，系指分摊到单位产品上的不变成本与可变成本的总和。显然，在产品总成本的构成中，可变成本大体是稳定的，因为单位产品的直接消耗基本是不变的；而不变成本则会随着产品产量的增加而下降，因为企业在统计期的总不变成本是大体一定的，因此分摊到单位产品中就会与产销量有关。

四、分析竞争状况

企业在最高价格和最低价格的幅度内，究竟怎样确定自己的产品价格，主要取决于竞争对手的同种产品价格、企业的产品质量和定价目标。因此，定价者必须了解竞争对手的产品质量和价格，并据此来进行分析和比较，从而为本企业制订出具有竞争力的价格。本企业和竞争对手的同种产品如果质量大体一样，那么二者的价格水平应该大体一致；如果本企业的产品质量较低，那么价格也应该较低，以便争取同类产品的低端客户；如果本企业的产品质量较高，那么价格水平就可以定得比较高，以争取同类产品的高端客户。此外，定价者还应该注意，竞争对手也可能会针对本企业的价格相应地调整其价格，也可能不调整价格而调整市场营销组合中的其他变量来和本企业争夺市场。这也表明，企业定价的确是一个复杂的过程。

【营销视野 4-3】 特斯拉考虑推出纯电动皮卡 同福特 F-150 竞争

据CNN财经频道日前消息，美国电动车制造商特斯拉有意推出纯电动皮卡车型，同美国最畅销车型福特F系列皮卡争夺市场。2013年11月12日，特斯拉CEO埃隆·马斯克（Elon Musk）在参加商业内部会议时，被问及公司接下来将规划的新车型，其表示希望推出全尺寸皮卡，同福特最畅销车型F-150竞争。马斯克称："如果你试图尽可能多地（用电动车）取代汽油行驶，则必须观察消费者喜欢购买什么样的车型。那（福特F系列皮卡）是美国最畅销的车。倘若人们纷纷选择这种车，那么我们也需要提供这样的车型。"不过其对特斯拉电动皮卡的时间预期较为谨慎，预计上市时间距今至少还有5年。马斯克曾表示，从长远角度而言特斯拉年产销目标值将达到50万辆。2013年前9个月，福特在美国销售了56万辆F系列皮卡，而特斯拉Model S同期在美销量仅1.4万辆。

五、选择定价方法

汽车定价方法，是指汽车企业为了在目标市场上实现定价目标，而给汽车产品制订一个基本价格或浮动范围的方法。影响汽车价格的因素比较多，但在制订汽车价格时主要考虑的因素是汽车产品的成本、汽车市场的需求和竞争对手的价格。汽车产品的成本规定了汽车价格的最低基数，汽车市场的需求决定了汽车需求的价格弹性，竞争对手的价格提供了制订汽车价格时的参照点。汽车企业根据竞争者同种汽车的价格水平，在汽车市场需求的最高价格和汽车成本费用的最低价格之间，制订不同高低的汽车价格。在实际操作中，往往侧重于影响因素中的一个或几个因素来选定汽车定价方法，以解决汽车定价问题。由此产生了汽车成本导向定价法、汽车需求导向定价法和汽车竞争导向定价法三种汽车定价方法。

（一）汽车成本导向定价法

顾名思义，汽车成本导向定价法就是以汽车成本为基础，加上一定的利润和应纳税金来制订汽车价格的方法。这是一种按汽车卖方意图定价的方法。汽车的成本包括汽车企业在汽车生产经营过程中所发生的一切费用。

常用的以汽车成本为基础的定价方法主要有以下三种。

（1）汽车成本加成定价法

汽车成本加成定价法是一种最简单的汽车定价方法。即在单台汽车成本的基础上，加上一定比例的预期利润作为汽车产品的售价。售价与成本之间的差额，就是利润。由于利润的多少是按一定比例反映的，这种比例习惯上称为"几成"，所以这种方法被称为汽车成本加成定价法。其计算公式如下：

$$汽车加成价格 = 单台汽车成本 \times (1+汽车成本利润率)/(1-税率) \qquad (4-3)$$

其中：汽车成本利润率 = 要求达到的总利润/总成本 × 100%

例如，设某个汽车企业一年要求达到的总利润为6 000万元，总成本是30 000万元，只生产某种汽车产品2 000台，产品税率为10%，计算得：

$$汽车成本利润率 = 6\ 000/30\ 000 \times 100\% = 20\%$$

$$汽车加成价格 = (30\ 000/2\ 000) \times (1+20\%)/(1-10\%) = 20(万元)$$

此定价法主要适用于汽车生产经营处于合理状态下的企业和供求大致平衡、成本较稳定的汽车产品。

（2）汽车加工成本定价法

汽车加工成本定价法是将汽车企业成本分为外购成本与新增成本后分别进行处理，并根据汽车企业新增成本来加成定价的方法。对于外购成本企业只垫付资金，只有企业内部生产过程中的新增成本才是企业自身的劳动耗费。因此，按汽车企业内部新增成本的一定比例计算自身劳动耗费和利润，按汽车企业新增价值部分缴纳增值税，使汽车价格中的赢利同汽车企业自身的劳动耗费成正比，是汽车加工成本定价法的要求。其计算公式如下：

汽车价格＝外购成本＋汽车加工新增成本×(1＋汽车加工成本利润率)/(1－加工增值税率)

(4-4)

其中：汽车加工成本利润率＝要求达到的总利润/加工新增成本×100％

加工增值税率＝应纳增值税金总额/(销售总额－外购成本总额)×100％

这种汽车加工成本定价法主要适用于加工型汽车企业和专业化协作的汽车企业。此方法既能补偿汽车企业的全部成本，又能使协作企业之间的利润分配和税收负担合理化，避免按汽车成本加成法定价形成的行业之间和协作企业之间利益不均的弊病。

(3) 汽车目标成本定价法

汽车目标成本定价法是指汽车企业以经过一定努力预期能够达到的目标成本为定价依据，加上一定的目标利润和应纳税金来制订汽车价格的方法。这里，目标成本与定价时的实际成本不同，它是企业在充分考虑未来营销环境变化的基础上，为实现企业的经营目标而拟定的一种"预期成本"，一般都低于定价时的实际成本。其计算公式如下：

汽车价格＝汽车目标成本×(1＋汽车目标成本利润率)/(1－税率) (4-5)

其中：汽车目标成本利润率＝要求达到的总利润/(目标成本×目标产销量)×100％

上述表明，汽车目标成本的确定要同时受到价格、税率和利润要求的多重制约，即汽车价格应确保市场能容纳目标产销量，扣税后销售总收入在补偿按目标产销量计算的全部成本后能为汽车企业提供预期的利润。此外，汽车目标成本还要充分考虑原材料、工资等成本价格变化的因素。

汽车目标成本定价法是为谋求长远和总体利益服务的，较适用于经济实力雄厚、生产和经营有较大发展前途的汽车企业，尤其适用于新产品的定价。采用汽车目标成本定价法有助于汽车企业开拓市场、降低成本、提高设备利用率，从而提高汽车企业的经济效益和社会效益。

(二) 汽车需求导向定价法

这种方法是企业在广泛调研和认真测算的基础上，对企业的产品确定一个市场可以接受，能够使企业获得较多利润，并具有一定竞争力的价格作为产品的目标定价。在此价格条件下，测算产品的市场销售量，据此推算出目标控制成本，然后推算出目标控制成本，在产品设计和生产过程中，做好成本控制，使得产品成本在目标控制成本之内，从而保证所定价格能为市场所接受，使企业的产品具有较强的价格竞争力。这就是说，价格要定在成本之前，是价格决定成本。这种定价过程与成本导向定价方法正好相反。福特曾经说过："我的政策是降低价格，我们从不认为成本是固定不变的。所以一个方法是先定一个很低的价格，使所有的人不得不发挥最高效率，以创造出更多的利润，我们就用这种强迫的方法发现了更多制造和销售汽车的办法。"

采用需求导向定价法，要做好以下两项关键的工作：

(1) 找到比较准确的顾客感受价值

所谓"顾客感受价值"，是指买方根据自己的经验、标准或观念对产品的认同价值。例如顾客在看了产品后，营销者向顾客询问"你认为这一产品值多少钱？"或者"此产品的售价为××元，你认为值这个价吗？"用户对这些问题的回答，反映的即是顾客感受价值。

在运用顾客感受价值定价时，如果所定价格高于用户的感受价值时，用户就不会购买产品，企业的销量就会下降或者无人问津；而所定价格低于用户的感受价值时，虽然产品畅销，但会使企业损失获得更大盈利的机会，所以营销者要尽量将产品的价格定在与大多数用户感受价值相近的水平上,这样才可以使得企业在充分发挥生产潜力的同时,获得更多的利润,取得定价的成功。要做到这一点,企业在定价前必须认真做好营销调研工作,对顾客的感受价值做出准确估计。

(2) 准确测算不同价格下的销售量

运用量本利分析公式,根据预测的各种销量,测算各种价格相对应的利润,以最大总利润对应的价格作为产品的定价,相应的需求量作为该种产品的生产量。

需要说明的是,感受价值并非总是与产品的实际价值一致。实际上,卖方可运用各种营销策略和手段去影响买方的感受,增加买方对产品的感受价值,使之形成对卖方有利的价值观念。所以,感受价值定价法如果运用得当,会给企业带来额外利益。例如,汽车厂商可以生产质量优异、性能独特、内饰考究的汽车,以此来增加用户的感受价值,提高产品的身价,从而带动本企业产品在用户心目中的价值地位。

需要导向定价法的优点有:①考虑了市场需求对产品价格的接受程度,不会出现产品滞销或者损失盈利机会的风险;②能够为企业带来降成本的压力和动力,从而提高企业的经营素质。因为顾客的感受价值既定时,企业的成本越低,实现的利润就越大。但同时也应该看到,需求导向定价法也有一些缺点:①定价过程复杂,特别是各种价格下的市场需求量,难以做到准确估计;②由于技术等各种因素的限制,不一定总能做到将产品成本降到用户的感受价值之下。由此可见需求导向定价法与成本导向定价法的优缺点刚好相反。

【营销视野 4-4】 消费者对于汽车的认知价值和其真实价值的比较

华尔街的摩根士丹利用了 J. D. Power 协会 2003 年可依赖的汽车研究,通过三年多的跟踪调查,并同 CNW 市场研究公司进行认知质量的调查,找到哪些汽车品牌的价值被低估了,哪些汽车品牌的价值被高估了。

被高估品牌:认知质量超过实际质量的百分比

路虎　　　75.3%
起亚　　　66.6%
大众　　　58.3%
沃尔沃　　36%
梅赛德斯　34.2%

被低估品牌:实际质量超过认知质量的百分比

水银　　　42.3%
无限　　　34.1%
别克　　　29.7%
林肯　　　25.3%
克莱斯勒　20.8%

(三) 汽车竞争导向定价法

竞争导向定价法,是企业依据竞争产品的品质和价格来确定本企业产品价格的一种方法。其特点是:只要竞争产品的价格不变,即使本企业的产品成本或需求发生变化,价格也不轻易改变。这种方法定价简便易行,所定价格竞争力强,但价格比较僵死,有时企业获利较小。

竞争导向定价法比较适合市场竞争激烈的产品。营销者在运用这一方法时,应当强化用户的感受，使用户相信本企业产品的价格比竞争对手更符合用户的利益。在当代竞争激烈的国际汽车市场上，不少汽车公司便采用此法。例如，日产汽车公司的定价，就是先充分研究丰田汽车公司相似产品的价格，然后再给自己的产品制订一个合适的价格，如果丰田的价格调整了，日产公司通常也要做出相应的反应。

在使用竞争导向定价法时，企业不仅应了解竞争者的价格水平，还应了解竞争者所能提供的产品及质量。这可从以下几个方面去做到：①获得竞争者的价目表；②派人员去比较用户对价格的态度，如询问购买者的感受价值和对每一个竞争者提供的产品质量感觉如何；③购买竞争者提供的产品并与本企业产品进行比较，有必要的话可以将竞争者的产品拆开来研究。一旦企业知道了竞争者的价格和提供的产品，它就可以用这些信息作为自己制订价格的一个起点。如果企业提供的产品与一个主要竞争者的产品类似（包括产品功能、产品质量等），则企业应将自己的价格订得接近于竞争者；若企业提供的产品不如竞争者，企业的定价就应低于竞争者；若企业提供的产品比竞争者的好，则企业定价就可以比竞争者高。

竞争导向定价法常见的具体方法有两种：

① 随行就市定价法。指按行业近似产品的平均价格定价，是同质产品惯用的定价方法，也比较适合产品的成本难以估计、企业打算与竞争者和平共处、对购买者和竞争者的反应难以估计等场合。

在垄断性较强的汽车市场上，汽车企业也往往会倾向于制订相近的汽车价格。若干个汽车企业相互降价，则每家汽车企业均难以确立绝对的优势地位，而得渔翁之利的则是汽车消费者。

此外，采用随行就市定价法，其汽车产品的成本与利润要受同行业平均成本的制约。因此，企业只有努力降低成本，才能获得更多的利润。

但采取随行就市定价法并不是要汽车企业采取与竞争对手完全一样的汽车定价策略，汽车企业在制订汽车价格时，要有别于其他竞争对手，而汽车企业的市场营销策略亦要与之相协调，以应付竞争对手的价格竞争。

【营销视野 4-5】

伊兰特在上市之初采取了紧跟别克凯越的策略，两种车安排无论是在车型配置、车型定价或者目标顾客都有一定的相似性。这也决定了伊兰特和凯越之间的竞争关系，两品牌相关车型的价格基本维持在一个动态的平衡状态，凯越和伊兰特在经销商处的平均价格差别始终在 5000 元左右，而它们之间的经销商最低价格也有类似的情况，两者的价格都在以对手为参照进行调整。

② 投标定价法。当产品出现供不应求时，汽车营销者可以向社会（主要是中间商）进行招标竞价，其过程与采购招标大体类似。企业采取这种定价方法往往可以使得自己获得最大利益。其显著特点是招标方只有一个，处于相对垄断的地位；而投标方有多个，处于相互竞争的地位。能否成交的关键在于投标者的出价能否战胜所有竞争对手而中标，中标者与卖方（买方）签约成交。此定价法主要在政府处理走私没收汽车和企业处理多余汽车时采用。上海市对车牌的竞拍也属于这种形式。

值得强调的是，企业在使用竞争导向定价法时，必须考虑竞争者可能针对本企业的价格所做出的反应。从根本上来说，企业使用竞争导向定价法是为了利用价格来为本企业的产品适当定位、同竞争者抗争。

六、核定最佳价格

经过前述五个步骤，企业就可以制订出一个基本价格。但是，在企业选定最终价格时还需考虑其他方面的要求、意见和情况，力争把价格定在最佳水平。首先必须考虑所制订的价格是否合法，即审查所定价格是否符合国家有关政策和法令、条例的规定，否则，就会受法律制裁或行政处罚。其次，要考虑所制订的价格是否与企业的定价政策相一致。许多企业都明确了企业的定价形象、对待价格折扣的政策以及对待竞争者的价格的指导思想。再次，要考虑其他各方对本企业所定价格的反应。分销商和经销商对价格感觉如何？公司的推销人员是愿意按此价格推销还是抱怨此价格不合理？竞争者对这个价格会做出怎样的反应？供应商看到公司的价格，会不会提高他们的供货价格？最后，要考虑消费者的不同需求特性，消费者的需求特性包括消费者的地区差异、需求差异、购买行为差异、购买心理差异等。如果存在消费需求的差异，企业还要根据这些差异对价格进行修订和调整，如价格是否具有地区差别、购买数量差别、购买者类型差别等。

第三节　汽车产品的价格策略

价格是影响企业营销活动最活跃的因素。企业在充分考虑了各种定价的影响因素后，以及采用适当方法所确定的价格，还只是产品的基本价格。实际营销过程中，企业还应围绕基本价格，根据不同情况，采取灵活多变的价格策略，以使企业能更有效地实现企业的营销目标。

一、新产品定价策略

（1）高价策略

高价策略即为新产品定一个较高的上市价格，以期在短期内获取高额利润，尽快收回投资。采用高价策略有下列前提条件：

① 新产品生产能力有限，高价有利于控制市场需求量；
② 新产品成本较高，暂时难以立即降低价格，且索取高价存在好处；
③ 新产品较难仿制，竞争性小，需求价格弹性相对不高；
④ 高价不会使用户产生牟取暴利的感觉；
⑤ 产品的用途、质量、性能或款式等产品要素，与高价格相符合。

采用高价策略有利有弊。好处是：

① 利用了新产品上市时用户求新、好奇的心理，以及竞争和替代品都很少的有利时机，通过高价在短时间内收回投资；
② 企业获得高额利润后，更能提高企业的竞争实力，进而可有效地抑制竞争者的竞争；
③ 为以后的降价留下了利润空间。

弊端在于：

① 如果没有特殊的技术、资源等优势，高价格高利润会引来大量竞争对手，使高价格难以维持太久；
② 当新产品尚未在用户心中树立起相应的声誉时，高价格不利于市场开拓，甚至会引起公众的反感。

（2）低价策略

低价策略即为新产品定一个较低的上市价格，以期吸引大量用户，赢得较高的市场占有率。采用低价策略有一定的前提条件：
① 新产品的价格需求弹性高；
② 企业具有规模效应；
③ 新产品的潜在需求量大。

这种策略的利弊与高价策略刚好相反，是一种着眼于企业长期发展的策略。但在利用这种策略进入国际市场时，应注意不要让进口国指控为倾销，否则有可能遭到倾销指控。另外，还要注意不要引发市场价格大战。例如，1984 年，通用公司为了开拓欧洲市场便采用了低价策略，结果导致欧洲其他汽车公司竞相降价而形成价格大战。结果"雷诺"、"标致"等公司在 1984 年亏损超过 20 亿美元，而通用公司在欧洲的市场占有率在提高到 12.2% 的同时，却亏损了 2.9 亿美元。这是因为当时汽车市场上各大汽车公司实力都很雄厚，谁都难以靠低价击垮对方，低价竞争的结果只能是数败俱伤。比较现实的做法是：各自在被分割和相对垄断的市场上，采取中价策略，把竞争的重点放在汽车的质量性能、品种和服务上。

对于企业来说，到底采取高价还是低价策略，应综合考虑各种因素的影响（见表 4-1）。

表 4-1　定价因素表

制约因素	高价	低价	制约因素	高价	低价
1. 促销手段	很多	很少	10. 商品用途	多	单一
2. 产品特性	特殊品	便利品	11. 售后服务	多	少
3. 生产方式	预定	标准化	12. 产品生命周期	短	长
4. 市场规模	小	大	13. 需求价格弹性	小	大
5. 技术变迁性	创新速度快	相对稳定	14. 生产周期	长	短
6. 生产要素	技术密集	劳动密集	15. 商品差异化	大	小
7. 市场占有率	低	高	16. 产品信誉	优良	一般
8. 市场开发程度	导入	成长	17. 质量	优	一般
9. 投资回收期	短	长	18. 供给量	小	大

二、产品组合定价策略

对大型汽车企业来说，其产品并不只有一个品种，而是某些产品的组合，这就需要企业制订一系列的产品价格，使产品组合取得整体的最大利润。这种情况的定价工作一般比较复杂，因为不同的产品，其需求量、成本和竞争程度等情况是不相同的。

产品组合定价策略有以下几种形式：

（1）产品线定价策略

在同一产品线中，各个产品项目是有着非常密切的关系和相似性的，企业可以利用这些相似性来制订同一条产品线中不同产品项目的价格，以提高整条产品线的盈利。如企业同一产品线内有 A、B、C 三种产品，分别定价为 a（高价）、b（中价）、c（低价）三种价格，则用户自然会把这三种价格的产品分为不同的三个"档次"，并按习惯去购买自己期望的那一档次的产品。

运用这一价格策略，能形成本企业的价格差异和价格等级，使企业各类产品定位鲜明，且能服务于各种消费能力层次的用户，并能使用户确信本企业是按质论"档"定价，给市场一个"公平合理"的定价印象。这一策略比较适合于广大用户对企业，而不是对某个具体产品的信念较好的情况下采用。

企业在采用产品线定价策略时，首先必须对产品线内推出的各个产品项目之间的特色，顾客对不同特色的评估以及对竞争对手的同类产品的价格等方面的因素进行全面考虑；其次，应以某一产品项目为基点定出基准价；然后，围绕这一基准价定出整个产品线的价格，使产品项目之间存在的差异能通过价格差鲜明地体现出来。

（2）选择品及非必需附带产品的定价策略

企业在提供汽车产品的同时，还提供一些与汽车相关的非必需产品，如汽车收录机、暖风装置、车用电话等。一般而言，非必需附带品应另行计价，以让用户感到"合情合理"。

非必需附带产品的定价，可以适当定高价。如汽车厂商的销售展厅内摆放的全是有利于显示产品高贵品格的产品，在强烈的环境感染下，用户常常会忽视这些选择品的性价比。

（3）必需附带产品定价策略

必需附带产品又称连带产品，指必须与主机产品一同使用的产品，或主机产品在使用过程中必需的产品（如汽车零配件）。一般来说，企业可以把主机产品价格定得低些，而将附带产品的价格定得高些，这种定价策略既有利于提高主绑产品价格的竞争性，而又不至于过分牺牲企业的利润。这是一种在国际汽车市场营销中比较流行的策略。例如我国有些轿车公司便在执行这一策略。

（4）产品群定价策略

为了促进产品组合中所有产品项目的销售，企业有时将有相关关系的产品组成一个产品群成套销售。用户有时可能并无意购买整套产品，但企业通过配套销售，使用户感到比单独购买便宜、方便，从而带动了整个产品群中某些不太畅销的产品的销售。使用这一策略时，要注意搭配合理，避免硬性搭配（硬性搭配的销售行为是不合法的）。

三、心理定价策略

（1）声望定价策略

指利用用户仰慕名牌产品或企业声望的心理来定价的策略，往往把价格定得较高。这种方法尤其适用于产品成本、质量不易鉴别的产品。因为用户在不容易区分不同产品的成本、质量的情况下，往往以品牌及价格来决定取舍。此外，一些"炫耀"性产品也适合保持较高的价格水平，如"凯迪拉克"汽车，但需要说明的是，名牌车在各种产品档次中都存在，所以并不一定都适合定高价，如福特T型车、大众公司的"甲壳虫"、"高尔夫"等汽车，其知名度之高，不能不属于名牌汽车，但它们都是以经济实惠而著名，都不属于高档车。因而企业对名牌产品进行价格定价时，应酌情考虑，而不能一概定高价。

（2）尾数定价策略

指利用用户对数字认识上的某种心理，在价格的尾数上做文章。如，企业故意将产品的定价定出个尾数，让用户感到企业的定价比较公平合理；又如，将尾数定为"9"，以满足人们长长久久的心理，将尾数定为"8"，以迎合用户"恭喜发财"的心理等。

四、地区定价策略

企业要决定卖给不同地区客户的产品，是否要实行不同的价格，实行差别定价。概括地看，地区定价策略有：

① 统一定价。即对全国各地的客户，实行相同的价格，客户不管去哪家经销商购买，产品的价格都是一样的。执行这种策略，有利于吸引各地的客户，规范市场和规范企业的营销管理。这种定价策略又可以分为两种情况，一种情况是用户自己去经销商处提车，并自付提车后的有关运输费用；或者收取合理的交付费用后，由厂家或经销商负责将商品车交付到

用户家里，属免费送货。

② 基点定价。即企业选定某些城市作为基点，在这些基点城市实行统一的价格，客户或经销商在各个基点城市就近提货。如在制造厂商设在全国的地区分销中心或地区中转仓库提货，客户负担出库后至其家里的运送费用。

③ 分区定价。即将全国市场划分为几个市场销售区，各区之间的价格不一，但在区内实行统一定价。这种定价方法的主要缺点是价格不同的两个相邻区域，处于区域边界的用户对相同的商品，却要付出不同的价款，且容易出现"串货"或商品的"倒卖"现象。

④ 产地定价。即按产地的价格销售，经销商或用户负责从产地到目的地的运输，负担相应的运费及相关风险费用。这种定价策略已经不大采用，除非在销售较为旺盛时，部分非合同销售才可能出现这种情况。

五、折扣定价策略

折扣定价是应用较为广泛的定价策略。主要的类型有：

① 功能折扣，又作贸易折扣。即厂商对功能不同的经销商给予不同折扣的定价策略，以促使他们执行各自的营销功能（推销、储存、服务等）。

② 现金折扣。即给予立即付清货款的客户或经销商的一种折扣。其折扣直接与客户或经销商的货款支付情况挂钩，当场立即付清时得到的折扣最多，而在超过一定付款期后，不仅得不到折扣，反而还可能要交付一定的滞纳金。

③ 数量折扣。即与客户或经销商的购买批量挂钩的一种折扣策略，批量越大，享受的折扣越大。我国很多汽车企业均采取了这种策略。

④ 季节折扣。即与时间有关的折扣，这种折扣多发生在销售淡季。客户或经销商在淡季购买时，可以得到季节性优惠，而这种优惠在销售旺季是没有的。

⑤ 价格折让。当客户或经销商为厂商带来其他价值时，厂商为回报这种价值而给予客户或经销商的一种利益实惠，即折让。如客户采取"以旧换新"方式购买新车时，客户只要付清新车价格与旧车价格间的差价，这就是以旧换新折让。又如，经销商配合厂商进行了促销活动，厂商在与经销商清算货款时则给予一定折扣，这种折扣就是促销折让。

【营销视野 4-6】

在 2003 年，当其他的美国汽车公司都在大打折扣，而且以零贷款出售汽车的时候，福特汽车公司却运用灵活定价提高了自己的平均价格。福特通过分析来自零售商的销售数据，预测在不同的市场和不同的汽车上，哪一种价格和激励手段会更有效。较多的营销资料被分给那些拥有较高的利润但却增长缓慢的汽车上，如 F-150 型载货汽车。福特在广受欢迎的小型运动型汽车上只提供 1000 美元的折扣。但是，在销售缓慢的探索者汽车上提供 3000 美元的折扣。在这期间，福特的市场占有率增长了，灵活的定价策略为其贡献了三分之一的利润。

六、价格调整策略

产品价格制订之后，由于市场环境的变化，企业需及时对产品的价格进行调整。产品价格的调整一般可分为主动调整和被动调整两种。

（1）价格的主动调整

在市场营销中，企业出于某种营销目的，经常主动地对价格进行调整，包括主动降价和主动提价。

1）主动降价。

企业降价的原因很多，有来自企业外部的因素，也有企业内部策略的转变等，主要有：①产品供过于求，严重积压，运用各种营销手段（价格策略除外），仍难以打开销路；②市场争激烈，只有通过降价来提高市场占有率；③企业的产品成本比对手低；④产品的使用价下降；⑤市场需求进入淡季；⑥政治、法律、环境的影响及经济形势的变化，特别是出现通货紧缩、市场疲软、经济萧条的宏观经济形势，或者出现币值上升，社会物价整体水平下降。

企业降价的具体方式，既可以选择直接降价，也可以选择间接降价。

采用直接降价策略，可以刺激用户的购买欲望，增加产品的销售量，但如果降价时机选择不当，降价方式不合适，宣传不够，也会产生不良影响。一般来说，降价时购买者可能理解①该产品可能被淘汰；②产品有缺陷；③产品已经停产，零配件供应将会有困难；④降价期持续，特别是小幅连续降价时，最易引起购买者持币待购；⑤企业遇到了财务困难。因争价策略必须谨慎使用。

间接降价（又作变相降价），可以缓解价格竞争，避免误导购买者，促进产品销售，是常用降价方式。常见的间接降价方式有：

a. 增加价外服务项目。在欧美日等国家，此种方法被大量采用，如：ⓐ对购买者提供低息贷款；ⓑ赠送车辆保险或一定数量的燃油；ⓒ免费送货上门；ⓓ增加质量保修内容，延长多期限或里程等。国内的汽车厂商也大量采用这种方法。

b. 赠送礼品和礼品券。

c. 举办产品展销，展销期间价格优惠。如开展"销售优惠月"活动，优惠月内价格优这种短期的降价活动有很强的促销作用。

d. 在不提高价格的前提下，提高产品质量，改进产品性能，提高产品附加值。

e. 给予各种价格折扣。

2）主动提价。

企业调高价格的原因也很多，主要有：①产品供不应求；②成本费用增加；③通货膨胀，货币贬值，原有价格就会低于产品价值，为了避免损失，必须提高价格；④产品进行了改进，质量、性能都有所提高；⑤政府为了限制某些商品的消费，可能会征收高额税收，导致价格提高。

产品提价通常会抑制需求，但有时会使用户将提价理解为：①此产品为走俏产品；②该产品有新功能或特殊价值；③可能还要涨价，迟买不如早买。所以，如果提价时机好、促销广告宣传有力，提价有时反而会激发增强购买欲望，增加产销量。但要注意，提价时一定要注意不能引起用户反感。有时，在需要提价的情况下，企业为了不招致用户的注意和反感，会采用间接提价策略，例如：

a. 在签订大宗合同时，规定价格调整条款，即对价格不作最后限价，规定在一定时期内（一般为交货时），可以按当时价格与供求行情对价格进行调整。

b. 减少系列产品中利润较少产品的生产，扩大利润较高产品的生产。

c. 减少某些服务项目，以降低生产和服务成本。

d. 开展价值工程研究，节约某些项目成本，以降低生产成本。

（2）价格的被动调整

价格的被动调整是对竞争对手调整价格后做出的反应。如果竞争对手进行了价格调整，为了让本企业不失去商机，企业就要仔细研究以下问题：竞争对手为什么要调整价格？是为了夺取市场，还是其生产成本发生了变化？竞争者调价是长期的还是短期的？是局部调整，还是全局调整？其他企业将会如何反应？如果本企业不予应对，其他企业是否会给予应对？如果本企业进行价格调整，竞争又会有什么反应等。

在对上述问题进行深入研究的基础上，企业还应分析研究本企业的具体情况：该产品市场对价格反应的灵敏程度；对方的价格调整对本企业销量的影响；进行价格调整的产品所处的生命周期的阶段；如果本企业不作价格调整，市场占有率、销量、利润、声誉会怎样变动；替代品的价格变化情况以及本企业产品与替代品的相互关系；如果决定调价，那么调价的幅度应该多大；在什么市场、利用什么时机和条件下，本企业进行价格调整；若企业不调整价格，能否通过调整非价格因素达到与实施价格竞争同样的效果等。

综合考虑以上问题后，企业就可选择相应的价格措施，例如降低价格、维持价格或通过非价格竞争达到目的。

【课后练习】

（1）影响汽车定价的主要因素有哪些？
（2）常见的汽车定价方法是哪几种并简述。
（3）常见的几种汽车产品价格策略是哪些？
（4）汽车定价过程包括的主要环节是什么？

案例分析　**观致 3 售价 11.99 万起 定价接近速腾引发热议**

广州车展上，观致旗下首款车型观致 3 轿车（以下简称观致 3）正式公布售价——搭载 1.6L DVVT 自然吸气或 1.6L 涡轮增压发动机、匹配 6 速手动或 6 速双离合变速器的六款车型价格区间为 11.99 万～16.79 万元。此价格一出，即在业内和消费者中引起广泛的讨论：支持者认为观致汽车敢于尝试自主品牌不敢尝试的高端路线，而质疑者则认为观致定价不切实际，"不自量力"。

未来半年观致 3 排产计划 1 万辆

作为一款紧凑级车型，观致 3 所在的细分市场是目前中国市场容量最大的一个细分市场，这个级别车型中有大众速腾、朗逸、新宝来、日系东风日产轩逸、一汽丰田卡罗拉等合资产品，也有荣威 550、帝豪 EC7、奇瑞艾瑞泽 7 等自主品牌车型。而观致 3 的价格区间远超自主品牌同级车的价格区间，甚至比日系同类产品的价格区间也略高，与该细分市场价格较高的一汽大众速腾接近。以其主销的 14.29 万元的 1.6L DVVT 6 速自动（双离合）致悦型观致 3 为例，它比 2014 款速腾 1.6L 自动（6AT）舒适型的官方价格低了 7900 元，虽然它比后者多了无钥匙启动、双区自动空调、带 GPS 功能的中控大屏，却少了电动天窗和真皮坐椅等配置；而 2014 款速腾目前在北京的 4S 店一般优惠 7500 元左右。观致方面负责产品管理和策略的总监 Daniel Backman 在接受采访时表示，这款车的精准操控性将受到首次购车者的青睐。观致也重视内饰质量，并将先进的信息技术和社交媒体类应用集成到设计当中，这些是这款车的优势。不过观致汽车拒绝透露观致 3 的销售目标，外界也不清楚观致 3 进军欧洲市场的最新进展，按照该公司原计划，观致 3 会在中国和欧洲同步上市。另据媒体报道，由于观致在常熟的拥有 15 万辆产能的工厂尚未通过政府环评，该工厂目前还不能实现大规模生产，到 2014 年 5 月为止，观致 3 的排产计划只有 1 万辆。

观致经销商现有两家开业

观致汽车自诞生以来就吸引了业内诸多关注,这一次观致3公布的价格同样引来了业内的广泛讨论,不过此次并没有出现"一边倒"的趋势,正反两方面的声音势均力敌。批评者认为,虽然观致3的产品很出色,但观致缺少品牌溢价,缺少经销商网络的支持,"价格直逼大众,连日韩系都没有这样的勇气。"某网站则发表评论称:"观致3的确是一款好车……唯一值得商榷的就是它的价格,面对高手林立的紧凑型家轿市场,观致3这样的价格区间很可能成为影响用户对其进行深入了解的绊脚石。"

在微博上,业内媒体人对观致3定价的批评更多,甚至有观点认为观致"在造一个空中楼阁"。而某汽车评论人士在微博上对这些批评声音给予了反驳:"本土品牌卖合理价格有罪吗?能不能看产品本身的价值属性哦。这点上我挺支持哈弗H8、观致3以及此前的奇瑞艾瑞泽,又想马儿跑又想马儿不吃草,哪有这样的美事。"

持类似观点的人士认为,观致具有比肩合资品牌的产品实力,虽是新品牌,但初期产能不大,不如定一个接近大众品牌的价格来塑造品牌,且观致是自主品牌,理应得到更大的支持。观致汽车市场及销售执行总监在接受媒体采访时表示,那些认为观致3价格偏高的人还没有体验过观致的实车。观致3轿车上市期间,观致高层表示,目前全国范围内已经开业的观致经销商有两家,目前全国有约40家观致经销商开业。按照观致在2013年4月上海车展上发布的计划,年底前观致在国内的经销商网络将达到115家,仅过半年时间,这一数量就减少到了40家。记者致电观致公布的400电话进行询问,客服人员表示北京的观致经销商正在加紧建设。接近观致汽车的一位人士认为观致3的价格过高,他告诉记者,观致3的高定价是单车成本和运营成本过高导致。他透露,观致3的BOM成本(物料清单成本)就已经很高,再加上营销费用和物流、人工等费用,即便现在这样的定价也无利润可言。观致汽车公开的信息显示,观致3轿车的零部件供应商均为国际一线供应商,如麦格纳、美国TRW、大陆、博世等,发动机来源于奇瑞汽车与AVL联合开发,变速箱则由格特拉克提供。不仅如此,观致还为观致3的研发投入了大量资金,仅去年一年,观致在研发方面的投入就超过3.4亿元人民币,2011年的研发投入还远超这一数字。另据报道,目前观致位于江苏省常熟市的整车工厂的涂装车间尚未能投入使用,观致需将白车身运往安徽省芜湖市的奇瑞工厂,在那里进行涂装后再返回常熟进行总装。一位长期关注观致汽车的业内人士这样评价:"理论上讲,如果不计成本,任何厂家都能造出欧洲五星,都能复制出另一个观致"。

【实训操作】

讨论:对本田雅阁轿车而言,丰田凯美瑞降价和大众捷达降价对它的影响一样吗?为什么?

第五章

汽车分销策略

> **学习目标**
> 1. 了解分销渠道的一般理论。
> 2. 熟悉汽车产品分销渠道的发展现状。
> 3. 掌握汽车销售物流管理的内容。

案例导入　　　　　　　　　大众调整经销商

由于长期的产品偏低端，产品体系未形成等诸多因素，一汽-大众的经销商渠道体系曾经出现了除少数优秀经销商外，相当大比例的经销商处于亏损经营状态的局面。特别是在南区，陆续出现经销商关门的惨景。经销商的整体信心不高，服务水平下降严重，盈利能力更堪忧。在如此严峻的局势面前，一汽-大众的"渠道战役"是到了不得不打的时候了！

在经典的4P营销理论中，Place就是指销售渠道、分销渠道，也就是经销商体系。渠道之于厂家的重要，是不言而喻的。但是，如何把厂商与自己的经销商体系打造成一个钢铁的"兄弟连"，则是渠道建设的核心之重！一汽-大众突破传统的营销管理理念，不仅将厂商与经销商的关系定义为"伙伴"关系，更进一步地把经销商当成厂商的"消费者"去看待。充分发挥4R理论，建立发展与经销商的互动关联度，主动帮助经销商提升市场反应能力和盈利能力，强调对经销商的回报，从实现销售转变为实现对经销商的责任与承诺，大幅度恢复和提升了经销商的信心和忠诚度。而经销商体系能力的提升，恰恰又给了一汽-大众飞速发展的最有力支持。

【策略】

1. "亮剑"从心开始：

恢复信心，必须从"心"开始。

首先从经销商的切身利益入手，调整优化商务政策框架；帮助经销商全面提升店面形象；真正把经销商的工作做到经销商的心里去。

2. "跨越"从零开始：

实施"经销商合作发展计划"，视经销商为战略合作伙伴，与经销商建立新型战略伙伴关系，实现"合作、发展、共赢"。

以激励导向的经销商运营管理体系，通过科学的评价标准，系统的培训与支持，有效的管理和评价，合理的激励政策，在稳步提高经销商运营管理能力的同时，提升销售满意度和服务满意度,逐步实现"高质量销售"的目标。

3."奋斗"从我做起:

通过"销售公司体系能力提升计划",借以提升自身的销售体系能力的发展。

【营销启示】

该案例给我们揭示了汽车产品在分销过程中的组织与管理。

第一节 分销渠道的一般理论

汽车企业有了适销对路的产品和合理的价格,还必须通过适当的分销渠道,才能克服产品在厂商与用户之间存在着的时间、地点、数量和所有权等方面的差异和矛盾,实现产品从生产者到用户的流通,并不断增强企业抵御市场风险的能力。要实现这些目标,一个重要而复杂的前提就是企业必须建立一套既能发挥其产品优势,又能适应市场变化的分销体系。

一、分销渠道的概念

(一)分销渠道的定义

分销渠道(Distribution Channel)又被称为营销渠道、交易渠道、配销通路,自20世纪60年代营销管理理论体系确立以来,学术界与企业界从不同的视角各自为分销渠道进行了热议,比较有代表性的有以下几种:

美国市场营销协会(AMA)的定义委员会在1960年给分销渠道下的定义是:厂商内部和外部的代理商和经销商(批发和零售)的组织机构,通过这些组织,商品(产品和劳务)才得以上市行销。

肯迪夫和斯蒂尔给分销下的定义是:产品或劳务从制造商向消费者移动的过程中,直接或间接转移所有权所经过的途径。

美国著名营销学家菲利普·科特勒(Philip Kotler)教授在《市场营销管理》一书中对分销渠道下的定义是:分销渠道是使产品或服务能被使用或被消费而配合起来的一系列相对独立的组织的集合。

综上所述,汽车分销渠道是指汽车产品或服务从制造厂商向用户转移过程中所经过的一切取得所有权(或协助所有权转移)的商业组织和个人,即汽车产品或服务从制造厂商到用户的流通过程中所经过的各个环节连接起来形成的通道。分销渠道通过其组织成员的协调运作,弥补产品或服务的生产与消费在消费形式、所有权转移、消费时间以及消费地点之间的差异,为最终使用者创造价值。

【营销视野5-1】 为什么要利用营销中间机构

生产者为什么愿意把部分销售工作委托给中间机构呢?这种委托意味着放弃对于如何推销产品和销售给谁等方面的某些控制。对于生产商看来是把公司的命运放在中间机构的手里。然而从另一个角度看,生产者也获得了下列好处:

● 许多生产者缺乏进行直接营销的财力资源。例如,小松工程机械公司的内燃机在印度尼西亚是通过阿斯特拉公司来进行的。

● 在某些情况下,直接销售并不可行。例如,箭牌糖果公司会发现在全国建立益达口香糖小零售店,或者挨家挨户出售口香糖都是不现实的。

● 有能力建立自己的销售渠道的生产者,发现通过增加其主要业务的投资而获得更大利益。如果一个公司在制造业上的投资报酬率是20%，而零售业务的投资报酬率只有10%，那么，它就不会经营零售业务。

（二）分销渠道的功能

结合汽车产品的分销实际，分销渠道一般应具有以下功能：

① 售卖功能。这是分销渠道最基本的职能，产品只有被售出，才能完成向商品的转化。汽车厂商与其经销商的接洽，经销商与用户的接洽，以及他们之间所进行的沟通、谈判、签订销售合同等业务，都是在履行分销渠道的售卖职能。

② 投放与物流功能。由于各地区的市场和竞争状况是不断变化的，分销渠道必须要解决好何时将何种商品、以何种数量投放到何种市场上去，以实现分销渠道整体的效益最佳。投放政策一经确立，分销渠道必须保质保量地将指定商品在指定时间送达指定的地点。

③ 促销功能。即进行关于所销售的产品的说服性沟通。几乎所有的促销方式都离不开分销渠道的参与，而人员推销和各种营业推广活动，则基本是通过分销渠道完成的。

④ 服务功能。现代社会要求销售者必须为消费者负责。同时，服务质量也直接关系到企业在市场竞争中的命运。因而分销渠道必须为用户提供满意的服务，并体现企业形象。汽车产品因其结构特点、使用特点和维修维护特点，要求分销渠道必须对用户提供良好的服务，而且趋势是要求越来越高。

⑤ 市场研究和信息反馈功能。由于市场是一个时间和空间的函数，分销渠道应密切监视市场动态，研究市场走势，尤其是短期市场变化，收集相关信息并及时反馈给生产厂家，以便厂家的生产能够更好地与市场需求协调一致。

⑥ 资金结算与融通功能。为了加速资金周转，减少资金占用及相应的经济损失，生产厂家、中间商、用户之间必须及时进行资金清算，尽快回笼货款。此外，生产厂家与中间商、中间商与用户之间，还需要相互提供必要的资金融通和信用，共同解决可能的困难。

⑦ 风险分担功能。汽车市场有畅有滞，中间商与生产厂家应是一个命运共同体，畅销时要共谋发展，滞销时也要共担风险。只有如此，中间商与生产者才能共同得到长期发展。

⑧ 管理功能。大部分整车厂家的分销渠道是一个复杂的系统，需要能够进行良好的自我管理。

需说明的是，分销渠道的以上功能，并不意味着所有的中间商都必须具备，中间商的具体功能可以只是其中的一部分，这与中间商的类型和作用有关。通常对从事汽车（轿车）整车分销业务的中间商，基本的功能要求主要集中在整车销售、配件供应、维修服务、信息反馈等方面（称作"四位一体"）。当然，随着汽车市场的发展，汽车中间商的功能也会发生变化，如履行车辆置换、旧车回收、二手车交易、汽车租赁等业务。

（三）分销渠道的结构与分类

根据不同的市场环境和条件，制造厂商分销渠道的类型多种多样，为了清楚地表述厂商分销渠道，一般使用渠道长度和宽度来对其进行描述。渠道长度（Channel Length）是指产品（服务）在向消费者（用户）转移过程中所经历的环节（中间商）的多少，即一条渠道所包含中间商（组织或个人）数目的多寡，中间环节数目多，渠道就长。渠道宽度（Channel width）是指产品（服务）向消费者（用户）转移的渠道（通道）的多少，任何一条渠道（通道）都可以实现产品（服务）向消费者（用户）的转移功能。

按照渠道长度与宽度的不同，厂商的分销渠道可分为不同的结构类型

(1) 厂商的分销渠道按其有无中间环节一般分为直接渠道和间接渠道两大类

直接分销渠道（Direct Distribution Channel）。也叫零层渠道，是指厂商根据市场目标和市场条件的实际情况设立自有的销售机构，配备销售人员，将产品或服务直接销往用户的渠形式，是长度最短的分销渠道，此时厂商与销售商可能是相互独立的法人，也可能是属或者同时隶属于一个法人集团。直销渠道适用于厂商销售力量雄厚、产品技术含量高或作为工业品销售的厂商。当新产品处于导入期时，为了更加有力的执行厂商的市场政策，有时也使用直销渠道。

间接分销渠道（Indirect Distribution Channel）。间接分销渠道是指厂商对产品和服务的分销是在中间商参与的条件下实现的，按照中间层次的多少又可分为：一级渠道、二级渠道、三级渠道等，如图5-1所示。根据厂商与中间商合作方式的不同，间接渠道分为经销制和代理制。

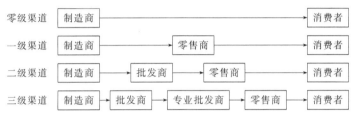

图5-1 分销渠道的长度结构模式

① 经销制。在制造商与中间商双方协商的基础上，制造商以优惠的价格将产品卖给经销商，然后由经销商加价转卖给其他中间商或消费者，其加价部分形成经销商的经营毛利。经销制的根本特征是商品所有权发生了转移，即随着买卖行为的发生，销售风险由制造商转给了经销商。作为风险补偿，制造商除对经销商提供较大的价格折扣或较低的出厂价以外，一般还对目标市场进行广告宣传等促销投入，以帮助经销商开发市场。

② 代理制。代理制是制造商通过合同等契约形式把产品销售权交给代理商，从而形成制造商与代理商之间长期稳定的代理关系。代理制作为产品分销渠道，其形式多种多样。从国外的实践来看，按代理商与厂商的交易方式，代理可以分为两大类：佣金代理和买断代理，如图5-2所示。

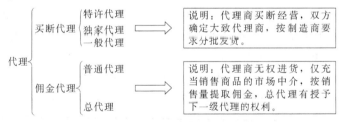

图5-2 代理制的分类

以上经销商、代理商等渠道成员，又统称为中间商。

(2) 厂商分销渠道的宽度结构

厂商分销渠道的宽度结构类型，包括以下三种。

① 密集式分销渠道。指制造商在一个销售地区发展尽可能多的中间商销售自己的产品和服务，其优点是可以广泛占领市场，方便消费者购买，交货及时，但中间商市场分散，难以控制。

② 选择式分销渠道。即厂商在特定的市场区域内有选择地发展少量几个自己的产品和服务，其优点是厂商对市场的控制较强、成本较低，既可获得适当的市场覆盖率又保留了渠道成员的竞争，但渠道成员之间的冲突往往较多，厂商协调的难度加大。

③ 独家式分销渠道。即厂商在一定的地区，一定的期限内只选择一家中间商销售自己的产品和服务，其优点是厂商对渠道的控制力强，有利于统一市场政策和市场形象，渠道成本较低，但渠道成员缺乏竞争压力，厂商在当地的销售受中间商影响大，市场覆盖率较小。

（3）系统结构

根据渠道成员相互联系的紧密程度。分销渠道还可以分为传统销售渠道和整合渠道系统两大类，其系统机构如图所示。图5-3所示为分销渠道系统。

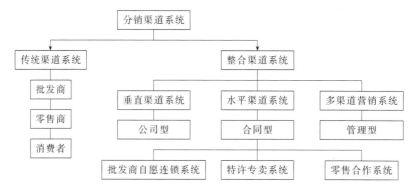

图5-3 分销渠道系统

① 传统渠道系统。是指由独立的制造厂商、批发商、零售商和消费者组成的分销渠道。传统渠道系统成员之间的系统结构是松散的。由于这种渠道的每一个成员均是独立的，他们往往各自为政，各行其是，都为追求其自身利益的最大化而激烈竞争，甚至不惜牺牲整个渠道系统的利益。在传统渠道系统中，几乎没有一个成员能完全控制其他成员。

② 整合渠道系统。是指在渠道系统中，渠道成员通过不同程度的一体化整合形成的分销渠道。整合渠道系统主要包括：

a. 垂直渠道系统。这是由制造商、批发商和零售商纵向整合组成的统一系统。该渠道成员或属于同一家公司，或将专卖特许权授予其合作成员，或有足够的能力使其他成员合作，因而能控制渠道成员行为，消除渠道冲突。垂直渠道系统又有三种主要形式：一是公司式垂直渠道系统，即由一家公司拥有和管理若干工厂、批发机构和零售机构，控制渠道的若干层次，甚至整个分销渠道，综合经营生产、批发和零售业务。公司式垂直渠道系统要么是由大的厂商拥有和管理，采取工商一体化经营方式；要么是由大型零售公司拥有和管理，采取商工一体化经营方式。二是管理式垂直渠道系统，即通过渠道中某个有实力的成员来协调整个产销通路的渠道系统。三是合同式垂直渠道系统，即制造商与不同层次的独立中间商，以合同为基础建立的联合渠道系统。如批发商组织的支援连锁店、零售商合作社、特许专卖机构等。

b. 水平渠道系统。这是由处于渠道同一层次的两家或两家以上的公司横向联合，共同开拓新的营销机会的分销渠道系统。这些公司或因资本、技术、营销资源不足，无力单独开发市场；或因惧怕承担风险；或因与其他公司联合可实现最佳协同效应，因而组成共生联合的渠道系统。这种联合，可以是暂时的，也可以组成一家新公司，使之永久化。

c. 多渠道营销系统。这是对同一或不同的细分市场，采用多渠道的分销体系。

二、汽车产品中间商的类型与特征

中间商是指居于生产者与用户之间，参与商品交易业务，促使交易实现的具有法人资格的经济组织和个人。中间商是分销渠道的主体，企业产品绝大部分是通过中间商转卖给用户的。

在实际分销活动中，中间商的类型是多种多样的。总体上可以分为两大类，即批发商和零售商。批发商是从事以进一步转卖或加工生产为目的、整批买卖货物或劳务的经济活动者，其包括的主要类型有商人批发商、经纪人和代理商、制造商销售办事处。零售商是从事将货物或劳务售于最终消费者或用户的经济活动者，主要包括商店零售和无门市零售两大类型，各自又包括很多的具体类型。

多数批发和零售业态形式是不适合汽车销售的。就汽车整车分销而言，常见的中间商形式有：

（1）经销商

经销商是指从事货物交易，取得商品所有权的中间商。它属于"买断经营"性质，具体形式可能是批发商，也可能是零售商。经销商最明显的特征是将商品买进以后再卖出，由于拥有商品所有权，经销商往往制订自己的营销策略，以期获得更大的效益。

汽车经销商的一般条件有：属于合法注册的企业法人，注册资金不低于一定数额（具体要求与其经营的汽车品种有关），具有拟分销的车型的经营资格，有固定的和属于自己的经营场所，有一定的自有流动资金，在当地有较好的银行资信和一定的融资能力。

（2）特约经销商

属于特许经营的一种形式，是通过契约建立的一种组织，一般只从事零售业务。特约经销商具有生产企业的某种（类）产品的特许专卖权，在一定时期和在指定市场区域内销售生产企业的产品，并且只能销售生产企业的产品，不能销售其他企业的相同或相近产品。

特约双方每一年度商定大致的销售量（一般签订年度销售合同作为考核目标），生产企业按特约经销商的要求分批发货（如按月订单发货），明确规定产品的出厂价，特约经销商用出厂价实行买断经营，按生产企业规定的市场限价（或价格波动幅度）售出产品，并承担市场风险（生产企业宣布产品降价除外，此时生产企业将对特约经销商手中尚未售出的降价产品，给予降价补贴）。

汽车产品特约经销商的条件有：除一般经销商的条件外，还应建立品牌专营机构，有符合要求的专用展厅和服务、管理设施，有专职的销售、服务人员，有较强的资金实力和融资能力，有良好的信用等级。

此外，特约经销商并不自动获得生产企业的有关知识产权，如以生产企业的商号或产品品牌为自己的公司命名，或者用生产企业的商标宣传自己。特约经销商要获得这些知识产权的使用权，必须征得生产企业的同意，并签订使用许可合同。

当生产企业在一定的市场区域内只选择一个特约经销商时，即构成"独家分销"（中间商要履行更多的义务）。

（3）销售代理商

销售代理商属于佣金代理形式，是指受生产企业委托，在一定时期和在指定市场区域及授权业务范围内，以委托人的名义从事经营活动，但未取得商品所有权的中间商。代理商最明显的特征是，寻找客户，按照生产企业规定的价格向用户推销产品，促成交易，以及代办交易前后的有关手续。若交易成功,便可以从委托人那里获得事先约定的佣金或手续费;若商品没有销售出去,也不承担风险。销售代理商一般是"品牌专营"的企业法人。

汽车企业对销售代理商条件的要求,一般高于特约经销商。销售代理商在理论上,虽然不用买断产品,对资金的要求低,但实际上它需要投入较大的资金,按生产厂家的规范标准去建设专卖店和展厅。他还应具有很强的销售能力,有更高的信用和较强的融资能力,这些都需要经济实力做后盾。销售代理商一般为区域独家分销商。

（4）总代理

总代理是指负责生产企业的全部产品所有销售业务的代理商,多见于实行产销分离体制的企业集团。总代理商一般与生产企业同属一个企业集团,各自分别履行销售和生产两大职能。除了为生产企业代理销售业务外,还为生产企业开展其他商务活动。

综上所述,批发商与零售商是相对应的概念,而经销商与代理商是相对应的概念;经销商赚取商品的购销差价,代理商赚取的是佣金。

三、分销渠道设计、组织与管理

总体来讲,分销渠道设计要围绕营销目标进行,要有利于企业的产品不断提高市场占有率、地区覆盖率和各地用户满足率（当地供应资源与市场需要量的比率）,要有利于企业抵御市场风险。在此基础上形成能够充分履行渠道功能,长期稳固而又能适应市场变化的渠道,将不断地为企业开辟稳定的用户群或区域市场。

（一）影响分销渠道设计的因素

企业在进行分销渠道设计前,必须首先分析其分销渠道的设计,将会受到哪些因素的影响。影响汽车产品分销渠道设计的因素有：

（1）企业特性

各生产企业在生产规模、企业声誉、财务能力、产品组合、渠道经验等方面存在差异,因而其分销渠道就应存在差别。如相对小型企业而言,大型企业宜在市场上适当的地方,设立一些营销子公司,而不是办事处。企业特性不同,对中间商具有不同的吸引力和凝聚力,影响到企业对中间商的类型和数量的决策,如大型企业较容易得到各地有实力的中间商的加盟。

（2）产品特性

产品的产量、销量、价值、需求、产品结构、储运及技术服务等方面的具体特点不同,要求渠道的形式、中间商类型不同。因而分销渠道的设计应在兼顾辅助产品和未来发展产品需要的基础上,围绕主导产品的特点去组建,以利于企业主导产品的分销。如主导产品的用途是特别专业化的,企业可能不需要中间商,而直接采用人员推销销售方式。

（3）市场特性

产品销售的地理范围、购买者类型以及市场竞争特点的差异,也影响着渠道设计。例如,市场集中就适合组建短渠道;市场需求分布较广,就要采取宽渠道;市场竞争激烈,宜采取封闭渠道成员的措施等。要研究竞争对手的渠道特点,分析本企业的分销渠道是否比竞争者更具活力。

（4）营销目标特性

各企业的目标市场,决定了其分销渠道的具体特点。一般而言,企业应重视自己的传统市场区域的分销渠道的建设与管理,这是保证企业市场稳定的有效途径。同时,企业对拟开发的新兴目标市场,也应选择合适的分销商,以起到事半功倍的作用。

(5) 中间商特性

中间商的经济实力、资信等级、销售能力、服务能力、展示条件、存储设施及其交通方便性等，都将影响到它的功能和作用，这是发展分销渠道须重点考察考评的。

(6) 环境特性

各地方的政策特性，是欢迎还是排斥企业在当地设立分销商，是否还有其他重要的环境因素需要考虑，这些都是企业必须认真研究的。

企业在分析了以上因素的影响后，就可以开展分销渠道的设计了。

(二) 分销渠道设计的内容

销售渠道设计主要包括确定渠道长度、宽度和规定渠道成员彼此的权利、责任和义务三方面的内容。

① 确定渠道长度。企业销售渠道设计首先要决定采取何种类型的销售渠道，即是采取自销还是通过中间环节分销。如果决定采用中间商分销，还是进一步决定运用何种类型和规模的中间商。

② 确定中间商数目，即决定渠道的宽窄。通常有以下三种策略可供选择：

一是开放型策略。开放型策略指的是只要企业信得过，不管是哪一类型的中间商，也不限制其数量，都可以经营本企业的产品，这种策略较适应卖方市场，而且费用比较少。但其缺陷是渠道多而混乱，企业对整体渠道系统难以控制，难以同较有实力的中间商形成长期合作关系。

二是封密性策略。封密性策略即独家经销或排他性策略，它要求生产企业和中间商之间用协议方法或组建营销全资、控股子公司等办法，规定中间商只能在指定地方销售本企业的产品，而不能销售其他厂家的产品，尤其是不是销售竞争对手的产品。

封密性策略对生产企业的好处是：a. 由于只能经销一个企业的产品，中间商必须成为企业的有力支持者，必然关心企业的产品改进，洞察市场行情和周到地为用户服务。b. 企业可以集中精力管理和控制好销售渠道，便于企业贯彻营销策略，限制渠道系统内的"无政府"行为。c. 企业只同少数中间商打交道，有利于降低营销费用，也便于在中间商处建立产品中转分流站，提高中间商的规模经济效果。d. 容易保证渠道系统的信息畅通，便于企业及时掌握市场行情和销售动态。

封密性策略对生产企业的缺点是：a. 企业对中间商依赖性较大，如果中间商工作不力，企业容易失去一部分市场。b. 不利于更宽地扩大市场覆盖面，容易出现市场盲点。c. 企业必须要有足够多的品种、规格和数量供应，否则中间商因业务量过少，能力闲置而积极性不高。

封密性策略对中间商的好处是：a. 有生产企业作坚强的后盾，可以提高中间商在当地的地位和影响力。b. 易得到生产企业强有力的支持，如包括投资的直接支持和企业所做广告等的间接支持。

封密性策略对中间商的缺点主要是：中间商失去了独立性，生产企业如有政策变化而选择另一中间商，则原中间商可能会陷入不利局面。

三是选择性分销策略。选择性分销策略指在每个地区选择一定数量的具备一定条件的批发商或零售商经销生产企业的产品。被选中的中间商不仅经营本企业的产品，还允许自由地经营其他企业的产品。这一策略的优点是，企业可以选择经营规模大、资金雄厚、经营效率高、容易协作的中间商作为渠道成员。这一策略所选的中间商数目比开放型策略少，企业也便于对渠道成员进行控制、指导和管理。

按照策略三，企业在选择中间商时应考虑其经营范围、经营规模、经济实力、支付能力、管理水平、存储设施、服务能力、用户声誉、价格态度、用户群特征、当地影响力等，选择其中的优秀者作为企业销售渠道成员。

（三）渠道方案的评估

企业在渠道设计方案确定后，必须对方案进行评估，以保证方案的科学性和合理性，尽量有利于企业的长远目标。评估主要从三个方面来进行：一是渠道的经济效益；二是企业对渠道的控制能力；三是渠道对市场适应性。

（1）渠道经济效益的评估

这种评估主要是考虑每一渠道的销售额与成本的关系。企业一方面要考虑自销和利用中间商哪种方式销售量大；另一方面还要比较二者的成本。一般来说，利用中间商的成本比企业自销要小，但当销售额超过一定水平时，利用中间商的成本则越来越高，因为中间商通常要收取较大固定比例的价格折扣，而企业自销只需支付自己的销售员工资加部分奖励。因此规模较小的企业或大企业在销售量不大的地区或产量较小的产品品种，利用中间商较合算，当销售量达到一定规模后，则宜设立自己的分销机构。国外各大汽车公司都有独立的实力雄厚的自销体系，对我国大型汽车公司而言，要具有强有力的市场营销能力，长远目标必须是建立自销体系。

（2）渠道控制力的评估

一般来说，自销渠道比利用中间商更有利于企业对于渠道系统的控制。因为中间商是独立的商业组织，他们必须关心自己的经济效益，而不仅是生产企业的利益，只有那些能为中间商带来持久利润的产品和营销政策才使他们感兴趣。在通常情况下，实力雄厚、产品畅销的大型企业对中间商的控制力要强一些，价格折扣和付款期限等优惠政策也可稍小一些，双方都乐意建立持久的合作关系，而那些实力不强的中小企业对中间商的控制力就要弱得多，价格折扣必须较大才能持久地维持双方的业务合作。

（3）渠道适应性的评估

企业与中间商在签订长期合约时要慎重，因为在签约期间，企业不能根据需要随时调整渠道成员，这会使企业的渠道失去灵活性和适应性。所以涉及长期承诺的渠道方案，只有在经济效益和控制力方面十分优越的条件下，企业才可能考虑。一般来说，对于实力雄厚、销售能力强、企业同其业务关系历史较长，双方已经建立信任感的中间商，企业宜与之签订较长期的合约。如果中间商不是如此，而且对企业产品的销售业绩较差，企业不仅不可与之签立长期合约，而且应保留在某些情况下撤销该中间商权利。

（四）分销渠道的组织

分销渠道的组织是对分销渠道方案的落实。企业在招募中间商时，可能会遇到两种情况，一是申请要求加盟的中间商很多，二是申请要求加盟的中间商很少。前者可能是由于企业的实力强，社会声望高，或者是企业给予的独家分销或选择分销的特权的吸引力较强。后一种情况则反之。但无论如何，"获得经济利益"是中间商加盟的"硬道理"，所以企业无论大小，只要产品好销，能够获利，企业就能找到合适的中间商。

采取不同的组织方式，将会建立性质不同的中间商，并决定了企业与中间商今后的关系。分销渠道的组织方式有三种：

① 企业在目标市场设立自己的销售网点（子公司、分公司或销售点）。

② 企业与各地的中间商共同组建分销机构（合资公司、股份公司或合作公司）。
③ 企业在社会中间商中招募经销商、特约经销商或销售代理商。

（五）分销渠道的管理

分销渠道的管理，主要包括对各类中间商的培训、激励、考核、调整和协调等内容。

（1）培训与激励

企业需要仔细地制订渠道成员的培训计划，并认真执行，特别是产品的技术含量较高的企业尤其如此。培训的对象包括中间商负责人、中高级管理人员，属于高级层次的培训；中间商的各种业务的骨干人员，属于业务层次的培训。高级培训的培训内容，包括战略培训、企业对中间商管理规范的培训等。业务培训的内容，涉及会计与财务业务、销售和服务管理业务、信息管理业务、配件业务、新型拓展业务及产品关键技术等。

培训有利于提高中间商的经营能力，本身也属于给予中间商激励的一种方式。除此以外，企业还应同中间商加强沟通，消除彼此之间的矛盾，减少相互抱怨。由于中间商是独立实体，在处理同生产商、顾客的关系时，往往偏向于自己和顾客一方，认为自己是顾客的采购代表，讨价还价；其次才考虑生产商的期望。因此，欲使中间商的分销工作达到最佳状态，生产商应该用看待最终用户的方式来看待中间商，应对其进行持续不断的激励。激励的方式很多，且在不断创新。

【营销视野 5-2】 通用汽车经销商享受远程教学"成功套房"的培训乐趣

一项新型的四项尖端混合式学习项目为通用汽车全球经销商员工带来了即时培训。这项技术为通用及其经销商带来的优势包含高质量的学习、全程互动及成本经济性。现在，通用汽车全球经销商的汽车技师及销售代表可以通过虚拟教室培训（VCT）来学习新的技能。该项以网络为基础的技术使学员与讲师之间可以充分且全面的互动沟通。这已成为通用汽车为增强经销商员工培训效用的大胆创举之一。作为针对通用汽车 5000 家以上的北美经销商发布的全方位学习解决方案的一部分，VCT 取代了曾为经销商员工服务超过 10 年的远程卫星学习系统。通用汽车培训经理报告称，新的解决方案为全体员工和管理层提供了广泛的学习功能，简化了操作方法。

（2）考核与调整

对中间商的工作绩效要定期考核，如对销售定额完成情况、平均存货水平、送货时间、对残次品的处理情况、促销和培训计划的合作情况、货款返回状况、对顾客提供的服务水平和顾客的满意度、经营设施的投资水平及改进情况、执行生产企业营销政策的情况等，都是经常性考核的项目内容。这些考核一般以年度为周期进行，考核的结果将是企业对中间商进行计酬、奖励、惩处，乃至调整或取消某些渠道成员的依据。

当然，除中间商工作不力需要调整、淘汰外，还有一些原因也会引起渠道调整。例如，市场环境的变化、消费者购买方式的变化、市场扩大或缩小、出现新的分销方式等。另外，现有渠道结构通常不可能总是在既定的成本下带来最高效的服务，随着渠道成本的变化，有必要向理想的渠道进行结构性升级。生产企业调整分销渠道，主要有三种方式：增减某一渠道成员、增减某一分销渠道、调整改进整个渠道。

【营销视野 5-3】 长安再清退 10%经销商 "分级考核"加速渠道变革

在各大汽车集团加速渠道扩容时，长安汽车却在"清退"旗下的部分经销商。据《每日经济新闻》记者了解，2013 年前 5 个月，长安旗下有 10%左右的经销商被"劝退"。这一比例较去年有所降低。据悉，去年长安汽车清理了旗下数百家不合格的网点，个别区域被劝退的比例达到25％。

对经销商"分级考核"。2013年6月这项制度已在长安旗下经销商中全面推行。根据该认证制度，长安汽车将旗下经销商分为A、B、C、D四个等级，其中D级经销商将被责令限期整改，如果整改后仍达不到要求，将被长安汽车"劝退"。据悉，该认证制度将按照百分制为经销商打分，80分以上为A级经销商，将对该部分经销商在车型配备和推广力度上进行倾斜；60分以下为D级经销商，占比15％，这15％左右的经销商将被责令整改。考核指标中，最重要的一项是经销商的"零售销量"，即终端销售情况。通过终端销售情况的考核，可以从企业管理层面最大程度地避免压库情况发生。其他考核指标还包括销量任务完成情况、消费者满意度和综合运营质量。据了解，未来2～3年，长安汽车在"劝退"经销商的同时，会加速引进新的经销商合作伙伴。到2016年，长安汽车经销商数量将达到1000家左右。在"劝退"的同时，长安汽车还对经销商进行了较此前更为严苛的培训与管理，以持续优化经销商团队。

（3）协调与管理

渠道成员间经常出现冲突，需要加以协调。渠道冲突主要有三种类型：

① 垂直渠道冲突。即同一条渠道中不同层次之间的冲突。如生产商与代理商之间，批发商与零售商之间，可能就购销服务、价格和促销策略等方面发生矛盾和冲突。

② 水平渠道冲突。即不同渠道内同一层次渠道成员之间的冲突。如经销商之间的区域市场冲突。

③ 多渠道冲突。即两条以上的渠道向同一市场出售产品引起的冲突。

导致上述渠道冲突的原因，一是渠道成员之间的目标不同，如生产商希望以低价政策获得市场的高速成长，而零售商则希望获取短期高利润；二是没有明确的授权，如销售区域的划分、权限和责任界线不明确等；三是各自的预期不同，如对经济形势的看法，生产厂商看好，希望经销商经营高档产品，但经销商看淡；四是中间商对生产商过分依赖，如经销商的经营状况往往决定于生产厂商的产品设计和定价政策，由此会产生一系列冲突。

渠道冲突有些是结构性的，需要通过调整渠道的方法解决；有些则是功能性的，可以通过管理手段来加以控制。主要措施有：

① 渠道成员间加强合作。渠道成员间应确立和强化共同目标，如市场份额、高品质、用户满意度等目标，特别是在受到外界竞争威胁时，渠道成员会更深体会到实现这些共同目标的重要性；渠道成员之间应努力理解对方，多从对方的角度考虑问题；一个成员还须努力赢得另一成员的支持，包括邀请对方参加咨询会议、董事会及根据对方意见合理修订本方政策等，以减少冲突。

② 发挥民间组织的作用。加强渠道成员之间的业务沟通。如通过行业协会，互相交换意见，促进各方做好工作。

③ 通过政府有关部门解决。当冲突经常发生，或冲突激烈时，有关各方可以采取谈判、调解和仲裁办法，根据政府机构相关程序解决冲突，以保证继续合作，避免冲突升级。

四、渠道间的冲突、合作和竞争

对渠道无论进行再好的设计和管理，总会有某些冲突，最基本的原因就是各个独立的企业实体的利益不可能一致。当一个渠道成员为了自己的利益而做出不利于渠道的行为时就会发生渠道冲突，比如某汽车品牌在某个城市有多个渠道成员，其中某一个由于想更多地占有市场份额，采取了超过约定范围降价销售的策略，渠道中其他成员的利益都受到了影响，制造商担心品牌定位由于降价而降低，其他经销商担心自己的市场份额减少，导致利润下降。当渠道成员一起朝渠道目标前进，但渠道目标和自己的目标却相反时，就需要渠道协调。

(1) 冲突和竞争的类型

假定一个汽车制造商建立了包括批发商和零售商在内的垂直渠道。制造商希望渠道合作，该合作产生的利润高于各自为政的各个渠道成员的利润。然而，垂直、水平和多渠道的冲突也产生了。

① 垂直渠道冲突：垂直渠道冲突指在同一渠道中不同层次企业之间的冲突，这种冲突较之水平渠道冲突要更常见。例如，某些批发商可能会抱怨生产企业在价格方面控制太紧，留给自己的利润空间太小，而提供的服务（如广告、推销等）太少；零售商对批发商或生产企业，可能也存在类似的不满。例如通用汽车公司为了实行有关服务、价格和广告方面的一系列政策，与它的经销商产生了矛盾。

垂直渠道冲突也称作渠道上下游冲突。一方面，越来越多的分销商从自身利益出发，采取直销与分销相结合的方式销售商品，这就不可避免要同下游经销商争夺客户，大大挫伤了下游渠道的积极性；另一方面，当下游经销商的实力增强以后，不甘心目前所处的地位，希望在渠道系统中有更大的权利，向上游渠道发起了挑战。在某些情况下，生产企业为了推广自己的产品，越过一级经销商直接向二级经销商供货，使上下游渠道间产生矛盾。因此，生产企业必须从全局着手，妥善解决垂直渠道冲突，促进渠道成员间更好地合作。

② 水平渠道冲突：水平渠道冲突指的是同一渠道模式中，同一层次中间商之间的冲突。在水平渠道中，各成员之间的联系是一种横向的关系，大家都是平等的，即他们在权力上处于同一个水平线，但利益是独立的。在芝加哥，一些福特汽车经销商对该城市的另外一些福特汽车经销商感到不满，埋怨它们在价格和广告方面过于激进。

③ 多渠道冲突：多渠道冲突是指企业建立了两条或两条以上的渠道向同一市场分销产品而产生的冲突，其本质是几种分销渠道在同一个市场内争夺同一种客户群而引起的利益冲突。当某个渠道成员降低价格（在大量购买基础上）或者降低毛利时，多渠道冲突就会变得更强烈。

(2) 渠道冲突的原因

确定产生渠道冲突的不同原因是重要的。有些原因很容易解决，另一些却很难协调。渠道冲突产生的根本原因是制造商与中间商目标的不一致。例如，制造商想要通过低价政策获取快速市场增长，另一方面，经销商更偏爱毛利而追求短期的赢利率，或者相反。有时候，冲突产生于不明确的任务和权利。

例如，某个汽车制造商的根本目标是追求利润最大化，而中间商是以销售最大为根本目标（当然，它追求销售最大也是为了实现自己的利润最大化，因为制造商和中间商之间的协议的核心内容就是要求中间商多卖出产品，这时汽车制造商对中间商进行奖励的根本依据）。为了保证自己能够得到正常的利润，制造商会要求中间商严格执行相关的价格政策，但是，中间商为了多销售产品，他有动力以低价格促进销售。价格冲突带来的信用风险表现在两个方面，一是制造商可能会因为中间商不严格执行价格政策而减少中间商的返利，这样会引起中间商的不满从而导致中间商不及时还款；二是接受现实，中间商可获得同样的返利，制造商承担低价销售的损失，形成隐形的风险损失。

冲突还产生于认知差异，比如，制造商可能对近期经济前景表示乐观并要求经销商多备存货，但经销商却对经济前景并不看好；冲突的原因还在于中间商对制造商的依赖性。例如，一些专营性经销商如汽车经销商的前途受制造商产品设计和定价的连带影响。这是产生冲突的隐患。

(3) 渠道冲突管理的主要策略

一般看来，渠道冲突的管理主要有两种方式：其一，设立超级目标，即设立超越具体组织利益满足大多数或所有组织利益的目标，这样可以使所有渠道成员的具体目标在总体的超级目标中得到统一，其实设立超级目标的目的从根本上来说还是寻找组织的共同利益以促进组织之间合作；其二，加强渠道成员的沟通联系，即通过加强成员间的沟通和联系，从基本关系上尽可能消除彼此间的障碍和不一致。比如，通过整合组织的发展策略，使渠道成员可以借助各种技术重整渠道关系，改变渠道成员之间相互的看法、认知和成见等，从而可以避免因误解而造成的冲突。

第二节 汽车产品分销渠道的发展

汽车产品的分销渠道既符合一般产品分销渠道的基本特征，又具备自身的特点。营销者不仅应了解分销渠道设计的有关理论，更重要的是要在实践中，为企业建立有效的分销渠道系统做出成绩。本节将主要分析汽车企业分销渠道的具体实践问题，对国内外汽车企业分销渠道的发展现状、发展经验进行归纳总结，并探讨其发展方向。

一、国内外汽车分销渠道运行现状

(一) 汽车交易市场

和其他的交易市场一样，汽车交易市场是指各种不同的汽车产品和众多的经销商集中在同一场所，以店面的方式开展经营，由多个代理经销商分销，形成集中的多样化交易场所。从经营模式即市场的管理者是否同时是经营者可以分为：以管理服务为主，以自营为主（目前这种模式占有形市场的80%~90%），管理经营并重等三种模式。如北京亚运村汽车市场、成都西部汽车交易市场、烟台汽车交易市场等。

这种方式出现在20世纪90年代，其主要优势在于多样化的品种选择和完善的配套服务。在我国，由于占市场主体的个体消费者大都是第一次购买而且非常注重价格，因此，货比三家是他们的必然选择。而交易市场可以最大程度地满足他们的这种需求——可以看到同一价位不同品牌和不同档次的各种车辆。与此同时，交易市场可以同时集中办理横跨多个部门的各种繁杂手续，这对于那些抱怨办证手续复杂，希望提高办证效率的潜在客户具有不可替代的吸引力。可以说，这种"一站式"的服务将在今后很长一段时间内成为支撑其发展的主要动力。然而伴随着消费者的成熟、市场竞争的加剧和各种渠道的相继建立，其在销售后期缺乏服务功能、服务与销售功能相脱离、无法适应消费者日益增长的对质量和服务的要求的劣势将会显现出来。

从全国范围来看，目前国内汽车交易市场有400~500家，其中形成一定规模的有100余家。在车市井喷的2001~2003年就出现了摊位数下降、营业面积扩大和营业额上升的趋势，然而值得注意的是，在一些大中城市普遍有3~4家交易市场、交易市场需求饱和以及厂家大力推行品牌专卖等其他模式的时候，沈阳、上海、西安、深圳等城市仍在大力新建各种大型汽车交易市场。回顾前几年的销售情况和结合交易市场本身的特点、国内外的经验，我们可以发现交易市场有它自身的局限性。特别是伴随着厂家对树立自身品牌的重视、相关政策的落实和其他渠道功能的完善，它将面临着市场空间缩小、向二手车市场转型或者退出一线市场甚至衰败的可能。

（二）品牌专卖店

品牌专卖是一种以汽车制造商的营销部门为中心，以区域管理中心为依托，以特许或特约经销商为基点，集新车销售（Sale）、零部件供应（Spare part）、维修服务（Service）、信息反馈与处理（Survey）为一体，受控于制造商的渠道模式，主要以"三位一体"（Sale、Spare part、Service）和"四位一体"（Sale、Spare part、Service、Survey）为表现形式。据统计，自1998年第一家广州本田专卖店开张以来，现在北京就有150多家汽车专卖店，广州有200多家汽车专卖店；就某一个厂家而言，在全国范围内，广州本田拥有150～200家，上海通用有150家左右，而上海大众将以往庞大的经销网络与维修网络重新整合成4S店，其数量应该不会低于300家；而伴随着新品牌的推出，专卖店也会随之增加。

4S专卖店的产生可以说是市场竞争到一定程度的必然结果。从消费者的角度看，他们不仅希望在购车前、购车中得到悉心指导，更希望在购车后得到包括汽车维护、保养指南和简单维修等方面的细心呵护。从制造商的角度讲，伴随着市场细分的进一步加剧和商品同质化的进一步提升，各种有效、多样的服务将成为保持和提高企业市场份额的有效武器；而如何从潜在顾客特别是现有顾客中获得最准确的定位和其他反馈信息，如何保持顾客的满意度和忠诚度将是一个非常重要的问题，而此时4S专卖店多功能的优势就体现出来了。

4S专卖店的出现，可以满足用户的各种需求，它可以提供装备精良、整洁干净的维修区，现代化的设备和服务管理，高度职业化的氛围，保养良好的服务设施，充足的零配件供应，迅速及时的跟踪服务和树立企业的品牌形象等。然而，它的投入过于庞大，回收期较长，如在中等发达城市4S店的固定投资在1000万到1500万之间，可能要耗费8～10年的时间才能收回投资。另外，由于管理跟不上，有些4S店在实际运作中有专卖之形而无专卖之实，被人称作"一流的设备，三流的服务"。

据了解，到2004年底，全国大大小小超过5000家4S店中，其中赢利的占有1/3，亏损的也占了1/3，然而这丝毫不能影响制造商建4S专卖店的热情。通过对经销商和制造商的采访，他们中的大多数都表示，4S店在未来几年内很可能成为国内最重要的汽车销售渠道，特别是在中心城市和发达城市更是如此，品牌专卖店将逐步占据汽车交易的主导地位。而从消费者的一项调查来看，人们越来越倾向于通过4S店购车，购车比例从2002年以前的17.7%增长到2003年的42.6%。因此，面对我国4S店硬件设施先进，而软件建设欠缺的现实环境，制造商应该加强监督和指导，在新店的建设上宁缺毋滥，把握好入口关和速度。与此同时，经销商应该以顾客为中心，努力提高自身素质，建立成熟的销售、维修等服务流程，开始学着打造和维护自己的品牌。只有这样，才能获得更大的"蛋糕"，而不是在有限的利润空间内互相责备甚至合作不下去。

另外，主要应用于轿车市场销售的4S专卖店模式正被越来越多的商家应用于客车、卡车市场。如2003年10月18日，郑州宇通客车全国首家客车4S店在上海的落成标志着专卖模式已经开始进入到客车市场。2004年7月13日，北汽福田轻卡品牌——时代汽车的首家4S店也落户京城。而接下来，东风、解放、重汽、江淮轻卡等也都陆续建立起自己的4S店。在他们看来，4S店的建立不仅可以为用户提供更优质的服务，建立顺畅的信息交流机制，还可以获得利润丰厚的售后服务市场，突出品牌形象和提升品牌价值，规范和梳理营销渠道等。

一个值得注意的现象是，在欧洲一些经济非常发达的国家，由于汽车业已经进入了一个非常成熟的阶段，专卖店巨大的投入再加上密集的销售网点、激烈的市场竞争，使得专卖点的销售利润急剧减少，一些地方已经出现专卖店合并甚至破产的情况。欧盟目前正采取了一系列旨在降低成本，促进消费包括允许多品牌专卖、汽车交易可以不提供维修和售后服务等措施。虽说我们还有相当的路程要走，但是，这也给我们敲响了警钟。因此，一定要加强现有 4S 的管理上，通过拓展服务内容来获得长久的生命力。

（三）连锁经营店

连锁经营模式是指由一家大型商店控制的，许多家经营相同或者相似业务的分店共同形成的商业销售网。其核心就是"六统一"即：统一订货，统一配送，统一结算，统一管理，统一形象和统一服务标准。根据所有权、经营权的不同它可以分为正规连锁（所有权统一）、自愿连锁（所有权独立）和特许连锁（授权经营）等三种形式。而按照连锁总部主导类型的不同，可以划分为制造商主导连锁、批发商主导连锁和零售商主导的连锁。

连锁经营出现在 19 世纪末到 20 世纪初的美国，到 1930 年，连锁店的销售额已经占全美销售总额的 30%。20 世纪 50 年代末、60 年代初以来，欧洲、日本也逐渐出现了连锁商店，并得到迅猛发展，到 20 世纪 70 年代后全面发展，逐步演化为一种主要的商业零售企业组织形式。而我国汽车连锁经营模式正式启动是从 1997 年亚飞汽车组建汽车连锁店开始的，到目前为止，它已经在全国 200 多个城市建立了近 400 家连锁分店。

连锁经营的主要优势在于有利于形成规模经济，降低汽车及零部件进货和销售成本，方便消费、维修以及保证质量的稳定等；与此同时，它要求要有出色的管理能力和强大的自有资金或融资实力来买断制造商的产品资源。然而，如今在实际运作过程中，连锁经营店与制造商的特约经销商操作如出一辙，只是名义上多了一个统一采购，并且由此还带来利润的分配上多了一个总部。另外，伴随着其他渠道如专卖店的升级，连锁经营在销售环境和服务质量上的优势也越来越不明显。

（四）代理模式

在代理模式中，总代理一般与制造商属于一个集团公司，分别履行生产和销售两大职能。总代理渠道中可以分为多级代理，其中一级代理商是指具有市场开拓能力和资金实力的经制造商特约定点销售的商家。二级代理商是指自己与制造商没有直接的进货渠道而依靠一级代理商进货的商家。它们之间一般以产权或者合作为纽带，可以把商品迅速推向市场，缺点是制造商压力过大，部分代理商缺乏销售动力；在竞争激烈、利润空间越来越小的时候，这种模式将面临巨大的挑战。这种渠道模式在我国汽车市场的发展中曾经起着非常重要的作用。目前，进口汽车主要采取这种模式，如奔驰、宝马、劳斯莱斯等。

（五）汽车超市

汽车超市主要是指那些特许经销模式之外、多品牌经营的汽车零售市场。如北京经开国际汽车会展中心、东方基业汽车城等。和我们日常生活中见到的超市一样，汽车超市的特色就是以品牌齐全取胜，在那里，我们可以看到许许多多来自各种品牌的汽车；然而，和一般的超市不一样的是，由于汽车行业本身的特点，如集中度比较高、技术比较复杂、资本要求比较高、属于耐用品等特点，到目前为止，制造商仍然牢牢地掌握着整个渠道的主导权。由于汽车超市在价格上没有太大的话语权，虽说价格上不比一般的专卖店高，但是利润相对就减少了。

2002年4月26日,东风环宇公司首创推出的集咨询、选车、贷款、保险、上牌、售后服务于一体的汽车营销新业态"汽车超市"在武汉正式登场。"汽车超市"这一新型的业态形式既保持了品牌专卖店的优势,又比其成本低得多,既满足了消费者货比三家的需求,又大大方便了卖主,还会带来汽车售后服务的变革。在国外,汽车超市形式的汽车零售随处可见,高速路边、机场边都会有,卖汽车就像卖自行车一样普遍。随着我们经济的发展、生活水平的提高和汽车售后服务与维修业的社会化发展,汽车超市必将得到迅猛地发展。

二、我国汽车分销的发展展望

(1) 我国汽车分销的发展环境展望

综观各种因素,我国汽车分销的发展将会面临以下3大环境:

① 加入WTO后,中国汽车工业已经面临即将到来的与国际汽车强国的全面竞争。国外知名的汽车厂商必将凭借其雄厚的实力和成熟的市场经验大举进攻国内市场,其投资的重心将由目前的制造领域向服务领域延伸。

② 高新技术特别是信息技术(IT产业)的飞速发展,将为汽车分销方式的不断创新提出挑战。以计算机、通信和网络为代表的IT产业的蓬勃发展,一方面使我们能够对传统的生产管理形式和制造技术进行不断改造创新,另一方面数字化革命将会大大改变传统的汽车营销方式,例如B2B,B2C等电子商务、网络营销等手段的广泛运用,将导致汽车厂商、分销商、消费者的角色与地位分化重组,品牌推广、新品推介的任务将主要由厂商承担,分销商将更趋于扮演物流渠道的角色。

③ 私人消费购车将成为拉动市场增长的主力军,汽车分销体系将以满足私人轿车消费需要为价值取向。伴随着中国经济近年的高速增长,人民收入和消费水平也大大提高,家用汽车的大发展将是大势所趋。

(2) 我国汽车分销的发展展望

进入21世纪,我国汽车企业将会在目前已有的基础上,进一步借鉴国际通行模式建设自己的汽车分销体系。例如广泛采用代理制、特许经营、品牌专营等新兴业态形式,汽车分销渠道的职能将根据需要重新设计,除传统的"四位一体"功能外,还可能会增加诸如旧车交易、汽车租赁、汽车俱乐部等职能。同时,为适应国际市场营销的需求,汽车分销将会向出口转运、分销、零售、售后服务等全程服务的新型职能转变。

另一方面,随着国际互联网、电子商务等技术的发展和数字化时代的到来,汽车营销方式必将出现重大变革。企业营销中的信息流、物流、商流和资金流将会因为EDI、网上浏览、网上支付等技术的运用而大大提高效率。传统的汽车分销由于B2B,B2C业务的发展,将导致经销商逐渐向服务商角色的转变,主要承担售后服务、商品配送和储运等业务。

【营销视野5-4】 宝马营销渠道变革 新增东南大区

2013年12月,宝马在中国的营销体系由原来的东、南、西、北四个大区变为五个大区,新增东南大区,总部位于杭州。此前宝马在中国的营销体系分为东、南、西、北四个大区,办公室分别位于上海、广州、成都和北京。宝马中国销售副总裁王洪近日在接受记者采访时表示,目前东区是4个大区里销量贡献最大的区域,在销量较大的区域需要匹配更多的人力去精细化管理。此番渠道变革的具体方案为,原东区拆分为东、东南两个区域,其余大区保持不变。为了支持经销商的发展,每个区域根据市场情况可以适当增加区域经理,未来一个区域经理将只管理8~10家经销商。截至2013年10月底,宝马网点数量超过400

家，其中 4S 和 5S 店 302 家，5S 店共有 28 家。预计今年宝马在华的销售网点数量将达到 430 家以上。随着销量和经销商网点的增加，宝马会针对区域市场调整营销框架。

第三节　汽车销售的物流管理

销售物流管理具体承担着适时、适地、适量地将产品提供给用户和经销商的职责，以让用户和经销商的需求得以实现。

一、物流的含义与职能

物流（Logistics），长期以来被称为产品的实体分配（Physical Distribution）。美国物流管理协会对物流的定义是"把产成品从生产线的终点有效地移动到有关消费者（用户）的广泛活动，也包括将原材料从供给源有效地移动到生产线始点的活动"。随着社会分工越来越细，物流与流通系统和生产系统都有了密切的关系，并将物流看作是"提高企业对用户的服务水平，进而提高企业竞争力"的有效手段（欧美国家的看法）。由此可见，物流是指通过有效地安排商品的仓储、管理和转移，使商品在需要的时间到达需要的地点的经营活动。

现代物流被得到普遍重视，始于 20 世纪 60 年代，认为物流是企业的"第三利润源泉"（日本的看法）。广义地讲，物流包括企业物流和社会物流两个部分，前者是站在企业的角度研究物流的，后者是站在社会的专业物流部门的角度研究物流的。这里只涉及属于企业物流范畴的销售物流。

物流的职能有二：一是创造地点效用，即完成将产品由其生产地到市场消费地的转移；二是创造时间效用，即完成将产品由其生产时间保质保量地保管储存至消费时间的活动。销售物流作为市场营销的一部分，不仅包括产品的配送、运输、保管、装卸、包装，而且还包括在开展这些活动的过程中所伴随的信息的传播。它以企业的销售预测为开端，并以此为基础来规划销售的有关活动，甚至是企业的生产活动和存货水平。

二、销售物流管理的目标

从市场营销的观点看，物流规划应从市场需要开始，并将信息反馈到企业的相关部门。企业要考虑购买者对购买提货方便性的要求，要制订一个综合的物流策略，包括产品的运输方式、仓库的存货水平以及仓库的布局分布，进而向目标顾客提供更好的顾客服务。此外，物流策略还要考虑竞争者的服务水平，设法赶上或超过竞争对手。

具体地讲，销售物流的目标包括顾客服务水平最佳和物流整体成本最低，求得这两个相互矛盾的目标的统一，兼顾服务水平与服务成本的要求。

三、销售物流规划与管理的内容

（一）物流成本的规划与管理

物流成本是一个复杂的系统，有些成本是可以通过加强工作质量予以控制的，实际工作中常常要将复杂问题简单化，因而我们可以只考虑那些最重要的成本因素。对一个特定的物流系统，主要是考虑仓库数目、区位、存货规模、企业运输政策以及存货政策等因素构成的一组决策。因此，每一个可能的物流系统都隐含着这样的一套总成本，即总运输成本、总固定仓储费用、总变动仓储费用和因延迟分销导致的销售机会损失成本之和。

（二）物流配送规划

汽车企业主要面临"一个工厂、多个市场"的物流模式。通常可以选择的物流方案有：

① 直接运送产品至顾客。直接运送常常在物流成本上较高,但可以保证更好地服务于顾客,满足顾客的及时性需要。一般对特殊订单、专用产品、急需产品等,可以采取此种方案。

② 成批量运送至企业设在各地的中转库(分销中心)。对大多数通用性产品,且在市场区域内有一定的较为稳定的需求时,均适宜采用此种方案。目前,倾向于建立地区中转库的主机企业越来越多。当然,仓库的建设可以在自建、租赁不同方式比较后做出决策。

③ 在目标市场设立装配厂。将零部件运到目标市场进行装配,也是一种物流方案。它常见于国际物流,如企业在国外建厂,既可以减少物流费用,因为零部件运输可以采取成批大量、更加经济的运输方式;又可以更好地开拓国际市场,因为有些国家可能限制整车进口,但可能支持设立工厂。

(三)销售物流的具体业务管理

这项工作涉及的管理内容主要有:订货过程、运送和仓储等。

(1) 订货过程

销售物流的具体业务是从用户订货开始的。企业的销售部门在接到订单后,对需要发送的汽车产品开出发放单分送有关部门,各部门分工负责,共同完成好商品车的发送。我国汽车企业的大部分产品,尤其是整车产品,通常是按合同销售给中间商的,即在每一年的年末或在下一年的年初举行订货会,汽车生产企业同用户,更主要的是同汽车经销商签订下一年度或几年的购销合同。在履约过程中,企业按经销商的临时订单(通常按月发出)要求的车型、品种、数量、交车地点和交车时间等发车,中间商则按当时的价格(或计价方式)、支付方式、支付时间等付款内容到指定银行办理付款。

(2) 新车发运

汽车企业要做好新车的发运工作,必须要对可能利用的各种运送形式进行比较,选择最恰当的形式,以保证所选择的运送方式在运送成本和交车时间两方面的统一。一般来说,汽车产品的发运可以选择的运输方式主要有铁路运输、水路运输和公路运输。其中,公路运输又包括利用专门运送汽车产品的专用汽车运输和驾驶员将商品汽车开到用户地点两种方式。在上述运输方式中,一般以公路运输手续最简单,运送最快,转运环节最少,最易保证交付时间,但公路运输成本最高;水运虽然成本低廉,但水运时间慢、周期长,且只能用于通航的地区;铁路运输的优缺点介于水运与公路运输之间,但铁路运输常常会增加运送时间,不能保证及时交付。企业在选择运输方式时,应根据具体订货在交付时间方面的要求,以及通往用户的地理交通条件等因素,在保证交付时间的前提下,选择最经济的运输方式。

此外,在新车发运过程中,企业必须建立有关的规章制度,严格管理,防止可能出现的质量和被盗等事故。

(3) 仓储

合理的仓储有利于消除商品车及配件供给与用户购买要求在时间上和数量上存在的矛盾。企业为了做到仓储成本最低和购买方便性的统一,必须做好下列工作:合理规划好仓储地点布局;确定合理的仓储规模;管理好仓库;确立经济订货规模。

对汽车生产企业而言,由于市场在地理位置上的分散,为了保证各地用户或经销企业能够及时供货,同时又为了保证单位产品能分摊的运送成本最少,因而企业必须要在分销渠道中设立仓库以储备一定规模数量的商品汽车或配件,正确地决策好仓库的地理位置,以使每个仓库的市场覆盖范围合理化。因为如果覆盖范围过大,则起不到仓库应有的作用;覆盖范围过小，又要增加仓库数量，增加了建立和管理仓库的总费用，同时还造成仓储规模过小，从而又增加了发运成本。所以企业应根据本企业产品的市场地理分布特点及各区域市场的需求程度，做到仓库的地理位置分布合理。仓库的具体地理位置可以设在目标市场的中心且交通便利的地方。一般来讲，企业销售部门（甚至各地的销售派出机构）所在地都应设立仓库。仓库布局应规模合理，不仅能在产品畅销时有利于及时供货，而且在滞销时也有利于分担商品汽车存储的压力，以使生产企业和销售总部不会因为库存超负荷而"梗阻"，同时也有利于降低商品发运成本，减少营销费用。

企业有了合理的仓库布局，但要充分发挥仓库仓储的以上功能，还必须有赖于对仓储工作的有效管理。仓储管理工作涉及较多内容，其中最重要的内容主要包括：保证商品品质不发生变化；合理确定存货水平和订货时间；各类物品应科学存放，并尽量减少长期资金占用。

保持商品品质就是要维护好汽车产品的使用功能。例如对汽车整车而言，应定期进行一定的保养作业，加注和更换润滑油和润滑脂等，启动汽车以保持汽车电器各装置处于干燥状态，以及使各运动机件保持正常的运动状态等。对汽车配件而言，同样应进行保养作业，使各种配件不锈蚀、腐蚀、受潮等。仓储不等于将物品储之了事，必须根据各类物品的自然磨损特点，有针对性地定期进行仓储作业，才能维护其使用功能不致遭受破坏。

决策好存货水平和订货时间是仓储管理十分重要的工作。因为存货过多，会增加企业流动资金占用，导致储存费用的上升；而存货过少，又可能导致脱销，而且会增加订货次数，从而增加订货费用（订货费用一般与订货次数成正比，而与订货量关系不大）。以上两种情况都可能会造成仓储工作综合费用上升，增加企业的营销成本。仓库存货水平大小决定了每次订货的订货量，因而存货水平决策实质上就是订货量的决策。订货量的确定应综合考虑库存成本（包括占用流动资金的利息支出，物品功能维护费用等）和进货成本（包括进货人员差旅费、手续费、运输计划费、运费等），选择综合成本最小时相应的订货量。以上费用同订货量的关系以及订货量的确定可用图 5-4 表示。仓库管理应根据仓储管理模型，科学地确定订货量。

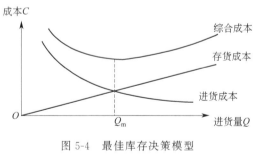

图 5-4　最佳库存决策模型

进货时间的确定通常要综合考虑销售频率、办理订货手续的繁简、运送时间的长短以及其他情况（如意外情况、用户对交货的要求等）。

仓储管理工作的科学化还包括仓库房屋或停车场地结构合理化（如房屋应符合物品对密封、通风、防盗、通光等方面的要求）、设施齐全化（如应配备干燥、防盗报警、照明、防火、温控、保修作业及货物架等设施设备）、存放规范化（如物品应分类分区存放、禁止乱堆乱放和乱挤乱压等）以及改善软件工作（如加强仓库工作人员职业道德教育、出入物品及时登记、及时盘存、夜班执勤的科学组织、如何将长期积压物品转化为经济效益等）。

【营销视野 5-5】　胜斐迩打造汽车配件仓储中心

戴姆勒（Daimler）是胜斐迩仓储系统有限公司（SSI Schaefer）的长期合作伙伴，其大部分仓库、配送中心和4S店的货架设备都由胜斐迩提供。戴姆勒要求仓库划分为不同区域，存储不同尺寸和类型的货物，包括两个存放大件货箱的仓库和两个汽车零配件拣选区，其中一个高价值零配件的拣选区需要用围栏和安全门保护。胜斐迩丰富的产品类型满足了这些需求：胜斐迩向戴姆勒提供了3种类型的货架，包括轻型货架系统（LS600）、活扣式托盘货架和悬臂式货架系统，另外还提供了节能感应灯，钢质围网和安全门。

汽车零配件拣选区使用的是轻型货架系统，共计27064个货架位，产品又被分为大件、中件、小件三类分开储存。胜斐迩根据存放产品的大小，设计不同的层高和大小不一的隔间，并且提供各种容量的零件盒。针对高价值产品区域，还设置了围网和安全门。LS600系列是存放较轻产品的经济选择。如果需求增加，客户可以在垂直方向上增加仓储容量，而且，它也提供了层板和配件的多种选择。

值得一提的是，所有轻型货架都安装了节能感应灯，当拣选人员走向相应的拣选位，走道上方的感应灯根据拣选人员的走动路径即时开启。这样的设计大大降低了仓库的电力能耗，既节省成本又环保高效。

此外，在汽车零配件拣选区，胜斐迩还设计了悬臂式货架，用于存储长条形的汽车零配件。

四、销售物流管理的现代化

现代科学技术的发展对于企业改进仓储管理提供了不断可以利用的手段，企业应加快仓储工作的科技进步，积极采用先进技术，提高效率，降低费用。

目前，随着计算机技术的发展，国外汽车生产企业较多采用订单式生产和销售方式，这是对传统物流的较大变革。订单式生产和销售相对于仓储式生产和销售而言的，订单式生产和销售有很多优点：

① 经销商或代理商直接与用户订合同，并把订单通过计算机通信发往汽车厂家，汽车厂家根据订单内容安排生产。因此工厂可以做到提前一定时期（通常为2~3个月），对未来市场情况了如指掌。如果每日的生产计划排满，新合同须在三个月以上才能提到车，说明产品畅销，企业可以考虑调整营销策略（如提价）；如果订单能够维持生产能力的80%以上，说明产品平销；订单不足生产能力的80%，说明产品滞销，企业也应考虑调整营销策略（如降价）。如果一个工厂同时生产几个产品，各产品的订单比例，也可以反映不同品种的畅滞情况，这就有利于企业进行正确的经营决策（如调整各品种的产量）。

② 国外目前一种车型，有多种车身颜色和不同的内饰水平，可选装多种型号的发动机、变速箱、收音机等和大量的其他选装件，基于这些变化可装配成品种数量较多的汽车。用户在挑选自己喜爱的选装件时，使他们感到汽车就是专门为他精心设计的。由于订单式生产和销售，销售商直接与最终用户打交道，因而用户可以根据自己的偏好确定选装件。

③ 订单销售使得经销商有充分的时间为用户提供更多的服务，如在用户接车前，经销商已经帮助用户办理完验车、交购置费、上汽车牌照、交养路费和保险等繁杂的手续。

订单方式要求生产企业必须建立以大型计算机系统为支持的技术系统，生产开发部门要开发出众多可供用户选装的部件和总成，这些部件和总成还要能真正实现按需准时供货，还需要其他相关的自动化技术如条码技术、集装单元化技术等。

条码技术与计算机的结合使用，可以实现仓库物品进出的自动登记和自动盘存，不但极大地提高了工作效率，节约了人力，而且还可以避免人工管理造成的差错。仓库规模越大，所存物品种类越多，这一技术的优越性越能显示出来。例如大众公司的卡塞尔工厂里，有一个66万平方米的备件仓库，储存着13.6万种各类汽车配件，连停产14年之久的"甲壳虫车"的配件也能提供。这里是大众公司最大的物资调配中心，按需要每天向德图12个地区服务中心提供几十万件的各类汽车配件，也为在德国的四个汽车生产厂整车装配流水线提供即时到位的配件供应。

综上所述，我国汽车企业在销售物流方面，同国际汽车公司的先进水平相比，还有较大差距。我国汽车企业应以围绕交给用户一辆崭新的汽车为中心，展开工作，加快中转分流和仓库建设，发展自己的运输设备，强化一条龙服务等规范化管理，不断增加新的服务项目，真正树立起"用户第一"的经营思想；同时，积极加大科技投入，逐步实现现代化。

【课后练习】

（1）分销渠道的功能与类型有哪些？
（2）简述汽车产品中间商的类型与特征。
（3）简述分销渠道设计的内容。
（4）简述国内外汽车分销渠道现状。
（5）销售物流规划与管理的内容包括哪些？

案例分析一　　现代经销商与机制创新

马云曾说过："李嘉诚时代已经过去，现在是互联网时代。"其实，经销商还是在市场经济中扮演主角。渠道为王，决胜终端的格局还占主导地位。现代经销商如何在经济大潮中立于不败之地？目前企业与经销商关系的现状由于企业与经销商利益目标的差异性，企业与经销商沟通与管理效率低下，企业与经销商的关系并不如意。企业与经销商的关系主要表现在以下主要几种类型。

一、对立型：目标资源支持、利益分配等方面意见不一致，双方信任度偏低等原因产生种种矛盾，配合不到位，关系紧张。这种类型双方关系随时可能破裂，渠道体系四分五裂。

二、主仆型。这种关系是双方存在的一种不平等关系，一方依附于另一方，主要表现为两种形式：一种是企业品牌好、利润高，但对经销商条件苛刻，经销商为了赚钱只好任企业摆布。经销商对企业的忠诚度仅限于利润的维护，没有情感的忠诚，一旦有更好的品牌出现，经销商可能随时与企业决裂。另一种是企业品牌和利润均处劣势，而经销商实力大、对市场控制程度强，企业为了市场不得不曲从于经销商，被经销商牵着鼻子走。

三、松散型。企业经销商数量超出了管理能力、经销商关系管理意识不强，管理力度不够。厂商之间缺乏有效的沟通与管理，尤其是企业对二级经销商、终端经销商沟通与管理的深度不够，厂商之间信息传递和反馈不畅通，客情关系差，忠诚度低下。

四、双赢型。这种关系的最大特点就是，厂商之间不再是买与卖的互相利用关系，而是互相进行资源互补和共享，共同开发和培育目标市场，风险共担、利益共享的战略伙伴关系。它使得厂商之间信任度和忠诚度大大提高，为了共同的利益目标，谁也离不开谁，相互依赖，相互合作。

建设一个好网络。营销网络犹如农民之于田地，是经销商最的价值的资源，然而经销商在网络建设方面的挑战：

（1）销售网络链过长，物流速度低；
（2）销售网络不健全，辐射面小、空白点多；

(3) 经销商与网络成员之间的关系不牢固;
(4) 经销商终端运作能力不强,缺乏与超级终端打交道的能力、策略和人才。

经销商必须重视营销网络的开发与管理,建设一个健全、稳定的网络体系。目前经销商网络结构主要有以下几种:
(1) 传统模式:总经销商→二(三)级批发商→终端零售商;
(2) 直销模式:总经销商→终端零售商;
(3) 复合模式:以上二种模式的混合。

传统模式网络链过长,物流速度慢,网络成员沟通不充分、利润低、忠诚度差,对终端市场控制力弱,但这种模式能够快速实现市场辐射面的最大化;直销模式提升了物流速度、终端控制力和中间利润,但直销直接面对终端,对人力、运力、促销、服务等方面要求较高,营销成本较高,而经销商能力有限,一般经销商无法运作庞大的直销网络。而直销有限的市场覆盖面无法适应市场的广阔性,不能在最快的时间内控制市场;而复合模式则兼顾了传统模式与直销模式的优点,经销商在发挥传统模式优点的同时,发展直销模式直接开发终端市场,提升终端市场的控制力。要充分发挥混合模式的优势,一方面要对传统模式进行改造,即最大限度地缩短网络链,取消三批(这方面目前大多数经销商基本实现),培养专业化(专门做单一品牌、终端开发与管理能力强)的质量效益型的二批。另一方面通过直销模式对质量型(规模大、生意好、信誉好)终端的开发和管理,同时利用直销模式直面终端的优点加强营销服务,加强与终端沟通,加强品牌传播,提升终端商和消费者品牌忠诚度。还要注意的一点是经销商一定要防止在终端市场上与自己的二批商发生冲突,如价格冲突、促销冲突、目标终端冲突,保证二批直控终端与自己的直控终端和谐发展。

培养一批好的下游经销商。所谓好的下游经销商就是思路先进,积极性高,经营能力强,销售量大,忠诚度高的下游经销商。只有培养一批好的下游经销商,双方才能建立起来持久的、相互信赖的、具有巨大商业价值和个人价值的双赢关系,才能实现对市场的超强控制力。那么如何建立双赢的经销商关系?

(1) 影响渠道成员忠诚度的因素:▲成员需求的满意度;▲成员之间合作的主动性;▲成为重复购买者的意愿;▲向其他人推荐公司的意愿;▲以及转向公司竞争对手的抵抗力。

(2) 维系渠道成员忠诚的五大关键 ★品质;★价格;★品牌;★服务;★价值;★利润。

(3) 二级商开发与管理

★二批开发的原则:专销化、专业化、质量化。

★二批管理:包括产品、价格、区域、促销等方面的管理,旨在维护良好的市场秩序。

★二批服务:利润保障、长期合作、智慧和物质支持、深度沟通、情感投资、阶梯奖励、协助终端开发。

(4) 终端开发与管理

◇终端选择:首选生意好、信誉好的质量型的终端,终端并非规模越大越好,而是有满意销量的终端才是好终端。

◇终端开发:终端开发不能盲目,终端并不是越多越好,终端开发必须从数量型到质量型转变,确保开发一个成功一个。

◇终端管理:要避免重开发轻管理的做法,要加强终端的管理,包括品种管理、价格管理、促销管理、账务管理，尤其要对兼销店如何提升销量多下工夫，实现兼销店相对低成本地向专销终端过渡。

◇ 终端服务：服务是创造竞争差异，提升品牌美誉度，增进客情关系，提升终端忠诚度的重要途径。

客情关系的核心是诚信和利润。对终端的服务要以诚信为本，以终端经营利润的最大化为中心，对终端的服务要从单一服务向复合化转变，体力服务与智力服务相结合，物质服务与精神服务相结合，为终端提供周到完善的产品配送包装物回收、宣传促销、人员培训等方面的服务。

（5）渠道激励。激励的目的是为了渠道成员的积极性和忠诚度不断提升，渠道稳定性提高，提高整体竞争能力。经销商激励的方法：★数量品种奖；★铺市陈列奖；★渠道维护奖；★价格信誉奖；★合理库存奖；★无赊欠奖。

（6）加强客情关系，密切双方感情。

产品的质量、功能、价格等方面的支持固然是吸引经销商经销产品的重要因素，但是情感也是保证经销商关系稳固的重要因素。

具体方法有：召开联谊会、节日慰问、日常拜访、日常周到服务、优秀经销商评比等。

培养一支好队伍。经营必须以人为本，一支好的队伍是经销商经营成功的基础。随着经销商的不断发展壮大，职能的不断细分，人员的不断增加，有了自己的销售队伍，如何培养一支高素质的销售队伍则是广大经销商关心的问题。

首先经营者要不断学习，不断充电，提升自身素质，开阔视野，增强信心，明确思路和目标，提高管理能力；其次，要充分利用合作企业的优势资源，通过企业为经销商提供培训、策划、管理等方面的支持，提升经销商自己的队伍素质。

建立一个高效的经营机制。

（1）经营体制的创新。积极走向公司化经营之路，提升经销商的经营能力。所谓公司化经营不是经销商名称的公司化，而是管理的公司化，主要体现在经销商职能复合化、管理和服务的高效化、效益的最大化和持久化。

（2）内部管理和激励机制的创新。从任人唯亲到任人唯贤。员工不论是亲戚还是朋友，都以一视同仁，唯才是举。

从人情管理到人性管理。从你好我好大家都好的看面子、松散性管理到充满关怀和温情的管理，提升员工的责任感、归属感和成就感，提升员工的自我管理能力。

从大锅饭到按贡献分配。从固定薪酬到动态薪酬的转变，通过对员工业绩考核进行薪酬分配。业绩的考核不仅是销量，还应包括终端开发、管理与服务等方面，考核指标要提前下达，数字化。

案例分析二　　沃尔沃汽车的物流信息化案例

瑞典的沃尔沃汽车集团曾有这样的苦恼，由于生产与物流环节不畅，因此出现了多年库存积压的现象。近年来，由于引入信息化管理手段，建立了一个全新的信息化物流管理系统，沃尔沃将过去的"缺陷"变成了"特长"。

一、自己度身定造电子系统

在新物流构架的建造过程中，沃尔沃汽车集团体现了"说得不多，听得多，做得更多"的特点，他们在专心致志地倾听物流专家高谈阔论之余，潜心研究本集团的汽车生产和销售全过程，竭尽全力把物流专家提出的精辟理论和研究结论，按照自己的计划付诸物流实践中。

经过认真的市场调查和专家咨询以后，沃尔沃汽车集团下属的沃尔沃物流公司拨出巨额投资，推出了专门为出口物流提供合作物流操作的全新物流电子信息系统，把汽车制造、零售商、汽车部件生产商、承包商、托运人、承运人和运输公司全部连接在一起。这套系统于2001年初正式引进，同年10月份在沃尔沃集团全面推广。这一招非常精明，因为沃尔沃物流公司看到，汽车全球物流运作过程中大量的原材料、半成品、零部件和产成品均承受沉重的费用负担，大幅度降低成本是当务之急。同时客户对汽车物流提出了越来越高的标准，迫切要求供应商随时提供有关订货情况和所需货物的实时信息。解决这些问题的关键因素，在于提供实物分销或者供应运作的信息，还有就是传递这种信息的能力。

目前全球物流管理信息正在替代实物资源，成为物流经济活动的重要资源，世界上的著名汽车生产厂商越来越重视数据处理、信息系统，并开始积极地在通信基础设施上进行投资。沃尔沃物流公司看到了这个趋势。沃尔沃物流公司的配送应用信息系统A4D是一种全新的，覆盖面非常广泛的出口物流信息系统网站，从汽车生产流水线车间到交货地点，出口链上的所有部门和外商合伙人都能访问该网站的电子商贸平台，确保供应链的透明度。这套配送技术应用信息网络系统，是沃尔沃集团自己设计开发的。沃尔沃物流公司发现，用于汽车内销的软件在外面市场上容易找到，而专门用于汽车外销的电子信息系统软件则找不到，他们曾经试过与汽车外销物流要求类似的水果外销行业的网络软件，以及更加先进的自动化行业应用的信息系统软件，但是效果都不够理想，最后只好自己设计研制。

二、解决方案

汽车的订货与供货是一个庞大的物流过程，提供一个从头到尾与客户保持紧密联系的解决方案，是提高物流效率的必要手段。通过A4D信息系统和数字交换系统，沃尔沃物流公司不仅要与新老客户保持密切的联系，而且还要提供沃尔沃汽车从订货到交货的一条龙服务。

在通常情况下，一些大型的汽车制造厂商会专门设立负责听取消费者投诉和提供售后服务的客户服务部，或者信息技术部门，但是沃尔沃汽车集团自从推出A4D信息网络和数字交换系统以后，所有的售后服务和消费者投诉的受理全部由网络信息系统解决，因为沃尔沃物流公司配送中心的总经理就是负责网络电子商贸应用系统的兼职总经理，消费者的投诉信息一到他的手里，他有权立即着手处理，从而让消费者得到最快的回应。

沃尔沃物流公司目前使用的A4D电子信息系统的商贸平台，是全球汽车制造行业中的第一台，该电子信息系统的性能主要包括：

① 确保向消费者提供精确的交货信息。
② 缩短汽车从订货到交货的时间。
③ 为客户提供灵活、优先和便捷的交易操作。
④ 能够同时进行沃尔沃品牌以及其他汽车品牌的交易。
⑤ 降低管理成本、产品库存量和经营成本。
⑥ 明确显示产品的详细情况，包括开始生产、完成生产和从订货到交货的时间，物流配送操作和周边成本，以及交货时汽车的质量。
⑦ 及时参与新产品的物流规划。

例如，当沃尔沃汽车生产厂商设计出一种全新型号的沃尔沃汽车车身产品时，沃尔沃物流公司立即着手为这一新型沃尔沃汽车提前安排物流操作计划和运输规格。这方面的工作全部由沃尔沃物流公司完成。现在汽车消费者的主要注意点已经不在交货时间上，而是落在交货质量和汽车的销售成本上，对于汽车产品进行全程监视的 A4D 电子信息系统，可以有效地解决这个问题。通过电子数字交换或者通过 A4D 系统互联网，可以对每辆汽车进行跟踪和监督，取得有关数据。这一套系统可以实际应用到客户订货合同中规定的每一项细节，把生产厂商提供的产品、客户的订货和市场销售系统有机地结合起来，使得汽车零售商能够通过 A4D 系统互联网络，清楚地了解新型汽车产品的信息。与此同时，沃尔沃汽车集团的配送系统随时向承运人和其他有关运输公司提供信息。每当汽车零售商把客户的订单输入信息系统后，A4D 网络系统立即开始计算出"交货许诺"，根据这个"许诺"，有关汽车从生产、装配、包装、运输一直到交货的每一步都可以安排好。沃尔沃汽车集团在 A4D 信息系统中设立的"前期程序"，把订单上每一辆汽车从生产点到交货点的路线都编制成信息，再把信息发给零售商或者销售商。如果有必要，该信息系统会自动调整交货时间。总而言之，沃尔沃汽车物流公司通过网络与多家承运人保持密切的联系，具有多种运输方式可供选择，有足够的能力优化组织交货。

由于现在沃尔沃汽车集团基本上都由网络信息系统指导，以产定销，生产的汽车数量、型号、内部装饰、配件，过去曾有过的库存积压的现象已经不复存在。在过去的几年中，沃尔沃物流公司在联合承包和提供物流等方面积极发展与其他汽车生产厂商的合作，如美国的福特汽车公司，日本的陆虎（兰德罗孚）汽车公司，法国雷诺汽车公司和美国的麦克货车有限公司。但是沃尔沃物流公司本身并不拥有对外运输的承运工具，所有的对外运输车辆全部是租用的。因此，沃尔沃物流公司必须通过签订协议和合同，与远洋承运人的货运代理和其他运输公司的物流部门和运输部门保持密切的业务联系，随时通过他们提供的运输服务，把出厂的沃尔沃汽车送到每一个汽车销售点。信息化的物流管理系统，无疑为沃尔沃良好监控与合作伙伴的业务联系，提供了良好的基础。

试根据案例回答问题：沃尔沃的案例给了你哪些启示？

第六章

汽车产品促销策略

> **学习目标**
> 1. 理解促销的含义,认识促销对企业成功营销的重要作用。
> 2. 正确制订企业的促销组合决策。
> 3. 了解人员推销的特点,明确推销人员的主体作用,学会人员推销的策略,了解对推销队伍的组织管理。
> 4. 明确广告的含义,正确选择广告媒体,做好广告设计,了解广告效果的测定。
> 5. 理解公共关系的本质含义与特征,了解公共关系的实施进程。
> 6. 掌握营业推广的特点,了解营业推广工作的实际运作。

案例导入

天下武功,唯快不破。围绕林书豪中国行可能产生的营销机会,沃尔沃在公关层面果断决策,迅速执行,充分利用新媒体形成立体传播,引发一轮传播热潮。

2012年年初,当沃尔沃签约林书豪的时候,他正处于最受关注的时期。而林书豪作为一位睿智、敏捷的领袖型球员,阳光、健康的形象,低调、高品位的特质代表了进取型精英的风范,也与沃尔沃车主形象高度契合;林书豪在成长过程中坚持不懈、厚积薄发的精神,与沃尔沃汽车的品牌精髓相得益彰。对沃尔沃汽车来说,他们正在经历林书豪式的成长,致力于成为世界最受尊敬的豪华车品牌。

当然,再坚实的契合度和内涵,若不为人所知也无甚意义。于是,沃尔沃首先极力促成林书豪来华,利用这一契机,通过沃尔沃官方微博第一时间独家发送了这一信息,预料中的第一轮传播热潮由此掀起。而在此后的整体传播中充分借助各类新媒体的新特性,并将之有机的结合,完全打通了各类媒体的通路,形成了最终的传播合力。

借助国内最大的微博平台新浪微博,以创意的类似于篮球赛对抗的形式,沃尔沃成功推出了林书豪与李书福微访谈,并充分吸引了众多粉丝、各类新媒体及传统媒体的关注。而对相应的线下落地活动的内容及视频等,沃尔沃进行了不同形式的包装,通过BBS、SNS及微博等渠道,则掀起了多次的传播热潮。同时,在这些传播中以文字链等方式,在各个媒体之间形成通路,实现了整体传播的无缝对接。不仅有效地扩大了声量,将覆盖率最大化,同时带来了极佳的多次传播效应,使得沃尔沃的品牌内涵及产品特质获得了最佳的传达。

沃尔沃的目标就是要实现品牌内涵及产品特质信息的最大化传播,形成广泛而深入的影响。为此,他们率先使用了新浪微博平台的"微访谈"这一新产品,为众多粉丝创造了零距离接触林书豪和李书福的机会，并通过他们的形象、个性及智慧的碰撞，直观展示了沃尔沃的品牌内涵及产品特质。并因此带动了门户、平媒等的主动跟进。同时借助这一新形式，与众多网友的微博进行实时互动，对信息进行多层面的传播，形成立体式的巨大扩散效应。

与此同时，沃尔沃还通过达人秀这样的电视植入，为整体传播提供了极为丰富的内容资源，其后更是利用各类网络红人及BBS、SNS等实现再次扩散，由此掀起了新一轮的传播热潮。

此次Volvo-林书豪中国行的整体传播最终实现121805518广告价值，投入产出比则为1∶28。同时实现了1550119人次的有效互动，而实际达到的人次超过了1.5亿。整个传播期间，与Volvo相关的众多关键词的百度搜索指数上升了234%～600%。

第一节 促销策略概述

一、促销策略的概念及作用

所谓促销是指企业营销部门通过一定的方式，将产品信息及购买途经传递给目标客户，从而激发客户的购买兴趣，强化购买欲望，甚至创造需求，从而展开企业产品销售的一系列活动。促销的实质是传播与沟通信息，其目的是要促进销售、提高企业的市场占有率及增加企业的收益。

为了沟通市场信息，企业可以采取两种方式：一是单向沟通，即：或者是由"卖方→买方"的沟通，如广告、陈列、说明书、宣传报道等；或者是由"买方→卖方"的沟通，如用户意见书等。二是双向沟通，如上门推销、现场演示促销等方式，即买卖双方相互沟通信息和意见的形式。

现代市场营销将各种促销方式大体归纳为四种基本类型，即广告、人员推销、营业推广和公共关系。这四种方式的运用搭配称为促销组合。促销组合策略就是对这四种促销方式组合搭配和运用的决策。

促销活动对企业的生产经营意义重大，是企业市场营销的重要内容。促销的作用不仅对不知名的产品和新产品意义深远，而且对名牌产品同样重要，那种"好酒不怕巷子深"的传统观念已经越来越不能适应现代市场竞争的需要，是应当摒弃的落后观念。在现代社会中，促销活动至少有以下重要作用：

① 提供商业信息。通过促销宣传，可以使用户知道企业生产经营什么产品，有什么特点，到什么地方购买，购买的条件是什么等，从而引起顾客注意，激发并强化购买欲望，为实现和扩大销售作好舆论准备。

② 宣传产品特点，利于竞争能力。促销活动通过宣传企业的产品特点，提高产品和企业的知名度和美誉度，加深顾客的了解和喜爱，增强信任感，提高企业和产品的市场竞争力。

③ 树立良好企业的形象，巩固市场地位。恰当的促销活动可以树立良好的企业形象和产品形象，能使顾客对企业及其产品产生好感，从而培养和提高用户的忠诚度，形成稳定的用户群，可以不断地巩固和扩大市场占有率。

④ 影响用户的购买倾向、刺激需求。这种作用尤其对企业新产品推向市场效果更为明显一些。企业通过促销活动引导需求，有利于新产品打入市场和增加声誉。促销也有利于挖掘潜在需求，为企业赢得持久的市场需求提供了可能性。

总之，促销的作用就是花钱买市场，但企业在促销组合决策时，应有针对性地选择好各种促销方式的应用和搭配，兼顾效果与促销成本。

二、汽车产品基本促销方式

① 人员推销。人员推销是企业运用推销人员直接向顾客推销商品和劳务的一种促销活动。推销人员、推销对象和推销品构成人员推销的三个基本要素，推销人员是推销活动的主体。

② 广告。广告是通过报纸、杂志、广播、电视、网络、广告牌等广告传播体形式向目标顾客传递信息。采用广告宣传可以使广大客户对企业的产品、品牌、服务等加强认识，并产生好感。其特点是可以比较广泛（如推销员到达不了的地方）地宣传企业及产品，传递购买信息。

③ 营业推广。营业推广是由一系列短期引导性、强刺激性的战术促销方式组成。它一般只作为人员推销和广告的补充方式，其刺激性很强，吸引力很大，包括免费样品、赠券、奖券、展览、陈列、折扣、津贴等，它可以鼓励现有顾客重复购买，并争取潜在顾客，还可鼓励中间商增加销售。与人员推销和广告相比，营业推广不是连续进行的活动，只是一些阶段性或临时性的促使顾客迅速产生购买行为的措施。

④ 公共关系。为了使公众理解企业的经营活动符合公众利益，并有计划地加强与公众的联系，建立和谐的关系，树立企业信誉的一系列活动即属于公共关系。其特点是不以短期促销效果为目标，通过公共关系使公众对企业及其产品产生好感，并树立良好企业形象。它与广告的传播媒体有些类似，但又是以不同于广告的形式出现，因而能取得比广告更深刻的效果。如报告文学、电视剧、支持社会公益活动等公共关系手段的效果就很好。企业公共关系的目的不仅在于促销，更主要的目标是为企业的生产经营创造更为和谐的营销环境。

⑤ 销售技术服务（质量保修）。由于汽车产品本身在技术、结构和使用方面具有如下特点：a. 汽车产品价值高，又是上万个零件组成的复杂机器，不同的汽车产品具有不同的结构形式，也具有不同的汽车性能。b. 不同品种的汽车有着不同的使用条件，不同的使用条件对汽车性能的发挥有着十分明显的影响。c. 汽车在使用过程中需要经常性的维护与调整，维修时又常常需要专用设备（如检测设备）和专业性知识，而一般用户又往往缺乏汽车的产品知识和使用知识，也缺乏维修检测技能及相关设备条件。d. 买卖交割手续复杂（如办牌照等）。因而企业在销售汽车产品时，向用户介绍汽车产品特征、提供有关技术说明、培训用户掌握合理使用知识，提供销售过程中的一条龙服务以及为质量保修提供祝件和维修服务等，对促进汽车销售影响很大。这些售前、售中和售后服务工作统称为销售技术服务。其主要特点是专业性强，是用户购车考虑的首要因素之一。所以，优质的销售技术服务对促进销售、增强企业竞争能力效果十分明显。

三、促销组合决策及其影响因素

不同的促销组合形成不同的促销策略，如以人员推销为主的促销策略，是采取主动的直接方式，即"推"式策略（见图6-1）。推式策略，是指企业运用人员推销的方式把产品推向市场，先由企业（制造商）推向中间商，再由中间商推向消费者。其目的是说服中间商和消费者购买企业的产品。

以广告等非人员推销为主的促销策略，则采取的是间接的方式，即"拉"式策略（见图6-2）。拉式策略，是指企业运用以广告促销为主的方式，将顾客吸引过来。即由消费者向零售商、零售商向批发商、批发商向制造商求购、由下至上，层层拉动。

图 6-1 "推"式策略示意图　　　　　　图 6-2 "拉"式策略示意图

企业在促进产品销售的过程中，究竟是实行"推"式策略，还是实行"拉"式策略，要根据具体情况而定。一般来说，应当两者兼顾，各有侧重。因此，促销组合实质是综合运用促销方式，形成企业一整套促销活动，其组合结构如图 6-3 所示。

图 6-3　促销组合体系图

促销决策实质上就是对促销预算如何在各种方式之间进行合理分配的决策。

企业在做这些决策时，要考虑以下因素：

① 产品的种类和市场的类型。市场比较集中时人员推销的效果最好，营业推广和广告效果次之。反之，市场需求分散时广告的效果较好，营业推广和人员推销则次之。

② 促销的思路。企业促销活动的思路有推动与拉引之别。推动就是以中间商为主要促销对象，将产品推向销售渠道，进而推向用户。拉引是以最终用户为主要促销对象，引起并强化购买者的兴趣和欲望，吸引用户购买。

③ 产品生命周期的阶段。当产品处于导入期时，需要进行广泛的宣传，以提高知名度，因而广告的效果最佳，营业推广也有相当作用。当产品处于成长期时，广告和公共关系仍需加强，营业推广则可相对减少。产品进入成熟期时，应增加营业推广，削弱广告，因为此时大多数用户已经了解产品，在此阶段应大力进行人员推销，以便与竞争对手争夺客户。产品进入衰退期时，某些营业推广措施仍可适当保持，广告则可以停止。

四、汽车品牌模式下的营销组合的应用

（1）品牌策略

品牌策略的基础是要有精确的品牌定位，而精确的品牌定位是从准确的市场定位开始的。

① 必须通过市场细分找到目标市场，然后针对这部分消费群体去研究产品如何满足他们的需求（物质需求和心理需求）进行产品定位，再针对这部分消费群体和产品的关联性，研究应该塑造一种什么样的品牌形象即品牌形象定位。

② 不同品种的汽车产品应尽可能采用多品牌策略。单一品牌策略对于处在市场领导者地位的企业是有利的，它有利于加快新产品市场成长的速度、降低促销成本，同时强化强势品牌。但他的缺点在于品牌风险太大，一个产品出现的问题将破坏整个品牌的安全。因此，对处于市场挑战者、市场跟随者和市场补缺者地位的企业来说，就适合采取多品牌策略，众多的个性品牌将为其拥有者营造较为坚固的多品牌防线，有效防范竞争对手的冲击，使强者

更强。

③ 拥有自主知识产权的独立品牌是关键。

(2) 成本策略

重点研究消费者为满足需求所愿付出的成本。在品牌营销中应以顾客成本策略为定价方向，主要方法是需求志向定价法，又称为理解价值定价法，是根据消费者所理解的商品价值来制订产品价格，越是高档的汽车品牌越应以此方法为主导定价法。消费者对品牌价值的定位过程是双向的，一方面消费者会根据既已形成的价值观，通过比较来判定该汽车品牌的价值内涵。当然这种品牌价值应该是贴切的、真实的，为广大消费者接受的。

(3) 便利策略

① 要建立覆盖全国的营销服务网络，为消费者提供最便捷的销售服务和快速的维修服务。

② 在现阶段要大力推行4S品牌专营店的建设。使消费者能便捷的获取信息，接受服务；使汽车公司能更准确和详细地了解市场动态和消费者心理，以便提供个性化的产品和服务。

③ 要积极拓展服务范围。为消费者提供便利，要以减少购买成本作为基本目标，为其提供消费信贷、上牌、保险、过户、改装、汽车美容等多项服务，使其真正享受到一站式服务，从而扩展品牌所包含的服务价值的内涵。

(4) 沟通策略

实施品牌营销必须在促进销售量增长的同时，注重品牌形象的提升和品牌资产的积累。在这个强调互动、强调沟通的时代，沟通方式更应是贴心的，而不是灌输式的。因此，在与消费者的沟通策略上应采取拉式策略（尤其是对新品牌的促销）——先激起潜在消费者对品牌的渴望和对消耗品的兴趣，纷纷向经销商询问或订货，从而厂家得到经销商的订单和销售中的鼎力支持。在"拉"式策略中，广告是沟通的重要手段之一。品牌营销下的广告运作要坚持统一的品牌形象，包括专一的广告诉求和统一的广告风格两方面的含义。品牌营销是以消费者为中心的营销模式，强调的是个性化消费，在此基础上一对一的人员促销活动将越来越频繁，从某种意义上讲"一百次的让利比不上营销人员一次真诚的服务"。因此，品牌营销对促销人员的素质要求更高，他们的言行举止都会导致品牌形象的损益。所以对于品牌人员的选用显得极为重要，不但要考察他的业务能力，更要分析他的气质，观察他的道德品质、人际沟通能力和敬业精神，并对其进行培训。

第二节 人员推销

案例

当得知澳大利亚一个汽车集团下属的车行老板同意录用我成为一名汽车销售人员的时候，我是非常兴奋的。想到第二星期的第一天，我就可以在明亮的车行大厅里工作了，那种激动的心情几乎无法平静下来。周一报到的时候，老板要求我们去量体裁衣，为我们做工作服，并说周三才会拿到工作服和名片，让我们周三再来。又是令人激动和向往的两天过去了，周三的确有了工作服，也拿到了名片，老板却说，你们可以出去了。我们可愣住了，难倒不是在车行大厅工作吗？

在车行开始工作之前，必须要了解市场，必须知道哪里可能有我们的潜在客户。老板这样说。

那难倒不是在车行里销售汽车吗？我们内心充满了疑问。

只有在至少五个客户，拿着你的名片走进车行找你的时候，你才有资格回到车行来正式开始汽车的销售生涯。老板明确地告诉我们。

我是在两个半月之后回到车行的。在那80多天的日子里，我基本上了解了宝马汽车的潜在客户，他们的工作，他们的爱好，他们经常出入的地方，他们的性格，他们的消费倾向，以及他们与人沟通的方式。真的，有五个客户拿着我的名片走进车行的时候，我被老板以满意的口吻招回了展厅。

但是，第一个星期里，基本上不允许我们与潜在客户说话，像我这样的新手有一个师父带着，我的工作就是观察他是如何接触客户的，然后写下心得和体会。对于这段日子，在我日后的回忆中感受极为深刻，也就是在这前三个月的时间里，我学会了如何接近潜在客户，再经过后来公司的在职培训后，就更加透彻地了解公司让我们在外面工作的深远意义了。

任何一个光临车展大厅的人，任何一个你可能拜访的人都是潜在客户。即使没有光临你的展厅，也不意味着就不是你的客户。作为销售人员随时都要留意销售机会，你也可以通过电话预约客户来试车，也可以上门邀请客户，展示新款上市的汽车，这些都是非常重要的销售机会。在专业销售中，我们称为发掘潜在客户。

非专业的销售顾问相信运气，运气来时带来很好的业绩，没有业绩表示运气不好。专业的销售顾问每月都能产生稳定的高业绩，他相信每一个业绩都是有计划地逐步耕耘而取得的收获，虽然有些业绩的产生要经过较长时间的追踪、等待，但透过有效的计划来追踪客户，是带来稳定业绩的最重要因素。有了计划再进行追踪、检查与改善，销售效益才能逐步提升。

一、人员推销的概念及特点

（一）人员推销的概念

根据美国市场营销协会定义委员会的解释，所谓人员推销，是指企业通过派出销售人员与一个或一个以上可能成为购买者的人交谈，进行口头陈述，以推销商品，促进和扩大销售。

销售人员在企业和消费者之间起着关键性的纽带作用。许多情况下，销售人员同时服务于两个主体——买者与卖者。对于消费者而言，他们代表的是汽车公司，必须找到和发现新顾客，向他们传播公司的产品和服务信息；对于汽车公司而言，他们代表的是消费者，他们必须了解消费者，将消费者的意见反馈给公司。

（二）人员推销的特点

人员推销与非人员推销相比，具有不可替代的作用。其主要特点是：

(1) 具有较强的针对性

其他促销方式如广告虽然面对十分广泛的消费者，但针对性不强。人员推销则具有一定的针对性，目标更为明确，效果更为明显。

(2) 信息传递的双向性

人员推销是一种典型的信息双向沟通的促销形式。一方面推销人员向顾客传递产品的性能、使用、安装、价格、维修等方面的信息；另一方面推销员通过与顾客接触和有意识的观察调研，收集顾客对企业的产品与服务的评价，并不断反馈信息，为企业制订营销策略提供依据，从而提高企业的决策水平。

(3) 推销过程的灵活性

销售人员通过与顾客直接接触，可以亲眼观察到顾客对其推销的反应，并根据顾客的不同反应和需求，有针对性地采取必要的协调行动；以适应顾客的行为和需要，促进交易的进行。

(4) 推销过程的情感性

推销人员由于长期与顾客接触，可以"一回生二回熟"促使买卖双方建立深厚的友谊，加深企业与顾客之间的关系，从而培养顾客的忠诚，同顾客建立长期的关系，稳定产品的销售。

当然，人员推销也具有一些缺点，主要表现在：成本费用高，特别是在市场范围广和顾客分散的情况下，采用人员推销的方式，将受到较大的限制；对销售人员的要求比较高。随着科学技术的发展，新产品不断涌现，产品的技术日趋复杂，产品功能趋向多样化，因此要求推销人员必须熟悉产品的特点、功能、使用、维修等知识。而且要有较强的事业心、责任感，还要善于语言表达、观察力较强等。

二、推销人员的素质

人员推销是一个信息沟通过程，也是一个商品交换过程、技术服务过程，因此推销人员的素质十分重要。一个合格的推销人员应具备以下素质：

① 思想道德素质。要求具有强烈的事业心和责任感。诚实、热忱、勇于进取、文明经商、有吃苦耐劳的精神；

② 业务素质。要求熟悉企业、产品、市场、心理等方面的知识，能够灵活应变，有娴熟的技巧；

③ 行为标准方面，要求能团结协作、文明礼貌、举止适度、谈吐文雅、态度从容等。

三、人员推销的功能及步骤

(1) 人员推销的功能

在现代营销活动中，人员推销不仅仅是出售现有的产品，还要配合企业的整体营销活动来适应、满足和引导顾客需要。人员推销的功能包括以下4个方面。

① 开拓市场。通过派出推销人员访问顾客是企业开拓市场的常用手段。为此，推销人员必须掌握相关的资料，了解国际、国内市场状况的发展趋势。推销人员必须具备一定的观察能力和良好的沟通技巧。国际市场营销人员还必须精通当地的文化和语言。

② 搞好售后服务。推销人员除推销产品外，还必须为用户提供一定的售后服务工作。如免费上门安装、提供咨询服务、开展技术协作、及时办理交货事宜等。

③ 信息沟通。推销人员通过向顾客介绍企业和产品，在顾客心目中树立产品品牌形象和信誉。可见，人员推销承担着与广告相似的功能，他们不仅销售产品，还承担着传递和反馈信息的任务，参与市场营销的各项活动。

④ 进行市场研究。推销人员通过市场调研，收集市场信息，并及时反馈给企业，为企业决策服务。例如，日本汽车厂商推销人员往往亲自深入现场取得第一手资料，他们与中间商座谈，获得有关企业、产品的信息；通过与顾客的接触，了解顾客的消费态度、消费观念以及顾客意见等。这些信息的收集为厂商下一步制订营销策略提供帮助。

(2) 人员推销的步骤

市场营销研究者对人员推销提出"公式化推销"理论，将推销过程分成七个不同的步骤，如图 6-4 所示。

寻找顾客 → 事前准备 → 接近 → 介绍 → 克服障碍 → 达成交易 → 售后追踪

图 6-4 人员推销过程示意图

① 寻找顾客。是推销工作的第一步。

② 事前准备。推销人员必须掌握三方面的知识：a. 产品知识，即关于本企业、本企业产品的特点、用途和功能等方面的信息和知识。b. 顾客知识，即包括潜在顾客的个人情况、顾客购买产品的目的和用途、购买者的性格特点等。c. 竞争者的知识，即竞争者的能力、地位和他们的产品特点。同时还要准备好所推销产品的样品（或图片）、介绍说明材料，选定接近顾客的方式、访问时间、应变语言等。

③ 接近。即开始登门访问，与潜在顾客开始面对面的交谈。

④ 介绍。在介绍产品时，要注意说明该产品可能给顾客带来的好处，如顾客充分了解顾客让渡价值，要注意倾听对方发言，判断顾客的真实意图。

⑤ 克服障碍。推销人员应随时准备应对不同的意见，处理各种意外的交易障碍。

⑥ 达成交易。具体磋商交易条件，如成交价格、交货地点、结算方式、服务保障等，保住成交机会，促成交易成功。

⑦ 售后追踪。如果推销人员希望顾客满意并重复购买，则必须坚持售后追踪。推销人员应认真执行订单中所保证的条件，例如交货期、售后服务、安装服务等内容。

四、人员推销的基本方法和技巧

推销人员应根据不同的推销气氛和推销对象审时度势，巧妙而灵活地采用不同的方法和技巧，吸引用户，促其做出购买决定，达成交易。

（1）人员推销的基本方法

推销人员必须掌握的基本推销方法有：

① 试探性方法。如推销员对顾客还不甚了解，可以使用事先设计好的能引起客户兴趣、刺激客户购买欲望的推销语言，投石问路，进行试探，然后根据其反应再采取具体推销措施。面对较陌生的客户，推销要重点宣传产品的功能、风格、声望、感情价值和拥有后的好处等。

② 针对性方法。如果推销人员对客户需求特点比较了解，也可以事先设计好针对性较强、投其所好的推销语言和措施，有的放矢地宣传、展示和介绍产品，使客户感到推销员的确是自己的好参谋，真心地为自己服务，进而产生强烈的信任感，最终愉快地成交。

③ 引导性方法。推销员要能唤起客户的潜在需求，要先设计出鼓动性、引导性强的购买建议（但不是诱骗），诱发客户产生某方面的需求，并激起客户迫切要求实现这种需求的强烈动机，然后抓住时机向客户介绍产品的效益，说明所推销的产品正好能满足这种需求从而引导客户购买。如果不能立即促成交易，而能改变买者的态度并形成购买意向，为今后的推销创造条件，也是一种成功。推销人员要始终注意自己所提建议的成功性，言辞要有道理、有深度，语气要肯定，不能模棱两可，更不能有气无力，避免说服的一般化，要以具体事实作后盾。这就要求推销人员应掌握较高的推销艺术，设身处地为客户着想，恰如其分地介绍产品，真正起到引导作用。所以一名合格的推销员应具有丰富的产品知识和管理学、社会学、心理学等知识。

(2) 人员推销的基本技巧

推销员在掌握一定的推销方法后,还必须掌握一些推销技巧。如:

① 建立和谐的洽谈气氛的技巧。推销员与客户洽谈,首先应给客户一个良好的印象,懂礼貌、有修养、稳重而不呆板、活泼而不轻浮、谦逊而不自卑、直率而不鲁莽、敏捷而不冒失。

② 洽谈的技巧。在开始洽谈阶段,推销人员应巧妙地把谈话转入正题,做到自然、轻松。

③ 排除推销障碍的技巧。推销员如果不能有效地排除和克服所遇到的障碍,将会功亏一篑。因此,要掌握排除下列障碍的技巧:a. 排除客户异议障碍。如果发现客户欲言又止,推销员应自己少说话,直截了当地请客户发表意见,以自由问答的方式真诚地同客户交换意见和看法。对于客户的偏见,可以举例加以纠正,或者转换话题。b. 排除价格障碍。应充分介绍和展示产品特点,使客户感到"一分钱、一分货",物有所值。c. 排除客户习惯障碍。实事求是地介绍客户不太熟悉的产品,并将其与他们已经习惯的产品相比较,让客户乐于接受。还可以通过相关群体的影响,使客户接受新的观念。

④ 与客户会面的技巧。一是要选好见面的时间,以免吃"闭门羹";二是可采用请熟人引荐、名片开道、同有关人员交朋友等策略,赢得客户的欢迎。

⑤ 抓住成交机会的技巧。推销员应善于观察客户的情绪,在给客户留下好感和信任时,应抓住机会发动进攻,争取签约成交。

一个好的推销员,除了掌握上述方法与技巧外,其推销业绩还与推销员的良好个性有关。例如口齿要伶俐,脑子要灵活,反应要敏捷,洞察要准确,性格要温和,耐心要持久,尤其在中国这个看重礼仪的邦国里从事推销活动,推销员一定要做到不管市场是热是冷,都要常"走亲戚",有生意谈生意,没有生意叙友谊,把老用户当知己,把新用户当朋友。做生意不可过于急功近利。

五、人员推销的管理决策

企业要制订有效的措施和程序,加强对推销人员的挑选、训练、激励和评价。

(1) 推销人员的选拔

从选才来讲,不管是从企业内部选拔,还是社会公开招聘,都应严格进行考试与考察,择优录用。考试包括必要文化知识的笔试和必要智力水平(如反应能力、思维能力等)的考试。前者一般采用笔试,考察应聘人员知识的广度与深度,后者一般采用口试,重点考察应聘人员的语言表达、口才、理解记忆力、分析判断、灵活应变、仪表风度乃至个人形象等。经过这两个环节后,还应考察应聘人员的责任感、工作态度、工作作风、职业道德、敬业精神、创新精神等。

一般而言,优秀推销员必须具备以下素质:a. 良好的语言表达能力。语言要富有激情、鼓舞性和感染力。b. 较强的社交能力。具有较强的沟通能力,能够取得客户的充分信任。c. 敏锐的洞察能力。善于察言观色,能够准确判断客户的购买欲望和对供应商的选择倾向。d. 快捷的应变能力。应做到思路清晰,言谈符合逻辑,适应能力强,遇事不惊,沉着应变。e. 高超的控制能力。推销员应按照需要引导谈话走势,灵活处理异议,把握洽谈的主动权,控制好交易气氛。

(2) 推销人员的培训

推销人员的培训应围绕推销员的推销方法与技巧、职业道德与敬业精神、企业特色等3个内容进行训练与教育。就企业知识培训而言,主要是要求推销员熟悉产品、懂得技术、了解市场、心有用户、勇于竞争、勤于服务。使推销员能够向用户介绍产品和工厂的情况，供其所需，释其所疑；不但要让用户了解产品，还要让他们了解生产产品所用材料的优质性、技术的先进性、设备精密性、工艺稳定性及试验检测的严格性，使用户对产品摸底、放心。为此，对推销员的培训必须使其熟悉以下情况和知识：

① 公司的历史、历届负责人和一些较出色的经营人员等史实，以增加老用户的认同感；

② 生产工艺和设备，以利于回答买主的问题和接受买主的咨询；

③ 服务政策与服务内容，以消除用户的后顾之忧；

④ 产品投放等销售政策，以利于推销员明确企业的目标市场，产品和市场定位战略等；

⑤ 市场竞争特点，以便让推销员知己知彼，正确面对市场竞争；

⑥ 产品的使用知识，以便让推销员向用户充分介绍产品的使用价值。

此外，推销员的培训，还应包括市场营销相关法律知识、推销员守则、考核与奖惩制度、公司销售管理等内容。

在销售队伍建设中，尤为重要的是，要以在市场上能应对自如的销售专家，作为销售队伍的业务带头人。因而企业对推销员的培训应有层次地进行。

从层次来讲，销售员的培训应包括：a. 基础性培训。这种培训主要是针对新职员进行的，培训的主要内容是让推销员掌握基本的推销技能和有关基础知识，让推销员了解卖车程序、手续等。b. 完善性培训。这是一种对经过基础性培训，实际从事过一段时间推销工作的初级推销员的培训。c. 骨干培训。这是一种针对推销员骨干，拟提拔作为带头人或者担任基层推销领导人的培训。

推销员培训除了上述按层次有步骤地综合培训外，还有专门化培训。如针对企业某种新产品的上市专门进行的推销员培训。此类培训则主要围绕新产品的技术、使用以及市场特点进行。又如企业为了打入一个新市场而进行的专门培训，此类培训则应围绕目标市场的特点进行培训。

培训推销员的形式应采用课堂教学、模拟实验和现场训练（一般安排在工作岗位上并制订有经验的推销员负责指导）三种方式相结合，可以结合电化教学，将公司销售以及模范推销员的推销活动的全过程播放给学员观摩。推销员培训结束时，一般应采取书面与实战演戏相结合的考试方式进行结业考试，并将考试成绩与推销员的岗位安排或待遇适当挂钩。

（3）推销人员的组织与管理

推销人员组织与管理的内容包括企业对推销人员队伍总体规模、组织结构、工作制度、奖惩与考核等制度的确立。

1）推销人员规模的确定。

确定推销人员规模的方法有两种：

① 销售能力分析法。通过测量每个推销员在不同范围、不同市场潜力区域内的推销能力，计算在各种可能的推销人员规模下，企业的总销售额及投资收益率，以确定推销员的规模。

② 推销人员工作负荷量分析法。即根据每个推销人员的平均工作量及企业所需拜访的客户数目来确定推销人员的规模。

2）推销员的组织范围。组织结构共有三种可供选择的形式：

① 区域型结构，是将企业的目标市场分为若干个区域，每个销售人员负责一个区域的全部销售业务。并定出销售目标。采用这种结构有利于考察推销员的工作绩效，激励其工作积极性，有利于推销人员与顾客建立良好的人际关系，有利于节约交通费用。国外许多汽车

厂商对推销员都是按此型组织的。②产品型结构。将企业的产品分成若干类，每一个推销员负责推销其中的一类或几类产品。这种结构适用于产品类型较多并且技术性较强，产品间缺少关联的情况。③顾客型结构。按照目标客户的不同类型（如所属行业、规模大小、新老客户等）组织推销人员，即每个推销员负责某一类客户的推销活动。采用这种结构有利于推销人员更加了解同类客户的需求特点。

第三节 广 告

一、广告的含义、种类和作用

（一）广告的含义

广告是一种信息传播活动。是法人、公民和其他经济组织，为推销商品、服务或观念，通过各种媒介和形式向公众发布的有关信息。其包含以下内涵：

① 广告的对象是广大消费者；
② 广告的内容是传播商品和劳务的有关经济信息；
③ 广告是通过特定的媒体来实现的，并且对使用的媒体支付一定的费用；
④ 广告的目的是促进商品的销售。

【营销视野6-1】 入门级豪车的广告语 更像是年轻人的口号

全新奥迪Q3——潮流重塑
奥迪A1——以小见大
宝马X1——行由我，悦随心
全新宝马3系——运动王者，以悦制胜
沃尔沃V40——1小时的自在与释放，足以改变其余23小时的你!
奔驰全新B级车——Love More，爱更多
雷克萨斯CT200h——改变你的世界
雷克萨斯全新一代ES——SO WHAT，我就是一个完美主义者

（二）广告的种类

（1）根据广告的内容和目的划分如图6-5(a)所示。

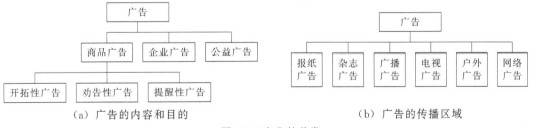

(a) 广告的内容和目的　　　　　　　　(b) 广告的传播区域

图6-5 广告的种类

（2）根据广告传播的区域来划分：可分为全国性广告、区域性广告和地区性广告等。如图6-5(b) 所示。根据广告媒体的形式：

广告有商业性广告和公益性广告。商业广告，是指被确认的广告主，按照付费原则，通

过大众传媒，以其所选择的多数人为目标对象，为了使他们遵循广告主的意图有所行动，对商品、劳务、观念等方面信息所采取的非人员方式的介绍和推广活动。

（三）广告的作用

① 促销作用。广告把企业的产品、商标、名称传达给顾客，顾客知道企业的存在。产品广告的直接销售目的非常明确，当人们购买某种商品时，就会想起广告中所提到的商品名称，无形中产生信任感。

② 显示实力的作用。广告体现了企业的气派和风格，尤其在有影响的电视、广播、报刊、杂志上刊登广告，说明了企业的实力。

③ 沟通作用。一般而言，广告的直接作用不是促销，而是沟通。尤其是观念广告、企业广告更是如此。这就要求广告创意与众不同。即先要引起无意受众的注意，然后调动其记忆细胞，甚至诱导受众广为传播。沟通是促销的前提，促销是沟通的目的。

【营销视野 6-2】 MINI 品牌首先在户外广告中挑起事端，其打出的广告词"用 SMART 的钱，买 MINI"，虽然其注明了：SMART 译为聪明，但明眼人都能看明白，这是 MINI 在用 SMART 作为噱头，提升自己的品牌形象，挑衅意味十足。这一举动马上引起了 SMART 的强烈回击，方式相同，还是文字游戏，SMART 打出广告词，"买真正的 MINI，选 SMART"，并注明 MINI 为小巧精致的意思。随着时间的推移，加入这场文字游戏的汽车品牌越来越多，大众甲壳虫、奥迪 A1、菲亚特 500 等纷纷参战，均欲借势树立自己的品牌形象。

二、广告媒体的选择

经典形式有：电视、广播、报纸、杂志。

① 报纸。优点：传播范围广，覆盖率高；传播及时，信息量大；说明性强，适合复杂的广告；制作简单，费用低。缺点：时效短；广告的表现力有限。

② 杂志。优点：读者阶层或对象十分明确；杂志在读者心目中有较高的威望，说服力强；传播时间长，可保存；传播的信息量较大，易于做内容复杂的广告。缺点：传播范围小，灵活性差；消遣性杂志不如报纸严肃，使广告的传播内容受限制。

③ 广播。优点：听众广泛；传播速度最快；制作简单，费用较低。缺点：传递的信息量有限，只能刺激听觉；难以把握收听率；不适合作说明性广告。

④ 电视。优点：综合利用各种艺术形式，表现力强；覆盖面广，注意率高；传播速度快，信息量大。缺点：费用高，制作复杂；针对性差。

⑤ 网络。随着我国网民的不断增加，网络已成为广告媒体的新选择。

香港一家经营强力胶水的商店，坐落在一条鲜为人知的街道上，生意很不景气。一天，这家商店的店主在门口贴了一张布告：明天上午九点，在此将用本店出售的强力胶水把一枚价值 4500 美元的金币贴在墙上，若有哪位先生、小姐用手把它揭下来，这枚金币就奉送给他（她），本店绝不食言！这个消息不胫而走。第二天，人们将这家店铺围得水泄不通，电视台的录像车也开来了。店主拿出一瓶强力胶水，高声重复广告中的承诺，接着便在那块从金饰店定做的金币背面薄薄涂上一层胶水，将它贴到墙上。人们一个接着一个地上来试运气，结果金币纹丝不动。这一切都被录像机摄入镜头。这家商店的强力胶水从此销量大增。

三、广告策略

（1）广告目标市场的选择

首先,应对企业营销的目标、产品、定价和销售渠道策略加以综合分析,以便明确广告在整体营销组合中应完成的任务,达到的目标。

其次,要对目标市场进行分析,使广告目标具体化。

广告目标的具体内容包括:促进沟通,需明确沟通到什么程度;提高产品知名度,帮助顾客认识、理解产品;建立需求偏好和品牌偏好;促进购买,增加销售,达到一定的销售量和市场占有率。

(2) 广告同产品生命周期的关系

产品所处生命周期不同,广告的形式和目标应有所差异。对于处于导入期和成长期的产品,广告的重点应放在介绍产品知识,灌输某种观念,提高知名度和可信度上,以获得目标用户的认同,激发购买欲望。对于成熟期的产品,重点则应放在创名牌,提高声誉上,指导目标用户的选择,说服用户,争夺市场。对于处于衰退期的产品,广告要以维持用户的需要为主,企业应适当压缩广告的作用。

(3) 广告定位策略

广告定位策略有三种:

① 广告实体定位策略。就是在广告中突出宣传产品本身的特点,主要包括功能定位、质量定位和价格定位,确立怎样的市场竞争地位,在目标用户心目中塑造何种形象,从而使广告最具有效果。

② 目标市场定位策略。目标市场定位使广告传播更加具有针对性。

③ 心理定位策略。心理定位主要包括正向定位、逆向定位和是非定位三种。正向定位主要是正面宣传产品的优异之处,逆向定位主要是唤起用户的同情和支持,是非定位则强调自己与竞争对手的不同之处,把强大的竞争对手逐出竞争领域。美国当代营销学专家韦勒说过一句话:"不要卖牛排,要卖烧烤牛排时的嗞嗞声"。他深刻揭示了心理定位的内涵。

(4) 广告创意与设计。

确立了广告的媒体之后,还必须根据不同媒体的特点,设计创作广告信息的内容与形式,立意应独特、新颖,形式要生动,广告词要易记忆,宣传重点要突出。广告要达到讨人喜欢,独具特色和令人信服的效果,或者说要达到引起注意,激发兴趣,强化购买欲望并最终导致购买行为。

(5) 广告时间决策。

广告在不同时间宣传,会产生不同的促销效果。这一决策包括何时做广告和什么时候做广告。前者是指企业根据其整体市场营销战略,决定自什么时候作广告。是集中时间作广告还是均衡时间作广告;是季节性广告,还是节假日广告等。后者则是决定究竟在哪一时刻做广告,如电视广告是在黄金时间做广告,还是在一般时间做广告,是否与某一电视栏目相关联等。汽车广告宣传的主题主要是围绕汽车产品的安全性、环保性、节能性、动力性、驾驶性、舒适性和浪漫性等内容展开。

第四节 营业推广

美国康涅狄格州有一家叫雪佛兰和奥兹莫比尔汽车厂,它的生意曾因长期不振,使工厂面临倒闭的局面。该厂的总裁对本厂经营和生产进行了反思,总结出自己企业经营失败的原因是推销方式不灵活。他针对全企业存在的问题,对竞争者及其他商品的推销术进行了认真的比较，最后设计了一种大胆的推销方式，即"买一送一"。

该厂新的推销手法是这样开始的：它积压了一批轿车，型号为 1986 年的，由于未能及时脱手，导致资金不能回笼，仓租利息负担沉重。该厂决定在全国主要报纸刊登一则特别广告：谁买一辆托罗纳多牌轿车，就可以免费获得一辆"南方"牌轿车。

买一送一的做法，由来已久了。但一般的做法是免费赠送一些小额的商品。如买电视机，送一个小玩具，买电须刀，送一支剃须膏；买录像机，送一盘录像带等。这种施以顾客一点恩惠的推销方式，确实起到很大的促销作用。

但是，这种方式慢慢不大起作用了。特别是在美国这个社会，商业广告充斥每个角落，不管书刊杂志或是橱窗路旁，五花八门的广告比比皆是，使它成为人们生活的一个组成部分。推销商品方法之多，范围之广，已使人们有点视而不见或麻木不仁了。

雪佛兰和奥兹莫比尔汽车以买一辆轿车赠送一辆轿车的超群出众的办法，一鸣惊人，使很多对广告习以为常的人也刮目相看，并相互转告。许多人看了广告以后，不辞远途而来看个究竟。该厂的经销部原来是门前冷清的，一下子则门庭若市了。

过去无人问津的积压轿车果真以 21 500 美元一辆被人买走了，该厂也一一兑现广告所承诺的，凡是买一辆托罗纳多牌轿车者，则免费赠送一辆崭新的"南方"牌轿车。如买主不要赠送的轿车，可给 4000 美元的回扣。奥兹莫比尔汽车厂实施这一招，虽然致使每辆轿车少收入约 5000 美元，但却使积压的车子一售而空。事实上，这些车如果积压一年卖不出去，每辆车损失的利息和仓租、保养费也接近这个数了。

更应该看到，这一举动给工厂带来了源源不断的生意。它不但使"托罗纳多"牌轿车名扬四海，提高了知名度，增加了市场占有率，同时也推出了一个新牌子——南方牌。这种低档轿车开始时以"赠品"作为托罗纳多牌轿车的陪嫁，随着赠送多了，它慢慢地也有名气了。

它确实是一种较实惠的轻便小车，造型小巧玲珑，价格便宜，很适合低收入阶层。这样，雪佛兰和奥兹莫比尔汽车厂起死回生了，生意从此兴隆发达起来。

一、营业推广的含义及其特点

营业推广又称销售促进，是指企业在特定目标市场中，为迅速刺激需求和鼓励购买而采取的各种促销活动。

一般来说，营业推广具有以下特点：

（1）具有直观的表现形式

采用销售促进方式，使消费者感到机会难得，进而打破消费者需求动机的转变和购买行为的惰性，尤其是对那些精打细算的消费者有很强的吸引力。但是，销售促进如果使用过于频繁或者使用不当，会使消费者认为卖者有抛售的意图，从而对产品的质量、性能、价格等产生怀疑。

（2）灵活多样，适应性强

营业推广可以根据不同的顾客需求和不同的顾客心理，针对性地采用各种不同的销售促进方法，从而能迅速唤起消费者的关注，促成其购买行动。如有的汽车商采取购买汽车赠送加油卡活动。

（3）促销效果显著

如果采取合理的销售促进方式，可以很快收到明显的短时期内促销效果，因而常常被企业所采用。

(4) 营业推广是一种辅助性的促销方式

人员推销、广告、公共关系和宣传报导是常规性的促销方式，而营业推广多半是短期的非正规性及非经常性的补充方式，所以一般作为一种辅助性的促销方式。配合人员推销、广告和公共关系，而很少单独使用。

营业推广受到许多因素的影响，总体来说有两方面的因素：一是内部因素，包括是否被管理高层接受、销售经理是否有条件使用或是否有提高销售的巨大压力等。二是外部因素，包括其他品牌数目的增加、竞争者经常使用销售促进手段、消费者要求、经销商要求等。

营业推广可有效地加速新产品进入市场的过程，有效地抵御和击败竞争对手，有效地刺激购买者和向购买者灌输对本企业有利的信息，有效地影响中间商的购买活动。

二、营业推广的方式

营业推广的对象主要包括目标用户和汽车经销企业两类。对目标用户的营业推广，目的主要是鼓励用户试买、试用，争夺其他品牌的用户。其形式主要有服务促销、价格折扣、展销、卖方信贷。对经销商的营业推广，目的是要鼓励多买和大量购进，并建立持久的合作关系。其主要形式有现金折扣、展销、业务会议、推销奖励、广告补贴、商业信用、价格保证、互惠。

（一）对最终用户营业推广的主要形式

（1）服务促销

通过周到的服务，使客户得到实惠，在相互信任的基础上开展交易。主要的服务形式有：售前服务、订购服务、送货服务、售后服务、维修服务、供应零配件服务、培训服务、咨询信息服务等。以下是一些汽车厂商的服务促销措施：

大众汽车厂商在德国的 4000 多个经销店和服务站，都可随时接受用户订车。经销商们宽敞明亮的展厅、醒目的指示牌、齐全的产品样本和价目表、布置得体的洽谈室以及考虑周到的停车场，为顾客创造了良好的购车环境。在那里，顾客不仅可以喝上可口的咖啡、热茶，而且顾客的小孩还可到展厅的游戏角去尽情玩耍。经销商给用户提供全方位服务，服务项目包括旧车回收、二手车交易、维修服务、提供备件、附件销售、车辆租赁、代办银行贷款、代办保险、车辆废气测试、顾客紧急营救等。经销商的销售业务有现货即期和远期交易两种，对于现货购买，用户一般在二、三天内即可得到汽车，而且注册牌照等手续也代为办妥，对于想购买装有各种特殊装备的顾客，经销商通过计算机订货系统查询后，向顾客提供价格、交货期等详细情况，一切购车手续在几分钟之内即可完成。用户在合同上签字后，经销商即向大众公司订货，安排生产。交货期一般为 6 周，客户订的车辆在生产线上一直被监控着，经销商随时可查看该车的生产进度。

戴姆勒-奔驰汽车厂商采取了一系列扩大服务、促进销售的措施，如成立卡车租车公司长期出租卡车；在欧洲实行卡车用户协议办法，持卡者可免费在公司设在欧洲的 2700 个维修点维修车辆和增配零件，开设了以旧换新服务项目，建有旧车销售网和旧车销售情报中心，为顾客免费提供咨询，为出租车、救护车等专用车采购大户提供特别服务；实行奔驰机场修车和维护服务，顾客可利用出差、度假时间，在机场交出车辆进行维护。

宝马（BMW）汽车厂商在世界各地的销售商都必须就 BMW 车的买卖、选型、运转功能、成本、保险甚至车用移动电话等特殊装备等细节问题，向用户进行内容广泛而深入的答疑和咨询服务，BMW 十分重视对中间商就用户的特殊服务和全面服务进行培训。除了境内众多的培训中心外，BMW 在近东、远东以及拉美都建有培训点。由于销售商直接与用户接触，BMW认为销售商是BMW的形象代表，经常对用户展开有奖调查，以发现销售商是否符合BMW的要求。BMW还设有24h巡回服务，行驶在世界各地的BMW车，一旦出现故障，只要一个电话，就近的巡回车就会赶到现场迅速排除故障。BMW还对用户报废车进行回收，建有拆卸旧车试验场，既为用户带来好处，又符合环保要求。

本田公司为了向用户提供优质服务，该公司十分注重提高经销及技术服务人员的素质。连他们的举止仪表都有具体规定。例如本田设于泰国的一个经销商，规定管理人员每两个月要到五星级宾馆进行一次接待礼仪方面的研修，定期为女职员开设美容及选择服装方面的讲座。此外，为了提醒用户，该公司在定期车检之前，通常还采取信函方式通知用户前来接受服务，并对用户的合作表示谢意。修配厂还设有娱乐设施并免费提供饮料，即使用户开了其他公司的车，他们也一样服务周到，让用户满意而去。

(2) 开展汽车租赁业务

开展租赁业务，对用户而言，可使用户在资金短缺的情况下，用少部分现钱而获得汽车的使用权。汽车投入使用后，用户用其经营所得利润或其他收入在几年内分期偿付租金，最终还可以少量投资得到车辆的产权，可以使用户避免货币贬值的风险；对我国运输经营者而言，租赁业务可使用户享受加速折旧、税前还贷、租金计入成本、绕过购车手续等优惠。对于汽车生产厂来说，可以拓宽销售市场，增加汽车的生产。对于汽车中间商而言，开办租赁业也能够取得比进销差率更好的经济效益。用3~5年的时间，不断收回车款、用户延期付款的利息及手续费、租赁业务利润等，而且在租赁期满后，仍然拥有产权，可按名义货价卖给用户，再获一次利润。

(3) 分期付款与低息贷款

针对用户购车资金不足，除租赁租借销售方式外，分期付款和低息贷款也是汽车促销的重要方式。分期付款是用户先支付一部分购车款，余下部分则在一定时间内，分期分批支付给销售部门，并最终买断汽车产权；而低息信贷则是用户购车前先去信贷公司贷足购车款，然后再购车，用户的贷款由用户与信贷公司结算，汽车销售部门则在用户购车时一次收清全部购车款。信贷业务与汽车销售业务相互独立。至于信贷公司，既可以由企业、中间商或银行分别兴办，也可以由他们联合兴办。

(4) 鼓励职工购买本企业产品

国外汽车厂商普遍对自己的职员优惠售车，他们将此种方式称为购买"自家车"，并以此唤起职工对本公司的热爱感，激发职工的责任感和荣誉感，较好地将汽车销售与企业文化建设结合起来。例如，大众公司规定本公司职工每隔九个月可以享受优惠购买一辆本公司的轿车，每年大众公司以此种方式销售的汽车近10万辆。近年来，我国部分轿车公司也在推行这种销售方式，加快轿车进入家庭的进程。

(5) 订货会与展销促销

订货会是促销的一种有效形式，可以由一家企业举办，也可以由多家企业联办，或者由某行业及其他组织者举办。订货会的主要交易方式有：现货交易（含远期交易）、样品订购交易以及进出口交易中的易货交易、以进代出贸易、补偿贸易等。

展销也是营业推广的有效形式，通过展销可起到"以新带旧"、"以畅带滞"的作用。同时，企业在展销期间，一般给予购买者优惠，短期促销效果很明显。展销的主要类型有：以名优产品为龙头的展销、新产品展销、区域性展销等。

(6) 价格折扣与价格保证促销

折扣销售是生产企业为了鼓励中间商或用户多买而在价格上给予的优惠，包括批量折扣、现金折扣、特种价格折扣、顾客类别折扣等。这些办法都能促成中间商或大用户扩大进货量，有助于促进双方建立长期友好合作关系。

这种推销法实际上是"薄利多销"策略的一种表现形式，其目的是刺激顾客的购买兴趣，卖方并不吃亏，为了留有打折的余地，厂商总是先把车价订得稍高一些，使打折扣后仍有利可图，同时也给用户一种"占了便宜"的印象。例如通用公司在20世纪80年代将x型紧凑轿车零售价调至比批发价高26%，雪佛兰调高20%，然后分别以削价100美元和500~700美元的折扣出售，终于打开了销售局面。克莱斯勒总裁说过，各厂家你争我斗，价格是决定性因素之一。所谓优惠促销正是价格竞争的产物。该公司在20世纪80年代中后期，给用户的折扣分别为300~1500美元不等。该公司还曾两次举办过"谢谢您，美国"活动，给1979年以来买过该公司车的人和数百万潜在买主发放"新车优惠购买证书"，持此证者可享受更多的优惠。

价格保证则是针对购买者持币待购，处于观望心理而推行的促销的方法。公司对购买者发放"价格保证卡"，如果公司的产品在保证期限内出现了降价，那么用户可持卡去公司领取当时价格与购买价格的差额。这样就可以消除顾客持币待购的现象，打破销售的沉闷局面。推行此种销售方法，由于增加了即期需求，价格可能反而不会下降。这种价格保证促销方法，我国汽车厂商完全可以采用，它在汽车市场滞销时有利于用户打破"买涨不买落"的心理作用。

（7）产品试用或试销

这种促销方法是公司先将汽车产品交付用户使用，使用一段时间后，用户满意则付款购买，如不满意则退回公司。

（8）以旧换新

"以旧换新"销售方法在汽车工业发达国家十分流行。这种方法是汽车厂商销售网点收购用户手中的旧车（不管何种品牌），然后将公司的新车再卖给用户，两笔业务分别结算。公司将收来的旧车经整修后，再售给那些买二手车的顾客。据介绍此种销售方法能满足用户追求新异的心理，又能保证车辆的完好技术状态，有较好的经济和社会效益。

【营销视野6-3】

2012年12月老旧车更新奖励政策临近收官，置换消费集中释放将拉动新车销售。记者从北京亚运村汽车交易市场（以下简称亚市）月会上获悉，12月京城以旧换新比例已从10月的55.4%上升到60.4%，提高了5个百分点。

（9）精神与物质奖励

企业为了对推销成绩优异的推销人员进行鼓励，充分发挥他们的能动性，可采取各种物质奖励和精神奖励的形式，激励推销人员为企业的促销作更大的努力。企业也可以对使用本产品的用户，给予物质和精神奖励，以培养用户对本企业汽车产品的忠诚感。

（10）竞赛与演示促销

企业根据目标市场的特点，对经销人员和单位组织各种形式的竞赛，以刺激和鼓励经销者和推销人员努力推销本企业的产品，树立良好的企业形象。对用户可以采取知识竞赛，驾驶水平竞赛等。演示促销可提供现场证明，增强客户的信任感，激发购买欲望等。汽车产品还可通过举办汽车拉力赛将竞赛与演示结合起来。企业可以利用这些比赛充分展示企业产品的性能、质量和企业实力，以建立和保持产品形象和企业形象。

对汽车最终用户的营业推广方式还有多种。例如，神谷正太郎针对20世纪60年代很多日本人不会开车的事实，在丰田销售公司创办了汽车驾驶学校，任何人都可以去那里免费学习汽车驾驶，这一举措吸引了不少的驾驶学习者，凡来参加学习的人员，不仅很快学会了驾驶技术，而且培育了驾驶乐趣和爱好，强化了他们的汽车理论和占有欲望，不断地为丰田汽车培养忠诚客户。

（二）对中间商的促销方式

上述对最终用户的促销方式，有些方式也可用于对中间商促销，如会议、展销、激励、奖励和价格保证等促销方式。从贸易折扣方面看，生产企业可以从多方面给予中间商贸易折扣，如：

① 现金折扣。这种促销方式是指如果中间商提前付款，可以按原批发折扣再给予一定折扣。如按规定中间商应在一个月内付款，如果中间商在10天内付清款项，再给予2%的折扣；如果在20天内付清款项，只再给予1%的折扣；如果超过20天，则不再给予另外折扣。显然，这种促销方式有利于企业尽快收回资金。

② 数量折扣。数量折扣是对于大量购买的中间商给予的一定折扣优惠，购买量越大，折扣率越高。

③ 顾客类别折扣。这种折扣形式是企业根据中间商的不同类别、不同分销渠道所提供的不同服务，给予的不同折扣。

有些汽车厂商还根据中间商的合作程度给予不同折扣，如我国某汽车厂商曾与经销商建立了一种利润共享、风险均担的机制。其具体内容是：a. 凡在市场疲软时，保持或增加对本公司汽车订货额的经销商，在市场畅销时，有优先保持和增加汽车资源的权利。b. 在市场疲软时不要求增加价格折扣的经销商，则在市场畅销时相应增加其价格折扣。c. 在市场疲软时，合同外增购的汽车将享受较大的价格折扣。d. 对市场疲软时减少订货的经销企业畅销时也将减少资源供应量。当然，这种机制的前提条件是经销商要对制造商的产品是否存在畅销机会抱有预期。

从建立稳固的合作机制方面看，企业还可以同中间商就服务、广告补贴、送货、运费金融通等方面达成长期协议。如采购支持就是制造企业为了帮助中间商采购，节省采购费用和库存费用而采取的一种方式，具体即指自动订购系统的采用。

企业向中间商提供订货的各种单据、表格，中间商通过网络向生产企业传送订单，企业一旦收到订单，立刻供货。这种方式是以前库存支持采购与网络的结合。有利于减少中间费用，节约时间，使中间商实现零库存。

【营销视野 6-4】

美国克莱斯勒汽车公司早在1963年就开始实施的经销商奖励计划。这项奢华的经销商奖励计划是向在克莱斯勒公司2008年取得良好销售业绩的前100名经销商进行奖励，奖励内容是公司支付这些经销商在2009年3月15日至19日希尔顿洛斯卡沃斯海滩及高尔夫度假村旅行的全部费用。经销商可乘飞机到达希尔顿酒店，该酒店房间起价为399美元，拥有四个高尔夫球场，起价都在210美元。

三、营业推广的实施和控制

一般来说，营业推广的实施过程包括确定目标、选择工具、制订方案、实施和控制方案以及评价结果等内容。

（一）确定销售促进的目标

从消费者的角度来看，当以中间商为目标时，它可帮助鼓励经销，推进与中间商的合作和增加销售量。当焦点集中在最终消费者时，它帮助提高商标意识；发展临时性销售；开展引进新产品或服务发展。通过营业推广，企业向顾客提供特殊优惠条件，引起兴趣，刺激购买行为。

（二）选择销售促进工具

可以选择不同的工具实现不同的销售促进目标。在选择销售促进工具的时候，必须充分考虑销售促进的目标、市场的类型、市场竞争的状况以及各种销售促进工具的特点、成本、经济效益等因素。

（三）制订促销方案

一个完整的销售促进方案包括：

（1）成本费用

销售促进方案必须确定企业成本与效益的最优选择，确定销售额和成本的相对比例。

（2）参加者的条件

决定参加者的条件是指决定销售促进的优惠提供给顾客，但对于参加者的条件不能要求太苛刻，否则会影响其对消费者的吸引力。

（3）销售促进媒体的选择

是指如何贯彻执行销售促进的方案。一般来说，可以通过广告媒体、店内散发等途径来实现。其中，店内散发是最常见的一种途径，而广告媒体的范围很广，但费用很高。

（4）决定销售促进时间的长短和时机

销售促进时间太短，消费者无法得到其好处，故可能影响购买；销售促进时间太长，消费者认为是长期降价，甚至对产品质量产生怀疑，也有可能影响其购买。

（5）销售促进的总预算

一般采用两种方式：一是自下而上的方式，即根据全年的销售活动的内容、销售工具及其成本费用来决定总预算；二是按照习惯比例来确定各种预算的比例。

（四）测试销售促进方案

对面向消费者市场的销售促进可轻而易举的进行测试。可以邀请一些消费者对几种可能的优惠方法作出评价，也可以在一定的范围内进行试用性测试。

（五）实施和控制销售促进方案

① 实施计划一般包括前置时间和销售延续时间。前置时间是指实施方案的准备时间，销售的延续时间是指从开始实施优待方法起到大约95％的采用这种优待方法的商品已经在消费者手里为止所经历的时间。

② 销售促进是一种效果比较明显的促销方式，如果使用不当，则会影响促销的目标的实现，甚至影响产品销售和企业的形象。因此，必须对销售促进方案进行控制。销售促进的控制，一般考虑选择的方式是否合适、期限是否合理，同时还要注意中后期宣传、不能弄虚作假等。

（六）评价销售促进的结果

企业可以运用多种不同的方法对销售促进的结果进行评价，评价的程序也因市场类型的不同而有所差异。最普通的方法是比较销售促进的前后的销售结果，通过比较销售绩效来测定其有效性。如果其他的条件不变,销售增加可以说明销售促进的绩效。

第五节 公 共 关 系

【营销视野6-5】 众泰控股集团借助奥运开展的公共关系活动

真正的休闲,不只是工作之余的放松;真正的文化,不只是孤芳自赏。当拥有汽车变成平常之后,有车的休闲文化似乎带着与生俱来的时尚吸力引起众多人的追捧,汽车带来了全新的休闲生活方式,同时休闲文化的发展也促进了汽车的普及,特别是小型休闲车开始走入普通人的家庭。人们从来没有像现在这样,能够如此自由地在时空转移中感受休闲文化的力量,人们越来越渴望快乐的汽车休闲生活。

为推动国内休闲生活文化,倡导快乐的汽车生活方式,由国内首款"小型休闲车"众泰所组成的车队,于日前在全国开展了主题为"休闲中国,畅享2008"的巡游活动。本次跨越两个月行程万里,上海始发终于北京,途经杭州、厦门、深圳、昆明、成都、西安、郑州、青岛等全国十几个休闲城市,一路演绎各地休闲文化生活,展现各地休闲风情。巡游车队经过的每个地区,都将留下休闲文化的痕迹。穿梭于现代时尚街区、千年古城风韵、青山秀水奇峰……,将都市休闲、山水休闲、传统与现代文化休闲等多元文化在旅程中全景呈现、碰撞和传播。这是第一次大范围、近距离地了解深藏民间的属于中国人的休闲文化。因为有车,我们走近了休闲;因为有车,我们发现了休闲;因为有车,我们演绎创造享受了休闲。走入这些城市,融入当地风情,车队还将演绎系列的休闲生活方式,从上海的新天地酒吧、成都老茶馆的青衣大褂、醒木折扇,到西安皮影戏的故都遗韵,到青岛海滩风筝会,最终的登上长城,带给各地人们扑面而来的休闲文化和快乐的汽车生活。以"谦和诚信、勤奋务实、刻苦向上、回报社会"宗旨的众泰控股集团,在本次活动中特别设计了"声援北京奥运万人大签名",在各巡游城市,号召人们一起为2008年的北京奥运奉献一份热心,共同预祝中国体育健儿在北京奥运会上创造佳绩,勇夺桂冠。作为新生的民族自主汽车品牌,众泰汽车传承"更快、更高、更强"的奥运理念和拼搏精神,立足市场实际需求,推出了国内首款小型休闲车,走出自己的独特发展之路。

一、公共关系的概念和职能

(1) 公共关系的概念

公共关系,又称公众关系,是指企业在市场营销活动中正确处理企业与社会公众的关系,以便树立企业的良好形象,从而促进产品销售的一种活动。公共关系是实施分析趋势、预测后果、向机构领导提出意见、履行一系列有计划的行动以服务本机构和公众利益的艺术和社会科学。是领导者为获得事业成功而确定的一系列思想、路线和政策;目的是不断调整本单位与公众的关系,在公众中树立本单位的良好形象。

(2) 公共关系的职能

公共关系与广告、营业推广的基本功能都在于传递信息,都要利用传播媒介和传播技术进行信息沟通。但是,公共关系又与其他促销手段有所不同,并且其功能也不仅局限于促销。一般来说,公共关系的职能有:

① 宣传企业。利用大众传播媒介,如报纸、杂志、广播、电视等,为企业进行宣传,以建立企业良好的形象。宣传报道的内容针对性强,消费公众感觉它比广告更可信。

② 加强和社会各方面的沟通和联系。企业通过与当地政府、经销商、社会、消费者联系，增进了解，加深感情。

③ 意见反馈。建立与公众之间的联系制度，答复他们的各种询问，提供有关本企业情况的材料，对任何来访、来电、来信的人，迅速有礼、准确、友好地接待和处理。美国一家公司提出并坚持24h接待服务和定期访问顾客制度，在社会公众中产生了良好的影响，效果极佳。

④ 应付危机，消除不利影响。当企业的国际市场营销战略发生失误，或出现较大问题时，可以利用公共关系给予补救；对不利于本企业发展的社会活动和社会舆论，要运用公共关系进行纠正和反驳。如美国通用汽车厂商就有过这种经历。美国新闻界曾公开了一位消费者的控告：通用汽车厂商的"卡瓦"牌汽车在任何速度下都不安全。几年后，该车型在市场上消失。通用公司为防止因"卡瓦"汽车的失误而导致整个企业的信誉下降和销售量锐减，就在国际市场上广泛开展公共关系活动，同时加强产品质量和售后服务工作，通过新闻媒介和其他方式搞好企业宣传，重新在社会公众中树立自己的形象。

需要说明的是，在社会发生突发事件后，或者全社会都在高度关注某项公益事业时，如果企业的反应不敏捷，或者反应不恰当，往往会诱发企业的公共关系危机。例如，2008年四川汶川地震后，一些汽车厂商迟迟没有捐赠行动，也没有派出志愿者服务，引起网民在互联网上的强烈指责，网民指责这些企业没有社会责任心，与企业实力或企业形象不相称等。目前，国内外都在探讨企业的社会责任问题，有的企业从企业经营理念上认为，在非常情况下不能适用市场原则，当社会需要企业付出时，企业应该勇于回报社会。为此，企业设立专门的非盈利事业管理部门，负责管理此类事务，将非盈利事业作为企业的一项战略，纳入日常管理，给予经费预算，明确企业非盈利事业的发展方向，如将非盈利事业的重点是放在关爱孤寡老人方面，还是放在关心希望工程方面，是在拯救自然灾害方面做贡献，还是在化解公共事件矛盾方面做贡献，回报社会的具体方式是捐款捐物，还是投入人力组建工作队等。无疑，这些企业对待非盈利事业管理的理念及其实施措施，都值得学习和推广，避免企业在非常时期成为社会舆论指责和议论的焦点。

各个企业要根据不同时期不同市场的情况，确定公共关系具体内容、任务和方法。公共关系的作用虽然很大，但它不能弥补产品和企业本身的缺陷，更不能取代人员推销、广告、营业推广的作用。

【营销视野6-6】 丰田——危机公关营销

在钓鱼岛事件发生后，作为日系车代表的丰田汽车随即第一个作出反应：向车主推出"0负担"服务，只要车主可以提供车辆被砸或受损的证据，比如报警记录、保险公司报险的记录等，丰田汽车就会承担保险公司不赔付的维修费用，此外，如果客户提出置换新车，还将在折损价外另增加2万元的补偿，此举一出得到了多数消费者和业内人士的认同。

(3) 公共关系的基本特征

① 公共关系是一定社会组织与其相关的社会公众之间的相互关系。
② 公共关系的目标是为企业广结良缘，在社会公众中创造良好的企业形象和社会声誉。
③ 公共关系的活动以真诚合作、平等互利、共同发展为基本原则。
④ 公共关系是一种信息沟通，是创造"人和"的艺术。
⑤ 公共关系是一种长期活动。

（4）汽车公共关系活动的对象

公共关系工作的对象是公众，是一些群体，这些群体的共同利益为某一个机构的行动和政策所影响，反过来这些群体的行动和意见也影响着这个机构。一般来说，公众可以分为内部公众和外部公众；现在公众、潜在公众和将来公众；重要公众、次要公众和边缘公众等。

汽车厂商的公众有着自己的特点。首先，作为汽车行业的厂家，有众多的原材料、零部件供应厂家和配套单位，产品用户也遍布各行各业；其次，对中外合资企业而言，还涉及各投资方、政府涉外部门和许多外国组织和个人；第三，汽车厂商一般在规模和影响方面较大，它们的许多事务涉及各个方面、层次的政府部门、企事业单位；第四，同其他企业一样，汽车厂商需要新闻、法律方面的工作，需要商业、服务业等方面的配合支持，同时也有着员工、家属等各种社会关系。

日本的企业在内部公共关系的建设上很值得借鉴。日本公司成功创造了一种合作精神。组织内的每一个人都在营销，都需要另外的与日常工作不一定相关的信息。内部关系的基础是由公司的公共关系部门或广告部门创办和编辑的员工刊物、电子邮件、电影、录像、碟片等媒体。

二、企业公共关系活动的主要方法和策略

公共关系的活动方式，是指以一定的公关目标和任务为核心，将若干种公关媒介与方法有机地结合起来，形成一套具有特定公关职能的工作方法系统。

（1）主要方法

① 创造和利用新闻。企业公共关系部门可发布有关新闻，或举办活动创造机会以吸引新闻界和公众的注意，利用这些机会邀请企业的领导人参加活动，发表演讲，展示他们的人格魅力，宣传介绍企业的发展成绩，提高企业的知名度。

② 参与公益活动。通过参与公益活动，如赞助文化体育活动、捐资助学、扶贫、救灾等，企业可以树立良好的公众形象，表明自己的社会责任态度，赢得公众的信任，培养与公众的友好感情，从而提高企业的美誉度。

③ 策划特殊活动。企业可以安排一些特殊的事件来吸引公众的注意，例如召开新闻发布会、研讨会或展览会，或举行各种庆典活动，主办有奖竞赛、演讲比赛等，通过丰富多彩的活动展示企业的实力和形象。现在许多世界著名的汽车厂商都十分注重在中国的公关工作，有目的地组织策划一些有意义的活动，如北京现代、东风本田都对高等学校开展过助教活动。

④ 编写和制作各种宣传资料。包括介绍企业和产品的业务通信、期刊、录像、幻灯片或电影公众喜闻乐见的宣传品。

⑤ 导入CIS。CIS（Corporation Identify System），企业形象识别系统，导入CIS，即综合运用现代设计和企业管理的理论、方法，将企业的经营理念、行为方式及个性特征等信息加以系统化、规范化和视觉化，塑造具体的企业形象，企业将这种视觉的企业形象印制在企业的建筑物、车辆、制服、业务名片、办公用品包装、文件、招牌等方面，便于企业改善对外交流形象。

⑥ 设立公共关系热线电话。通过热线电话，在社会公众与企业之间建立一条方便、快捷和便宜的信息沟通渠道。这些热线电话，主要不是处理用户投诉，而是服务于企业的公共关系。

总之，企业要善于运用公共关系手段，做好公共关系的目标设计，建设公共关系的平台和载体，选择和决策恰当的公共关系方法，定期审视和评估公共关系的实施效果，为企业的生产经营营造良好的内外部发展环境。

(2) 促销决策

① 确定公共关系促销目标。营销人员应为每一项公共关系活动制订特定目标，如建立知名度、建立信誉、激励推销人员和经销商、降低促销成本等。一般来说，公共关系费用要比广告费用低，公共关系越有成效，越能节省广告费用和人员推销费用。

② 选择公共关系信息和公共关系载体。目标确定后，公共关系人员就要鉴别或拟定有趣的题材来宣传。公共关系主题要服从企业的整体营销和宣传战略。公共关系宣传要与企业的广告、人员推销、直销和其他宣传工具相结合。公共关系的载体有新闻、演说、特别活动、书面材料、公益活动等。

③ 实施公共关系促销计划。公共关系促销人员的主要"资本"之一，就是他们与传播媒体人员的个人友谊，他们可以通过熟识的编辑、记者进行宣传报道，实现公共关系促销计划。他们了解媒体需要什么，如何让媒体满意，从而使他们的稿件不断被采纳。

④ 评估公共关系活动的效果。展露度衡量法，该方法是检验公共关系报道在媒体上的展露次数和时间，可以了解宣传报道的影响范围。衡量公众对产品的注意、理解、态度的变化也是一个较好方法。如举办重要的研讨会，邀请知名人士演讲，举办周年纪念，开展体育比赛，举行记者招待会等。计算公共关系的投资收益率。即将公共关系活动后销售额和利润的增加与公共关系投入相比较。这是最有说服力的一种评估方法。公共关系投资收益率越高，就说明公共关系活动越有效。

【课后练习】

(1) 促销有什么作用？促销组合有哪些？影响因素是什么？

(2) 企业如何选择销售人员？

(3) 广告有哪些特些特点和种类？如何选择广告媒体？

(4) 简述汽车产品营业推广的特点。

(5) 试述企业公共关系活动的主要方法和策略。

(6) 选择一家所熟悉的汽车企业，考察了解其促销策略，为其提出改进方案。

【实训操作】

(1) 目前媒体上展现的汽车广告是否有针对性，请根据本章内容选择一汽车产品的广告进行分析。

(2) 请找一个公共关系的案例，说说自己的心得体会。

(3) 以小组为单位，模拟一次新闻发言。

第七章

汽车服务策略

> **学习目标**
> 1. 掌握服务的含义；理解服务的特征；掌握服务营销的组合要素。
> 2. 掌握服务质量的含义；理解服务质量的评价；理解服务质量评价以及服务的有形展示。
> 3. 掌握售后服务的含义；掌握售后服务的工作内容；了解售后服务的管理。

案例导入

案例一　提高售后服务质量　宝马品牌战略转向

"在中国市场，服务是宝马长期以来的一个战略重点。在2003年实现本地化生产之前，服务是最基本的工作任务，而在国产化以后，宝马持续在服务领域快速推进，我们已经取得显著成果。"日前，华晨宝马营销高级副总裁在接受记者采访时这样表示。

在奔驰、奥迪还在倾力做品牌宣传的时候，宝马的宣传方向已经开始转向服务领域。先是组织记者参观宝马的零部件配送中心，而后又邀请重要客户实地观摩售后服务区，宝马试图向人们传递一个信号，宝马不仅仅是一个"豪华汽车品牌"，还是一个"豪华服务品牌"。

"宝马在服务领域的策略就是不断提高服务质量和提升客户满意度。"副总裁告诉记者，华晨宝马的服务体系有5点较为突出：第一，增加服务网点的数量，提升4S店的服务接待能力；第二，强化服务人才的专业化培训；第三，宝马零部件就近储运，减少客户等待零部件的时间；第四，以客户为导向的专业道路救援服务；第五，建立与客户双向高效的沟通渠道。

据副总裁介绍，宝马全国服务体系的建设主要从三个方面着力：首先，在北京和上海等中心城市，引入新的合作伙伴和竞争机制，并鼓励经销商扩大投资，扩建和新建服务网点；其次，在经济发达的东南沿海地区，进入二、三线城市，形成密集型的网状覆盖，比如在长江三角洲和珠江三角洲地区，已经深入到无锡、苏州、汕头、佛山等地；最后，进入过去未曾建立服务设施的新省份，争取覆盖每一个省区市。

到目前为止，宝马在全国的售后服务网点已经超过70家，以宝马的全国保有量而言（大约12万辆），每千辆汽车平均占有的服务网点数量已经超过主要的竞争对手。而目前，这个网络的扩展仍在继续，大约有20家宝马服务网点已经进入建设流程。

"宝马公司对于所有4S中心的建设都有着同样的高要求。"副总裁表示，在硬件设施方面，从4S店的选址、建筑规模和建筑风格，到服务区域和维修工位的设置，以及宝马专用诊断和维修工具的配备，宝马都有全球统一的高标规范；更为重要的是，宝马全国经销商都必须遵从规范化的组织机构和管理流程，采用全国联网的信息化管理，按照宝马的要求进行原厂零部件的存储和供应。"在这些方面，宝马公司既承担着指导和支持的义务，同时又建立了严格的考核制度，履行着监督者的责任，以确保宝马国际水准的服务规范得以贯彻，让客户不管走到哪一家4S店都能获得同样满意的服务。"

为了解决服务运营中最为常见的等待零部件的问题，宝马于2007年1月在北京设立了宝马零部件配送中心。该配送中心营业面积8000平方米，并计划于未来三年内扩大到1.2万平方米。配送货品包括宝马轿车和摩托车零部件、广告促销品和宝马生活方式的产品，其中库存零部件达12400多种。32名专业人员服务于配送中心，他们可以在90分钟内完成超急订单的分拣包装，3个小时内完成紧急订单的分拣包装，3个工作日完成库存补给，1~5天完成对全国经销商的库存供应。同时24小时内实现向全国经销商的紧急订单快速供货。

2006年7月，BMW道路救援服务在中国大陆正式启动。迄今，宝马中国已联手全国BMW授权经销商伙伴，建立授权服务网络，利用广泛的资源与公认的技术专长，为客户提供及时、周到、专业的救援服务。24个月新车保修期内的车辆，将免费享受距BMW授权经销商所在地150公里半径范围内的道路救援和机动服务。

"在中国这样一个新兴而快速发展的汽车市场上，我们认为培养合格的当地服务人才是确保服务质量的关键。"副总裁表示，除了在经销商层面的在职培训外，宝马于2006年设立了宝马中国培训学院，可以为宝马中国经销商员工和宝马员工提供涵盖管理、销售及市场营销培训、售后服务非技术培训、售后服务技术培训等方面的全面职业培训。

"在宝马集团，服务和研发、生产和营销一起构成了其高档品牌战略的四个支柱。在中国，华晨宝马的品牌战略将与宝马集团保持一致。"副总裁说。

案例二 观察车市打出"差异化个性化服务"牌

持续了7年的车市"井喷"，在国内积累了大量的在用车用户，早年购车的用户相继进入了维修保养、购新换代的高峰期。中国质量协会、全国用户委员会的测评结果显示：目前，服务质量依然是消费者购车时考虑的主要因素之一，诱人的"大前提"促使许多汽车企业瞄准"汽车服务"这片产业发展的"蓝海"，开始了"后产品竞争时代"的争夺战。

长安马自达汽车公司举办"回家看看"活动

鉴于很多的车主对于车辆这个复杂机器是如何生产出来的不了解。尤其马自达客户都是很年轻的群体，对汽车的生产线充满了好奇。让客户走进长马，了解长马的企业文化。通过对长马生产车间的参观，先进的产品研发、质量管控等体系的了解，让客户认识到长安马自达的产品是经过先进的研发理念、生产设备和质量管控手段而设计生产出来的，符合国家质量标准的合格产品；活动参与非常踊跃，提高了客户满意度。通过后期的传播，增加客户对长安马自达汽车的忠诚度，为今后的产品销售提供更好的销售环境。

上海汽车推出"尊荣体验 宅捷修"服务产品

推出国内首创全新"到家式"售后服务产品，将涵盖车辆检测、维修、保养三大类50项内容的专业服务"送上门"，树立"消费者坐享主动上门服务"的全新标准。通过这项服务，"宅捷修"的推出有效节省了消费者时间和费用成本，使客户对品牌忠诚度增加。主动式的服务有效提升了售后服务营业额。品牌形象得到提升，吸引更多潜在用户关注。

2011 昌河汽车公司客户抱怨 8 分钟回应活动

从受理客户抱怨开始，对客户抱怨的处理过程进行全程的跟踪，每一个客户抱怨在 8 分钟内受理、8 分钟内联络、8 分钟内支持。确保每一个客户抱怨都能得到妥善的处理，提高了用户满意度。加快了用户抱怨的处理速度，做到一般抱怨当天处理完成，复杂抱怨在 3 天内处理完成。

丰田公司雷克萨斯品牌 设置车主专用页面

为保证车主爱车总是处于最佳状态，并给车主提供更好的服务，雷克萨斯设置了该车主专用页面。车主可以在家里或者办公室随时登录及浏览该网站，不但可以展示爱车图片，还可以查询爱车的维修保养记录及预约检查项目等，同时还可以通过该网站与专属经销商联系，获得定期的维护保养介绍，并能够按照车主方便的时间预约所需要的服务。雷克萨斯也会通过该网站发布为车主量身订制的服务及各类促销信息。

现代市场营销的重要特点就是产品与服务的联系越来越紧密，特别是汽车这样的产品，服务更是成为汽车市场新的竞争目标，追求"差异化"服务是打造竞争优势的战略选择。服务不仅是汽车生产企业的经营对象，还是汽车销售企业、汽车维修企业以及汽车物流企业的直接经营对象。实践证明，物质产品的营销和服务营销不是两个能够清晰分开的营销类型，物质产品已经离不开服务营销来实现其物质产品的价值，而服务营销往往也需要物质产品来实现其服务。

本章在介绍有关服务营销的基本知识后，重点对汽车产品的售后服务进行探讨。

第一节 服务与服务营销

一、服务的内涵与特征

随着社会的发展，人们对汽车的需求越来越大，现在汽车市场利润可观，越来越多的人从事到这个行业中来，市场竞争日益激烈，一个企业在市场竞争中能否取胜，很大程度上取决于汽车的质量，这个质量包括技术质量和服务质量两个方面。技术质量就是汽车产品的功能、特性、技术及技术含量、品质、品牌、样式和结构等；服务质量是用户对汽车产品的服务的态度、水平、便利性、及时行、周到性以及收费等方面的认知和满意程度等，从行业和市场来看，运用好服务的策略在某种程度上可以在竞争中经受住考验。

（一）服务的含义

服务是一方为了满足另一方的需要而提供的产品或从事的活动，它的生产可能与某种有形产品联系在一起，也可能无关。如汽车销售过程中首先要建立在顾客对汽车产品的需要上，企业向顾客提供产品和维修等有形活动，同时对顾客关于产品的信息的提供又是无形的活动，这样服务的实现离不开供应和需求，两者缺一不可。

因此，掌握顾客的需要对提高服务效益来说是很关键的一个因素。关于顾客的需要可以从以下几个方面来了解一下：

① "在这里购物从不担心产品的质量问题"是顾客对零售企业产品质量的要求。
② "说到做到"是顾客对商场信誉的要求。
③ "产品种类及选择余地"是顾客对产品齐全性的要求。
④ "及时服务"、"给顾客被尊重的感觉"、"服务方式"及"专业性"是顾客对服务人员

的要求。

⑤"退换货保障"、"送货时间的安排"、"送货速度"是顾客对售后服务的要求。

⑥"能满足我的需求"是顾客对便民设施的要求。

⑦"容易找到我要求的地方，包括出口、卫生间、收银台等"是顾客对整体布局的要求。

⑧"产品标识清楚明了"、"容易找到自己要买的商品"、"产品陈列"、"导购服务的有效性"是顾客对产品陈列、标识、导购服务的要求。

⑨"促销活动的内容、形式、对我的吸引力"是顾客对促销活动的要求。

我们可以把服务（Service）的英文字母的拆分成下面几个部分来进一步理解一下服务：

S——Sincerity 真诚（为顾客提供真诚、有礼貌的服务）；

E——Empathy 角色转换（以适合顾客的角色或方式为顾客提供服务）；

R——Reliability 可靠性（掌握服务所需要的专业技能并以诚恳的态度为顾客服务）；

V——Value 价值（提供顾客期望得到的服务，增加价值感）；

I——Interaction 互动（具备优秀的沟通技能并及时给予顾客回应）；

C——Completeness 竭尽全力（竭尽全力为顾客提供所能做到的最好的服务）；

E——Empowerment 授权（给予服务人员一定权限以确保在一定时间内解决顾客的各类问题）。

（二）服务的特征

服务的特征较多，以下几方面对制订营销方案影响较大：

（1）无形性

也称不可触知性。顾客在购买服务之前，一般不能看到、听到、嗅到、尝到或感觉到服务。因此，服务时多介绍服务所能提供的利益，让无形的服务在消费者眼中变得有形，借助有形的实物产生服务。

如顾客购买汽车时，是先考虑到汽车对自己的实用价值，汽车只是他的需求的一个物质载体，这些载体所承载的服务或者效用才是最重要的，才是他真正所需要的，而这种需要必须通过汽车这个有形的实物才能实现服务。

如顾客需要更换轮胎，他关心的是安全性和可靠性，这样的需求是无形的，而维修人员就是通过更换轮胎这个服务来实现他的这种无形的需求，而这种需求必须通过轮胎和技术人员这样的有形实物才能实现服务。

（2）同一性

也称同步性。服务的提供者用他的劳动直接为购买者提供使用价值和需求，这样的过程中同时存在着生产过程与消费过程，两个过程不可分离，缺一不可，并且是同时进行同步发生。

如汽车发动机的大修，对车主而言是消费过程，对维修人员而言是生产过程。这一特征表明，顾客只有而且必须加入到服务的生产过程中，才能得到服务；而且对于一个出售劳务的维修人员而言，在同一时间只能在一个地点提供直接服务。

（3）异质性

服务是以人（服务提供者）为中心的产业，这与实行自动化生产的制造业不同。由于人的气质、修养、文化与技术水平存在差异，不同的人操作同一服务，服务质量就很难达到完全相同；即使是同一个人作同样的服务，因时间、地点、环境与心态的不同，服务成果也难以完全一致。因此,服务必须特别强调保持应有的品质,力求始终如一,维持高水准,建立顾客信心,树立优质服务的形象。

(4) 即时性

由于服务的生产与消费同时进行及其无形性,决定了服务不能进行储存,也不能进行退换,不能对服务实施"售后服务"。而且很多服务的使用价值,如不及时加以利用,就会"过期作废"。如汽车维修设备的闲置等,均为服务业不可补偿的损失。因此,服务业的规模、定价与推广,必须力求达到人力、物力的充分利用。

此外,服务的无形与易逝,使得购买者不能"实质性"地占有,因而不涉及所有权的转移,也不能申请专利。

二、服务营销的组合要素

由于服务的前述特征,服务营销战略的形成和实施,以及服务营销的组合离不开产品、定价、分销和促销等这几个要素。

(1) 产品

服务产品必须考虑的要素是提供服务的范围、质量、品牌、保证以及跟踪服务等。如果顾客不需要你的产品,服务再好也无济于事,连给顾客提供服务的机会也没有。所以,产品是顾客给予你的服务机会和通行证。

服务产品包括核心服务、便利服务和辅助服务。

① 核心服务体现了企业为顾客提供的最基本效用,如汽车的销售服务,汽车故障的维修服务等。

② 便利服务是为配合、推广核心服务而提供的便利,主要如考虑以下一些方面:

a. 地点:与顾客居住地的距离、顾客进厂的路线、天然阻隔、接送车服务、指示牌。

b. 时间:营业时间、假日值班、24 小时救援、等待时间。

c. 付款:付款方式、有人指引或陪同、结账时间、单据的整理。

d. 信息查询:维修记录、费用、车辆信息、配件、工时费。

e. 商品选购:百货等的选购。

f. 功能:保险、四位一体、紧急救援、车辆年审、汽车俱乐部、接送车服务。

③ 辅助服务用以增加服务的价值或是区别于竞争者的服务,有助于企业实施差异化营销战略。例如以下几个方面:

a. 厂房规划:CI 形象、区域划分、指示牌。

b. 专业作业:标准程序、看板管理、专业人员负责、5S 管理、专业分工。

c. 价格透明:常用零件价格、收费标准。

d. 兑现承诺:交车时间、维修时间、配件发货、解决问题。

e. 顾客参与:寻求顾客认同、需求分析、报告维修进度、告知追加项目、交车过程、车主讲座。

f. 专业化:语言专业、热忱、亲切。

(2) 分销

随着服务领域的扩展,服务销售除直销外,经由中介机构销售者日渐增多。中介机构主要有代理、代销、经纪等形态。汽车企业通常会选择适当的维修厂店,建立一套维修服务网络进行服务"分销"的,有的维修企业也在异地设立服务连锁店。

(3) 定价

一般而言，价格是一项服务区别于另一项服务时的一种重要的识别标志，顾客往往从价格感受到服务价值的高低。对于服务质量的评价要尽量制订量化标准。价格合理价格透明对服务价值的实现来说影响比较大。如汽车维修服务中，服务商都有各种故障的维修工时定额、服务价目表等，维修完毕后也可以检查故障是否已排除，检查产品的性能质量是否复原等。

(4) 促销

为增强消费者对无形服务的印象，企业在促销活动中要尽量使服务产品有形化。服务的促销方式包括广告、人员推销、营业推广、宣传、公共关系等营销沟通方式。

三、先进服务理念

服务经营者的任何服务都是在一定的服务理念下开展工作或活动的，服务理念的先进进步与否，直接关系到服务作业者的工作态度和服务活动完成的工作质量。

(1) 服务理念的概念

服务理念（Service Concept）就是服务提供者对待服务工作的态度，是服务工作的指导思想，是服务提供者经营哲学在服务工作上的具体反映，或者说是服务提供者的经营观念或营销观念在服务工作上的具体化。服务提供者有什么样的服务理念，就会有什么样的服务行为。

先进的服务理念就是要顺应时代发展的需要，与时俱进，不断创新服务的内容和服务的形式，其根本目标就是要让被服务者充分满意，能够为服务提供者赢得市场竞争的主动地位，并将这个导向贯彻到各项服务工作的具体环节中去。

结合国内外汽车市场竞争发展的态势，我国汽车厂商在服务理念方面，一是要牢固树立"以人为本"、"全面满足客户需要"等先进服务理念，以顾客满意作为服务导向，将顾客的满意度作为评价服务工作好坏的根本依据。二是要在具体的服务工作中真正持续地贯彻先进服务理念，无论是管理人员，还是服务员工，在工作的每一细节都要以实际行动体现先进服务理念。先进的服务理念绝不只是各种响亮的口号，它必须转化到各种具体的服务工作当中。现实生活中，不少厂商虽然打出"用户是上帝"、"用户第一"、"顾客至上"等口号，但是在具体工作中，缺乏具体的操作细则，没有研究服务规范和服务标准，没有对服务实施严格考核；或者对服务不能做到长期坚持高标准、高水准，而是时好时坏；或者在服务上不能给予必要的投入，而是过度考虑服务成本的节约。这些现象导致服务质量总是令消费者不满意。

现代汽车营销表明，由于汽车厂商的实力差距缩小，围绕价格因素以及品种、质量、交货时限和广告宣传等非价格因素竞争的空间日益狭小，市场竞争的焦点日益向服务领域转移，车厂商纷纷给用户实实在在的利益来维持和开拓市场，而这些利益大多都是从服务中提供的。所以国际上有人称，是否具备服务能力并切实履行相应责任是汽车厂商服务真假的试金石。

由此可见，现代汽车厂商不应将服务视为法律和市场竞争压力下的被动行为，而应将其看作克敌制胜，争取市场竞争有利地位的主动行为。以先进服务理念，全面规划和指导具体的服务实践。

(2) 先进服务理念的表现

面对迅速发展和越来越成熟的汽车消费市场，汽车厂商应始终以顾客需要为导向，突出顾客满意度。

在这个中心理念指导下，不同厂商对服务理念都有自己的理解。

① 深度营销理念。所谓深度营销是指在满足消费者表层需求之后，再以深层次的服务去巩固、保留原有顾客并拓展新市场的过程。对汽车营销者而言，深度营销有两层含义：一是以优质的服务巩固和维持与现有顾客的关系；二是在满足消费者目前对服务需要的基础上，不断创新服务内容和服务形式，拓展新的深层次市场。如同产品具有生命周期一样，服务也有生命周期因为一个企业率先创新一个服务项目并取得较好的营销效果后，其他的企业也会效仿，使得本企业原有的服务优势减小。当然，其他企业也在不断实施服务创新，使得本企业的服务滞后，以致本企业的服务不能满足顾客期望。因此，适时推出新的服务举措，保持服务竞争的一定优势，是汽车厂商维系竞争优势的不二法宝。

以上两个层次的核心是维持和提高顾客的信任度和忠诚度，深度营销就是通过在服务项目和服务内容的深度与广度上扩展，赢得客户的长期信赖和支持，培养客户的忠诚度（全要表现为品牌忠诚度）。所以，市场营销不能仅仅只看企业的市场份额，而要考察顾客的忠诚度。因为眼前的市场份额只能反映当下的市场竞争地位，不能预示企业未来的发展和竞争态势。这表明，从深层面来看，应以顾客的忠诚度来衡量市场份额的稳定性和质量。是否拥有足够稳定、客户转移度小、保留度高，且能够主动接近企业的消费者群体，便成为企业核心竞争力的最终体现。

深度营销理念突破了传统产品营销只注重产品销售的框架，而把着眼点放在产品的整体利益上，并通过提供优质服务，建立顾客忠诚，维持与客户的良好关系，这是营销方式和营销理念的升华。

汽车产品因其特有的产品特征，使得汽车营销在围绕有形产品营销的同时，拓展和创新服务的内容与形式，构筑个性化、多层面和全方位的深度营销，便成为汽车厂商做好市场营销的必然选择。如汽车经销商提供汽车改装和装饰服务，为客户制订汽车保险的个性化方案，提供从买车、用车到卖车、再买车等多层面的汽车服务，办理汽车信贷、保险、维修、年审、用车指导、技术升级、二手车的评估和转让等全方位的服务业务，均是适应了汽车消费的固有特征，迎合了汽车用户对深层次服务的要求，强化了汽车用户对汽车厂商的依赖和忠诚。

② 双赢营销理念。双赢营销理念强调的是在商品（服务）的交换过程中，卖方合理利润的获得和买方利益的维护。针对汽车营销而言，汽车服务的根本目标就是在买卖双方之间建立亲善、和谐和长期的相互依存又相互信赖的伙伴关系。在这种关系中，厂商和经销商需要一种全新的理念，一种对价值和利益的新的判断。汽车厂商必须突破以销售为唯一目的的思维方式，不应把汽车的销售价格（尤其是第一次交易）作为企业利润的唯一来源。企业的目标在于为客户带来更长期的价值，创造关系维系更久的客户，以客户的终生价值（即预期可以从客户身上得到多少未来利润的现值）作为考量对象。这就是双赢理念，它带来的是企业长远发展的可能。

双赢理念不再将产品的销售价格视为买卖双方利益的分割点，克服了传统营销将双方视为"既依靠、又对立"的理念。从这一理念出发，企业的竞争战略应该是谋长远发展之大略。其行为目标不再盯在简单的、一次性的产品价格上，而是把价格视为整个经营战略中的一个步骤。企业营销策略的重心不再是考虑对产品价值余额的分割，而是考虑如何将"蛋糕"做多、做大，让消费者在消费过程中也能够品尝到"蛋糕"的滋味，并由此产生消费偏好。

当然，在供需关系中，由于资源和信息占有的不对称，尤其像汽车这类结构复杂、技术含量较高的产品，使卖方在价格上总处于优势，而买方总处于劣势的地位。因此，消费者在心理上对卖方的报价总是心存戒备，并总认为厂商会尽可能多地赚钱，未必认同卖方的价格让利。所以，沟通就成为这一理念产生效果的关键，企业要将维护客户利益的经营理念传递出去，并以强化服务等实际行动让客户感觉到厂商的诚意，让客户感觉到厂商在赚取适度利润的同时，也在充分维护自己的利益，从而能够理解和接受汽车营销者的各种行为。消费者在心理上的平衡，是汽车营销者建立客户信任和维系良好关系的开始。汽车营销者应在双赢理念指导下，构建企业竞争与发展的战略，并据此调整企业的产品策略、价格策略及促销策略。

③ 超值营销理念。一般而言，消费者对产品的选择建立在对商品的外观接受、性能的满足和品牌的信任基础之上，其所获得的商品（或服务）的价值应与其所支付的成本相对应，这是一般等值的、可以接受的心理预期。顾客的心理预期与顾客的消费经验直接相关，当消费者感觉自己获得的综合价值超过心理预期时，就会感觉到超值的存在。消费者的超值感受主要有3种来源：一种是产品利益的折让，如消费者以较低的价格获得了产品（服务）；二是超越常规的服务，如获得比其他品牌更高的服务标准或更多的服务内容；三是消费者对产品或服务的认知和感知超越了原有的预期。其中，前两种形式在一般的产品营销中作为一种营销策略屡见不鲜，如汽车厂商提高了质量保修里程或时间标准。但是，第三种形式在高价值、高科技的产品营销上表现尤为突出，如汽车经销商能够认真对待消费者，向消费者完整地介绍产品的特色和好处，当好消费参谋和顾问，主动提供优质服务，创立良好的服务环境，服务人员具有良好的亲和力，这都会促使消费者感到超值服务，并主动与经销商保持密切接触。

超值服务就是营销者用爱心、诚心和耐心，向消费者提供超越其心理期待（期望值）的、超越常规的全方位服务。汽车产品是一个时代的科技、文化以及百姓生活方式的缩影，汽车设计中的理念、创意和高新技术的应用，能否被消费者感知和认同，在很大程度上取决于汽车厂商向消费者的信息传递，在这个过程中销售人员和服务人员起着极其重要的作用。例如，面对一款"最新的先进技术，赏心悦目的外观设计，全球统一的品质保证"的汽车，需要营销人员对每一位前来挑选的顾客，拿出足够的爱心、诚心和耐心，向消费者进行讲解和示范。这时，营销人员要像设计师一样讲出产品的特点，又要像一名艺术鉴赏家一样，讲出产品的美学特色和超值价值，还要像一位朋友一样，做消费者的贴心人，使消费者从感知上超越原有预期。

四、服务质量的内涵、评价与管理

（一）服务质量的内涵

服务质量是指服务商向顾客提供的服务，指其产品在使用价值上，在精神上和物质上适合和满足顾客需要的程度。服务质量同顾客的感受关系很大，带有一定的主观看法，它取决于顾客对服务的期望质量同其实际感受的服务水平或体验质量的对比差距。这样的整体感觉质量不仅取决于期望质量与实际质量之比，也决定于技术质量和职能质量的水平。

顾客期望的质量包括顾客自身的需求需要、服务商的承诺、产品的口碑信誉、市场营销沟通和企业形象等，顾客通过广告宣传等方式在服务前对服务和产品的个人的感觉和期望。实际质量或体验质量是顾客在接受产品和服务的过程中实际体验到的产品对自己的实际价值、服务商的承诺、产品的质量等，是在实际过程中顾客对服务和产品的感觉。技术质量指顾客从服务过程中所得到的东西，对此，顾客容易感知，也便于评价。职能质量则指服务推广的过程，即顾客同企业和服务人员打交道的过程，企业的形象和服务人员的言行举止等都直接影响顾客的感知，如何提供服务和接受服务的过程会给顾客留下深刻的印象。

（二）服务质量的评价

① 感知性。指提供服务的有形部分，如各种设施、设备、服务人员的仪表等。顾客正是借助这些有形的、可见的部分把握服务的实质。有形部分提供了有关服务质量本身的线索，同时也直接影响到顾客对服务质量的感知。

② 可靠性。指服务供应者准确无误地完成所承诺的服务。可靠性要求避免服务过程中的失误，顾客认可的可靠性是最重要的质量指标，它与核心服务密切相关。许多以优质服务著称的服务企业，正是通过强化可靠性来建立自己的声誉的。

③ 适应性。主要指反应能力，即随时准备为顾客提供快捷、有效的服务，包括矫正失误和改正对顾客不便之处的能力。对顾客的各项要求，能否予以及时满足，表明企业的服务导向，即是否把顾客利益放在第一位。

④ 保证性。主要指服务人员的友好态度与胜任能力。服务人员较高的知识技能和良好的服务态度，能增强顾客对服务质量的可信度和安全感。在服务产品不断推陈出新的今天，顾客同知识渊博而又友好和善的服务人员打交道，无疑会产生信任感。

⑤ 移情性。指企业和服务人员能设身处地为顾客着想，努力满足顾客的要求。这便要求服务人员有一种投入的精神，想顾客之所想，急顾客之所需，了解顾客的实际需要，以至特殊需要，千方百计地予以满足，给予顾客充分的关心和相应的体贴，使服务过程充满人情味，这便是移情性的体现。

按上述评价标准，可通过问卷调查或其他方式对服务质量进行测量。调查应包括顾客的预期质量和体验质量两个方面，以便进行分析研究。汽车厂商每年花费一定的资金进行服务质量的调查和评估，是完全必要的。

（三）服务质量的管理

如上所述，顾客期望在顾客对服务的认知中起着关键性的作用，期望与体验是否一致已成为服务质量评估的决定性因素。因此，服务质量的监督和管理的主要内容就是能够对顾客的期望进行正确的研究和管理，并在实际服务过程中做到超出顾客期望。为了达到这一目的，企业可以从以下几方面进行工作：

① 重视服务的功能性。在顾客对服务质量进行评估的多项标准中，功能性无疑是最为重要的，因为顾客不需要这个服务所体现的基本功能时，就无法进行服务的其他项目。当顾客需要这样的功能时，就为服务的其他项目提供了一个通行证和体现服务的机会，那么提高服务准确性和可靠性就能带来较高的现有顾客保持率，增加积极的顾客口碑，维护和增进了企业的形象和信誉度，减少招徕新顾客的压力和再次服务的开支。

② 确保承诺的实现性。明确的服务承诺（如广告和人员推销）和暗示的服务承诺（如服务设施外观、服务价格），都是企业可以控制的，对之进行管理是管理顾客服务期望的、直接的和可靠的方法。企业应集中精力于基本服务项目，通过切实可行的努力和措施，确保对顾客所作的承诺能够反映真实的服务水平，保证承诺圆满兑现。过分的承诺难以兑现，将会失去顾客的信任。

③ 保证服务传送的优质性。在服务过程中，每一次与顾客的接触都是一次潜在的机会，顾客亲身体验了提供的服务技能和服务态度，尽全力保证服务的优质性，可使顾客感到享受

了超出期望的服务，有利于保持更切合实际的期望和更多的理解，取得更好的效益。而对顾客冷淡的员工则是浪费了机会，甚至会产生对顾客、对企业不利的负面效益。

④ 对信息的反馈性和沟通性。经常与顾客进行沟通，进行信息的采集，了解他们的期望，对服务进行改进和提高，或是对顾客光临表示感激，与顾客保持良好的关系，对顾客关怀，更多地获得顾客的谅解。通过与顾客经常对话，加强与顾客的联系，可以在问题发生时处于相对主动的地位。企业积极地发起沟通以及对顾客发起的沟通表示关切，都传达了和谐、合作的愿望，而这又是顾客经常希望而又很少得到的。有效的沟通和对信息的反馈有助于在出现服务失误时，减少或消除顾客的失望，从而树立顾客对企业的信心和理解，同时对企业的管理和制度进一步改进和完善，更加贴合顾客的需要。

⑤ 强化服务的补救性。虽然对完美服务的追求是优质服务的特征，但一旦出现服务失误，营销者就要尽快组织一流服务的重现，实施服务补救，这是十分重要的。服务重现往往会再一次让顾客意想不到，从而为企业重新赢得顾客的信任。为此，企业必须加强力量组织好重现服务，使服务中的问题得到令顾客满意的解决。虽然在服务重现期间，顾客对服务过程和服务结果的期望，往往都会比平时更高，但这时顾客常常会比以往更加注意服务的过程，这正好为营销者提供了服务传递的机会，只要营销者全身心投入，认真对待服务的有效重现，将能使顾客顺心惬意，并为企业精心组织的服务重现而感到超出期望和感到惊喜。

五、服务的有形展示

（一）有形展示的内涵

物质产品可以自我展示，服务则不能，顾客看不到服务。但是，顾客可以看到服务产品、服务企业、设施设备、员工、信息资料、其他顾客、价目表等，这些有形物都是顾客了解无形服务的线索。由此，在服务营销管理中，一切可以传递服务特色与优点的有形组成部分，均可称作服务的有形展示。

通过有形物体对顾客感观的刺激，让顾客感受到无形服务所有带给自己的好处和利益，进而影响其对服务的需求。服务的无形化，使顾客在使用前难以对该项服务做出正确的理解或描述，运用有形展示，可以让顾客在使用服务前能具体地把握服务的特征和功能，从而对服务产生较合理的期望，避免因期望过高而难以满足所造成的负面影响。有形展示作为部分服务内涵的载体，是顾客取得第一印象的物质因素。对于新顾客而言，在购买和享用某项服务之前，往往会根据第一印象对服务产品做出判断。有形展示的成败，最终会影响顾客的购买决策。另外，对企业而言，在利用有形展示突出服务产品的特征以及优点时，也可利用有形展示作为培训员工的手段。员工作为"内部顾客"，通过有形展示深刻、具体地理解了企业所提供的服务，会有助于保证他们所提供的服务符合企业规定的标准。

（二）有形展示的类型

有形展示可以从不同的角度加以分类。从构成要素的角度，有形展示可分为三种类型，即实体环境、信息沟通和价格。

（1）实体环境

实体环境包括三大因素：周围因素、设计因素和社会因素。

周围因素是指服务现场及周围的空气质量、噪声、气氛、整洁度等。这类要素通常被顾客视为构成服务产品内涵的必要组成部分，其存在虽不致使顾客格外地激动，但如缺少这些或是达不到顾客的期望，就会破坏顾客对企业的印象。也就是说，顾客注意到周围因素，更多的是引发否定行为而不会因之有意接近。

设计因素是指服务处所的建筑、结构、颜色、造型、风格等美学因素和陈设、标识等功能因素。这类要素被用以改善服务产品的包装，显示服务产品的功能，建立有形的、赏心悦目的服务产品形象。设计性因素的主动刺激比周围环境更易引起顾客的积极情绪，鼓励其采取接近行为，有较强的竞争潜力。

社会因素是指在服务场所内一切参与及影响服务产品生产的人，包括服务员工和其他出现于服务场所的人士，他们的人数、仪表、行为等，都有可能影响顾客对服务质量的期望与认识。

【营销视野7-1】 沃尔沃4S店全面"换装"新形象及标识

沃尔沃2013年第一季度在华销量大幅攀升，同比销量递增26.6%，远高于豪华车市场4%的平均销量增长。为进一步巩固市场，沃尔沃在2013年将重点发展中西部渠道。沃尔沃中国销售公司总裁兼CEO在接受网通社采访时表示："沃尔沃2013年发展销售渠道的思路是一手抓质量一手抓数量，即提高原有4S店的销售能力，又要快速在二、三、四级市场开设4S店。为提高沃尔沃豪华品牌的定位，更好服务消费者，沃尔沃将推动4S店形象的全面升级，并且执行新的Ci、Vi标准。但保证已经建成4S店的正常运营，老店面将逐步升级，新开设的4S店将全面采用新标准建设，最新的两家按照新标准建设的4S店也即将开业。"

（2）信息沟通

信息沟通所使用的方法有：①服务有形化。例如通过电话服务或者信函服务，在信息交流中强调与服务相联系的有形物，让服务显得实实在在。有形因素能使服务容易被感觉，而不那么抽象。②信息有形化。通过鼓励积极的口头传播、品牌塑造、服务承诺和广告中应用容易被感知的展示，使信息更加有形化。例如很多顾客都特别容易接受其他顾客提供的口头信息，据此做出购买服务的决定。再比如新顾客要维修时，他如果对企业不了解，会认定品牌和口碑前来维修。当顾客认可品牌后，会帮助企业宣传，给企业带来更多的顾客，为企业带来更多的效益。

（3）价格

服务价格是营销组合因素中决定收入的主要因素；而顾客之所以关注价格，是因价格是可以精确计算的，有的顾客把价格等同为了价值，用价格的高低来衡量价值的大小，所以在某种程度上价格可以提高或降低人们的期望。由于服务是无形的，价格是对服务水平和质量的可见性展示。价格能展示一般的服务，也能展示特殊的服务；它能表达对顾客关心，也能给顾客以急功近利的感觉。制订正确的价格能传送适当的信息，是一种有效的服务展示方式。

（三）有形展示的管理

服务的不可感知，主要是指其不可触及，难以从心理上进行把握。为克服因此产生的营销难题，必须使服务内涵尽可能地附着于某种实物上。服务的有形化，还必须考虑使服务更易为顾客所把握。因此，对于有形展示要做好研究和管理工作，可以注意以下几个方面：

① 有形展示应选择顾客视为重要的有形实物，最好是他们在该项服务中所寻求的一部分；同时，必须保证此有形实物所暗示的承诺，在提供的服务中能完满兑现，即服务质量要与承诺的内容一致。

② 有形展示的最终目的，是建立企业与顾客之间的长期关系。顾客对企业的价值非常重要，没有了顾客，企业就没有了效益。对企业来说，吸引一个新顾客的成本是维护老顾客

的 6 倍。而失去一个顾客，就意味着失去这个顾客的终身价值和顾客所相关连的一些价值。对于一个企业服务的最高境界是：把现实顾客向满意顾客转变，把满意顾客向忠实顾客转变，把忠实顾客向终身顾客转变。

③ 有形展示的实体环境的维护和建设，有形展示的信息处理等。比如企业自身的硬件及软件设施，企业形象设计，企业员工的能力和服务素质等。例如服务产品的顾客，常常被服务企业中的某一个人或某一群人所吸引，而不只是认同服务本身。服务人员直接同顾客打交道，不仅其衣着打扮、言谈举止影响着顾客对服务质量的认知和评价，而且服务人员同顾客之间的关系直接决定了顾客与企业关系的融洽程度。但是难免会出现服务人员和顾客之间的分歧，失去顾客和失去员工对企业来说都是非常不利的结果，因此，企业还要能正确处理顾客和服务人员之间的关系。

（四）有形展示的作用主要有以下几方面。

（1）帮助顾客感受到服务所能带来的利益

服务展示的一个潜在作用，就是能给顾客带来乐趣优势。有形展示可在顾客的消极情绪中，注入新颖的、激动人心的、戏剧性的因素，消除顾客的厌倦情绪。采用有形展示的实质，是通过有形物体对顾客感官的刺激，让顾客感受到无形服务带给自己的所有好处和利益，进而影响其对服务的需求。

（2）引导顾客对服务产生合理的期望

服务的无形化及不可感知性，使顾客在使用前难以对该项服务做出正确的理解，而运用有形展示，可以让顾客在接受服务前能具体地把握服务的特征和功能，从而对服务产生比较合理的期望，避免因期望过高而难以满足所造成的负面影响。

（3）影响顾客对服务产品的第一印象

有形展示作为部分服务内涵的载体，是顾客取得第一印象的物质因素。对于新顾客而言，在购买和享用某项服务之前，往往会根据第一印象对服务产品做出判断，有形展示的成败，最终会影响顾客的购买决策。

（4）促使顾客对优质服务做出客观评价

服务质量高低由多种因素决定，可感知性是其中的一个重要特质，而有形展示正是可感知的服务组成部分。有形展示可使顾客对服务产生优质的感觉。

（5）引导顾客识别与改变服务形象

有形展示能有形地、具体地传达最具挑战性的企业形象。服务企业或服务产品形象的无形性，增加了改善形象的难度。形象的改变不仅是在原来形象上加入新内容，而且要打破传统观念，利用有形产品作为新设计的形象的中心载体，使形象变更的可见信息迅速传给顾客。

（6）协助服务企业培训服务员工

在利用有形展示突出服务产品的特征以及优点时，也可利用有形展示作为培训员工手段。员工作为"内部顾客"，通过有形展示深刻、具体地理解了企业所提供的服务，会有助于保证他们所提供的服务符合企业规定的标准。

第二节 汽车的售后服务

由于汽车产品的日趋复杂，它们的制造、生产，乃至使用技术更为复杂，如像它们的安装、应用、维修等技术也复杂到只有制造者才能具备和拥有这些技术,而且产品的潜在性能——它的技术特性,它的用途、产品符合的标准,产品的正确使用要求,只有在制造者的指导和培训下,才能把用户教会。同时任何来自于使用者的意见、要求、建议,也都将通过和用户的交往接触中汇集回来,促进自己产品的不断改进和创新,这成为市场竞争中最强有利的武器,结果形成了制造厂商和产品的用户之间,必须通过一个媒介来密切它们之间的合作和沟通它们之间的交流,这就成为今天被普遍称为"售后服务"的职责和任务。"销售服务"和"售后服务"几乎成为今天中国所有企业家最重要经营决策的组成部分和战略措施。同时,也成为企业之间相互学习、交流的重要内容。

一、汽车售后服务的概念、内容

(一) 售后服务的概念

汽车营销服务总是伴随着顾客与汽车服务企业合作的过程而产生的。在整个市场营销服务的过程中分为售前服务、售中服务和售后服务。汽车售前服务是通过营销人员把汽车产品的相关信息发送给目标顾客,包括汽车的技术指标、主要性能、配置和价位等;售中服务则是为顾客提供咨询、导购、订购、结算和汽车交接等服务;汽车售后服务是为顾客对汽车做调试、保养、维修、排除技术故障、提供技术支持、寄发产品改进或升级信息以及获得顾客对汽车产品和服务的反馈信息。

汽车市场"售后服务"的出现,是市场竞争所致的必然结果。汽车产品发展到一定程度上时,制造技术已相差无几,这也是汽车市场从产品转向服务的主要原因,将汽车产品的售后服务做好、做细的汽车服务企业感动了顾客的心,提升了顾客的满意度,也赢得了市场。由此可见,汽车的售后服务在整个汽车营销过程中有着特殊的"使命",对汽车产品和服务走入市场化起着积极的过渡与推动作用,对繁荣汽车市场有着深远的意义。

(二) 售后服务的工作内容

综合地讲,售后服务工作的主要内容包括:

(1) 技术服务

售后服务本身属于技术服务范畴。由于汽车产品的高度技术密集,汽车产品的售后服务工作必然包含对用户的技术指导、技术咨询、技术示范;同时包含着汽车企业对售后服务网络人员的技术培训、技术示范、技术指导等。通常,汽车企业的售后服务部门对售后服务服务网络,而售后服务网络对用户进行上述工作。汽车制造企业还将负责产品的更改,新产品的投放技术要点的宣传等,凡是需要向社会、经销商、售后服务网络和用户宣传和交代的技术要点,全部由售后部门来完成。同时,售后服务网络有责任向用户提供维修和维护技术服务。

(2) 质量保修

质量保修,又作质量保证、质量担保、质量赔偿等,我国俗称"三包"(包赔、包修、包换),其基本含义是指处理用户的质量索赔要求,并向厂商反馈用户质量信息。在我国的汽车行业内,质量保修工作的过程通常是由第一线的售后服务网络(服务站)受理用户的质量索赔要求,决定是否赔偿。厂商售后服务总部对服务站的赔偿进行赔偿鉴定,复核赔偿的准确性,并进行质量动态的综合分析,向生产和采购部门反馈产品的质量信息。

质量保修工作的要点:一是"准确",是指准确地做出质量故障鉴定,既要维护企业的利益,又要维护用户的利益;二是"快速",是指对用户的求救要迅速处理,快速服务。国际上各大汽车公司都保证24h之内,把质量保修零件送到用户手中,并向全世界公布其服务热线电话；三是"厚待"，是指售后服务人员要善待用户，对用户的愤慨、怨恨、不满，应始终保持一种平和的心态，认真解决产品的质量故障。

（3）备品供应

备品供应在售后服务中具有决定性作用，没有良好的备品供应就没有优质的售后服务。由于中国汽车企业生产工艺水平和配件的技术水平相对不高，因而汽车配件供应显得格外重要。在国外汽车制造商十分重视配件的供应，除了最大限度地满足用户的需要，配件供应是汽车企业取得效益的最主要来源。例如，国外著名制造商利润的 $1/4 \sim 1/3$ 来自配件经营。

（4）组织和管理售后服务网络

汽车是典型的大量生产的产品，而且其用户分布点多面广，很难设想单纯依靠生产厂家自身的力量，能够圆满地完成售后服务的全部工作。通常是在社会上组织一个庞大的服务网络，这个网络代表制造商承担用户的全部技术服务工作。国外汽车企业的售后服务网络通常与汽车经销网络相结合，在经销汽车的同时又提供技术服务。它通常由汽车分配商、汽车代理商、汽车维修点三个层次组成。其中汽车分销商一般是国际性的，同时兼营多家产品，并进行汽车产品的批发和改装。代理商一般是专一销售一个厂家或一类产品，具有专业性和排他性。维修点，是分销商和代理商专门建立和委托建立的。处于车辆集中区或高速路边的小维修专点，通常汽车生产商的地区经理部在自己的辖区管 20~40 个分销商，而每一个分销商将管辖 20 个左右代理商，每个代理商将直接联络 400 个左右的直接用户。

（5）企业形象建设

售后服务除了以上工作内容外，还肩负着企业形象建设的重任。影响消费者对企业形象评价的因素主要有：产品使用性能及厂商的服务质量、企业窗口部门的工作质量及其外观形象、企业的实力及企业的口碑等。显然，汽车企业售后服务网络是用户经常"打交道"的对象，在汽车企业的企业形象建设方面负有重要责任。

就售后服务网络而言，企业形象建设的手段主要有：售后服务企业外观形象建设、公共关系、提高以质量保修为核心的全部售后服务内容的工作质量等。目前，国内外汽车服务企业的外观形象建设已从仅仅悬挂汽车主机企业的厂旗、厂徽、厂标的阶段，发展到厂容、厂貌、色彩、员工着装的标准化和统一化，厂房、厂区建设的规范化以及设备配置的标准化等的阶段。

二、汽车售后服务的作用

售后服务的内容范畴是宽阔的，它意味着为用户提供实实在在的"好处"，真正为用户解除后顾之忧。也就是说，售后服务的职能应当覆盖到用户需要的一切技术性服务内容。通过服务，使用户用好汽车产品，并创造最好的使用效益，这才是售后服务工作的成功。综观全局，完善的售后服务应具备两大功能：一是对外功能，即能够安抚用户，为用户解除后顾之忧。二是对内功能，即能够及时而准确地反馈产品的使用信息、质量信息以及其他重要信息，为企业及时做出正确的决策提供可靠依据。

① 汽车售后服务是买方市场条件下汽车服务企业参与市场竞争的武器。随着科学技术的飞速发展，几乎所有行业相继都出现了生产能力过剩的状况，从汽车工业到化学工业，从食品制造到日用消费品的生产，从通信业到计算机网络行业，当然汽车的售后服务方面也不例外，都面临强劲的竞争对手。而对于成熟的汽车产品，在功能与品质上也极为接近，汽车品牌竞争质量本身差异性越来越小，价格大战已使许多汽车服务企业精疲力竭，款式、品牌、质量以及售后服务等各个方面的差异性成为汽车服务企业确立市场地位和赢得市场竞争

优势的利器。汽车售后服务的市场竞争不仅仅靠名牌的汽车品牌，更需要优质的品牌售后服务作为保障。

② 汽车售后服务是汽车服务企业保护汽车产品消费者权益的最后一道防线。汽车服务企业向消费者提供经济实用、优质、安全可靠的汽车产品和售后服务是维护其本身的生存和发展的前提条件。虽然科技的进步与发展使得汽车的相关产品以及保养、维修等售后服务的水准越来越高，但是，要做到万无一失目前尚无良策。由于消费者的使用不当或工作人员的疏忽，汽车电器不稳、刹车失灵等各种状况会经常发生的，越来越多的汽车服务企业，包括最优秀的企业也不能够保证永远不发生错误和引起顾客的投诉。因而，及时补救失误、改正错误，有效地处理客户的投诉等售后服务措施成了保证汽车消费者权益的最有效途径。因此，可以说，汽车售后服务是保护汽车消费者权益与利益的最后防线，是解决汽车服务企业错误和处理顾客投诉的重要有效补救措施。

③ 汽车售后服务是保持汽车服务企业的顾客满意度与忠诚度的有效举措。汽车产品的消费者对汽车产品和服务的利益追求包括功能性和非功能性两个方面。前者更多体现了消费者在物质和服务质量方面的需要，后者则更多地体现在精神、情感等心理方面的需要，如宽松、优雅的环境，和谐完善的服务过程，及时周到的服务效果等。随着社会经济的发展和消费者自身收入水平的提高，顾客对非功能性的利益越来越重视，在很多情况下甚至超越了对功能性利益的关注。在现代的社会以及市场经济环境的状况下，企业要想长期盈利，走向强盛，就要赢得长期合作的顾客，保持顾客忠诚度，提高顾客满意度。

④ 汽车售后服务是汽车服务企业摆脱价格战的一剂良方。我国汽车服务企业高速成长期已经结束，汽车产品市场总需求较为稳定，竞争格局已进入白热化的状态。不少汽车服务企业为了求得市场份额的增长，不惜一切的代价，连续开展价格大战，不少汽车品牌价格一再大幅度下降，开展各种促销活动，变向下调价格，使得汽车行业平均利润率持续下滑，汽车服务企业增长后劲严重不足。如果要彻底摆脱这一不利的局面，导入服务战略尤为重要，汽车服务企业可以综合运用各种方法和手段，通过差异化的服务来提高的产品和服务的质量。

⑤ 汽车售后服务是汽车技术进步和科技发展的必然要求。随着汽车技术的进步和科学技术的飞速发展，汽车产品已走入普通家庭，并且作为一种代步工具，逐渐进入平民化。面对汽车这样的高科技产品，"坏了怎么办？"，"我如何去使用它？"等一系列问题总是困扰着客户，这在客观上就要求汽车服务企业为消费者提供更多的服务支持而不仅仅局限于售后服务。比如，建议改售后服务为售前培训、科普引导等。汽车产品不仅仅是单纯的整车产品，也还包括配件、保养、维修等售后服务，而且还包括附加的服务，如产品的使用说明书，提供维修站的地址与联系方式等，以及收集客户的回访信息，为改进产品和服务提供借鉴，从而也为汽车的技术进步和提供优质的服务奠定了夯实的基础，由此形成了"系统销售"的概念。

热情、真诚地为顾客着想的汽车服务企业所提供的服务能使顾客满意。汽车服务企业要以不断完善的产品及服务体系为突破口，以便利顾客为原则，用产品和完善的售后服务所具有的魅力和一切为顾客着想的体贴服务来感动顾客。谁能够给消费者提供满意的服务，谁就会加快销售步伐。要想使顾客满意，就应该做到高出竞争对手或竞争对手做不到、不愿意做，甚至没有想到的超值服务。

三、提高售后服务质量的方法

汽车售后服务行业发展前景广阔,具有巨大的商机,而消费者的需求也体现在各个层面上,所以汽车服务企业的服务必须做到专业化、标准化、规范化,只有以优质全面的服务和高精的技术含量才能赢得消费者的信赖和适应市场的发展。汽车服务企业的售后服务的档次必须得到提高并且服务分工要做到明确的细分,拓展业务广度,发掘服务深度,提高技术高度。并且在资金实力、政策导向、管理、运筹等各个方面存在的有待解决的问题都必须做一个合理的解决方案。因此汽车服务企业应充分凭借优异的产品质量和完善的售后服务体系,做出自己的特色。汽车服务企业就要结合自身的不足,尽力做到以下几点:

(1) 规范服务标准,提高工作人员的整体素质

随着科学技术的进步,汽车科技的发展也不断深入,顺理成章的各汽车服务企业也都相应地配置了各种先进的设备和工具,尤其针对品牌车型检验的专用电脑检测设备也都逐渐引进,而大部分汽车服务企业的工作人员,并不是从事本专业的工作,大部分都没有经过专业、系统的培训和专业的技术理论指导。"兵马未动,粮草先行",技术支持不仅是服务上的品质保证,也是提高顾客在日常作业的有力保障。

提高汽车服务企业售后服务工作人员的整体素质,就要对整个售后部门进行全面、系统的培训。首先,要对客户界面的所有工作人员进行培训,主要是服务工程师和销售人员,对他们的培训可以形成提升售后服务的突破口。同时,也可以在他们与经销商的合作中作出表率作用和提供指导。其次,对汽车服务企业的管理人员进行提升顾客满意度的培训,从提升售后服务理念和提高顾客服务管理能力入手,帮助其明确提升顾客满意度对提升盈利能力和竞争力具有深远的战略意义。最后,是对汽车服务企业技术工程师和维修人员进行专业技能培训和提升顾客满意度的培训,主要是培训处理汽车故障的技术方法以及客户服务的处理原则、程序和技巧。力争做到目标明确,顺利实施。例如,在这方面做的突出的则是沃尔沃公司旗下的各汽车服务企业,他们聘请行业专家,定期对员工进行维修技术和提升顾客满意度的培训和考核,每一位工作人员经过严格的考核后,方能上岗,他们专业化的服务获得了消费者的赞誉。

因此,建议我国的汽车服务企业对他们的工作经验做一下借鉴。重要岗位的人员要经过行业专家的系统培训指导,方能上岗。此外,工作人员的整体素质也应予以提高,无论是工作装还是语言规范,都要经过专业的培训。只有这样才能在顾客心目中留下深刻的印象,即我们的服务是专业化水准的。汽车服务企业对维修技师和工作人员经过严格的技术培训和个人素养的提高,才能保证服务质量和顾客的满意度。要尽力做到统一、规范的服务标准,加深品牌在消费者心目中的印象,树立顾客对品牌的信任。

(2) 提供纯正配件,使服务质量和成本双重保证

许多配件生产厂商为了扩大生产规模和销售数量而不顾产品的生产质量,生产低质量的伪劣产品,以低价向汽车服务企业销售。而汽车服务企业因贪图利益,引进劣质配件,却以纯正配件的价格出售给顾客和向维修车间提供。这样,不仅降低了汽车使用的安全系数,也增加了消费者的使用成本。

"车在路上跑,毛病知多少"。再好的汽车也需要保养和维修,就像一个人难免会生病一样,车出了问题并不可怕,关键是这些问题的出现会危及人的生命和财产的安全。若向顾客提供非纯正配件,汽车的维修质量就得不到保障,从而失去大量的顾客。非纯正配件不仅会影响到汽车的整体工作状况和使用寿命,更会影响到人的生命和财产的安全。日本丰田公司

就向它的4S店或经销商提供纯正的机油产品和原厂的纯正配件,保证了配件的规格、材料、尺寸及容差都与其要更换的配件完全相同,确保新的配件才能与整车协同工作,消除运行干扰。避免了顾客的重复维修成本,保证了汽车的正常安全运行,提高车辆的使用率,降低了汽车的使用成本,使丰田品牌赢得了顾客的信赖和多次惠顾。

汽车服务企业向消费者提供纯正的原厂配件,保证了产品的生产技术、产品质量,才能确保汽车的维修质量,稳定其使用安全系数,保证生命和财产的安全。同时也使服务质量和顾客的维修成本得到了双重的保证,增加客户对产品和服务的信赖度和满意度,提升企业自身的品牌形象。

(3) 提供先进的服务设施,提升和完善维修服务质量

汽车服务企业的售后服务行业不仅仅是为顾客提供一些表面性的咨询服务和简单的故障处理,这其中也包含着高精的技术服务。汽车的发展也随着科技的进步在不断的提升,高科技也在不断向汽车产品领域渗入。例如,GPS卫星定位系统,ECU中央控制单元,ESP电子稳定程序等高科技的渗入,就不仅仅要求维修人员要有过硬的修理技术,更要求汽车服务企业引进高端的硬件维修设施帮助维修人员对这些高科技产品的故障排除。

现在世界上各大汽车公司,比如,美国福特公司、德国大众公司都随车生产相应的检测工具,提供技术支持,生产高精的电子设备检测仪器和精密的维修工具、维修设备。使得维修技师能够独立排除技术上的故障,及时完成维修作业。

给工作人员提供技术支持与技术指导,并且要保证维修作业工具和维修检测仪器的先进性,更好地使软件技术与硬件设施相结合,才能保证维修作业的质量和提供完善服务,提升顾客的满意度,树立企业的品牌形象,为企业的生存与长期发展奠定坚实的物质基础和技术支持。

(4) 定期进行客户回访,建立客户档案

顾客购车对汽车服务企业来说并不是一次性的买卖交易,而是以后长期"合作"的开始。顾客购车后的使用情况怎么样,使用性能如何,是否满意,是否有不满意的地方需要改进,或者去为他们的新的需求提供一些帮助?这就需要汽车服务企业定期的给顾客打个电话,或邮寄一封信函做一个简短却让人温馨的回访,征求一下顾客的意见或建议,给每一个顾客建立一个客户档案。

例如,现在不少汽车服务企业在回访过程征求顾客的意见,定期为顾客宣传一些保养方面的小知识,建立客户的会员制度或VIP制度,每月或在一定时间内给顾客邮寄企业期刊或小卡片,组织一些活动,通过这些活动了解顾客的心理,接受顾客的要求。把企业的最新动态告知顾客,增加顾客与企业的感情,让顾客真心感受到企业的服务体贴、周到。

定期给顾客做回访,了解顾客的需求,倾听顾客的意见,认真做好记录,建立客户档案,可以为汽车服务企业带来新的商机。同时,为企业的服务理念的提升指明了新的发展方向,也给企业的整体的发展方向及制订长远的战略目标提供了有利的依据。

(5) 多设服务网点,并尽力做到精细

我国汽车服务企业大部分都设在大城市,而在中小城市设有专业的网点并不多,这就给一些中小城市的消费者在保养和维修等服务方面带来诸多不便之处。所以,汽车服务企业不但要把精力投放到一些大城市的服务当中,而且也要考虑服务网点向中小城市发展,因为这也是一块发展前景广阔的市场。另外,汽车在高速公路出现问题的情况也经常出现,是否也该考虑一下将一些服务站点建立在高速公路旁,方便给顾客做紧急救援服务,彻底排除顾客

在汽车售后方面的忧虑。

汽车服务企业的售后服务方面存在的弊端并不是不可以避免的，只要汽车服务企业把售后服务做到精细，站在顾客的角度去考虑问题，无论是在服务态度，或是服务质量方面都要做到细致入微，开通 24 小时服务热线，以备顾客的不时之需。尽量做到"一切为顾客着想，一切从顾客利益出发"。把服务做到精品化，细致化，就能赢得顾客的心。

（6）加强各行业沟通，提供完善的保险和信贷业务

随着我国经济体制的发展，各行业的行业制度也在不断调整，这也加速了汽车服务企业与各行业的合作。汽车行业的快速发展，使得保险公司和银行的各项业务也逐步涉足到这个领域。所谓"行有行规"，各行业有自己的行业规则与制度，这就使保险公司的保险业务和银行的信贷业务与汽车行业的规定产生了某些方面的冲突，所以要尽力制订相应的措施去完善这些不足之处。例如提供的咨询服务、代办各种手续等，减少一些不必要的业务流程。像这方面做得比较好的企业则是国内某企业财务总公司直接向用户提供贷款业务，极大地方便了客户的要求，减少了一些不必要的手续。

另外，保险公司在做索赔时也要做到"公平"，不损害顾客的利益。总体来说，汽车服务企业要与保险公司和银行做好沟通，为顾客提供"方便、周全"的服务，同时达到各合作行业的共赢，提升各行业的服务，赢得顾客的忠诚度与满意度。

综上所述，提高汽车服务企业的售后服务，对汽车行业的发展有着很大的推动作用。汽车服务企业应着重建立标准的服务体系，无论是规范行业制度，提升工作人员的综合素质，还是规范汽车服务企业的管理体系，保证售后服务质量，都应建立一个完善、完整的业务流程和科学的管理体系。同时，汽车服务企业也应与各行业以及其消费者做好有效的沟通，做到相互配合，相互理解，为汽车服务企业建立一个良好的、健康的发展平台以及提供一个有利的发展平台与提升空间，繁荣汽车行业的市场经济。售后服务作为市场营销中一个必不可缺少的中间环节，不但在各产品市场市场领域起着至关重要的作用，在汽车售后服务行业中也对汽车产品和服务走向市场化起着过渡作用。热情、真诚地为顾客着想的服务能给顾客带来满意，获取顾客的信赖，从而在市场竞争中能够占有一席之地，赢得市场。所以汽车服务企业要以不断完善服务为突破口，以便利顾客为原则，以优质的产品与独特的服务所具有的魅力和一切为顾客着想的体贴来感动顾客。提升汽车服务企业工作人员的素质，拒绝非纯正配件，提高维修质量，做好客户回访，以及提供方便、完善的信贷业务，提高服务质量，提升顾客的满意度与企业的知名度。

在汽车服务行业中，谁能提供消费者满意的服务，谁就会加快销售步伐，占有市场份额。要想使顾客满意，就应做出竞争对手做不到、不愿意做或没有想到的超值服务，并及时予以承诺，提高各方面的服务质量。使汽车售后服务在汽车营销中真正地发挥其独特的作用，推动汽车行业向良好、健康的市场发展，也为汽车汽车服务企业的长期发展做一块夯实的基石。

四、汽车售后服务的管理及管理制度

（一）售后服务工作由业务部负责完成

按照需要和管理的组织结构，将售后服务的各项工作制订出一定的工作职责，分配给各个负责人，使人人做到分工和合作明确化。后面将具体介绍各个职务的工作制度和要求等内容。

(二)售后服务工作的内容。

(1) 整理客户资料、建立客户档案

客户送车进厂维修养护或来公司咨询、商洽有关汽车技术服务,在办完有关手续或商谈完后,业务部应于二日内将客户有关情况整理制表并建立档案,装入档案袋。客户有关情况包括:客户名称、地址、电话、送修或来访日期、送修车辆的车型、车号、车种、维修养护项目、保养周期、下一次保养期、客户希望得到的服务、在本公司维修、保养记录(详见"客户档案基本资料表")。

(2) 根据客户档案资料,研究客户的需求

业务人员根据客户档案资料,研究客户对汽车维修保养及其相关方面的服务的需求,找出"下一次"服务的内容,如通知客户按期保养、通知客户参与本公司联谊活动、告之本公司优惠活动、通知客户按时进厂维修或免费检测等。

(3) 与客户进行电话、信函联系,开展跟踪服务

业务人员通过电话联系,让客户得到以下服务:

① 询问客户用车情况和对本公司服务有何意见;

② 询问客户近期有无新的服务需求需我公司效劳;

③ 告之相关的汽车运用知识和注意事项;

④ 介绍本公司近期为客户提供的各种服务、特别是新的服务内容;

⑤ 介绍本公司近期为客户安排的各类优惠联谊活动,如免费检测周,优惠服务月,汽车运用新知识晚会等,内容、日期、地址要告知清楚;

⑥ 咨询服务;

⑦ 走访客户。

(三)售后服务工作规定

1. 业务接待管理制度

业务接待工作是业务工作的一个重要组成部分,它包括业务接待工作程序、内容解说、工作内容与要求(即工作内容规定)。

(1) 业务接待工作程序

业务接待工作从内容上分为两个部分:迎接客户送修程序与恭送客户离厂程序(详见业务接待工作程序图)。工作程序具体内容如下。

① 业务厅接待前来公司送修的客户。

② 受理业务:询问客户来意与要求;技术诊断;报价,决定是否进厂,或预约维修或诊断报价;送客户离厂。

③ 将接修车清洗送入车间,办理交车手续。

④ 维修期间,维修增项意见征询与处理:征询客户意见、与车间交换工作意见。

⑤ 将竣工车从车间接出:检查车辆外观技术状况及有关随车物品。

⑥ 通知客户接车,准备客户接车资料。

⑦ 业务厅接待前来公司取车的客户,引导客户视检竣工车,汇报情况,办理结算手续、恭送客户离厂。

⑧ 对客户跟踪服务。

(2) 业务接待工作内容规定

① 业务厅接待前来公司送修或咨询业务的客户。

工作内容：a. 见到客户驾车驶进公司大门，立即起身，带上工作用具（笔与接修单）走到客户车辆驾驶室边门一侧向客户致意（微笑点头）；当客户走出车门或放下车窗后，应先主动向客户问好，表示欢迎（一般讲"欢迎光临！"）。同时作简短自我介绍。b. 如客户车辆未停在本公司规定的接待车位，应礼貌引导客户把车停放到位。c. 简短问明来意，如属简单咨询，可当场答复，然后礼貌地送客户出门并致意（一般讲"请走好"、"欢迎再来"），如属需诊断、报价或进厂维修的应征得客户同意后进接待厅从容商洽；或让客户先到接待厅休息，我方工作人员检测诊断后，再与客户商洽。情况简单的或客户要求当场填写维修单或预约单的，应按客户要求办理手续。d. 如属新客户，应主动向其简单介绍我公司维修服务的内容和程序。e. 如属维修预约，应尽快问明情况与要求，填写"维修单预约单"，并呈交客户；同时礼貌告之客户：请记住预约时间。

工作要求：接待人员要文明礼貌，仪表大方整洁、主动热情，要让客户有"宾至如归"的第一印象。客户在客厅坐下等候时，应主动倒茶，并示意"请用茶"，以表示待客礼貌热忱。

② 业务咨询与诊断。

工作内容：在客户提出维修养护方面诉求时，我方接待人员应细心专注聆听，然后以专业人员的态度通俗的语言回答客户的问题。在客户车辆需进行技术诊断才能作维修决定时，应先征得客房同意，然后我方人员开始技术诊断。接待人员对技术问题有疑难时，应立即通知技术部专职技术员迅速到接待车位予以协助，以尽快完成技术诊断。技术诊断完成后应立即打印或填写诊断书，应明确车辆故障或问题所在然后把诊断情况和维修建议告诉客户，同时，把检测诊断单呈交客户，让客户进一步了解自己的车况。

工作要求：在这一环节，我方接待人员要态度认真细致，善于倾听，善于专业引导；在检测诊断时，动作要熟练，诊断要明确，要显示我公司技术上的优越性、权威性。

③ 业务洽谈。

工作内容：a. 与客房商定或提出维修项目，确定维修内容，收费定价、交车时间，确定客户有无其他要求，将以上内容一一填入"进厂维修单"、请客户过目并决定是否进厂。b. 客户审阅"进厂维修单"后，同意进厂维修的，应礼貌地请其在客户签字栏签字确认；如不同意或预约进厂维修的，接待人员应主动告诉并引导客户到收银处办理出厂手续——领"出厂通知单"，如有我方诊断或估价的，还应通知客户交纳诊断费或估价费；办完手续后应礼貌送客户出厂，并致意"请走好，欢迎再来"。

工作要求：与客户洽谈时，要诚恳、自信、为客户着想，不卑不亢、宽容、灵活、要坚持"顾客总是对的"的观念。对不在厂维修的客户，不能表示不满，要保持一贯的友好态度。

④ 业务洽谈中的维修估价。

工作内容：与客户确定维修估价时，一般采用"系统估价"，即按排除故障所涉及的系统进行维修收费；对一时难以找准故障所涉及系统的，也可以采用"现象估价"，即按排除故障现象为目标进行维修收费，这种方式风险大，我方人员定价时应考虑风险价值。针对维修内容技术含量，或市场有相应行价的，或客户指定维修的，可以用"项目定价"，即按实际维修工作量收费，这种方式有时并不能保证质量，应事先向客户作必要的说明。维修估价洽谈中，应明确维修配件是由我方还是由客方供应，用正厂件还是副厂件；并应向客户说明：凡客户自购配件，或坚持要求关键部位用副厂件的，我方应表示在技术质量不作担保，并在"进厂维修单"上说明。

工作要求：这一环节中，我业务接待人应以专业人员的姿态与客户洽谈，语气要沉稳平和，灵活选用不同方式的估价，要让客户对我公司有信任感。应尽可能说明本公司价格的合理性。

⑤ 业务洽谈中的承诺维修质量与交车时间。

工作内容：业务洽谈中，要向客户明确承诺质量保证，应向客户介绍我公司承诺质量保证的具体规定。要在掌握公司现时生产情况下承诺交车时间，并留有一定的余地。特别要考虑汽车配件供应的情况。

工作要求：要有信心，同时要严肃，特别要注意公司的实际生产能力，不可有失信于用户的心态与行为。

⑥ 办理交车手续。

工作内容：客户在签订维修合同（即维修单）后，接待人员应尽快与客户办理交车手续；接收客户随车证件（特别是二保、年审车）并审验其证件有效性、完整性、完好性，如有差异应当与客户说明，并作相应处理，请客户签字确认差异。接收送修车时，应对所接车的外观、内饰表层、仪表座椅等作一次视检，以确认有无异常，如有异常，应在"进厂维修单"上注明；对随车的工具和物品应清点登记，并请客户在"随车物品清单"上签字（详见"随车物品清单"），同时把工具与物品装入为该车用户专门提供的存物箱内。接车时，对车钥匙（总开关钥匙）要登记、编号并放在统一规定的车钥匙柜内。对当时油表、里程表标示的数字登记入表。如即时送车于车间修理的，车交入车间时，车间接车人要办理接车签字手续。

工作要求：视检、查点、登记要仔细，不可忘记礼貌地请客户在进厂维修单上签名。

⑦ 礼貌送客户。

工作内容：客户办完一切送修手续后，接待员应礼貌告知客户手续全部办完，礼貌暗示可以离去。如客户离去，接待员应起身致意送客，或送客户至业务厅门口，致意："请走好，恕不远送"。

工作要求：热情主动、亲切友好、注意不可虎头蛇尾。

⑧ 为送修车办理进车间手续

工作内容：a. 客户离去后，迅速清理"进厂维修单"（这时可通过电脑，对一些车辆统计报表也同时登记），如属单组作业的，直接由业务部填列承修作业组；如属多组作业的，应将"进厂维修单"交车间主管处理。b. 由业务接待员通知清洗车辆，然后将送修车送入车间，交车间主管或调度，并同时交随车的"进厂维修单"，并请接车人在"进厂维修单"指定栏签名并写明接车时间，时间要精确到十分钟。

工作要求：认真对待、不可忽视工作细节，更不可省略应办手续。洗车工作人员洗完车后，应立即将该车交业务员处理。

⑨ 追加维修项目处理。

工作内容：业务部接到车间关于追加维修项目的信息后，应立即与客户进行电话联系，征求对方对增项维修的意见。同时，应告之客户由增项引起的工期延期。得到客户明确答复后，立即转达到车间。如客户不同意追加维修项目，业务接待员即可口头通知车间并记录通知时间和车间受话人；如同意追加，即开具"进厂维修单"填列追加维修项目内容，立即交车间主管或调度，并记录交单时间。

工作要求：咨询客户时，要礼貌，说明追加项目时，要从技术上做好解释工作，事关安全时要特别强调利害关系；要冷静对待此时客户的抱怨，不可强求客户，应当尊重客户选择。

⑩ 查询工作进度。

工作内容：业务部根据生产进展定时向车间询问维修任务完成情况，询问时间一般定在维修预计工期进行到70%～80%的时候。询问完工时间、维修有无异常。如有异常应立即采取应急措施，尽可能不拖延工期。

工作要求：要准时询问，以免影响准时交车。

⑪ 通知客户接车。

工作内容：a. 作好相应交车准备：车间交出竣工验收车辆后，业务人员要对车做最后一次清理；清洗、清理车厢内部，查看外观是否正常，清点随车工作和物品，并放入车上。结算员应将该车全部单据汇总核算，此前要通知、收缴车间与配件部有关单据。b. 通知客户接车：一切准备工作之后，即提前一小时（工期在两天之内），或提前四小时（工期在两天以上包括两天）通知客户准时来接车，并致意："谢谢合作！"；如不能按期交车，也要按上述时间或更早些时间通知客户，说明延误原因，争取客户谅解，并表示道歉。

工作要求：通知前，交车准备要认真；向客户致意、道歉要真诚，不得遗漏。

⑫ 对取车客户的接待。

工作内容：a. 主动起身迎候取车的客户，简要介绍客户车辆维修情况，指示或引领客户办理结算手续。b. 结算：客户来到结算台时，结算员应主动礼貌向客户打招呼，示意台前座位落座，以示尊重；同时迅速拿出结算单呈交客户；当客户同意办理结算手续时，应迅速办理，当客户要求打折或有其他要求时，结算员可引领客户找业务主管处理。c. 结算完毕，应即刻开具该车的"出厂通知单"，连同该车的维修单，结算单，质量保证书，随车证件和车钥匙一并交给客户手中，然后由业务员引领客户到车场作随车工具与物品的清点和外形视检，如无异议，则请客户在"进厂维修单"上签名。d. 客户办完接车手续，接待员送客户出厂，并致意："××先生（小姐）请走好。"或"祝一路平安！欢迎下次光临！"

工作要求：整个结算交车过程、动作、用语要简练，不让客户觉得拖拉繁琐。清点、交车后客户接收签名不可遗漏。送客要至诚。

⑬ 客户档案的管理。

工作内容：客户进厂后业务接待人员当日要为其建立业务档案，一般情况，一车一档案袋。档案内容有客户有关资料、客户车辆有关资料、维修项目、修理保养情况、结算情况、投诉情况，一般以该车"进厂维修单"内容为主。老客户的档案资料表填好后，仍存入原档案袋。

工作要求：建立档案要细心，不可遗失档案规定的资料，不可随意乱放，应放置在规定的车辆档案柜内，由专人保管。

⑭ 客户的咨询解答与投诉处理。

工作内容：客户电话或来业务厅咨询有关维修业务问题，业务接待人员必须先听后答，听要细心，不可随意打断客户；回答要明确、简明、耐心。答询中要善于正确引导客户对维修的认识，引导对我公司实力和服务的认识与信任；并留意记下客户的工作地址、单位、联系电话，以利今后联系。客户投诉无论电话或上门，业务接待员都要热情礼貌接待；认真倾听客户意见，并做好登记、记录。倾听完意见后，接待员应立即给予答复。如不能立即处理的，应先向客户致意：表示歉意并明确表示下次答复时间。处理投诉时，不能凭主观臆断，不能与客户辩驳争吵，要冷静而合乎情理。投诉对话结束时，要致意："XX 先生（小姐），感谢您的信任，一定给您满意答复。"

工作要求：受理投诉人员要有公司大局观，要有"客户第一"的观念，投诉处理要善终，不可轻慢客户。客户对我方答复是否满意要作记录。

⑮ 跟踪服务。

工作内容：根据档案资料，业务人员定期向客户进行电话跟踪服务。跟踪服务的第一次时间一般选定在客户车辆出厂二天至一周之内。跟踪服务内容有：询问客户车辆使用情况，对我公司服务的评价，告之对方有关驾驶与保养的知识，或针对性地提出合理使用的建议，提醒下次保养时间，欢迎保持联系，介绍公司新近服务的新内容、新设备、新技术，告之公司免费优惠客户的服务活动。做好跟踪服务的记录和统计。通话结束前，要致意："非常感谢合作！"

工作要求：跟踪电话时，要文明礼貌，尊重客户，在客户方便时与之通话，不可强求；跟踪电话要有一定准备，要有针对性，不能漫无目的，用语要简明扼要，语调应亲切自然。要善于在交谈中了解相关市场信息，发现潜在维修服务消费需求，并及时向业务主管汇报。

⑯ 预约维修服务。

工作内容：受理客户提出预约维修请求，或我公司根据生产情况向客户建议预约维修，经客户同意后，办理预约手续。业务员要根据客户与我公司达成意见，填写预约单，并请客户签名确认。预约时间要写明确，需要准备价值较高的配件量，就请示客户预交定金（按规定不少于原价的二分之一）。预约决定后，要填写"预约统计表"；要当日内通知车间主管，以利到时留出工位。预约时间临近时，应提前半天或一天，通知客户预约时间，以免遗忘。

⑰ 业务统计报表填制、报送。

工作内容：周、月维修车的数量、类型、维修类别、营业收入与欠收的登记、统计及月统计分析报告由业务部完成，并按时提供给财务部、分管经理、经理，以便经营管理层的分析决策。

工作要求：按规定时间完成报表填报，日报表当日下班前完成，周报表周六下班前完成，月报表月末一天下班前完成。统计要准确、完整，不得估计、漏项。

⑱ 本制度使用以下十七种表格：进厂维修单、维修追加项目单、维修估价单、维修预约单、维修结算单、汽车检测诊断报告单、出厂通知单、售后服务卡、跟踪服务客户电话记录表、跟踪服务电话登记表、跟踪服务信函登记表、维修预约登记表、客户档案资料表、随车物品清单、业务统计表（周、月）、行业相关市场情况报告表、公司业务状况分析报告表。

2. 车间调度管理制度

① 生产调度工作的主要任务：以生产作业的维修单为依据，合理组织企业的日常生产活动，经常检查维修作业过程情况，及时、有效地调整和处理生产过程中的异常情况，组织新的平衡，保证全面完成生产任务。

② 每日开班前，应检查生产准备情况，包括班组人员到位情况，设备工具准备情况，配件供应或修复待装情况，督促和协助有关部门、班组按时做好多项生产准备工作。

③ 根据当日应安排的作业"维修单"，及时、均衡地安排班组进行作业。调度指令必须绝对服从。班组或员工个人对调度有意见，必须先执行指令。下班后再提意见，必要时可向

经理报告。

④ 对车间进行周期性巡视检查，不断地到各个作业工位检查工作情况，发现异常，及时处理和协调。一般情况下，每班次（4小时）车间巡查不少于4次，每次不少于25分钟。

⑤ 根据生产需要，合理组织、调剂作业安排，以确保各工位之间的有效配合。当班组作业完成时，及时通知技术检验员迅速到工位检验。

⑥ 经常与配件部联系，了解配件情况，督促配件部及时把配件供应到车间班组。

⑦ 出现维修增加项目情况时，应立即通知业务部，以便与客户取得联系。在接到业务部增项处理意见时，应及时通知班组进行增项作业。

⑧ 检查督促车间合理使用和维护设备。一是检查、督促操作者按章操作；二是检查、督促设备工具的日常维护保养，禁止设备带病运行；三是督促和检查有关单位和班组严格执行设备维修规定。

⑨ 做好车间生产作业安排的记录，统计和分析，及时总结生产过程中的问题与经验，并负责完成该工作报告。

⑩ 督促车间文明环境建设、每日检查生产现场，经常引导教育员工文明施工，爱护环境、爱护设备、爱护车辆，遵守安全生产规定，保持车间整洁的卫生环境。

⑪ 组织好生产调度会，对全车间的典型问题或情况，要及时告诉员工，以吸取教训；对工作中的优良表现，要予以表扬，以鼓励员工积极向上。调度人员在调度会前安排好准备工作，要以专业管理者的态度发言，简明扼要，启发号召力强。

3. 车间生产检验管理制度

（1）本公司生产检验由技术检验员负责，具体由技术部检验员负责检验作业。

（2）技术检验员负责质检责任：

① 严格执行各项质量技术规章、标准和规范，严格把握质量检验关。

② 参与制定与修订有关质量检验管理规章。

③ 掌握车间生产质量整体动态，完成质量分析，适时提出改进工作，提高质量的工作方案或建议。

④ 建立、调整、保存质检统计资料，适时向公司提供相关的信息。

（3）质检工作具体规定：

① 凡进出送修车辆或总成，均需经过本厂有关人员技术检验。进厂送修车辆，属一般性技术状况，由业务部接待人员负责技术检测诊断，并对公司与客户负责；业务部接待人员不能确诊的，由技术检验员配合，主持检测诊断，并向公司与客户负责。

车间生产过程质检由班组自检和检验员专检双层把关。维修生产过程中，每完成一道工序，班组成员应按工艺规程，操作规范进行一次自检；总成装配完成时，班组长应按标准进行一次自检；全车或局部或总成维修完成，经过自检后，须经检验员进行全面质检，并做出合格与否的确诊。否则不予出车间。

② 生产过程中，出现价值较大或重要的零件或总成是否更换问题时，班组应请技术检验员到场进行技术分析并决定是否更换。检验员对价值较大或重要的零部件或总成的更换有决定权，并负有直接责任。

③ 因质量问题返修的车辆，首先经过检验员作返修前检测，确认返修项目后，通知调度员安排返修单送车间班组返修。

④ 凡竣工车辆，包括返修竣工车辆，必须经技术检验员检验。检验合格，检验员签署

"合格"结论并签名,方可移交业务部。检验不合格,检验员签署"不合格"及其项目、技术数据、要求返工等意见,立即通知车间主管和班组返工。检验员在技术质量上有一票否决权,并负有全部责任。

⑤ 凡返修车辆,班组经车间主管安排后应立即返修,最多不得拖延到 24 小时后动工,否则作抗调处理。

⑥ 凡维修作业中出现漏项,维修质量不合格,违章作业,延误工期等情况均由检验员在检验后记录在检验单上,当事班组应受到规定的处分(处分另见规定)。

(4)检验员的工作质量考核如下。

① 考核标准有三个指标:检验工作量、检验准确率和检验记录完整率和及时率。检验员在上述三项指标达到规定要求时,依情况评为优、良、正常三个工作等级;不能达到上述规定时,依情况评为差、极差两个工作成绩等级。

② "检验工作量"指标:月度(25.5 天)检验总车次与检验总成件次之和。例如本公司定为 200 车次。当实际检验车次低于 200 车次时,以实际为准。

③ "检验准确率"指标。

④ 检验记录完整率与及时率指标:"检验记录完整率"主要考核填写记录时有无漏填项目。

检验员工作绩效评价表。绩效表是考核评定检验员月度工作成绩的依据,也是其获取工作报酬的依据。

【课后练习】

(1)什么是服务?
(2)服务的特征有哪些?
(3)服务营销的组合要素有哪些?
(4)怎样理解服务质量?
(5)服务质量的有哪些评价方法?
(6)怎样理解服务的有形展示?
(7)什么是售后服务?
(8)售后服务的工作内容有哪些?
(9)如何进行售后服务的管理?

案例分析

案例一 BMW 售后服务您了解多少?

宝马集团是全球唯一一家只生产高档产品的汽车和摩托车生产商,也是世界上施行高档品牌策略最成功的厂家之一。自进入中国市场以来,宝马不仅致力于为客户带来性能出色的 BMW 产品,提供 BMW 的"纯粹驾驶乐趣",而且把完善售后服务,提高客户满意度作为另一项长期发展战略。长期以来,宝马在服务领域积极推进一系列卓有成效的售后服务计划,努力让每一位中国客户享受到他们期望的并且应该得到的高档服务。根据中国市场和消费者的特点,2011 年 2 月,BMW 发布了以"悦常在,驾无忧"为主题的售后服务中国战略,内容围绕"高效、透明、关爱"三大宗旨,涵盖一系列针对客户需求而设置的服务措施。BMW 售后服务正以积极务实的态度不断提高客户满意度,引导行业的发展,为"BMW 之悦"增添更多魅力。

"悦常在，驾无忧"——高效：
预约快修通道
配件供给
服务网络覆盖
小钣喷预约快修通道（正在推进）

在"高效"方面，BMW于2009年开始在全国推行预约快修服务。2010年，还针对客户需求推出小钣喷预约快修服务，为客户节省宝贵的时间。同时，BMW不断加强服务网络覆盖和配件供给，优化预约服务流程，确保了高效服务的推广。

BMW预约快修通道服务，精益求精，分秒必争

2009年伊始，宝马携手全国BMW授权经销商陆续推广BMW预约快修通道服务，进一步提高宝马的售后服务水平。这项服务通过对车辆保养维修服务流程进行合理优化，并配备专用资源，如专用工位、专用快修服务顾问、专用服务技师团队等，显著提高了保养维修效率，大大缩短了客户等候时间。目前，BMW预约快修通道服务已纳入新经销商发展的标准服务范畴，所有在中国的宝马授权经销商都将为客户提供预约快修通道服务。

完善零部件配送网络，缩短配送时间

为有效解决售后服务中客户最为关心的零部件维修等待时间的问题，宝马在不到两年的时间内，建立了一个辐射全国的大型零部件配送网络。

在北京、上海以及广东佛山三大配送中心的支持下，宝马中国现有零部件后勤设施已覆盖全国主要地区。这个高度灵活的后勤网络保证了所有经销商的及时供货。配送中心可以在90分钟内完成超急订单的分拣包装，3个小时内完成紧急订单的分拣包装，3个工作日完成库存补给，1~5天完成对全国经销商的库存供应。同时24小时内实现向全国经销商的紧急订单快速供货。

发展各地经销商，拓展全国服务网络

截至2011年上半年，BMW在中国的汽车保有量已经超过50万辆。为了更好地满足日益增长和多样化的客户需求，宝马快速发展各地授权经销商，拓展全国销售和服务网络。不仅在经济发达的东、南部二、三级城市设立新的网点，而且开拓了过去未曾建立服务设施的新区域，比如乌鲁木齐和呼和浩特等，在全国形成密集型的网状覆盖。目前，宝马在全国的经销商已超过260家，其中包括19家独立售后服务店，2家售后服务中心以及2家城市快修店。以目前的全国保有量而言，宝马每千辆汽车平均占有的服务网点数量已经优于主要竞争对手。

宝马公司对于所有经销商的选择和资质考评遵循非常严格的标准。在硬件设施方面，从店的选址、建筑规模和整体风格，到服务区域和维修工位的设置以及宝马专用诊断和维修工具的配备，都有全球统一的高标准规范；更为重要的是，全国范围内的宝马授权经销商都必须遵从规范化的组织机构和管理流程，采用全国联网的信息化管理，按照宝马统一的要求进行原厂零部件的存储和供应。在这些方面，宝马公司既承担着指导和支持的义务，同时又履行着监督者的责任，用严格的考核制度确保宝马国际水准的服务规范得以贯彻，让客户不论到哪一家经销店都能获得同样满意的高标准服务。

"悦常在，驾无忧"——透明：
全国统一标准保养服务、车况保养系统
可视工作车间

售后服务开放日

在"透明"方面，BMW 创行业先河于 2008 年全面推行标准化保养服务，配合经销商推出的可视工作车间和售后服务开放日等措施，不仅做到价格统一和透明，而且让客户可以亲眼目睹爱车的保养维修过程。

标准化保养服务，服务更透明。

2008 年 6 月，宝马宣布在中国所有的 BMW 授权经销商实行统一的保养服务指导工时价和透明、统一的配件价格，使得宝马又一次领衔高档车服务领域，成为中国汽车市场上第一个提供标准化保养服务的高档品牌。

随着 BMW 汽车保有量在中国的不断上升，零部件的供应规模也得到了相应的扩大。在通货膨胀的大环境下，宝马此项标准化保养服务的适时推出，在下调零部件供应价格的同时，承诺全国宝马车主在全国任何宝马的授权经销店都能享受到统一高效的售后服务及价格。这是宝马在提高客户满意度方面坚持不懈的努力和坚定决心，也是一次里程碑式的举措。

案例二　某维修企业专设儿童服务区

某维修企业发现在到厂维修的顾客中不少都带着小孩，由于厂区内没有可以玩耍的地方，小孩待一会儿就又哭又闹，嚷着要离开，弄得大人心情不好。针对这种情况，这家企业在顾客休息室内专设了儿童游乐区，设置滑梯、积木、蹦蹦床等娱乐用品。这一招还真灵，来厂维修的车主可以很安心的等待，再也不会因为小孩着急离开而心烦意乱了。而且，一些车主听说了此事，很愿意带孩子来玩，这样既修了车，孩子又有玩的地方。

问题

（1）本案例体现了什么原则？

（2）试想，是不是所有的汽车维修店都适合做这样的策略呢？这种策略存在什么问题？

（3）从本案例中你得到了什么启示？

案例三　2013 中国汽车品牌售后服务满意度指数正式发布

中国汽车品牌满意度历时半年多调查，2013 年 11 月，联信国际市场调查机构在北京正式发布了新的调查研究结果：2013 中国汽车品牌售后服务满意度调查指数。这是该机构自 2005 年以来发布的第九个售后服务满意度指数。2013 年，别克品牌以 846 分首次登顶合资品牌；上海大众位列第二，得分为 841；上海通用雪佛兰是第三名，得分为 832。

这是继"2013 销售服务满意度指数"之后 2013 年发布的第三个指数，该系列调查指数均出自中国本土权威的市场调查机构——"联信国际"。联信国际是国内知名的消费者调查专业机构，致力于打造消费者最信赖的调查品牌。2013 年售后服务满意度调查指数，是在 24987 位购车期为 12 到 18 个月车主的反馈基础上得出的，涵盖了全国 58 座主要城市和 60 个汽车品牌。该售后满意度调查指数主要是根据经销商的表现来衡量的，分为六大因子，分别是预约、接待与服务顾问、设施与环境、维修/保养质量、维修/保养费用、交车。售后服务满意度指数，总分为 1000 分，分数越高，表明顾客对授权经销商的保养和维修服务越满意。

此次获得调查合资品牌第一名的是上海通用别克品牌。别克关怀 Buick Care——上海通用汽车创立的中国第一个汽车服务品牌。自创立伊始，始终秉承"比你更关心你"的理念，率先将汽车售后服务"从被动式维修"带入了"主动式关怀"的新时代：比您更关心您的车，提供从购车前到购车后的全程优质服务。担当您的保养顾问，想在您之前，做在您之前,用主动超越期望,有别克关怀 Buick Care,就有宾至如归的热情接待,值得信赖的专业服务,以及常年不间断的主动关怀。

上海大众在此次调查中获得了售后服务合资品牌满意度的第二名,是近年一直排名靠前的的企业,这离不开其始终坚持的由车及人的主动、热诚、全程透明的服务理念与不断改进、超越创新的精神。其在行业里率先提出"卓越一线"的方针,开创了中国汽车售后服务市场发展的里程碑,让其拥有了越来越多的忠诚用户。

从售后整体满意度数据分析,2013年的高端/进口品牌整体得分为819分,下降了16分;合资品牌整体得分为796,较上年下降了20分;自主品牌整体得分为776分,较上年下降了28分,这反映了车主对汽车厂商售后服务的要求越来越高。

"中国汽车品牌满意度调查"由国务院国资委研究中心、中国环保产业协会、联信国际于2005年共同创办,包括新车质量满意度指数、销售服务满意度指数、售后服务满意度指数、厂商关系满意度指数、汽车广告满意度指数等17个子项,综合了汽车产品、销售、服务等多个环节。根据车型用户特征,调查分为自主品牌、合资品牌、高端/进口品牌三类,并且根据各自客户群的特点设计调查体系和问卷,有效地区分了不同品牌用户的关注点,更有利于公平客观的评价品牌满意度。经过多年的不断沉淀、发展和创新,"中国汽车品牌满意度调查"已经成为国内最具公信力的汽车市场调查之一。

第八章

汽车营销实务

> **学习目标**
> 1. 了解汽车营销调研的含义,认识调研对企业成功营销的重要作用。
> 2. 熟练掌握汽车销售程序,学会六方位绕车法。
> 3. 了解汽车客户的类型,领会对不同的客户选择不同的商务谈判策略。
> 4. 掌握合同的订立与履行。
> 5. 了解我国汽车保险的基本种类及其概念。掌握汽车保险理赔的业务流程。

案例导入

一个合格的汽车销售人员应该具备什么技能以及什么素质呢?任何一个人是否都有可能成为优秀的汽车销售人员呢?让我们先来看一个例子。

这是美国中部一个普通城市里一个普通地区的一家比较知名的车行。这个车行展厅内有六辆不同类型的越野车。这天下午,阳光明媚,微风吹拂,让展厅看起来格外明亮,店中的7个销售人员都各自在忙着自己的事情。

这是一个普通的工作日,一对夫妻带着两个孩子走进了车行。凭着做了10年汽车销售的直觉,乔治认为这对夫妻是真实的买家。

乔治热情地上前打招呼(汽车销售的第一个步骤)并用目光与包括两个孩子在内的所有的人交流,目光交流的同时,他作了自我介绍,并与夫妻分别握手。之后,他看来是不经意地抱怨天空逐渐积累起来的云层,以及周末可能来的雨雪天气,似乎是自言自语地说,也许周末的郊游计划要泡汤了。这显然是很自然地转向了他需要引导到的话题:他诚恳地问,"两位需要什么帮助?"——消除陌生感,拉近陌生人之间距离的能力。

这对夫妇说他们现在开的是福特金牛,考虑再买一辆新车,他们对越野车非常感兴趣。乔治开始了汽车销售流程中的第二步骤——收集客户需求的信息。他开始耐心、友好地询问:什么时候要用车?谁开这辆新车?主要用它来解决什么困难?在彼此沟通之后,乔治开始了汽车销售的第三个步骤——满足客户需求,从而确保客户将来再回到自己车行的可能性得到提高。他们开始解释说,周末要去外省看望一个亲戚,他们非常希望能有一个宽敞的四轮驱动的汽车,可以安全以及更稳妥地到达目的地。

在交谈中,乔治发现了这对夫妻的业余爱好,他们喜欢钓鱼。这样的信息对于销售人员来说是非常重要的。这种客户信息为销售人员留下了绝佳的下一次致电的理由。销售不是一个容易学习和掌握的流程性的工作,它不像体育运动,体育运动是只要按照事先规定的动作执行，执行到位就可以取得比一般人好的成绩，而在销售工作中既有流程性质的内容，也有非常灵活地依靠某种非规则性质的内容。比如，掌握及了解客户业余爱好的能力，就是被大多数销售人员所忽视的，甚至根本就不会去考虑。在优秀的销售人员中，他们一直认为自然界中"变色龙"的技能对销售过程最为有用。客户由此感知到的将是一种来自销售人员的绝对真诚、个性化的投入和关切，在这种感知下，客户会非常放心地与销售人员交流。由此，在上述的案例中，乔治展现出自己也对钓鱼感兴趣，至少可以获得一个与客户有共同兴趣的话题，从而建立起与客户在汽车采购以外的谈资。

乔治非常认真地倾听来自客户的所有信息，以确认自己能够完全理解客户对越野车的准确需求，之后他慎重而缓慢地说，车行现在的确有几款车可以推荐给他们，因为这几款车比较符合他们的期望。销售流程中的第四步骤——产品展示。他随口一问，计划月付多少车款。此时，客户表达出先别急着讨论付款方式，他们先要知道所推荐的都是些什么车，到底有哪些地方可以满足他们的需要，之后再谈论价格的问题（客户的水平也越来越高了）。

乔治首先推荐了"探险者"，并尝试着谈论配件选取的不同作用。他邀请了两个孩子到车的座位上去感觉一下，因为两个孩子好像没有什么事情干，开始调皮，这样一来，父母对乔治的安排表示赞赏。

这对夫妻看来对汽车非常内行。他推荐的许多新的技术，新的操控，客户都非常熟悉，由此可见，这对夫妻在来之前一定收集了各种汽车方面的资讯。目前，这种客户在来采购之前尽量多地收集信息的现象是越来越普遍了。40％的汽车消费者在采购汽车之前都通过互联网搜索了足够的有关信息来了解汽车。这些客户多数都是高收入，高学历，而且多数倾向购买较高档次的汽车（如越野车），从而也将为车行带来更高的利润。其实，客户对汽车越是了解，对汽车的销售人员就越有帮助，但是，现在有许多销售人员都认为这样的客户不好对付，太内行了，也就没有任何销售利润了。乔治却认为，越是了解汽车的客户，越是没有那些一窍不通的客户所持的小心，谨慎，怀疑的态度。

这对夫妻看来对"探险者"非常感兴趣，但是，乔治也展示了"远征者"，一个较大型的越野车，因为，后者的利润会多一些。这对夫妻看了一眼展厅内的标有价格的招牌，叹了口气说，超过他们的预算了。这时，乔治开了一个玩笑："这样吧，我先把这个车留下来，等你们预算够了的时候再来。"客户哈哈大笑。

乔治此刻建议这对夫妇到他的办公室来详细谈谈。这也就是汽车销售流程中的第五个步骤——协商。协商通常都是价格协商。在通往办公室的路上，他顺手从促销广告上摘了两个气球下来，给看起来无所事事的两个孩子玩，为自己与客户能够专心协商创造了更好的条件。

汽车行销售人员的办公桌一般都是两个倒班的销售人员共同使用的，但是，尽管如此，乔治还是在桌上放了自己以及家人的相片，这其实是另外一个与客户有可能谈到的共同话题。他首先写下夫妻俩的名字，联系方式，通常采购汽车的潜在客户都不会是第一次来就决定购买，留下联系方式，以便将来有机会在客户到其他的车行都调查过以后，再联系客户成功性会高许多。他再一次尝试着先问了客户的预算是多少，但客户真的非常老练，反问道，"你的报价是多少？"乔治断定他们一定已经通过多种渠道了解了该车的价格情况，因此，乔治给了一个比市场上通常的报价要低一点的价格，但是，客户似乎更加精明，给了一个更低的开价，面对他们的开价，乔治实际只能挣到65美元，因为这个价格仅比车行的进价高1％。乔治表示出无法接受，于是，乔治说，如果按照他们的开价，恐怕一些配置就没有了。

于是，乔治又给了一个比进价高6%的报价。经过再次协商，乔治最终达成了比进价高4%的价格。对于乔治来说，这个价格利润很薄，不过还算可以了，毕竟，客户第一次来就能够到达这个步骤已经不错了，而这个价格则意味着车行可以挣到1000美元，乔治的提成是250美元。

乔治非常有效率地做好了相关的文件，因为需要经理签字，只好让客户稍等片刻。通常，对于车行的销售经理来说，最后检查销售人员的合同予以确定是一个非常好的辅导缺乏经验的销售人员的机会。乔治带回经理签了字的合同，但在这时，客户却说他们还需要再考虑一下。此时，乔治完全可以使用另外一个销售中的技巧，那就是压力签约，他可以运用压力迫使客户现在就签约，但是他没有这样做，他宁愿让他们自由地离开。这其实也是这个车行的自我约束规则，这个规则表示，如果期望客户再回来，那么不应使用压力，应该让客户在放松的气氛下自由地选择（受过较高的教育的客户绝对不喜欢压力销售的方式）。乔治非常自信这个客户肯定回来，他给了他们名片，欢迎他们随时与他联系。

两天以后，客户终于打来电话，表示他们去看了其他的车行，但是不喜欢他们，准备向乔治购买他们喜欢的车，虽然价格还是高了一点，但是可以接受。他们询问何时可以提车？令人高兴的是，车行里有现车，所以乔治邀请他们下午来。

下午客户来了，接受了乔治推荐的延长保修期的建议，并且安排了下一次维护的时间，介绍了售后服务的专门人员——汽车销售流程的最后一个步骤，售后服务的安排。并由专门的维护人员确定了90天的日期回来更换发动机滤清器。这个介绍实际上是要确定该客户这个车以后的维护，保养都会回到车行，而不是去路边廉价的小维修店。

这是一个真实的例子，也是非常典型的，有代表性的例子。通过这个例子，我们可以看到一个汽车销售人员不仅需要有一个流程性的销售技能表现，还需要许多销售人员个人素质方面的技能，如沟通的细节问题，拉近距离的方法，发现客户个人兴趣方面的能力，以及协商能力。尽管汽车销售流程会给汽车销售人员一个明确的步骤可以遵守，但是，具体的软性的销售素质还需要靠灵活的，机智的，聪颖的个人基本实力。虽然很多的销售基本实力不容易得到量化，但是，根据对汽车销售人员的长期研究，人们提炼了七种必需的销售基本实力，这七种基本实力分别是：行业知识，客户利益，顾问形象，行业权威，赞扬客户，客户关系，压力推销。

第一节 汽车市场营销调研

一、汽车市场营销调研的含义与作用

（1）汽车市场营销调研的含义

汽车市场营销调研是针对组织特定的营销问题，运用科学的方法，有计划、有目的、有系统地收集、整理和研究分析有关汽车市场营销方面的信息，并提出调研报告，总结有关结论，提出机遇与挑战，为营销管理者制订、评估和改进营销决策提供依据的一项营销活动。

（2）市场营销调研的作用

市场营销调研的作用具体来说有以下几种：

① 通过市场营销调研，可以了解市场总的供求情况，据以调整、确定企业的发展方向

市场供求由商品可供量和购买力组成。通过市场营销调研，企业可根据市场情况和企业自身的实力，决定企业的发展方向，进行正确的定位。

② 市场营销调研为企业生产部门提供市场信息，促进产品更新换代，促进新产品的开发和生产。

企业在市场营销调研的过程中，通过对商品销售数量、增长变化趋势和产品普及率的分析，判断产品的生命周期情况。通过了解产品的使用情况，取得消费者对产品使用的反馈，从这些信息中发现消费者的潜在需求，为改进产品性能，提高产品质量提供依据，也为开发新产品提供方向。

③ 市场营销调研有利于促进商品销售。

企业通过市场营销调研活动，广泛了解市场信息，分析各类商品的销售前景，增加质优价廉、适销对路的商品的经营，按照消费者的要求调整经营结构，创造企业经营特色。

④ 市场营销调研还有利于提高企业的管理水平，增强竞争能力。

重视市场营销调研是企业管理从经验管理转向科学管理的重要标志。

二、市场营销调研的类型及内容

（一）市场营销调研的类型

对市场营销调研分类的方法有很多种，下面主要介绍两种分类方法：

（1）按调研方法分类

① 定性调研。定性调研是对被调查事务的性质的描述，它获取资料的途径都是以行为科学为基础的，在调查动机、态度、信仰、倾向等方面特别有用。

② 定量调研。定量调查是基于数量分析的一种调查方式，它通过获取样本的定量资料得出样本的某些数字特征，并据此推断总体的数字特征。

（2）按调研性质分类

① 探测性调研。探测性调研主要用于帮助澄清或辨明一个问题，而不是寻求问题的解决方法。它往往是在大规模的正式调研之前开展的小规模定性研究。

② 描述性调研。描述性调研是通过详细的调研和分析，对市场营销活动的某个特定方面进行客观的描述，以说明它的性质与特征。

③ 因果性调研。因果性调研的目的是为了证明一种变量的变化能够引起另一种变量发生变化。

④ 预测性调研。预测性调研是为了预测所需要的有关未来的信息而进行的调研活动。

（二）市场营销调研的内容

市场营销调研的内容十分广泛，但每次市场调研的内容只能根据市场调研的目的，有选择、有区别地进行选择，为市场预测与经营决策提供资料。市场营销调研额内容具体包括以下内容。

（1）环境调研

环境调研包括政治环境、经济环境和社会文化环境三个方面的调研。其中政治环境调研是指对政府有关的政策、法令的调研。经济环境调研主要包括国民生产总值、人均国民收入、人口总数、家庭收入、个人收入、能源资源状况、交通运输调价等方面的调研。社会文化调研主要包括国民教育程度、文化水平、职业构成、民族分布、宗教信仰、风俗习惯、审美观念等方面的调研。

（2）技术发展水平调研

技术发展水平的调研主要是指各个时期新技术、新工艺、新材料、新能源的状况，技术的先进水平，新产品开发速度与发展趋势等。

(3) 需求容量调研

需求容量的调研主要包括商品市场最大、最小、最可能的需求数量，潜在的需求数量，现有与潜在的购买人数，现有与潜在的供应数量，不同产品的市场规模与特征，以及不同地域的销售机遇，本企业产品的市场占有率，相关企业同类产品的市场竞争态势等。

(4) 消费者及其消费行为调研

消费者调研主要是指消费者个人的年龄、性别、职业、民族、文化水平、居住地、消费水平、消费习惯等方面的调研。

(5) 商品调研

商品调研的内容主要有：商品的效用调研，包括商品的形态、性能、重量、色彩、美观程度、使用方便性、耐久性、可靠性以及安全性等。

(6) 价格调研

商品价格调研包括老产品调研、新产品定价、本企业与竞争企业同类商品的价格差距等方面的调研。

(7) 销售方式和服务调研

商品销售方式和服务调研包括人员促销与非人员促销（广告、折扣、电视）哪种方式好？广告设计的内容及效果如何？怎样搞好销售服务咨询？怎样搞好售后服务等方面的调研。

(8) 销售渠道调研

企业销售渠道调研包括：企业采用直接销售还是中间商（批发商与零售商）销售？中间商服务的顾客是否是企业希望的销售对象？中间商能否提供商品的技术指导、维修服务与运输储藏？顾客对中间商的印象如何？等等。

(9) 竞争对手调研

竞争对手调研内容，主要包括两个方面的内容，一是竞争单位的调研，二是竞争产品的调研。

三、汽车市场营销调研的步骤

市场营销调研的全过程大体上分为预备调研、正式调研与提出报告三个相对独立又彼此衔接的工作阶段。

(1) 预备调研阶段

预备调研阶段主要包括以下几个方面的内容：明确调研目的、提出问题、初步调研（试调研）、确定收集资料的来源与方法、确定市场调研的边界范围。

(2) 正式调研阶段

正式调研阶段主要包括以下几个方面的内容：调研项目的选择与安排、调研方法的选择、调研人员的组织、调研费用的估算、编制调研计划。

(3) 提出报告阶段

提出报告阶段主要包括以下几个方面的内容：整理调研资料、编写调研报告、调研结论的追踪反馈等。

四、汽车市场营销调研方法

(一) 确定调研对象的方法

在开展调研活动时，可以对调研对象进行普查，也可以采用抽样调查的方法。

（1）普查法

所谓普查法是指去调查研究对象总体中每一个个体的信息。市场营销调研中并不经常用到普查，因为大规模的进行普查在成本和时间上的耗费是巨大的。

（2）抽样调研

抽样调查是常被用于确定调研对象的方法。通过精心选择的样本来准确地反映出总体特征，而且在调研技术成本上也是可以接受的。

（二）收集资料的调研方法

（1）访问法

访问法是指调研人员通过各种方式促使被访问者回答他们所提出的问题，并据此收集所需信息的一种方法，此种方法又可细分为以下几种类型：

① 人员访问。调研人员通过上门拜访或街头拦截等方式直接与被访者对话，从他们对所提问题的答案中获得信息的一种调研方法。

② 电话访问。通过电话与受访者交流以获取所需信息可以在一定程度上减少调研的成本，能在较短时间内从较大的范围收集到信息。

③ 邮寄访问。在进行邮寄访问时，调研人员将事先设计好的问卷寄给受访者，请他们按照要求填写后再寄回给调研人员。

④ 网络访问。网络访问不仅具备了电话及邮寄访问的所有优点，而且还通过提供独特的音效视觉效果，使受访者对回答问题产生更大的兴趣。

（2）观察法

观察法是调研人员直接或利用设备去观察人、物体或事件的行为过程，并系统地加以记录的调研方法。

（3）实验法

实验法是指在一定的控制条件下对所研究的客观体的一个或多个因素进行操纵，以测定这些因素之间的因果关系的一种调研方法。

例： 新世纪公司的主要产品为冰淇淋，在没有进行包装改进之前，通过实验测量其6个月销售量增长率为5%，在采用新包装6个月后，测量结果得出，其销售增长率为15%。因此，该公司采用新包装有利于销售增长率的提高，其6个月销售量的增长率提高了10个百分点。

（4）定性调研中的常用方法

① 焦点座谈会法。它一般由8～12人组成，在一名主持人的引导下对某一主题或观念进行深入的讨论，通过观察参与者对主题的充分和详尽的讨论，调研人员可以了解他们内心的想法以及产生这种想法的原因。

② 深度访问。它是一对一问答式的访谈，其访问中的问题并不一定是事先设计好的，它们可能会随着会谈的深入而逐步展开，由受访者的回答引出很多新的问题。

企业要做好经营决策，必须在做好市场调研的基础上进行市场预测。这是十分重要的。只有这样才能避免和减少经营决策中的失误，使企业持续、稳定、协调地发展。

丰田进军美国

丰田1958年进入美国的第一种试验型客车存在着严重的缺陷：引擎的轰鸣像载重卡车，车内装饰粗糙又不舒服，车灯太暗，不符合美国人的标准，块状的外形极为难看。并且该车与其竞争对手"大众甲壳虫"车 1600 美元的价格相比，它的 2300 美元的定价吸引不了顾客。结果，只有 5 个代理商愿意经销其产品，而且在每一个销售年度只售出 288 辆。

面对困境，丰田公司不得不重新考虑怎样才能成功的打进美国市场。他们制订了一系列的营销战略。其中最重要的一步就是进行大规模的汽车市场调查工作，以把握美国市场机会。

调查工作在两条线上展开：

(1) 丰田公司对美国的代理商及顾客需要什么等问题进行彻底的研究。

(2) 研究外国汽车制造商在美国的业务活动，以便找到缺口，从而制订出更好的销售和服务战略。

调查表明，美国人对汽车的观念已由地位象征变为交通工具。美国人喜欢有伸脚空间、易于驾驶和行驶平稳的汽车，但希望在购车、节能、耐用性和易保养等方面所花的代价大大降低。丰田公司还发现顾客对日益严重的交通堵塞状况的反感，以及对便于停放和比较灵活的小型汽车的需求。

调查还表明，"大众甲壳虫"的成功归于它所建立的提供优良服务的机构。由于向购车者提供了可以信赖的维修服务，大众公司得以消除顾客所存有的对买外国车花费大，而且一旦需要时却经常买不到零配件的忧虑。

根据调查结果，丰田公司的工程师开发了一种新产品——皇冠牌（Corona）汽车，一种小型的在驾驶和维修上更经济实惠的美国式汽车。

经过不懈努力，到 1980 年，丰田汽车在美国的销售量已经达到 58000 辆，占美国所进口的汽车总额的 25%。

第二节　汽车销售程序

汽车销售大王

——乔·吉拉德，创世界纪录的推销员，因售出 13000 多辆车创造世界纪录载入吉尼斯大全，曾 15 年连续成为世界上售出新汽车最多的人。

(1) 250 定律：不得罪一个顾客

(2) 名片满天飞：向每个人推销

(3) 建立顾客档案：更多地了解顾客

(4) 猎犬计划：让顾客帮助你寻找顾客

(5) 推销产品的味道，让产品吸引顾客

(6) 诚实：推销的最佳策略

(7) 每月一卡：真正的销售始于售后

一、汽车销售程序内容：

（一）整车销售

进货——验货——运输——存储——定价——促销——销售

(1) 进货

① 从生产厂或其主管的汽车销售公司进货——这是进货主渠道。

② 从各地汽车销售公司进货——进货重要渠道。

（2）验收——查看真假货、新旧车

"四看一开"

① 看外表是否完好

a. 查看车油漆是否均匀，有无刮痕；

b. 检查前盖、车门等处间隙是否均匀；

c. 查看车门关闭是否灵活；

d. 查看车辆配件是否老化（蓄电池、刮雨器、轮胎等）；

e. 查看底盘、轮拱、减振器、悬架等工作情况，可用手按压车身一角，看其弹动次数一般两三次左右；

f. 查看发动机室车底边缘是否有贴补痕迹，并把车开上地沟，以便查看底盘。

② 看车内情况是否正常

a. 查看仪表盘上各种仪表是否齐全有效、易于识别；

b. 查看方向盘，上下应有间隙，左右自由行程不易过大；

c. 查看车门玻璃是否升降自如、密封良好；

d. 查看座椅表面是否清洁完好，是否移动自由并有多个位置可固定；

e. 查看离合器、制动器、油门是否正常，坐入车内，左脚踏离合器踏板，应感觉轻松自如，并有一小段自由行程；右脚踩下制动踏板，应保持一定高度，若其缓慢下移，则可能有泄漏现象；加速踏板不应有沉重、犯卡以及不回位现象。

③ 看汽车性能是否良好。首先打开发动机室盖，先检查水箱补充液、清洗液、动力转向液、机油、制动液面是否正常，液罐外表要干净，无水痕、油迹，液面在最高与最低刻度之间算正常；其次查看蓄电池的固定桩头与电线连接应可靠、良好，用手扳无松动现象。

④ 看汽车手续是否齐全。查看汽车与其车牌，包括发动机、车驾号、产品合格证及出厂日期是否相符，如购买进口车还必须检查货物证明以及关税、增值税等各项应交税单，以防办理牌照时因手续不全而无法上牌。

⑤ 亲身试开。启动发动机，聆听转速情况，包括发动机启动是否快捷，有无杂音和异响，加速感受发动机响应是否连续，连续加速后怠速应仍然稳定。

验车应重视钱货两清，确有把握方可付款，防止交款后长期拿不到车，在可能条件下允许由用户直接从工厂自提车辆。

（3）运输

运输的方式：

① 委托工厂发货；

② 委托当地储运公司发货；

③ 由工厂派司机或自雇司机长途运输（这种方式费用高，速度快）。

注意：无论何种运输方式都要上保险。

（4）储存

汽车的储存一般是自己储运和委托储运两种方式。

注意：维护保养工作，避免日晒雨淋；蓄电池定期充电，防止失效；上油防锈，放水防冻；防止以旧换新，以假乱真。

（5）定价

新产品定价策略。

① 撇脂定价策略（高价保利策略）。

撇脂定价策略的优点：刚投入市场，未有竞争者，性能超群，质量过硬，可采取高价，满足顾客求新、求异。价格较高，可以在短期内获取较大利润。定价高，有利于在竞争者进入市场时主动降价。

撇脂定价策略的缺点：新产品没有市场信誉，高价不利于打开市场。高价投入市场，销路好，会带来跟风者。

撇脂定价策略的适应情况：开发周期长；市场有需求；性能质量好。

② 渗透定价策略。

渗透定价策略的优点：低价容易迅速打开新产品销路，占领市场。可以在多销中增加利润（薄利多销）。低价有利于控制市场，阻止竞争者跟入。

渗透定价策略的缺点：投资回收期较长，见效慢，风险大，一旦渗透失利，企业将会一败涂地。

渗透定价策略的适应情况：新产品技术已公开；该车市场上已供求平衡；市场上已有相关汽车；想尽快占据市场领先地位，撇脂定价策略和渗透定价策略对照表见表8-1。

③ 满意定价策略（以社会平均利润为目标）。

满意定价策略的优点：成功可能性大；风险小；较快为市场所接受；适当延长汽车新产品的使用寿命；有助于汽车企业树立信誉，稳步调价，使顾客满意。

表 8-1　撇脂定价策略和渗透定价策略对照表

两种汽车定价策略选择标准	撇脂定价策略	渗透定价策略
汽车市场需求水平	高	低
与同类竞争汽车产品的差别	较大	较小
汽车价格需求弹性	小	大
汽车企业生产能力扩大可能性	小	大
汽车消费者购买力水平	高	低
汽车产品目标市场潜力	不大	大
汽车产品仿制的难易程度	难	易
汽车企业投资回收期长短	较短	较长

企业应综合考虑上述因素，来合理选择相关策略

（6）促销

促销是指引发、刺激消费者产生的购买行为，通常可通过报纸、广播、电视等媒介；通过展销会、体育比赛、新车表演来促销。

（7）销售

是指销售单位通过与顾客洽谈，选车、试车、谈价格、办理付款手续、上牌、提车交货的全过程。

新车销售（车型）简介如下。

1. 客车

（1）大型客车　座位大于20座或总长大于6米。号牌黄底黑字黑线框，驾驶员要有A照；养路费与通行费每10座折合1吨计征，不足10座按10座计征，43座按5吨计征，25座按3吨计征；养路费150元/月吨；通行费150元/月吨。规定报废期限10年。

（2）小型客车　座位小于20座。号牌蓝底白字白线框，驾驶员要有C照，含轿车。养路费与通行费计征同上大型客车。规定报废期限10～19座10年，小于9座（含）9年。

2. 货车

(1) 大型　总质量大于 4.5 吨（含）。号牌黄底黑字黑线框，驾驶员要有 B 照，载重小于 10 吨，养路费 135 元/月吨，大于 10 吨超过部分按 1/2 计征，大于 20 吨超过部分 1/4 计征，通行费 150 元/月吨，计征方法与养路费相同。规定报废期限 8 年。

(2) 小型　总质量小于 4.5 吨。号牌蓝底白字白线框，驾驶员要有 C 照，养路费与通行费计征同上大型客车，规定报废期限 8 年。

新车销售过程中代客计算（考虑因素）。

(1) 汽车售价：包括汽车车价与增值税；
(2) 汽车上牌必须支付的费用；
(3) 车辆购置附加税；
(4) 车辆保险费（一年）；
(5) 上牌杂费；
(6) 上牌服务费。

举例：某私人客户有 15 万元，牌照没有，应购买售价多少的车？

(1) 估算牌照约 37000 元；　　(2) 估算购置税为车价的 10%；
(3) 估算车辆保险费 0.3 万元　(4) 上牌各种杂费 0.2 万元。

150000(总额)－37000(牌照费)＝113000 元

113000－5000(车辆保险费＋上牌各种杂费)＝108000 元

108000 元/(1＋10%)＝98181.82(含增值税)

98181.82/(1＋17%)＝83916.09 元(增值税 14265.73 元)

车价 83916.09 左右；购置税 9818.18 元；增值税 14265.73 元

车辆保险费 3000 元，上牌各种杂费 2000 元；牌照费 37000 元。

(二) 销售服务

"一切以服务为宗旨"是现代销售服务的出发点和立足点。

服务是产品功能的延长，有服务的销售才能充分满足顾客的需要，缺乏服务的产品是半成品。未来企业的竞争主要是非价格竞争（非价格竞争的主要内容是服务）。

(1) 销售服务内容

① 售前服务：帮助顾客确认需求；为顾客提供尽可能多的选择；为顾客购买决策提供必要的咨询。

② 售中服务：为顾客提供买车咨询、融资贷款、保险、上牌，办理各种手续方面的帮助。

③ 售后服务：为顾客进行产品的安装、调试、维修、保养、人员培训、技术咨询、零配件供应、其他承诺兑现。

(2) 销售服务部分工作

① 帮助加盖工商验证章手续；
② 帮助办理加油手续；
③ 帮助办理汽车移动证和临时牌照手续；
④ 帮助排除突发性故障（找特约维修站）；
⑤ 帮助办理车辆保险手续、养路费、车船税手续；
⑥ 帮助联系冲洗车辆手续；

⑦ 帮助找司机送车。使客户乘兴而来，满意而归。

销售服务不仅能够消除顾客的抱怨，增强顾客的满足感，巩固与顾客的关系，可以为企业争取更多的客户，而且有利于树立企业形象，增强企业的竞争能力。良好的商品形象是销售活动的物质基础；良好的企业形象影响顾客的购买行为，而且也是现实的和长远的购买前提。

汽车销售员通过在销售过程中的个人行为，使顾客对企业产生信赖或好感，并促使这种信赖和好感向市场扩散，从而赢得广泛的声誉，建立良好的形象。

建立良好的形象，汽车销售员要做到以下方面：

① 首先要推销自己，使顾客对销售员产生信赖好感；
② 其次使顾客在整个销售过程中满意；
③ 使顾客对企业提供的各种销后服务满意；
④ 向顾客宣传企业，让顾客了解企业。

（三）备件供应

备件供应是搞好售后服务的物质基础。

首先，要保证保用期内的用件及索赔零件供应；其次，应保证修理件供应（一些大的用户，有自己维修能力），另外，应保证专业维修服务站的配件供应；物价部门规定，配件进销价不得大于（毛利）20%，不能倚缺抬价获暴利。

（四）维修服务

维修服务是直接为用户售后服务的重要一环。销售部门必须建立（或特约当地水平较高的维修厂）一个维修能力强的维修服务站，要有一支技术素质高、思想作风好的技术队伍。当用户需要时，迅速到达服务现场，高效率地为用户解决问题；还要主动走访，跟踪服务。

维修站应有三项功能：

① 强制保养；
② 供应配件；
③ 性能恢复性修理。

维修服务包括大修、中修和小修。

（五）信息反馈

进一步提高服务质量、开拓市场，汽车产品投入市场后质量如何？

汽车性能是否能满足用户的要求？

汽车还有哪些地方有待改进？

收集这些信息并及时反馈对占领市场、开拓市场，提高服务质量，改进产品设计都有举足轻重的作用。

当顾客上门询问或购买汽车，销售人员应热情接待，把握好时机，留住客户。一般经过以下六个步骤：欢迎顾客、提供咨询、展示车辆、达成协议、交车验车、售后跟踪服务。

二、汽车售前技巧

整车销售流程：

寻找客户→销售前准备→提供咨询→车辆展示→异议处理→缔结成交→交车验车→跟踪服务

（一）寻找客户

（1）客户　这里是指汽车公司（企业）的交易对象。

(2) 客户类型

① 直接用户、汽车营销单位：汽车交易的主要对象（团体购买、私人购车）。

② 基本往来户：长期往来，成交次数较多。

③ 一般往来户：经济实力不强，但有业务成交。

④ 普通往来户：一般性交往，尚无业务成交。

（二）销售前的准备

销售人员准备

1. 自我心理准备

（1）相信自己

相信自己会成功，这一点至关重要。并不是每个人都明确地认识到自己的推销能力。但它确实存在，所以要信任自己。人最大的敌人就是自己，而超越自我则是成功的必要因素。推销人员尤其要正视自己，鼓起勇气面对自己的顾客。即使有人讥讽你不是干这行的材料也没有关系，关键是你自己怎么去看待，如果连你也这么说，那么一切就都将失去意义了，而这正是关键之所在。因此，在任何时候都要相信自己，不要打退堂鼓，永远不要。

（2）树立目标

有了必胜的信心一切都可以轻松地开始了。树立一个适当的目标，是推销员在准备期中必要的心理准备之一。没有目标，是永远不可能到达胜利的彼岸的。每个人，每一项事业都需要有一个既夺目标和信念。一位成功的推销员介绍经验时说："我的秘诀是把目标数表贴在床头，每天起床、就寝时，都把今天的完成量和明天的目标额记录下来，提醒自己朝目标奋斗。"可见有志者事竟成。定下你的目标，向着目标奋斗、前进，就会无往而不胜。

（3）把握原则

现代推销术与传统的推销术已有了很大的差别，推销员已不再只是简单的兜售商品。一名优秀的推销员在树立了信心，明确了目标，走出门去面对顾客之前，还应该把握住作为一名推销员应遵循的原则：

① 满足需要原则。现代的营销观念是汽车营销员要协助顾客，使他们的需要得到满足。推销员在营销过程中应做好准备去发现顾客的需要，极力避免"强迫"推销，假若让顾客感觉到你是在强迫他接受什么时，那你就失败了。最好的办法是利用你的推销使顾客发现自己的需要，而你的产品正好能够满足这种需要。

② 诱导原则。营销就是使根本不了解或根本不想买这种商品的顾客产生兴趣和欲望，使有了这种兴趣和欲望的顾客采取实际行动，使已经使用了该商品的顾客再次购买，当然能够让顾客成为产品的义务宣传员则更是成功之举。这每一阶段的实现都需要推销员把握诱导原则，使顾客一步步跟上汽车营销的思路。

③ 照顾顾客利益原则。现代营销术与传统推销术的一个根本区别就在于，传统推销带有很强的欺骗性，而现代营销则是以"诚信"为中心，汽车营销员从顾客利益出发考虑问题。顾客在以市场为中心的今天已成为各企业争夺的对象，只有让顾客感到企业是真正站在汽车消费者的角度来考虑问题，自己的利益在整个购买过程中得到了满足和保护，这样汽车营销企业才可能从顾客那里获利。

④ 保本原则。一般来说，汽车营销员在与顾客面谈时可以根据情况与时机适当调整价格，给顾客适当的折扣或优惠，这里有一个限度问题，各企业对此要求不同，但一般来说不能降到成本线以下。这就要求推销员在出发前不仅要详细了解产品的功能、特征，还应该了

解产品的成本核算。

（4）创造魅力

汽车营销员在营销产品中，实际上是在自我推销。一个蓬头垢面的推销员不论他所带的商品多么诱人，顾客也会说："对不起，我现在没有购买这些东西的计划"。汽车营销员的外形不一定要美丽迷人或英俊潇洒，但却一定要让人感觉舒服。在准备阶段你能做到的就是预备一套干净得体的服装，把任何破坏形象、惹人厌恶的东西排除，充分休息，准备以充沛的体力、最佳的精神面貌出现在顾客的面前。

2. 形象准备

形象准备包括着装原则（以身体为主，服装为辅）、衣着规范

（1）着装原则

切记要以身体为主，服装为辅。如果让服装反客为主，汽车营销人员本身就会变得无足轻重，在顾客的印象里也只有服装而没有销售人员。正如著名的时装设计大师夏奈儿所说："一个女人如果打扮不当，您会注意她的衣着。要是她穿的无懈可击，您就注意这个女人本身。"

要按 T（时间）、P（场合）、O（事件）的不同，来分别穿戴不同的服装。要根据顾客来选择与他们同一档次的服装，不能过高或过低。

无论怎样着装，着装目要清楚，就是要让顾客喜欢而不是反感。

（2）男性汽车营销人员的衣着规范及仪表

西装：深色，有经济能力最好能选购高档一些的西装。

衬衫：一色，白色、浅色或中色，注重领子、袖口清洁，并熨烫平整。要每天更换。

领带：以中色为主，不要太花或太暗，注意和衬衣或西装的反搭配协调。

长裤：选用与上衣色彩质地相衬的面料，裤长以盖住鞋面为准。

便装：中性色彩，干净整齐，无油污。

皮鞋：黑色或深色，注意和衣服的搭配。如有经济能力最好选购一双名牌皮鞋。且要把鞋面擦亮，皮鞋底边擦干净。

短袜：黑色或深色，穿时不要露出里裤。

身体：要求无异味，可适当选用好一些的男士香水，但切忌香水过于浓烈。

头发：头发要疏理整齐，不要挡住额头，更不要有头皮屑。

眼睛：检查有没有眼屎、眼袋、黑眼圈和红血丝。

嘴：不要有烟气、异味、口臭，出门前可多吃口香糖。

胡子：胡须必须刮干净，最好别留胡子。

手：不留长指甲，指甲无污泥，手心干爽洁净。

（3）女性销售人员的衣着规范及仪表

头发：干净整洁不留怪发，无头皮屑。

眼睛：不要有渗出的眼线、睫毛液，无眼袋、黑眼圈。

嘴唇：可以涂有口红，并且保持口气清香。

服装：西装套裙或套装，色泽以中性为好。不可穿着过于男性化或过于性感的服装，款式以简洁大方为好。

鞋子：黑色高跟淑女鞋，保持鞋面的光亮和鞋边的干净。

袜子：高筒连裤丝袜，色泽以肉色最好。

首饰：不可太过醒目和珠光宝气，最好不要佩戴三件以上的首饰。

身体：不可有异味，选择淡雅的香水。

化妆：一定要化妆，否则是对客户的不尊敬。但以淡妆为好，不可浓妆艳抹。

3. 销售工具的准备

公司介绍、汽车目录、地图、名片夹、通讯录、空白"合同申请表"等。

（1）汽车营销工具准备的好处

容易引起顾客的注意和兴趣；使销售说明更直观、简洁和专业；预防介绍时的遗漏；缩短拜访时间；提高效率。

（2）汽车营销员必备的销售工具

公司介绍；汽车目录；地图；名片夹；通讯录；计算器；笔记用具；最新价格表；空白"合同申请表"；"拜访记录表"等专业销售表格。

对销售工具的准备，我们可遵循丰田公司的基本方针：推销工具不应该是别人提供的，而应是销售人员自己去创造的，这才会体现自己的独具的魅力。

研究所销售的产品

（1）了解产品。

① 产品的特点与功能。

② 专业数据。

③ 了解产品是理性产品还是感性产品。

④ 了解产品的构成。

（2）相信自己的产品

（三）提供咨询

图 8-1 提供咨询的程序

（1）提供咨询的程序（见图 8-1）

① 询问。询问是指对客户的需求要有清楚、完整和有共识的了解。

清楚：客户的具体需求是什么？这需求对客户来说为什么重要。

完整：客户的所有需要，需要的优先次序。

共识：对事物的认识和顾客相同。

② 倾听。关注顾客的话语；尽力理解顾客的需求。

③ 观察。注意观察并尽可能多地了解顾客——他们的话语、问题、行为动作、非言语交际等。

④ 调整。根据对顾客的了解，改进工作方式和行为方式。

⑤ 建议。使用了解到的一切情况，尽量理解顾客的真正需求，然后提供顾问性建议。

（2）提供咨询中应收集的主要信息（见表 8-2）

表 8-2 咨询中应收集的信息

信息	目的	细项
顾客的个人情况	了解顾客情况有助于知道顾客的实际需求，他们对经销商的感觉以及他们处于决定的哪个环节等	生活方式；预算/经济状况；决策者作决定的过程
过去使用车的经验	如果顾客过去有车，了解他们过去使用车的经验有助于理解顾客再买车时究竟想要什么，不想要什么	过去的车；购车原因；对经销商的态度
对新车的要求	询问顾客的需求和购买动机有助于你帮助他们选择出正确的车型。之后，你可以针对顾客的需求了解具体车型的主要特征和利益，以便更好地为这个顾客服务	特征/对选装项的要求；购买动机

(3) 巧妙的询问方式

| 案例 | 信徒的询问 |

一位信徒问牧师：我在祈祷的时候可以抽烟吗？牧师回答说：不行！另一信徒问牧师：我抽烟的时候可以祈祷吗？牧师回答说：可以！

这则小故事至少能够给我们三点启示：提问时，首先要思考提什么问题；其次是如何表述；何时提出问题也是至关重要的一点。

① 询问的形式。形式有开放式和封闭式。

a. 开放式的询问——描述性问题。

开放式的询问能让顾客充分阐述自己的意见、看法及陈述某些事实情况。可以让顾客自由发挥。提出一个问题后，回答者不能简单地以"是"或者"不是"来回答，可获得较多信息。

开放式询问分为两类：

A. 探询事实的问题。以"何人、何事、何地、什么时候、如何、多少等"询问去发现事实，目的在于了解客观现状何客观事实。如：你目前的使用状况如何？您想要什么样的车？

B. 探询感觉的问题。是通过邀请对方发表个人见解来发现主观需求、期望、关注的事。如：您对自动挡是抱着什么样的看法？您认为如何？

有两种提问方式。直接询问，如：你认为这种车型如何？间接询问，首先叙述别人的看法或意见，然后再邀请顾客表述其看法。如有些顾客认为这车较省油，你的看法是……。

开放式的询问的目的是取得信息和让顾客表达他的看法、想法。取得信息包括了解目前的状况及问题点，如目前贵公司运输车辆状况如何？有哪些问题想要解决？了解顾客对期望的目标，如您期望新的维修方式能达到什么样的效果？了解顾客对其他竞争者的看法，如您认为某厂牌有哪些优点？了解顾客的需求，如您希望拥有什么样的一部车？让顾客表达他的看法、想法如对配置方面，您认为有哪些还要再考虑？您的意思是…；您的问题点是…；您的想法是…。

b. 封闭式的询问。封闭式的询问也称有限制式问法，是让顾客针对某个主题在限制选择中明确地回答的提问方式，即答案是"是"或"否"，或是量化的事实的问题。

常用的询问词：是不是；哪一个；二者择一；有没有；是否；对吗；多少等。如：约见顾客："既然这样，那么，我们是明天晚上见，还是后天晚上见？""你是喜欢两厢车还是三厢车？""是标致206，还是307"？

封闭式询问只能提供有限的信息，显得缺乏双方沟通的气氛，一般多用于重要事项的确认，如协议条款，市场调查。在与顾客沟通时慎用。

如：你是否认为车的维修保养很重要？您是否认为购车一定要找信誉好的公司？您是否认为车的安全最重要？您想买的车是商务用还是家用？您首先考虑的是自动挡还是手动挡？

封闭式询问的目的：获取顾客的确认；在顾客的确认点上发挥自己的优点；引导顾客进入你要谈的主题；缩小主题范围；确定优先顺序。

c. 询问的步骤。先用开放式询问，当对方被动无法继续谈下去时，才能用封闭式询问。

② 善于将封闭式询问转化为开放式询问

如："你同意吗？"改为"你认为如何？"

(4）倾听的技巧

倾听的错误观点：讲才是主动，听是被动的

① 史蒂·芬柯维听的层次（见表8-3）。

表8-3　史蒂·芬柯维听的层次

听的层次	状　　态
设身处地地听	参与到对方的思路中去，引起共鸣
专注地听	关注对方，适时地点头赞同
选择地听	对自己感兴趣的就听下去，对自己不感兴趣的就不听
虚应地听	只是为了应付，心不在焉
听而不闻	无反应像未听到一样，对顾客态度冷漠

② 听的三种形式。听他们说出来的；听他们不想说出的；听他们想说又表达不出来的。

③ 倾听的原则。全神贯注地倾听；给予反馈信息，让顾客知道你在倾听；强调重要信息；检查你对主要问题理解的准确性；重复你不理解的问题；回答顾客的所有的问题；站在顾客的立场考虑问题。

④ 倾听的作用（见表8-4）

表8-4　倾听的作用

听能创造良好的气氛	给顾客表述的机会，创造良好的气氛，使对方感到有价值、愉快
听能捕获信息	跟顾客谈话也是一样，如果你不注意捕获信息，就会充耳不闻
听能处理信息	顾客跟你谈判时话语很多，很复杂，甚至语无伦次，杂乱无章，但只要你能认真听，你就能听出他的表达重点，理解他的意思，并对此作出正确反应

⑤ 倾听的技巧：

a. 发出正确的信号——表明你对说话的内容感兴趣。与顾客保持稳定的目光接触。心理学家认为，谈话双方彼此注视对方的眼睛能给彼此造成良好的印象。但关键是如何注视。目光游移不定，会让对方误以为你是心不在焉，不屑一顾；目不转睛地凝视，会让对方感到不自在，甚至还会觉得你怀有敌意。最佳的目光接触，应该是在开始交谈时，首先进行短时的目光接触，然后眼光瞬时转向一旁，之后又恢复目光接触，就这样循环往复，直到谈话结束。能获得他人好感的目光应该是诚恳而谦逊的，既不卑不亢，又尊重他人也尊重自己。

不插话，让顾客把要说的说完。让人把话说完整并且不插话，这表明你很看重沟通的内容。用形体语言表示你的态度：点头或微笑就可以表示赞同正在说的内容，表明你与说话的人意见相合，也表明你在专心地听着。

保持并调动注意力。怎样保持并调动注意力？不妨把你的顾客当成世界上最重要的人，把他的讲话看作是你生平所听到的最重要的言语。将可使人分心的东西（如铅笔、纸张等）拿走可使你全神贯注；采用放松的身体姿态（如身体重心偏向一边或前倾）就会得到：他们的话得到你的关注了的印象；随时检查你的理解力，检查自己听得是否真切，并且已正确理解了信息。方法：把听到的内容用自己的话复述一遍，就可以肯定是否已准确无误地接收了信息，也可以通过询问，检查自己对信息的理解。上述的双向活动不仅能使你能够获得正确的信息，而且还能使说话者把精力集中于真正想要沟通的内容。

b. 站在对方的立场，仔细地倾听。站在顾客的立场专注倾听顾客的需求、目标，适时地向顾客确认你了解的是不是就是他想表达的，这种诚挚专注的态度能激起顾客讲出他更多的内心想法。要能确认自己所理解的是否就是对方所讲的，你可以重复对方说讲的内容，以确认自己所理解的意思和对方一致，如"您的意思是不是指……"、"不知道我听得对不对，您的意思是……"。对顾客所说的话，不要表现戒备的态度，当顾客所说的事情，对你的销售可能造成不利时，你听到后不要立即驳斥，你可以请顾客更详细地说明是什么事情让他有这种想法。顾客若只是听说，无法解释得很清楚时，也许在说明过程中他自己也会感觉出自己的看法不是很正确；若顾客说的证据确实，你可以先向顾客表示歉意，并答应他说明此事的原委。

c. 掌握顾客真正的想法和需求。顾客有自己的立场，他也许不会把真正的想法告诉你，他也许会借用种种理由搪塞，或别有隐情，不便言明，因此你必须尽可能地听出顾客真正的想法。要想了解顾客的真正的想法，不是一件容易的事，你可以在听顾客谈话时自问以下问题：顾客说的是什么？它代表什么意思？他为什么这样说？他说的是一个建议吗？他说的是不是事实？他说的我能相信吗？他这样说的目的是什么？我能知道他的需求是什么吗？我能知道他的购买条件吗？

（5）提供建议的技巧

① 制订自己的标准说法。事先自己编出一套"说法大全"，有经验的销售人员，通常在不知不觉中把洽谈中的一部分内容加以标准化。也就是说，与不同对象的顾客洽谈的时候，他就背熟了其中的一部分，且在任何洽谈中都习惯地使用它。对自己的推销说法赋予某种"模型"。

怎样编造"标准说法"：先写出来再说；把初稿再三看过，听听别人的意见或是参考有关的书籍，将它做适当的修正；练习：发出声音，读读看；利用录音机，听听看；实地使用，先预习一次，然后使用看看，再修正。

② 避免突出个人的看法

③ 把自己当作顾客的购车顾问。顾问式销售是美国 20 世纪 80 年代后发展起来的一种标准销售行为。该销售方法要求销售人员具备行业知识，具备满足客户利益的技能，能够体现顾问形象的技能。该销售方法不是从推销出发，而是从理解客户的需求出发，引导客户自己认清需求。顾问式销售是指销售人员以专业销售技巧进行产品介绍的同时，运用分析能力、综合能力、实践能力、创造能力、说服能力满足顾客的要求，并预见顾客未来的需求，提出积极建议的销售方法。顾问式销售即从理解客户的需求出发，以特定的产品满足顾客需求实现顾客价值，实现销售，达到双赢的目的。

销售人员给顾客三点实用建议以树立自身的顾问形象：建议顾客理性选择；建议顾客进行性能价格比；建议顾客全盘考虑。

a. 建议顾客理性选择。首先是预算问题，应该先确定顾客经济能力所能承担的价格范围，然后选择其中性能价格比最高的车。其次，汽车销售人员要根据车辆的用途和顾客个人喜好，推荐选择最适合顾客的车型。第三，排量大小要适中。

b. 建议顾客进行性能价格比。通过车辆说明书的性能参数可以确定车辆的性能，性价比是顾客确定投入的依据。汽车销售员一般要提供汽车的有关情况，供顾客选购时参考。

c. 建议顾客全盘考虑。选购适用的车型和装置：不必贪大求全，而是要根据顾客使用的实际需要，选购适用的车型和装置。既要认品牌又要讲车型。既要讲外形又要讲性能。进口车和国产车各有千秋。不能只注重排量、价格。

（四）展示车辆

六方位绕车介绍法。

六方位绕车介绍目的：指将产品的优势与用户的需求相结合，在产品层面上建立起用户的信心。

绕车前的准备工作：

① 将方向盘调整至最高位置；

② 确认所有座椅都调整回垂直位置；

③ 将钥匙放在随时可取放的地方；

④ 对驾驶员的座椅适量往后移；

⑤ 前排乘客座椅要适量后移；

⑥ 将座椅的高度调整至最低的水平；

⑦ 对收音机选台、磁带、CD 的准备；

⑧ 对车辆的清洁；

⑨ 确保蓄电池有电。

环绕介绍——6 点介绍法。

① 前部（左前方）：最有利于看清车辆特征的角度，通常可以在这个位置向顾客做产品概述（例：风阻系数、车身尺寸、车辆标志、车辆线条、制造工艺、车身颜色、保险杠、轮毂、后视镜、轴距、大灯）。

② 发动机室：介绍车身和风格的好地方（例：排量、形式、油耗、结构性能、参数、变速箱、发动机底座、碰撞吸能区、前保险杠、发动机管理系统、ABS）。

③ 驾驶座侧：做简单的巡游总结并询问顾客有什么问题，鼓励顾客打开车门进入内部（例：方向盘、电动窗、中控门锁、安全带、座椅、防盗系统、离合器）。

④ 后部：可以突出尾灯和保险杠，汽车的排放也可以在这里提及（例：大面积尾灯、一体式后保险杠、天线、行李箱：更低的开口，更大的空间）。

⑤ 乘客侧：可以考虑致力于安全性能的介绍，轮胎和悬架系统（舒适性）可以在这里介绍（例：车门防撞钢梁、四轮独立悬吊、车身结构、车身材质、车门、轮胎、油箱）。

⑥ 车辆内部（例：仪表盘、安全气囊、空调、内饰、音响、内后视镜、方向盘、头枕、离合器、腿部空间等）。

绕车介绍的技巧：

介绍产品时重点突出（好、先进），因此，六方位无论是哪个方位，都要讲的是三点：

① Feature：车辆的配备和性能。

② Strength：车辆的优势。

③ Benefit：能带给客户的好处和利益，满足客户需求。

这三点缺一不可，因为每一点都能和特色有关。

（五）异议处理

异议处理是顾客对销售人员或其推销活动或产品所做出的一种在形式上表现为怀疑或否定或反对意见的反应，客户有意或无意露出的反对信号，客户用来拒绝购买的理由、意见、问题、看法。

产生异议的原因：

① 没有得到足够的信息，希望销售顾问提供更多的资料，提供说服自己的理由。

② 客户没有理解，感到自己未被理解。

③ 客户有不同的见解，喜欢挑剔。

④ 客户未充分了解产品的利益。
⑤ 习惯排斥销售人员、讨厌推销。
⑥ 客户根本不需要的产品和服务

异议的种类：
① 对销售人员的异议。
② 对产品的异议。如：这车耗油、外形不美观等。
③ 对价格的异议。如：太贵了，有价格低一点的吗？
④ 对服务的异议。如：提车方式、时间不合适；保养不理想。
⑤ 对公司的异议。如：财务状况和经营方式等，了解公司的政策和售后服务程序。
⑥ 对订购时间的异议。如：我再仔细考虑一下或下周再作决定好吗？
⑦ 因为竞争者而产生异议。如：现在对另一品牌非常满意。

正确对待异议：要处理好顾客异议，首先汽车营销员要对异议有正确的看法与态度。
① 异议是客户的必然反应。销售人员和客户各是一个利益主体。
② 客户异议是销售障碍，也是成交的前奏与信号。
a. 客户发表异议时，才真正开始沟通。
b. 客户发表异议，说明对产品有了一定兴趣，想进一步深入了解。
③ 汽车营销人员应认真分析顾客异议。顾客异议是多种多样的，不同的顾客会有不同的异议，对同一内容的异议又会有不同的异议根源。

处理异议

保持冷静；认真倾听，真诚欢迎；重述问题证明了解；慎重回答，保持友善；尊重客户，圆滑应付；留有后路。
① 冷静倾听，给出反馈信息（除非他讲完，不要妄下断言）。
② 表示认同（点头效益）。
a. "异议"并没有实质内容。
b. 确实是自己产品的缺点。
先点头或是用简单的"我懂"、"很好"或"我了解"来赢得他的信任，然后再把他不知道或是没有提到的好处告诉他。
③ 转换异议。把"异议"转换成问话的方式可以改变敌对的立场，博取对方的好感并把对方嫌汽车价钱太贵的简单意念，变成对"花钱的价值"的探讨，技巧地把价钱问题，转成"品质"和"服务"的问题。在问话中，强调汽车产品的好处能满足对方的需要。
④ 延缓处理。延缓处理是指暂时确实无法解决，或一些不影响成交的异议。
⑤ 否认（反驳）。否认是指客户对产品产生误解。否认应尽量避免，但若此误解影响成交，而你手头又有资料可以证明时才可以反驳。

（六）缔结成交

1. 购买时机——客户的购买信号

购买时机包括开始询问、身体语言、客户自述等内容。

询问内容：贷款手续、缴款手续、指定颜色车型、交车时间及地点、交车事项、办牌照、保险等相关准备事宜、售后服务、保修等。

身体语言内容：尽量身体向前倾，或向你的方向前倾；眼睛闪闪发光，表现出很感兴趣的样子；出现放松或愉悦的表情和动作点头对你的看法表示同意；不断审视产品，用心与仔细观看目录、合同,或是订货单;详细的阅读说明书,并且逐条的检视。

2. 建议购买

把握时机,建议客户作出决定。

3. 成交技巧

全面地了解目标顾客的态度,以及他对于产品说明和成交试探的反应,而不是直接询问目标顾客是否愿意购买产品。

(1) 情境成交法

情境成交法有假设型成交法和二选一法。

假设型成交是指汽车营销人员假设目标顾客将要购买,通过语言或无声的行动来表示这种感觉。

二选一法是指把最后决定集中到两点上,然后让顾客从二者中挑选一种办法。

(2) 小点促进型成交

小点促进型成交是指从无足轻重的小的方面开始,逐步使目标顾客在更大的决定上点头。

(3) 利益总结型成交

利益总结型成交是指以总结产品特点的主要优势及其给目标顾客带来的好处来结束对产品的介绍。

(4) 供应压力型成交

供应压力型成交是指给目标顾客施加了一定的压力,让其现在购买而不拖延的一种方法。

(5) 赞扬型成交

赞扬型成交法特别适合那些自诩为专家、十分自负或情绪不佳的目标顾客。

4. 签订合同

① 注意合同是具有法律效力的,应重视各阶段及整个时间的可行性及各阶段的付款时间与方式。

② 代客户办理的服务事项(包括上牌、汽车装潢、保险、外地牌照、相关手续、时期、费用等都应向客户交代清楚)。

(七) 交车验车

1. 交车的步骤

(1) 准备。在交车前对汽车进行检查(PDI 检查);亲自对汽车进行检查和驾驶;确保所需文件齐备。

(2) 顾客提车。向顾客解释提车手续及其重要性;在所需的财务凭证和文件上都签好字;向顾客全面解释关于汽车所有文件。

(3) 参观维修部门。带顾客参观维修部门,向顾客介绍维修人员和维修程序。

(4) 介绍汽车。向顾客介绍他们需要了解的汽车特征。

(5) 试验驾驶。指出有关驾驶舒适性和操作性的特征。

(6) 核查清单,送走顾客。

① 查看车辆检测报告和交车清单,得到有关人员的签名;② 向顾客表示感谢并提供继续帮助。

2. 交车时顾客的希望和担心

(1) 顾客的希望。在得到承诺之后汽车将会准备好，油箱中装满燃料；汽车内外一尘不染，好像顾客是第一个坐到车里的人；销售商对汽车的特征，仪表和操纵设备做完整的介绍；销售商对汽车的保修和保养计划做完整的介绍；与负责维修服务的经理见面并介绍维修服务程序；销售顾问对汽车非常了解；汽车已经经过检查和注册，随时可以开走；可以得到所有应提供的材料；购车完毕后，如果遇到任何问题，销售顾问可以解答或提供帮助。

(2) 顾客的担心。交货的汽车不是处于完好状态；销售完毕后，顾客的满意度将不再是卖方的主要考虑内容；文件和汽车没有准备好，交货期比顾客预计的要长；销售顾问在交货过程中催促顾客，不给顾客足够的时间熟悉汽车；销售顾问不能恪守在销售中作出的承诺。

3. 车辆检查（PDI检查）

(1) 车辆静止时。油漆颜色、车身表面有无划痕、掉漆、开裂、起泡或锈蚀。检查车门、机盖、后备箱门缝隙是否均匀，门缝胶条密封是否良好。车体防擦条及装饰线应平直，过渡圆滑，接口处缝隙一致。后视镜成像清晰，调节灵活。检查轮胎规格，备胎与其他四个轮胎规格是否相同。查看前照灯罩是否损坏，车门车窗是否完整，后挡风玻璃是否良好。用手按压汽车前后左右4个角，松手后按压部位跳动不多于2次，表示减振器性能良好。检查车内座椅是否完整，清洁干净。接通电源开关，检查刮水器、喷水清洁器工作是否正常。各电气设备工作是否正常。检查是否漏水漏油；检查车内设施；检查电器系统。

(2) 检查发动机。查看发动机及附件有无油污、灰尘。抽出机油尺，看尺上的机油是否清洁透亮，机油量应处于两刻度之间。检查冷却液、制动液液面是否处于最大和最小刻度之间。检查发动机、自动变速器、后桥机油油面高度是否符合要求。检查散热器冷却液液面高度是否符合要求。检查电解液密度和液面高度是否符合要求。检查橡胶软管和传动带是否有损坏或缺陷。冷车启动发动机，应启动顺利。改变发动机转速时过渡应圆滑，仪表盘相应的指针反应灵敏。发动机怠速运转平稳。排除的废气应无烟、无味。

(3) 行驶检查。路试检查。踩离合器踏板时，离合器应接合平稳，分离彻底，不打滑、不发抖。变速器换挡应轻便灵活，挡位准确。以高中低速行驶均应平稳，车内无噪声。汽车加速应快捷有力。车轮产生跳动后应有自动回位的效能。检查汽车是否有跑偏、侧滑等现象。行驶中转向机构应操作灵活。制动应灵敏、迅速、有力，不跑偏、不侧滑。检查暖气、空调及其他设施，是否符合规定。检查灯光及各种信号标志是否齐全、有效、准确、可靠。最后验证行车油耗。

(4) 停驶后的检查。再次检查有无漏油、漏水、漏电、漏气现象。观察汽车底部的前后避振器、刹车泵、变速器、传动轴等处有无漏油现象。检查驻车装置是否有效、可靠。小心快速地触摸刹车盘、鼓，看看是否烫手。试用中控销或门销、防盗器等设施是否有效、可靠。

(5) 向顾客提供必需的购车凭证。购车发票；车辆合格证；三包服务卡；车辆使用说明书；其他文件或附件。

(八) 售后跟踪服务

没有售后服务的销售，在客户的眼里，是没有信用的销售；没有售后服务的商品，是一种最没有保障的商品；没有一次性交易的客户，只有终身的客户。

售后跟踪服务目的：

① 商品的售后服务——信誉的维护、商品资料的提供。

② 客户的维系——联络感情、搜集情报。

三、汽车售后服务在营销中的作用

1. 汽车售后服务是买方市场条件下汽车经销商参与市场竞争的尖锐武器

汽车4S店和汽车经销商的售后服务方面都面临强劲的竞争对手。而对于成熟的汽车产品，在功能与品质上也极为接近，汽车品牌竞争质量本身差异性越来越小，价格大战已使许多汽车4S店和汽车经销商精疲力竭，款式、品牌、质量以及售后服务等各个方面的差异性成为汽车4S店和汽车经销商确立市场地位和赢得市场竞争优势的尖锐利器。汽车售后服务的市场竞争不仅仅靠名牌的汽车品牌，更需要优质的品牌售后服务作为保障。

2. 汽车售后服务是汽车经销商保护汽车产品消费者

汽车4S店或汽车经销商向消费者提供经济实用、优质、安全可靠的汽车产品和售后服务是维护其本身的生存和发展的前提条件。虽然科技的进步与发展使得汽车的相关产品以及保养、维修等售后服务的水准越来越高，但是，要做到万无一失目前尚无良策。由于消费者的使用不当或工作人员的疏忽，汽车电器不稳、刹车失灵等状况会经常发生的，越来越多的汽车4S店和汽车经销商，包括最优秀的企业也不能够保证永远不发生错误和引起顾客的投诉。因而，及时补救失误、改正错误，有效地处理客户的投诉等售后服务措施成了保证汽车消费者权益的最有效途径。因此，可以说，汽车售后服务是保护汽车消费者权益与利益的最后防线，是解决汽车4S店或汽车经销商的错误和处理顾客投诉的重要有效补救措施。

3. 汽车售后服务是保持汽车经销商的顾客满意度与忠诚度的有效举措

汽车产品的消费者对汽车产品和服务的利益追求包括功能性和非功能性两个方面。前者更多体现了消费者在物质和服务质量方面的需要，后者则更多地体现在精神、情感等心理方面的需要，如宽松、优雅的环境，和谐完善的服务过程，及时周到的服务效果等。随着社会经济的发展和消费者自身收入水平的提高，顾客对非功能性的利益越来越重视，在很多情况下甚至超越了对功能性利益的关注。在现代的社会以及市场经济环境的状况下，企业要想长期盈利，走向强盛，就要赢得长期合作的顾客，保持顾客忠诚度，提高顾客满意度。汽车4S店或汽车经销商在实施这一举措的过程中，使顾客满意的售后服务是企业长期发展，最终走向成熟的有效措施之一。

4. 汽车售后服务是汽车4S店或汽车经销商摆脱价格战的一剂良方

我国汽车4S店或汽车经销商高速成长期已经结束，汽车产品市场总需求较为稳定，竞争格局已进入白热化的状态。不少汽车4S店或汽车经销商为了求得市场份额的增长，不惜一切的代价，连续开展价格大战，不少汽车品牌价格再大幅度下降，开展各种促销活动，变向下调价格，使得汽车行业平均利润率持续下滑，汽车4S店或汽车经销商增长后劲严重不足。如果要彻底摆脱这一不利的局面，导入服务战略尤为重要，汽车4S店或汽车经销商可以综合运用各种发法和手段，通过差异化的服务来提高的产品和服务的质量。

5. 汽车售后服务是汽车技术不断进步和科技不断发展的必然要求

随着汽车技术的进步和科学技术的飞速发展，汽车产品已走入家庭，并且作为一种代步工具，逐渐进入平民化。面对汽车这样的高科技产品，"坏了怎么办？"，"我如何去使用它？"等一系列问题总是困扰着客户，这在客观上就要求汽车4S店或汽车经销商为消费者提供更多的服务支持而不仅仅局限于售后服务。比如，建议改售后服务为售前培训、科普引导等。汽车产品不仅仅是单纯的整车产品，也还包括配件、保养、维修等售后服务，而且还包括附加的服务，如产品的使用说明书，提供维修站的地址与联系方式等，以及收集客户的回访信息，为改进产品和服务提供借鉴，从而也为汽车的技术进步和提供优质的服务奠定了扎实的基础，由此形成了"系统销售"的概念。

售后跟踪服务的内容：

(1) 与老顾客联络感情

① 拜访。主要目的是让顾客感觉到汽车销售员和企业对他的关心，同时也是向顾客表明企业对销售的车辆负责。要把握的原则：尽可能使拜访行为自然一点，不要使顾客觉得汽车销售员的出现只是有意讨好，更不要因拜访而干扰顾客的正常生活。

② 书信电话联络。

③ 赠送纪念品。

(2) 搜集情报。了解顾客背景；创造连锁销售。

(3) 妥善处理顾客的投诉。

第三节　客户选择与商务谈判

一、客户选择

汽车既是一种生产资料，又是一种消费资料。所以汽车客户有着明显的广泛性。依据各种客户在购买模式或购买行为上的共同性和差异性，汽车客户可以分为这样几种类型：

(1) 私人消费者。指将汽车作为个人或家庭消费使用，解决私人交通的用户，他们构成汽车的私人消费市场。目前，这一市场是我国汽车市场增长最快的一个细分市场，其重要性已经越来越引起各汽车厂商的关注。

(2) 集团消费者。指将汽车作为集团消费性物品使用，维持集团事业运转的集团用户，我国通常称为"机关团体、企事业单位"，他们构成汽车的集团消费市场。因此，营销商非常重视这些大型集团或系统的用户。例如：

① 公交系统用作长途汽车、公共汽车或出租汽车以及短途运货车。

② 旅游系统和大宾馆需要豪华型客车和高级轿车。

③ 邮政电信系统用于传递邮包的邮政车。

④ 银行系统用于运送钞票专用车。

⑤ 矿山系统各种用于运输矿石的货车（中型、重型）。
⑥ 基建工程大项目需要水泥车、自卸车、重型载货汽车等各种专用汽车。
⑦ 公安、交通、监察、政法系统用于公务用的各种检查车或囚车。
⑧ 机关、团体、工厂、学校和乡镇企业需要中档轿车以及各种中、轻、微型载货汽车。

这一市场是我国汽车市场比较重要的一个细分市场，其重要性不仅表现在具有一定的需求规模，还常常对全社会的汽车消费起着示范性作用。

（3）运输营运者。指将汽车作为生产资料使用，满足生产、经营需要的组织和个人，他们构成汽车的生产营运者市场。这类用户主要包括具有自备运输机构的各类企业单位、将汽车作为必要设施装备的各种建设型单位、各种专业的汽车运输单位和个人等。目前，这一市场，特别是对某些车型而言，在我国汽车市场也占有重要位置。

（4）其他直接或间接用户。指以上用户以外的各种汽车用户及其代表，主要包括以进一步生产为目的的各种再生产型购买者，以进一步转卖为目的的各种汽车中间商，他们都是间接用户。由这类购买者构成的市场，对于汽车零部件企业或以中间性产品（如汽车的二、三、四类底盘）为主的企业而言，是非常重要的。

以上各类汽车用户，从总体上也可以分为消费者个人和集团组织两大类，前者构成汽车的消费者市场，后者构成汽车的组织市场。也就是说，组织市场是指工商企业为从事社会生产或建设等业务活动，以及政府部门和非盈利性组织为履行职责而购买汽车产品所构成的市场，即组织市场是以某种组织为购买单位的购买者所形成的市场，是消费者市场的对称市场。就卖方而言，消费者市场是"个人"市场，组织市场是"法人"市场。各类不同的汽车用户，对汽车的需求及其购买行为，有着不同的表现，有必要进行分门别类的研究。

二、对客户进行咨询和调研

（1）咨询调研渠道主要包括以下几个方面
① 通过银行系统调查，信用好、资金充裕的可靠客户会积极主动地提供往来银行，使交易对手树立信心；在业务联系中，客户不愿意提供往来银行就不宜和他往来。
② 通过当地工商局或该单位的上级机关调查，一般认为政府主管部门和上级公司基本上是可以信赖的。
③ 通过与对方有业务往来的我方兄弟单位，间接了解客户是否有商业信用，资金是否充裕。
④ 通过与对方有往来深知内情的工作人员，凭个人关系去了解。

（2）咨询调研的内容主要调查下列内容
① 客户所在单位组织情况，如企业性质，其上级领导机关，创建历史，法定代表人。
② 生产经营范围，有没有汽车经营权；生产或经营什么其他项目；是批发，还是零售；是代理商，还是兼营商；是工厂，还是直接用户。
③ 资金情况，如注册资金、盈亏概况、债务概况、履约守信情况等。另外，经营作风如何；经济上是上升状态，还是面临负债倒闭状态。

三、对客户进行分析鉴别

在调研分析基础上，对客户进行分类：
① 基本往来户资信状况好，经营作风好，经济实力强，长期往来成交次数多，关系比较牢固的。

② 一般往来户资信状况好，经济实力不强，已做成几笔生意的。

③ 普通联系户一般性函电口头交往，尚无业务成交，资信状况正在了解的。

这种分类是随情况变化而调整的。普通联系户中有可能有已被摸清情况，多次达成交易，形成紧密联系，上升到基本往来户的；也有从一般往来户降为普通联系户的。

四、建立客户登记卡片

客户登记卡片主要内容包括客户名称、地址、电话、传真、邮政编码、E-mail 地址、法定代表人姓名、注册资金、生产经营范围、经营状况、信用状况、与我方建立关系年月、往来银行、历年交易记录、分类及鉴定意见等。

对于不同类别客户要有不同的策略。优先与基本往来户成交，在资源分配和定价上适当优惠；对一般往来户要"保持"和"培养"；对普通联系则要积极争取，加强联系，迅速了解。

五、商务谈判

商务谈判是交易双方为了各自的目的，就一项或数项涉及双方利益的生意进行洽商，通过听取各方意见，调整各自提出的条件，最后达成双方满意的一种经济活动。

1. 商务谈判的特点

① 商务谈判参加者各自代表所在的工商企业，谈判总是围绕着交易对象（汽车交易或劳务）展开的，谈判双方以达成双方满意，并对双方具有法律约束力的协议或合同为最终目的。

② 商务谈判一般遵循的方针是平等互利，协商一致；智力较量，以智取胜；谋求合作，使双方各有所得。

③ 谈判中我们的目标是取得自己一方的利益，但绝不是意味着必须伤害别人的利益。谈判高手在争取自己一方利益时，经常试图以理服人，去影响另一方对事物的评价方法，求得双方满意；企业利益不仅仅是用利润来衡量的，企业形象往往是企业的根本利益。从长远考虑，对有战略意义的客户适当让利或给予关注是明智的。

2. 商务谈判的一般方式和程序

① 商务谈判的一般方式包括当面洽谈、电话洽谈、信函磋商、电报磋商等步骤。大批货物成交、重要项目谈判、营销合作方式（合资、联营、合作、代理、代销）等主要通过当面洽谈解决。为了迅速沟通信息，常用长途电话。如果达成交易，各方应补信函予以确认，并做好通话记录或录音。商业信函是用来洽商交易联系业务的重要工具，信函是书面根据，具有法律效力的文件，对方来函要及时答复。电报也是商务联系的重要通信工具，既能快速传递，又有法律效力，也可使用电传联系业务。电传相当于面对面通信，可以询问对答。

② 商务谈判的一般程序它包括询价、发价、还价及接受四个步骤。

a. 询价（对外贸易中也称询盘 Inquiry）是指交易的一方要买或卖某种商品首先向另一方询问交易条件，如，请报标致 307 精致版 1.6L100 辆，××××年 8 月武汉提货价。

b. 发价（俗称"报价"，对外贸易中称为发盘 Offer）是指交易的一方向另一方提出买或卖某项商品可以订合同的交易条件。

c. 还价（对外贸易中称为还盘 Counter Offer）是指交易的一方接到对方函电内容提出不同建议。

d. 接受（Acceptance）是指交易一方同意另一方函电条件，回复后达成交易，合同成立。

3. 商务谈判的策略和技巧

(1) 收集信息商务谈判时要充分了解与谈判相关的各种信息,这是取得谈判成功的必要条件。谈判时,需要掌握下列信息内容:

① 在谈判前要掌握有关对方的信息,包括对方进货时间、渠道、质量、价格、市场动态、兄弟单位货源和价格动态等。

② 了解有关谈判方案的基本信息,包括谈判的日期、时间、地点、谈判对象、我方参加人员、谈判内容及目的要求。

③ 谈判过程中,要注意有关产品价格的信息。首先在非正式交谈中初步了解,然后在正式谈判中进一步确认。

(2) 谈判策略谈判策略的特点是阶段性强,各个阶段要用不同的策略方法:

① 留有余地。买方在让步时应采取步步为营的策略,复杂的大宗交易不宜太快达成协议。让步不能一下子让到底,而应逐步让,取得对方对等让步,要找突破口,取得进展。

② 先声夺人。谈判开始准确表达我方交易条件,可以口头表达、备忘录、协议或合同草案,作为谈判起点。

③ 以让为进。在小问题上先让步,抓住机会步步进逼,直到对方作出让步,达成交易,"退"是手段,"进"是目的。

④ 迂回战术。会上谈不下来,休息一下,会外非正式交谈,往往见效。

⑤ 从容不迫。谈判时要冷静、沉着、善于观察,先让对方把话讲完,在听的过程中找突破口,谈判时不要总是唇枪舌剑,必要时保持沉默,给自己和对方一个慎重考虑的时间,往往也会受到好的效果。

⑥ 进退自如。重要的谈判双方领导出面只谈原则,具体细节由双方助手去谈,进退都很主动。

⑦ 友谊为重。贸易伙伴之间建立友谊,互相支持,促进交易,做到互利互惠才能持久。但要注意维护公司利益的谈判原则,谈判人员坚持这一原则也有利于增进对方的信任,信任是建立友谊的基础。

综上所述,谈判中运用策略是为了掌握谈判的主动权,控制谈判的进度,从而顺利达成交易服务。谈判策略是必要的手段而不是市场营销的目标,市场营销的目标是要令双方满意的。因此,成功的谈判者很注重利用公司信誉、个人诚信等要素,辅助谈判策略的正确实施,也就是要坚决反对不择手段和唯利是图的谈判策略。商务谈判的本身就说明谈判者双方存在着"合作"的需要,合作中任一方利益受到伤害或感到被欺骗都将使营销行为失去真正的意义。

(3) 谈判技巧在谈判过程中,受情绪波动的影响,谈判者双方不能理性地对形势做出分析,灵活运用各种谈判技巧,有利于商务谈判的顺利进行。

① 树立谈判信心。谈判时,心理状态要好,不为物喜不为己悲,喜怒不行于色,做自己情绪的主人,树立一个成功美好的自我形象,这是成功的先决条件。

② 把握决策时间。决策不宜过早,也不宜久拖不决,条件成熟时要果断"成交"。

③ 阶段冷却。我方虽迫切,但对方不让步,我方可以冷静一下,拖一段时间等对方有变化征象时再谈判。

④ 预测和保证。当双方确认全过程不会有特殊情况发生时,双方应作出预测和保证,

在有法律保障的前提下方可签字。

⑤ 报价艺术和条件。报价过高会失去竞争力；过低则无利润可言，应本着双赢的原则报价，并明确必要附加条件。

⑥ 处理好"异议"。"异议"是对方对产品有兴趣的表现，处理好"异议"，需要营销人员具有卓越的销售能力。处理的办法是认真了解对方的不同意见，对问题表示重视和关注，认真分析，然后迂回地说明情况，促使对方客观地评价，正确地抉择。

（4）举止文明在谈判过程中，要举止文明，有礼有节，体现文明经商的风貌。

① 谈判人员应遵守时间，热情好客，仪容大方，语言举止符合身份，不骄不躁，不卑不亢，内部团结一致，统一对外。

② 在与外商进行商务谈判时，还应注意选择适当的谈判场所，服饰要整洁、得体（穿西装要结领带，夏天不要穿汗衫短裤），接送车辆有一定规格，还要注意尊重对方风俗习惯，不应有冷漠、粗鲁、庸俗、懒散、傲慢的态度出现。

③ 派出谈判人员级别要适当（对等或略高）。如对方是普通工作人员，我方由总经理接待就不恰当了。

第四节 经济合同的订立与履行

经济合同是民事主体的法人、其他经济组织、个体工商户、农村承包经营户相互之间，为实现一定经济目的，明确相互权利与义务关系而订立的合同。营销洽谈的结果（达成交易）要用经济合同形式来确定。

一、有效合同与无效合同

1. 订立经济合同应符合原则

（1）经济合同（除即时清结的交易外）应当采用书面形式。经当事人协商同意的有关修改合同的文书、电报和图表，也是合同的组成部分。

（2）订立经济合同必须遵守法律和行政法规。任何单位和个人不得利用合同进行违法活动，牟取非法收入。

（3）订立经济合同应当遵循平等互利、协商一致的原则。任何一方不得把自己的意志强加给对方，任何单位和个人也不得非法干预。

（4）经济合同依法成立，即具有法律约束力。当事人必须全面履行合同规定的义务，任何一方不得擅自变更或解除合同。

（5）订立合同双方当事人必须具有法人资格，法人在订立经济合同时不得超越其合法经营范围。

2. 无效经济合同

（1）违反法律和行政法规的合同。

（2）采取欺诈、胁迫等手段所签订的合同。

（3）违反国家利益或社会公共利益的经济合同。

（4）代理人超越代理权限签订的合同，或以被代理人的名义同自己或者同自己所代理的其他人签订的合同。

无效的经济合同从订立时候起就没有法律约束力。经济合同的无效由人民法院或者合同仲裁机构确认。确认经济合同部分无效的，如果不影响其余部分的效力，其余部分仍然有效。

在汽车营销业务中，对走私车、没收车签订的合同就属于无效合同，应由主管机关指定专门单位处理。没有轿车经营权的单位签订的轿车批发合同也是无效合同。在业务联系中要十分谨慎判定合同的有效性。

二、经济合同的种类和内容

1. 经济合同的种类

我国的经济合同大致有如下几种类型：

（1）销售合同。它是指企业以销售商品为内容的合同，其形式和内容极为广泛，有购销包销合同、采购或选购合同、代购代销合同等。这类合同一般由产需或供需双方签订，也可由产、供、运、销多方联合签订。

（2）供应合同。它主要是指有组织有计划供应生产资料为内容的合同，如国家计划分配的原材料、燃料、动力等物资的供应合同，上级部门有组织协作配套的供应合同，企业自行在市场上采购原材料的供应合同等。这种合同，有的在上级部门指导下签订的；有的只有供需双方，直接由供需双方签订。

（3）承包合同。它是指企业委托承包单位按要求完成某项工程、工作或产品的合同，如基建承包合同、设计承包合同、施工承包合同以及其他各种产品加工等承包合同。

（4）运输合同。它是指企业委托运输企业为保证及时运送货物而签订的合同，包括铁路、公路、航空、海运、河运等运输合同。

（5）信贷合同。它主要是指企业向银行或信用社申请贷款所签订的合同以及赊购赊销合同、分期付款合同等。

（6）租赁合同。它主要是指供方提供设备等物资为需方使用，并取得一定报酬而签订的合同，如工具设备租赁合同、房地产租赁合同等。

此外，还有仓储合同、补偿贸易合同和合资经营合同以及技术协作、技术服务和技术转让合同，财产保险合同等。

上述经济合同，按时间可分为长期合同、年度合同和短期合同。长期合同指一年以上的合同；短期合同是一年以下的季度和月度合同。

2. 经济合同的基本内容

经济合同是具有法律效力的经济契约，它反映企业之间的经济关系和经济责任。因此，合同的内容必须周密全面，文字表达一定要正确清楚。特别要注意文字、条款的法律依据，以免产生不必要的纠葛和矛盾。下面以汽车制造厂的销售合同为例简述如下：

（1）明确规定汽车产品的型号、规格、质量、数量、选装件数量和型号及生产厂家、交货期限，这是汽车销售合同最基本的内容。这些条款的每一项内容，规定得越具体越好。如，质量标准，应明文规定是国家标准还是行业标准，或者按用户提出的要求和标准进行规定。制造厂必须对产品质量负全责任，只能提高不得降低。交货期限应具体规定交货的日期，如果延期交货，厂方应承担全部的经济责任。

（2）具体规定交车的方式。如用户自行到厂提货，应规定接车的手续；如由厂家实行送货或代运，应在合同中注明送货的地点或到站名称及收货人。送货费用应在售价中另行计算。

（3）明确所购车型的外部色彩（或图案），如用户对汽车的外部色彩或图案、文字有特殊要求时，应在合同中注明，所需费用经双方协商后，也应在合同中明确规定。

(4) 正确规定产品的价格与货款的结算方式。凡是由国家或地方统一定价的车型，企业不得擅自提价或降价；如有特殊情况需要提价或降价，应报请有关部门批准。凡是国家允许浮动或自行定价的车型，应由供需双方协商定价。对于车款的结算方式，可按人民银行规定的"托收承付"或"验货承付"等办法执行，也可采用"款到付货"的方式。贷款利率按国家规定执行。

(5) 明确规定合同双方的经济责任。如厂家对产品的型号、规格、质量、数量、选装件、交货期和交货方式等方面不能履行合同规定时，应在经济上承担全部或部分赔偿的责任。如需方发生中途退货、拒绝收货、延期付款等违背合同的规定时，应对造成的经济损失承担全部经济责任。如果由于运输部门不能履行合同规定而造成的经济损失，则完全由运输部门承担经济赔偿责任。

在合同中除上述内容外，还有其他内容和规定，应由供需双方相互商定，或补充具体条款。

三、汽车营销合同的实施细则合同实施细则

1. 供货计划

无论是进货合同还是销货合同，供货时间常列出分月供货计划。通常用人民币计算和支付，除国家允许使用现金履行义务的以外，必须通过银行转账或票据结算。

2. 定金

当事人一方可向对方付出一定数额定金（双方协商，一般为产品价的 5%～30%）。在合同履行后，定金应当收回，或抵作价款。给付定金一方不履行合同的，无权请求返还定金。接受定金一方不履行合同的，应当双倍返还定金。

3. 产品价格

关于产品价格，除规定必须执行国家定价的以外，由当事人协商议定。在执行国家定价时，当在合同交付期限内国家价格调整时，按交付时价格计价。逾期交货的，遇价格上涨时按原价格执行；价格下降时按新价格执行。逾期提货或逾期付款，遇价格上涨时按新价格执行；下降时按原价格执行。

在国内贸易中，习惯上按指定地点提车报价成交，运往外地运费由客户自负。在国际贸易或与南方开放城市贸易中常用以下几种价格术语：

(1) FOB（Free on Board 离岸价格，即装运港船上交货），即卖方在合同规定的装运港把货物装到买方指定的船上，并负担货物装上船为止的一切费用和风险。

(2) CIF（Cost Insurance Freight 到岸价格，即成本加保险费、运费），即卖方负责运输，安全运往目的港船上卸货前运费、保险费等费用和上船前风险。

(3) C&F（Cost and Freight 离岸加运费价格），即卖方负责运往目的港运费及上船前风险。

4. 支付方式

在合同条款中常对支付方式作出规定。在国内贸易中，常用的是票汇，票汇结算是汇款单位或个人将款项交给当地银行，由银行签发汇票持往外地办理转账或支取现金的结算方式。支票是在本市可以流通的票据，它是另一种常用方式（一般有效期为 5 天），可以当时兑现，具有信用的可靠性。通常在市内用支票，在外地用汇票。

(1) 票汇结算适用的范围是国营和集体企业、事业单位、个体经济户及个人以及中外合资企业，境内外资企业需要汇拨各种款项，均可使用票汇结算方式。

(2) 票汇结算一般规定必须记名，不准流通转让，不准涂改伪造，有效期一个月，逾期的汇票汇入银行不予受理。汇款单位或个人必须同时将"汇票"和"汇款解讫通知"提交汇入银行，缺少任何一联凭证均为无效。汇款单位如确定不了收款单位，可填写汇款单位指定人员姓名，收款人可以在汇入银行开立临时存款户，分期分次支取。

(3) 票汇结算有灵活方便的优点，由汇款单位或汇款人自行持汇票到外地办理转账或支取现金，可持汇票直接向收款单位办理结算。如需转汇，可委托汇入银行办理信汇、电汇；此外，也可以用票汇（自己将汇票寄给收款单位）。

(4) 汇票使用程序有"出票"、"提示"、"承兑"、"付款"等步骤。①"出票"是指当地银行在汇票上填写付款人、付款金额、付款日期、地点以及收款人等项目，经签字后交付给受款人的行为。②"提示"是指持有人将汇票交付款人要求承兑和付款的行为。付款人看到汇票如系即期汇票，应立即付款。如系期票应办理"承兑"手续，到期付款。③"承兑"是指付款人对期票表示承担到期付款责任的行为。手续是付款人在汇票正面写上"承兑"，说明承兑日期并签名，再交还持有人。④"付款"是指付款人见票后即期或到期付款的行为。

(5) 托收承付。除上述"汇付"方式之外，还有一种常用的"托收"支付方式，由卖方发出货物后，开具汇票连同全套货运单据，委托银行在买方所在地分行或代理银行向买方收取货款。托收根据交单条件不同又分为"付款交单"和"承兑交单"，前者在买方交清货款后，银行才能交出货运单据（提货单）；后者在买方承兑汇票后，就能从银行取回货运单据。

(6) 拒付是指汇票在"提示"时，遭到付款人拒绝付款或拒绝承兑。"拒付"通常是由于到货与合同规定要求不符等原因，发生这种情况双方应及时协商妥善解决。因为"托收"方式属于商业信用，银行只作委托人、代理人身份，既无检查发运单据是否齐全或正确的义务，也无必须为付款人付款的责任。

(7) 信用证。国际贸易中常使用信用证支付方式，在国内贸易也在使用，但目前尚不太广泛。

(8) 商业汇票。1994年7月经国务院批准，中国人民银行决定在全国范围内逐步实行商业汇票结算办法（先在煤炭、电力、冶金、化工、铁路5个重点行业推广实施）。这是由购货单位或销货单位签发，经购货单位或其开户银行承兑并于到期日向持票单位支付款项的票据。在国际上较为流行。这种结算方式权利和义务比较明确，具有较高的信用，有利于及时收回货款，便于融通资金，是一种较好的信用支付工具，因而国际上较为流行。使用这一方式必须在合同中写明使用商业承兑汇票或银行承兑汇票方式，销货单位收到汇票及时发货，购货单位对到期汇票可以提出抗辩。单位和银行对其已承兑商业汇票，不得以交易纠纷和本身承兑责任拒付票款。

四、经济合同执行中的问题及处理

1. 合同变更和解除

经当事人双方协商同意，在不影响国家和集体利益前提下，允许变更或解除合同。由于不可抗拒的天灾人祸使合同义务不能履行；或由于一方不能履行合同，另一方有权通知对方解除合同。因变更或解除合同使一方受到经济损失（除法律上许可免除责任以外），应由责任方赔偿对方经济损失。当事人一方发生合并、分立时，合同义务由变更后当事人承担。

2. 违反经济合同责任

当事人一方过错使合同不能履行，由过错方承担违约责任。由于不可抗力原因在取得有关证明后，允许延期履行，可部分或全部承担违约责任。一方违约造成损失超过违约金，还应付赔偿金，在明确责任后 10 天内偿付，逾期加罚。

3. 违反购销合同的责任

凡供方对产品品种、数量、规格、质量、日期等未按合同，或错发地点和收货单位；需方中途退货，未按期付款，提货，临时变更到货地点多支费用都认为是应负违约责任，根据情况酌付违约金或赔偿金。

4. 经济合同纠纷的调解和仲裁

当合同发生纠纷时，当事人应通过协商调解解决。如双方协商无效，一方可向工商管理局合同仲裁部门或人民法院提出请求或起诉，要求帮助调解；如调解仍无效，即可依法予以判决，起诉费最终由败诉方负担。一般规定仲裁申请期限为两年（纠纷发生后在两年以内起诉）。

五、经济合同的管理

对于一个营销单位来说，经济合同的管理是一个十分重要的环节，这个环节抓好了，公司正常业务就可以有条不紊地进行，并可以减少或避免很多不应有的损失。

1. 完善组织建立制度

汽车营销单位一般设立二级合同管理；在公司一级由综合业务处（或经营管理处，大的集团公司设经营法规处）负责合同管理，在各经营部门（或分公司）设兼职合同管理员。其职责如下：

（1）公司合同管理机构公司合同管理机构主要职责：

① 贯彻执行合同法和公司合同管理制度，制订部门（分公司）签约的有关细则。

② 监督检查各经营部门（分公司）签订履行合同情况，并定期向公司主管经营的领导报告工作。

③ 组织宣传经济法规知识，总结合同管理工作经验，及时提出履约分析及防范措施。

④ 经常抽查合同，发现问题及时纠正，制止不完善或不合法的合同出现。

⑤ 制止部门（分公司）或个人利用合同进行违法活动。

⑥ 对公司内发生的合同调解、仲裁、诉讼，要经常掌握情况，实施业务指导，必要时参加有关案件和有关会议。

⑦ 加强基础管理工作，建立合同年度综合台账，搞好合同档案管理。

⑧ 统一管理公司合同标准文本及图章，订出管理制度和图章借用登记制度，对全公司合同实施登记，统一上印花税。

（2）经营部门（分公司）合同管理经营部门（分公司）合同管理员主要职责：

① 协助合同承办人员签订合同，参加重大合同的谈判。

② 审查本部门合同，制止不完善或不合法的合同出现。

③ 检查合同执行情况，协助合同承办人员处理合同执行中的问题和纠纷。

④ 制止不符合法律规定的合同行为，参加本部门合同纠纷的协商、调解、仲裁、诉讼。

⑤ 会同合同承办人员办理有关合同的文本，建立合同台账和档案。

2. 层层落实，责任到人

公司合同管理好坏，除了上述建立二级管理制外，关键是人人都掌握经济法的武器，在实际工作中切实贯彻。明确规定合同承办人员的职责如下：

① 受法定代表人委托依法签订、变更、解除合同。

② 依法使用和保管好合同，如：合同章与履行、变更、解除合同等有关文件，与有关

的发票、支票、收据、来往电文等。

③ 提请部门经理（分公司经理）审查其经办的合同。

④ 对所签合同负有认真执行的责任，并检查合同的执行情况。

⑤ 及时向本部门领导报告合同在履行中发生的问题，提出解决问题的建议。

⑥ 依法参加对合同纠纷的协商、调解、仲裁、诉讼等。

⑦ 严肃认真地对签约对方单位进行资信审查，对货源或对方资金等基本情况要弄清楚，严防诈骗上当。

3. 聘请法律顾问

相当规模的公司经济活动中经济纠纷是不可避免的，也是正常现象。因此，聘请当地较知名的律师事务所担任公司常年法律顾问，协助处理有关纠纷。

4. 制订防范措施

公司领导和部门（分公司）领导对于重大合同应亲自审查过问。合同管理机构要协助审查合同条文，尤其要注意具体提出违约责任和合同的可操作性。防止因合同文字含糊不清，造成不应有的经济损失。近年来，随着我国汽车保险业务的逐渐扩大，汽车合同纠纷的案例越来越多，其焦点多集中在保险人与投保人或保险人的责任及责任大小，保险合同是否成立与生效，以及保险人是否应承担责任和承担多少责任等问题。掌握汽车保险合同特征和订立与履行过程中涉及的原则问题，对解决围绕汽车保险合同的纠纷具有十分重要的理论意义。

第五节　机动车辆保险

一、保险的概念与特点

1. 概念

一般来说，保险有广义和狭义之分。广义的保险泛指保险人向投保人收取保险费，建立专门用途的保险基金，用于补偿因自然灾害和意外事故造成的经济损失，或为社会安定发展而建立物质准备的一种经济补偿制度。它一般包括由国家政府部门经办的社会保险，由专门的保险公司按商业原则经营的商业保险，以及由被保险人集资合办的合作保险等多种保险形式。狭义的保险特指商业保险。即按商业经营原则，以合同形式确立双方经济关系，采用科学的计算方法，收取保险费，建立保险基金，对遭受约定灾害事故所造成的损失进行补偿而建立的一种经济补偿制度。

2. 特点

（1）保险是一种合同关系。

（2）承保的风险事故是否发生或何时发生是不确定的。

（3）承保的风险事故是无法预见或难以控制的。

（4）承保的风险事故发生后，保险人承担赔偿、给付责任。

二、机动车辆保险的含义与特点

1. 机动车辆保险的含义

是指保险人通过收取保险费的形式建立保险基金，并将它用于补偿因自然灾害或意外事故所造成的车辆的经济损失，或在人身保险事故发生时赔偿损失，负担责任赔偿的一种经济补偿制度。机动车辆保险作为保险中的一种，它是以各类机动车辆及其责任为保险标的的保险，它属于财产保险，它分为基本险和附加险，基本险包括车辆损失险和第三者责任险。二者可以合并承保也可以单独承保。附加险是针对车辆损失险和第三者责任险的部分责任免除而设置的，如全车盗抢险和车上责任险等。

机动车辆保险包括几层含义：

（1）它是一种商业保险行为。保险人按照等价交换关系建立的机动车辆是以盈利为目的，因此机动车辆保险属于一种商业行为。

（2）它是一种法律合同行为。投保人与保险人要以各类机动车辆及其责任为保险标的签订书面的具有法律效力的保险合同，比如要填制保险单，否则机动车辆保险没有存在的法律依据。

（3）它是一种权利义务行为。在投保人与保险人所共同签订的保险合同中，明确规定了双方的权利和义务，并确定了违约责任，要求双方在履行合同时共同遵守。

（4）它是一种以合同约定的保险事故发生为条件的损失补偿或保险金给付的保险行为。

2. 特点

① 保险标的出险率较高；② 业务量大，投保率高，③ 扩大保险利益；④ 被保险人自负责任与无赔款优待。

三、我国汽车保险的种类

机动车辆的风险有两种：机动车本身所面临的风险、机动车本身所创造的风险。

（一）基本险

1. 机动车辆损失险

机动车辆损失险与第三者责任险一样都是机动车辆的基本险，但车辆损失险不是法定的强制保险，因此，被保险人可以根据自己的意愿选择投保与否。但是，如果被保险人要投保全车盗抢险、玻璃单独破碎险等，就一定要先投保车辆损失险。

车辆损失险的保险责任，是指保险单承担的危险发生，造成保险车辆本身损坏或毁灭。保险人负赔偿责任。保险责任在保险单中明确列明，由意外事故、自然灾害和施救、保护费用构成。

（1）意外事故：包括碰撞、倾覆；火灾、爆炸、外界物体倒塌、空中运行物体坠落、保险车辆行驶中平行坠落等。

（2）自然灾害：包括雷击、暴风、龙卷风、暴雨、洪水、海啸、地陷、冰陷、崖崩、雹灾、泥石流、滑坡等。

（3）施救保护费用：衡量施救保护费用是否合理，原则上以"为了减少保险车辆损失而直接支出的必要费用"。

2. 机动车辆第三者责任险

第三者责任险简称三者险，它分为强制第三者责任险和商业第三者责任险。强制第三者责任险是车辆最基本的保险，商业第三者责任险则为强制保险的补充。

第三者责任险是被保险人或其允许的合格驾驶员在使用保险车辆过程中发生意外事故，致使第三者遭受人身伤亡或财产的直接损毁，在法律上应当由被保险人承担的经济赔偿责任，转由保险人代为负责赔偿的一种保险；也就是被保险人为了免除或减少自己对第三者的损害赔偿的经济负担，而与保险公司订立的保险合同。但因事故产生的善后工作，由被保险人负责处理。

①直接损毁：包括受害者的死亡补偿、伤残补偿、医疗补偿及财物毁损补偿。②被保

人允许的合格驾驶员。③使用保险车辆过程。④意外事故。⑤第三者：在这里，保险合同法律关系的主体是保险人和被保险人，保险人为第一者，被保险人或使用保险车辆的人为第二者，除保险人与被保险人之外即为第三者。⑥被保险人依法应当支付的赔偿金额，保险人依照保险合同的规定进行补偿。

（二）附加险

（1）全车盗抢险：强调的只是对保险车辆整车的盗抢负责赔偿。对保险车辆非全车遭盗抢，仅车上零部件或附属设备被盗窃、被抢劫、被抢夺、被损坏，如仅仅是轮胎或车上音响设备被盗了，保险公司是不负责赔偿的。另外，对全车被盗窃、被抢劫、被抢夺期间，保险车辆肇事导致第三者人员伤亡或财产损失，保险公司也不负责赔偿。

（2）玻璃单独破损险：是一个传统的机动车辆附加险，必须在投保了车辆损失险的情况下才可投保。

玻璃单独破碎险的保险责任是指保险车辆在使用和停放期间，车辆的前后挡风玻璃、门窗以及侧窗玻璃发生单独破碎，保险人按实际损失计算赔偿。但对车辆的灯具、车镜玻璃破碎和被保险人或其驾驶员的故意行为，以及安装、维修、清洗车辆过程中造成的破碎不予赔偿。

（3）自燃损失险：自燃损失险的保险责任是保险车辆在使用过程中，因本车电器、线路、供油系统发生故障及运载货物自身原因起火燃烧，造成保险车辆的损失，以及被保险人在发生保险事故时，为减少保险车辆损失所支出的必要合理的施救费用，保险人在保险单载明的保险金额内，按保险车辆的实际损失计算赔偿；发生全部损失的按出险时保险车辆实际价值在保险单该项目所载明的保险金额内计算赔偿。

自燃损失险的保险金额由投保人和保险人在保险车辆的实际价值内协商确定，每次赔偿均实行20%的绝对免赔率。

（4）车身划痕损失险：其保险责任就是投保了本保险的机动车辆，因他人恶意行为造成保险车辆车身人为划痕的，保险人按实际损失计算赔偿。车身划痕损失险的保险费是根据车辆的价值来计算的，一般都在300～500元之间。

（5）车辆停驶损失险：其保险责任是保险车辆发生车辆损失险的保险事故，致使车身损毁车辆停驶期间，由此引起被保险人因不能正常使用车辆的间接利益损失，如私家车车主因此而付出的租车费用等，保险公司给予每天一定数额的费用补偿。车辆停驶损失险一般不实行免赔。

（6）新增加设备损失险：其保险责任是保险车辆发生车辆损失险的保险事故，造成车上新增加设备的直接损毁，保险人在保险单该项目所载明的保险金额内，按实际损失计算赔偿。本保险所指的新增加设备是指保险车辆在原有附属设备外，被保险人另外加装或改装的设备与设施。如在保险车辆上加装制冷、加氧设备，CD及电视录像等设备。

（7）车上人员责任险：其保险责任是投保了本保险的机动车辆在使用的过程中，发生意外事故，致使保险车辆在所载货物遭受直接损毁和车上人员的人身，依法应由被保险人承担的经济赔偿损失，以及被保险人为减少损失而支付的必要合理的施救、保护费用，保险人在保险单所载明该保险赔偿限额内计算赔偿。

（8）车上货物掉落责任险：其保险责任是投保了本保险的机动车辆在使用的过程中，所载货物从车上掉下，致使第三者遭受人身伤亡或财产的直接损毁。依法应由被保险人承担的经济赔偿责任，保险人在保险单所载明的赔偿限额内计算赔偿。

（9）无过失责任险：其保险责任是投保了本保险的机动车辆在使用的过程中，因与非机动车辆、行人发生交通事故，造成对方人员伤亡和财产直接损毁，保险车辆一方无过失，且被保险人拒绝赔偿未果，对被保险人已经支付给对方而无法追回的费用，保险人按我国《道路交通事故处理办法》和出险当地的道路交通事故处理规定标准，在保险单所载明的本保险赔偿限额内计算赔偿。本保险每次赔偿均实行 20% 的绝对免赔率。

（10）不计免赔特约险：是车辆损失险和第三者责任险的共同附加险，只有在同时投保了车辆损失险和第三者责任险的基础上，方可投保本附加险。当车辆损失险和第三者责任险中任一险别的保险责任终止时，本附加险的保险责任同时终止。

不计免赔特约险其保险责任是办理了本特约保险的机动车辆发生保险事故造成赔偿，对其在符合赔偿规定的金额内，按本保险条款规定计算的免赔金额，保险人负责赔偿。

四、业务流程

（一）投保

机动车辆的投保，就是投保人购买机动车辆保险产品，办理保险手续，与保险人正式签订机动车辆保险合同的过程。

投保人要积极配合保险业务员办理有关手续，履行应尽的义务。

投保人办理机动车辆保险的基本流程如下。

（1）投保准备。基本内容包括：准备好证件，保养好车辆，协助业务员验证、验车，以及如实告知有关情况等。

（2）保户填写投保单。基本内容：投保人的姓名、厂牌型号、车辆种类、号牌号码、发动机号码及车架号、使用性质、吨位或座位、行驶证、初次登记年月、保险价值、车辆损失险保险金额的确定方式、第三责任险赔偿限额、附加险的保险金额或保险限额、车辆总数、保险期限、联系方式、特别约定、投保人签章。

（3）交纳保费。投保单所有项目填写完毕，并经保险人审核，计算出保险费后，即可缮制签发保险单、证，同时开具保险费收据。投保人接到保险收据后，应仔细核对，确认无误后可据此办理交费手续。

（4）领取保险单证。投保人拿到保险单证后，应再核对一遍，检查各栏目填写是否正确，计算是否准确，签章是否齐全。若有错误或遗漏，要即时更正。

（5）审核保险单证并妥善保管。保险单带会后应妥善保管，因为保险单就是保险合同，是参加保险的凭证。投保过程中应注意的问题：合理选择保险公司；合理选择代理人；了解机动车辆保险的内容；根据实际需要购买。

（6）其他主要事项

① 如实填写保单上规定的各项内容，取得保单后应核对其内容是否与投保单上的有关内容完全一致。保管好所有凭证。

② 如实告知义务。

③ 及时交纳保费。

④ 合同纠纷解决方式，以约定仲裁或诉讼方式解决。

（二）承保

承保实质上是保险双方当事人达成协议、订立保险合同的过程。

1. 核保

①投保人资格：通过核对行驶证来完成。②投保人或被保险人的基本情况。③投保人或

被保险人的信誉。④保险标的。⑤保险金额。⑥保险费。⑦附加条款。

2. 接受业务

3. 缮制单证：要求，单证相符、保险合同要素明确、数字准确、复核签章、手续齐备。

五、事故理赔

(1) 属单方责任事故，没有人员伤亡，应提供：①出险通知书；②出险证明；③修车发票原始件，修理、更换部件清单；④其他必要证明或费用收据原件。

(2) 如果涉及车损和人员伤亡事故的，除以上证明外，还应提供：①伤者诊断证明（县级以上医院）、残疾者凭法医鉴定证明、死亡者死亡证明；②抢救治疗费收据；③事故责任认定书；④事故调解书；⑤伤亡工资收入证明、家庭情况证明；⑥保险公司针对特殊情况要求的其他必要的证明。

根据保险车辆驾驶员在事故中的责任，车辆损失险和第三者责任险在符合赔偿规定的金额内实行绝对免赔率。负全部责任的免赔20％；负主要责任的免赔15％；负同等责任的免赔10％；负次要责任的免赔5％；单方肇事事故的绝对免赔率为20％。

六、退保过程

(1) 退保必须符合下述条件：

① 车辆的保单必须在有效期内。

② 在有效期内，该车没有向保险公司报案或索赔过。

(2) 退保所需提供的单证。

① 退保申请书。

② 保险单。

③ 保险费发票。

④ 被保险人的身份证明。

⑤ 证明退保原因的文件。

【课后练习】

(1) 简述汽车营销调研的概念和作用。

(2) 请熟练叙述，（建议不要看着书说）介绍一辆车的五个方面。

(3) 试述六方位绕车法？

(4) 如何处理顾客异议？

(5) 试述PDI检查的内容？

(6) 简述客户选择汽车的类型，针对不同的客户应如何进行商务谈判？

(7) 简述经济合同的内容。

(8) 试述我国汽车保险的种类。

第九章

汽车营销模式的探索与创新

> **学习目标**
> 1. 什么是电子商务？什么是网络营销？
> 2. 电子商务和网络营销有什么区别？
> 3. 汽车销售公司或厂商应该如何利用网络来进行汽车营销？

情景

电子商务能给传统汽车厂商带来什么？不仅是300辆smart在89分钟内销售一空，除此之外，几千个销售线索在活动中被搜集并给到经销商。奔驰的尝试让人们看到了借助电商颠覆传统汽车营销的可能。

为推广奔驰面向中国市场推出的"smart珍珠灰"限量版并实现其销售目标，奔驰需要用300辆限量款创造远大于本身的品牌和销售价值，对于传统的线下销售渠道来说这是一个不小的挑战。为了取得最好的营销效果，奔驰大胆尝试网上销售渠道，这对于整个营销传播链条都是一次颠覆性挑战。

奔驰通过研究目前网络人群的消费习惯，打造"smart限量版，只在京东销售"，并打破常规电视户外等推送广告，利用内容营销，产品植入和话题炒作，得到了ROI极高的广告效应。

奔驰选择占据中国电子商务市场近半份额的京东，作为smart限量版网上销售的阵地。2月10日至19日，首先是电视户外网络预热，结合微博为活动造势。之后，smart在5个重要销售城市的影院展出，同一时期，smart在中国当红的娱乐节目"非诚勿扰"中露出。2月20日，当300辆smart京东销售时，奔驰采取了每推迟1小时购买价格增长36元。预售阶段购买还会额外奖励1000元京东抵用券的营销策略。

300辆smart在89分钟内销售一空！相当于每半分钟销售一台smart，这个数据甚至超越了2010年smart经典的淘宝团购案例，销售速度高达其2倍！除此之外，几千的销售线索在活动中被搜集并给到经销商。这个活动打破以往广告活动的ROI纪录，ROI高达1∶89。

2013年11月11日，首次杀入汽车电商的汽车之家网站，成为电商中的一匹黑马。数据显示，该网站开卖第一分钟，就有100位用户下单，截至当日下午4时40分，售出汽车13448辆，销售额20.02亿元。最高峰时段，曾出现1秒钟售出3辆汽车的奇观。一位顾客说，比起4S店，该网站同一车型便宜了8000多元，还有额外的现金补贴、赠送油卡等优惠。

电子商务指的是利用简单、快捷、低成本的电子通信方式，买卖双方不谋面地进行商贸活动。电子商务可以通过多种电子通信方式来完成。简单的，比如通过打电话或发传真的方式来与客户进行商贸活动，似乎也可以称作为电子商务。但是，现在人们所探讨的电子商务主要是以EDI（电子数据交换）和Internet来完成的。尤其是随着Internet技术的日益成熟，电子商务真正的发展将是建立在Internet技术上的。所以也有人把电子商务简称IC（Internet COMMERCE）。

从贸易活动的角度分析，电子商务可以在多个环节实现，由此，也可以将电子商务分为两个层次，较低层次的电子商务如电子商情、电子贸易、电子合同等。最完整的也是最高级的电子商务应该是利用Internet网络能够进行全部的贸易活动，即在网上将信息流、商流、资金流和部分的物流完整地实现。也就是说，你可以从寻找客户开始，一直到洽谈、订货、在线付（收）款、开具电子发票以至到电子报关、电子纳税等通过Internet一气呵成。

要实现完整的电子商务还会涉及很多方面，除了买家、卖家外，还要有银行或金融机构、政府机构、认证机构、配送中心等机构的加入才行。由于参与电子商务中的各方在物理上是互不谋面的，因此，整个电子商务过程并不是物理世界商务活动的翻版，网上银行、在线电子支付等条件和数据加密、电子签名等技术在电子商务中发挥着重要的不可或缺作用。

第一节 电 子 商 务

一、电子商务定义

1. 政府部门的定义

欧洲议会关于"电子商务"给出的定义是：电子商务是通过电子方式进行的商务活动。它通过电子方式处理和传递数据，包括文本、声音和图像。它涉及许多方面的活动，包括货物电子贸易和服务、在线数据传递电子资金划拨、电子证券交易、电子货运单证、商业拍卖、合作设计和工程、在线资料、公共产品获得。它包括了产品（如消费品、专门设备）和服务（如信息服务、金融和法律服务）、传统活动（如健身、体育）和新型活动（如虚拟购物、虚拟训练）。

2. 权威学者的定义

在美国学者瑞维·卡拉科塔等编著的《电子商务的前沿》中提出：广义地讲，电子商务是一种现代商业方法。这种方法通过改善产品和服务质量，提高服务传递速度，满足政府组织、厂商和消费者的低成本的需求。这一概念也用于通过计算机网络寻找信息以支持决策。一般地讲，今天的电子商务通过计算机网络将买方和卖方的信息、产品和服务器联系起来，而未来的电子商务则通过构成信息高速公路的无数计算机网络中的一条，将买方和卖方联系起来。

3. 世界电子商务会议关于电子商务的定义

1997年11月6日至7日在法国首都巴黎，国际商会举行了世界电子商务会议，关于电子商务最权威的概念阐述如下：电子商务，是指对整个贸易活动实现电子化。

从涵盖范围方面可以定义为：交易各方以电子交易方式而不是通过当面交换或者直接面谈方式进行的任何形式的商业交易。

从技术方面可以定义为：电子商务是一种多技术的集合体，包括交换数据（如电子数据交换、电子邮件）、获得数据（共享数据库、电子公告牌）以及自动捕获数据（条形码）等。

二、电子商务在社会经济中的地位

1. 电子商务形成了商务劳动新的生产力

在以往的商务劳动中，人们将车、船、飞机等作为交通工具首先进行人的运动，通过语言、文字确定思想实现商务交流。再通过实务货币进行商品买卖确定产权转移，通过各自开户银行进行货币结算实现资产价值形态的管理，最后才是商品的实务交割、货物移交、运输、入库等活动。概而言之，在商务劳动中，人员流动、纸单流动与管理、货币流动与管理、实物商品的流动等都需要交通工具来支持，需要花费大量的人力、财力和物力，需要占用大量的时间。同时，由于信息不畅、不准，不少商品在一些地区严重滞销而在另一些地区又紧俏或脱销。尤其是面对市场国际化、商贸国际化的新局面，原有的商务体系、劳动方式显得越来越不能适应形势的发展和需要，效率越来越低，效益也越来越差，生意越来越难做。

那么，电子商务又是什么样的新生力量呢？相比人工商务劳动过程，我们可以把人员流动、纸张流动、货币流动几乎全部改为电子流动，即电子咨询、电子单据、电子货币、电子银行，仅主要保留商品运输这类实物流动，从而不仅大量减少人、财的流动，节省时间、提高效益、降低商务劳动成本，而且由于电子信息有不受时空限制的特点，可以方便地将商品信息及时传遍全世界，从而大大减少因信息不灵造成的商品积压，提高商品的产销率。还可以通过电子信息网络进一步实现商品的生产、销售、消费跟踪、调查、检验、打击假冒伪劣商品，保护商品产权等。

所以，我们看到，电子商务是商务劳动新的生产力，它是在掌握电子商务技能的复合型人才控制下，运用系统化的电子工具从事的商务活动，即：相对于手工商务而言，劳动力三要素（人、工具、劳动对象）中的前两个要素已发生了深刻的变化，有了质的提高。人由只懂商务变成既懂商务又懂信息技术的能使用现代电子工具的人。工具由工业时代的汽车、火车、飞机等交通工具变为了信息时代的网络化电子信息工具，而这两部分是劳动力三要素中最积极、最活跃、最具创造力的因素，所以，在劳动对象不发生改变甚至更复杂的情况下，运用电子商务的效率比手工商务有了质的飞跃。电子商务能创造出的经济和社会价值是手工商务无法比拟的，这也就是为什么电子商务在全球范围迅速得到实验、推广和应用的根本原因。电子商务是掌握当代信息技术和商务技术的人与代表当代科学技术的电子工具，以及当代商务活动全过程的完美而有机的结合，所以它是当代商务活动先进、优秀的生产力。

2. 电子商务是国民经济的发动机

由于商品的生产是以销定产的，而消费者的需求是通过市场销售来实现的，那么抓住了商务这个中间环节，就可以带动生产、消费双方，而电子商务正是能担此重任的系统，所以电子商务是国民经济新的发动机。当这个发动机正常、高效运转时，商品经济、国民经济发展就会获得勃勃生机。经济消息灵通、调控灵活，生产、销售、消费相辅相成，相得益彰，形成有机的联锁、有机的整体，保证国民经济的巨轮安渡世界经济的沧海。

3. 电子商务是经济调控的重要工具

在市场经济中，需要把市场机制和宏观调控有机地结合起来，既发挥市场对资源配置的基础性作用，又运用宏观调控手段对经济发展全局进行调节和控制。而一个好的市场运行机制和宏观调控体系离不开准确、及时、完整的市场信息体系的支持。在这个市场信息体系中，电子商务是主体，因为产品的生产、销售、需求信息都可以借助电子商务获得，商场法规、管理、监督条例等也都是围绕着商品生产、销售企业的入市、交易、竞争等活动而制订的，它们在广义上说也都属于商务信息，而且可以由电子工具存取和传输。作为国家、行业或市场管理部门，都可以通过电子工具来查询、统计、检查商务活动情况、市场运行情况，从而形成商品生产、流通、消费的总概念，通过动态监测市场信息，进行分析、比较，可以实时发出调整、调控信息。通过电子商务方式把这些信息送到各市场、各网络中。譬如，国家证监委对证券市场、期货市场、国债市场等这样的电子商务市场就很容易发现问题，及时处理问题，正确引导市场的顺利运作。另一方面，作为自我微观调节的各类企业，当正常开展电子商务活动后也能及时获取各个层次的商务信息，从而适时调整自己的经营决策。可见，无论是针对宏观、中观还是微观经济调控，电子商务都是人们得心应手的重要工具。

三、电子商务的功能

电子商务可提供网上交易和管理等全过程的服务。因此，它具有广告宣传、咨询洽谈、网上订购、网上支付、电子账户、服务传递、意见征询、交易管理等各项功能。

1. 广告宣传

电子商务可凭借企业的 Web 服务器和客户的浏览，在 Internet 上发播各类商业信息。客户可借助网上的检索工具迅速找到所需商品信息，而商家可利用网上主页和电子邮件在全球范围内做广告宣传。与以往的各类广告相比，网上的广告成本最为低廉，而给客户的信息量却最丰富。

2. 咨询洽谈

电子商务可借助非实时的电子邮件，新闻组和实时的讨论组来了解市场和商品信息、洽谈交易事务，如有进一步的需求，还可用网上的白板会议来交流即时的图形信息。网上的咨询和洽谈能超越人们面对面洽谈的限制、提供多种方便的异地交谈形式。

3. 网上订购

电子商务可借助 Web 中的邮件相互传送实现网上的订购。网上的订购通常都是在产品介绍的页面上提供十分友好的订购信息和订购交互格式框。当客户填完订购单后，通常系统会回复确认信息单来保证订购信息的收悉。订购信息也可采用加密的方式使客户和商家的商业信息不会被泄露。

4. 网上支付

电子商务要成为一个完整的过程，网上支付是重要的环节；客户和商家之间可采用信用卡账号实施支付。在网上直接采用电子支付手段将可省略交易中很多人员的开销。网上支付将需要更为可靠的信息传输安全性控制以防止欺骗、窃听和冒用等非法行为。

5. 电子账户

网上的支付必须要有电子金融来支持，即银行或信用卡公司及保险公司等金融单位要为金融服务提供网上操作的服务。而电子账户管理是其基本的组成部分。信用卡号或银行账号都是电子账户的一种标志，而其可信度需配以必要的技术措施来保证。如数字凭证、数字签名、加密等手段的应用提供了电子账户操作的安全性。

6. 服务传递

对于已付了款的客户应将其订购的货物尽快地传递到他们的手中。而有些货物在本地，有些货物在异地，电子邮件将能在网络中进行物流的调配。而最适合在网上直接传递的货物是信息产品。如软件、电子读物、信息服务等。它能直接从电子仓库中将货物发到用户端。

7. 意见征询

电子商务能十分方便地采用页面上的"选择"、"填空"等格式文件来收集用户对销售服务的反馈意见。这样使企业的市场运营能形成一个封闭的回路。客户的反馈意见不仅能提高售后服务水平，更使企业获得改进产品、发现市场的商业机会。

8. 交易管理

整个交易的管理将涉及人、财、物多个方面，企业和企业、企业和客户及企业内部等各方面的协调和管理。因此，交易管理是涉及商务活动全过程的管理。电子商务的发展，将会提供一个良好的交易管理的网络环境及多种多样的应用服务系统。这样，能保障电子商务获得更广泛的应用。

四、电子商务的特性

1. 普遍性

电子商务作为一种新型的交易方式，将生产企业、流通企业以及消费者和政府带入了一个网络经济、数字化生存的新天地。

2. 方便性

在电子商务环境中，人们不再受地域的限制，客户能以非常简捷的方式完成过去较为繁杂的商务活动，如通过网络银行能够全天候存取资金账户、查询信息等，同时使得企业对客户的服务质量可以大大提高。

3. 整体性

电子商务能够规范事务处理的工作流程，将人工操作和电子信息处理集成为一个不可分割的整体，这样不仅能提高人力和物力的利用，也可以提高系统运行的严密性。

4. 安全性

在电子商务中，安全性是一个至关重要的核心问题，它要求网络能提供一种端到端的安全解决方案，如加密机制、签名机制、安全管理、存取控制、防火墙、防病毒保护等，这与传统的商务活动有着很大的不同。

5. 协调性

商务活动本身是一种协调过程，它需要客户与公司内部、生产商、批发商、零售商间的协调，在电子商务环境中，它更需求银行、配送中心、通信部门、技术服务等多个部门的通力合作，往往电子商务的全过程是一气呵成的。

五、网络营销与电子商务的区别

需要指出的是，人们往往将电子商务与网络营销混为一谈，这是不正确的。所谓电子商务，是指买卖双方利用现代化的信息技术和手段进行数据交换的过程，如海关的电子报关、网上谈判、电子结算、通过互联网预定和确认各类服务、电子商品编码、电子目录等都属于电子商务形式，电子商务在金融结算、银行转账时使用电子货币形式进行。由此可见，电子商务与网络营销是两个不同的概念，电子商务充其量只是网络营销采用的交易方式而已，它不是一个完整的营销活动，是企业经过营销努力后，买卖双方通过计算机网络来实现交易的方法。

第二节　网　络　营　销

IDC 是英文 Internet Data Center 的缩写，即互联网数据中心。中国研究曾对外发布《电子商务服务业及阿里巴巴商业生态的社会经济影响》白皮书。白皮书认为，电子商务服务业会持续高速发展；与此同时，行业升级已经悄然发生。

白皮书分析说，2009 年电子商务交易总额在 25100 亿的数量级、2010 年是 32200 亿人民币。这意味着，未来两年的增长幅度都在 28％的高位：在这种逆势增长的过程后，当全球经济在 2010 年底复苏后，电子商务市场在 2011 年和 2012 年仍处于高速扩张期内，25％的增幅仍然处于乐观的预期之中。

人们注意到，自 2007 年下半年的次贷危机在 2008 年席卷全球，虚拟经济体系遭受破坏，实体经济受到的影响也不断加深。美国国家零售联盟统计 2008 年 11 月和 12 月圣诞购物旺季，美国零售业销售额只比平时上涨 2.2％，只有过去十年平均水准的一半。这意味着，美国正在经历 40 年来最差的零售成绩。

就在全球性的贸易萎缩、消费收紧的大环境中，电子商务服务业在中国的反向"逆市扩张"就带有特别的标志意义。

一方面是，随着电子商务在个人消费领域的普及，在线购物市场将保持较高的增长速度。

另外一方面是，传统的线下交易受到金融危机的影响，反而加速了向电子商务线上平台转移的进程。有关注电子商务市场发展的专家表示，电子商务的低成本高收益、开放性拓展性，在危机中，更突显价值。

高增长之外，电子商务服务平台本身也正在从"工具性平台"向"生态性平台"逐步升级。IDC 预测中国网购交易额占全国消费品零售额的比例将不断提高，2012 年达到 4.06％。IDC 方面特别注意到，电子商务服务业本身并非只是为直接选择该工具的人群提供服务，因为对传统商业模式的变革和升级，它对其他行业和社会领域产生了广泛的外部效应。

汽车产业作为支柱产业已开始跨入网络化时代，越来越多的汽车企业认识到国际互联网推动汽车营销的重要作用，纷纷挤占这一科技制高点，并将之视为未来营销竞争优势的主要途径。据美国最大的汽车零售商统计，2000 年从互联网上直接获得汽车销售订单总额超过了 10 亿美元。可以预计，汽车产品网络营销必将成为 21 世纪营销的主要形式之一，现代市场营销的竞争将在很大程度上是网络营销的竞争，谁适时地占领这块阵地，谁将赢得市场营销的主动权。

一、网络营销的含义

网络营销（Online Marketing 或 Cyber-marketing），也被称为网上营销（OLM），是指企业借助计算机网络、电脑通信和数字化交互式媒体的功能进行营销活动的一种全新的营销方式。

网络营销是企业营销实践与现代信息通信技术、计算机网络技术相结合的产物，是指企业以电子信息技术为基础、以计算机网络为媒介和手段而进行的各种营销活动（包括网络调研、网络新产品开发、网络促销、网络分销、网络服务等）的总称。简单地说，网络营销就是以客户需求为中心的营销模式，是市场营销的网络化。网络营销可以使企业的营销活动始终和三个流动要素（信息流、资金流和物流）结合并流畅运行，形成企业生产经营的良性循环。

典型的网络营销就是企业在网上设计自己的主页,在网上开设"虚拟商店",用于陈列、宣传商品,顾客足不出户就可以通过任何一部联网的计算机进入其中,从浏览、挑选、下订单到支付货款都在网上完成,之后等待送货上门的一种营销方式。

网络营销是直接营销的最新版本,已成为当今乃至未来营销领域一大新的发展潮流。进入21世纪后,人类文明由工业时代发展到信息时代,全球经济一体化、市场全球化的崭新格局,正在对企业营销环境产生深刻的影响,从而对企业传统的营销方式带来了极大的挑战,也为网络营销的发展创造了机遇。突出的变化有以下几个方面。

① 企业营销的时空无限扩大。当代企业营销的市场已不再局限于特定的物理空间,而扩展到了无国界的电子虚拟空间,数以亿计的网民构建出一个新的网络社会,经济全球化的发展也加剧了全球企业间的竞争。而借助互联网企业就可以全天候地直接面对全球的顾客和竞争者。

② 消费者在企业营销中的地位正发生根本的改变。工业经济时代,是大众化生产、大众化消费,消费者处于被动地位。而今天,消费者凭借发达的信息网络及技术手段,可全面、迅速、准确地收集与其购买决策有关的市场信息,追求多样化、个性化消费成为新的需求时尚,消费者转而处于主导地位。因此企业决胜市场的优势将集中体现在对市场的准确、快速反应之上,"快鱼吃慢鱼"成为新的游戏规则。

③ 企业竞争的焦点和内涵的变化。过去企业之间主要是资源的竞争和资本的竞争,随着信息化时代的发展,人才竞争、知识创新竞争上升到重要位置;合作竞争越来越多地取代了单个企业之间的竞争。

因此,扩展传统的营销方式,综合利用网络的各种条件、工具,开展或改进与顾客、供应商及其他合作伙伴的关系营销,提高营销的效率和效果,成为互联网时代企业营销工作中必不可少的内容。网络营销的发展已经成为不可回避的商业命题。

二、网络营销的特点

市场营销是关于构思、物品和服务的设计、定价、促销和分销的规划与实施过程,目的是创造能实现个人和组织的目标交换。网络营销具有以下特点。

1. 营销成本低

传统的营销方式往往要花大量的经费用于产品目录、说明书、包装、储存和运输,并设专人负责向顾客寄送各种相关数据。而运用网络营销后,企业只需将产品的信息输入计算机系统并上网,就可让顾客自己查询,无需再设专人寄送数据,电子版本的产品目录、说明书等不必再进行印刷、包装、储存和运输。这样就大大地节约了营销费用,降低了营销成本。

2. 营销环节少

在网络营销中,营销数据不必再求助出版商,企业可以直接安排有关数据上网供顾客查询,潜在的顾客也不必再等企业的营销人员打电话告诉他们所要查询的信息,他们自己可以在计算机上查找。网络营销的运用使企业的营销进程加快,信息传播更快,电子版本的产品目录、说明书等随时可以更新。网络营销可使商品信息发布、收款至售后服务一气呵成,大大减少了营销环节。对于软件、书籍、歌曲、影视节目等知识性产品来说,已经没有了海关和运输问题,人们可以直接从网上下载并采用电子方式交付货款。

3. 营销方式新

即在购买的同时,顾客可以自行控制购买过程。网络营销是一对一的、理性的、消费者主导的、非强迫性的、循序渐进的营销过程。现今顾客的需求多种多样,他们在购买产品时,希望能够掌握更多有关产品信息,得到更好的售后服务。聪明的营销者运用多媒体展示技术和虚拟现实技术,使得顾客可以坐在家中了解最新产品和最新价格,选择各种商品,做出购买决策,自行决定运输方式,自行下订单,从而获得最大的消费满足。

4. 营销国际性

随着冷战的结束,经济一体化和全球化是大趋势。网络营销有助于企业进军国际市场,在国际市场占有一席之地。因特网已经形成了一个全球体系,企业运用网络进行营销,能够超越时间和空间的限制,随时随地提供全球性的营销服务,使国外的顾客与本企业在网上达成交易,实现全球营销。

5. 营销全天候性

网络营销可以一直进行,没有时间限制。企业的营销信息上网后,电子"信息服务员"就可以一直进行工作,一天 24 小时,一年 365 天从不间断。

三、网络营销的基本模式

按照交易对象分类,网络营销可分为 4 类营销模式。

1. 企业—企业模式(Business to Business,简称为 B2B)

企业—企业模式(B2B)的网络营销是指企业和企业之间进行的网络营销活动。从目前看,企业是网络营销最热心的推动者,并且将是今后网络营销中的重头戏。因为相对来说,企业和企业之间的交易才是大宗的,是最能在网络营销中获取大量收益的。

在 Internet 出现之前,企业—企业的网络营销主要是通过 EDI 方式进行。所谓 EDI,简而言之,就是按照商定的协议,将商业文件标准化和格式化,并通过计算机网络,在贸易伙伴的计算机网络系统之间进行数据交换和自动处理。EDI 的应用领域很广泛,主要内容包括贸易中供应商与客户的文件交换、运输文件交换、报关、订货、零售分配中心、电子竞争等。它的主要用户有进出口公司、运输公司、银行、制造商、供应链、跨国公司、大中型企业等。互联网出现后,可以以 Internet 作为互联手段,同 EDI 的技术结合,为大中小企业进行网络营销提供更廉价的服务环境。

2. 企业—消费者模式(Business to Customer,简称为 B2C)

这种模式是通常说的商业零售,直接面向消费者销售产品和服务。这种形式的电子商务一般以网络零售业为主,主要借助于互联网开展在线销售活动。B2C 即企业通过互联网为消费者提供一个新型的购物环境——网上商店,消费者通过网络在网上购物、在网上支付。由于这种模式节省了客户和企业的时间和空间,大大提高了交易效率,特别对于工作忙碌的上班族,这种模式可以为其节省宝贵的时间。

【营销视野 9-1】 交易额近一亿 标致蝉联"双 11"电商冠军

1 分钟破亿、2 分钟破 3 亿、6 分钟破 10 亿、21 分钟破 30 亿……2013 年"双 11"支付宝成交金额不断刷新,全天成交金额突破 350 亿大关,比 2012 年增长 81%。寂寞佳节"双 11"摇身一变成为令人血脉贲张的网络购物节,同时也成为东风标致网络促销狂欢节,2013 年"双 11"期间,东风标致天猫官方旗舰店总订单量累计突破 1179 台,成交金额达 94359226,逼近亿元大关!

2012 年汽车电商"千万俱乐部"首位成员,2012 年"双 11"合资品牌订单量第 1、交易额第 1,2013 年首届"天猫汽车节"合资品牌订单量第 1、合资品牌交易额第 1,一份份沉甸甸的纪录见证了东风标致B2C模式的杰出成就。本年度"双11"期间交易额再度折桂，更奠定了东风标致汽车电商领域领先地位。近年来"双11"销售额屡屡呈几何数攀升，已超越美国"网购星期一"成为全球最大规模网络购物节。各大汽车厂商早早看准这一网络购物盛事，推出花样翻新、琳琅满目的优惠促销。作为汽车电商"双11"卫冕冠军，东风标致组合拳发力，三阶段促销力度一浪高过一浪，连续引爆消费者购车热潮。

进气：没有等待、没有观望，进入"双11"备战期，东风标致第1分钟就给出高温优惠。10月14日对品牌热销车型展开限量促销，截至当月21日收获订单345台，3008销售一空，6天后3008加推第二批，3天内再告售罄，月底所有促销车型全被抢购一空，订单量突破900，高居各大品牌之首。

压缩：11月第一周，"双11"高潮前最后预热，东风标致当月2日推出第二波优惠冲击，购车送礼包，超高人气爆棚，订单数量持续攀升。

燃烧：11月9日，冲刺"双11"，东风标致发起爆点猛攻，1000台特惠车型，2000元现金单车特惠，截至11月11日24时累计订单突破1179台，销售额逼近亿元。

线上优惠拉销量，线下体验赚口碑，东风标致"用户体验升蓝"带来服务品质升级，同样赢得了用户的一直好评，更让人看到东风标致B2C模式蕴藏的巨大潜力。

3. 企业—政府模式（Business to Government，简称为B2G）

是指企业与政府机构之间进行的网络营销活动。政府与企业之间的各项事务都可以涵盖在此模式中，包括政府采购、税收、商检、管理条例的发布等。如政府的采购清单可以通过Internet发布，企业可以以电子信息的方式回应。这里，政府有两重角色：即是通过网络进行电子商务的使用者，进行购买活动，属商业行为；又是网络进行电子商务的宏观管理者，对企业进行电子商务活动起着扶持和规范的作用。

【营销视野9-2】 东航大客户销售系统B2G成功接入中兴集团官网

继与华师大、复旦校园网成功对接，且实现移动e上线后，近日，东航大客户销售系统B2G又与一家大宗客户——中兴集团成功实现网络对接。

该项业务洽谈由东航营销委牵头，始于2013年3月份，几乎和华师大校园网对接同时进行。鉴于与中兴的业务合作要求更高，中国航信华东凯亚开发部集合了较以前更为强大的开发队伍，与中兴内部开发小组及快钱合作进行了多项技术攻关。

此次对接对B2G可以说是一次重大突破。中兴通信作为全球领先的综合性通信制造业上市公司，是一家优质的客户源，企业规模大、效益好，购买的机票均价高且订票量稳定。东航B2G通过接口方式，将航班查询、订购的数据流接入中兴OA系统，页面展现由中兴开发，与其官网风格统一。这样一来，中兴员工出行时即可在本公司IA系统上预订东航航班。在支付方式上，凯亚开发部与快钱合作，开发了授信支付接口，中兴员工在购票时可通过授信的方式支付，从而简化了购票流程，提高了服务质量。

此次对接是东航机票销售通过电子渠道向两大客户直销的又一次实现，向企业客户提供了机票查询、预订、支付、开票等航旅服务的完整解决方案。同时，数据接口依托B2G销售系统和KAMS大客户管理系统，可以向客户提供特殊运价、特殊政策的产品。中兴稳定且大宗的订票量、较高的订单转化率（达90%以上），对东航的收益无疑又将带来新提高。

4. 消费者—政府模式（Customer to Government，简称为C2G）

是指政府与个人之间的网络营销活动。例如，社会福利基金的发放以及个人保税等。这类网络营销活动目前还没有真正形成。但随着企业—消费者以及企业—政府网络营销的发展，各国政府将会对个人实施更为完善、便利的电子方式的服务活动。

四、我国网络营销的发展前景

互联网开阔了人们的视野，缩短了与世界的距离，成为影响人们工作和生活的最广的新科技。对于企业来说，互联网的飞速发展给企业带来了无限商机，也成为企业之间在知识经济时代新的竞争市场。新千年以来，互联网将改变企业的经营方式已经成为许多企业的共识，但在2000年前即使《财富》全球500家最大的公司中还有70家没有自己的主页，其他已经建立了企业网站的公司在利用互联网方面也处于初级阶段，进入2001年上半年，500家大型企业不仅无一例外地建立了主页，而且将近90%以上的企业都采用了网上招聘等方式，互联网进入了深层次的应用。英特尔总裁葛洛夫曾经说过："5年后将不再有网络公司，因为所有公司都将是网络公司。"

2013年1月15日，中国互联网络信息中心（CNNIC）发布《第31次中国互联网络发展状况统计报告》。报告显示，截至2012年12月底，我国网民规模达5.64亿，全年新增网民5090万人。互联网普及率42.1%，较2011年底提升3.8个百分点，如图9-1所示。

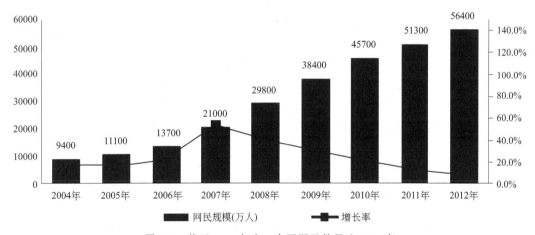

图9-1 截至2012年底，中国网民数量达5.64亿

不过，相比发达国家60%以上的互联网普及率，中国的互联网发展仍有很大的提升空间。为了进一步提高互联网的普及率，让更多中国民众享受互联网给生活带来的便捷和欢乐，网易科技公司还曾经发起"我有一个梦想：2009年中国网民人数达到6亿"的大型网友互动活动。

我国政府部门也为网络营销的推广和发展做了许多积极的工作。如国家信息产业部在全国范围实施的"网络营销推广计划"，为我国电子商务的发展寻找了一条新的思路和切入点，该计划的目标是：在两年内直接组织，以及通过各行业和地区协作单位或网站组织10万个企业开展网络营销工作，形成会员制网络营销企业群体；完成不少于20万人次针对全国企业决策人和营销负责人、信息化负责人的"网络营销应用"普及培训；建立100个左右覆盖全国主要行业和主要地区的相互链接、资源共享、基础服务模式和服务标准基本统一的"网络营销专业服务网站"。

目前国内的大多数大型企业也都建立了自己的网站，但据全球最大的传播公司TribalDB首次针对中国企业网站效果的调查，网站的形象与企业形象很不相称，功能和服务也不完善，实用性不强，而且，中国品牌的企业网站明显落后于国际品牌。

所以，中国企业网络营销的总体水平还不高，在网络营销的技术和管理水平等方面亟待提高。

第三节　汽车网络营销

一、国内汽车网络营销的现状

1. 当前中国汽车销售市场的结构状况

目前中国共有大小汽车整车生产企业 100 多家，大小汽车零部件生产企业几千家，可谓中国是世界上汽车生产企业最多的国家；虽然根据中国汽车工业协会 2013 年 1 月 11 日公布数据显示，2012 年我国汽车产销双双突破 1900 万辆，再次突破纪录，增速都超过了 4% 蝉联世界第一。但中国汽车工业生产集中度很低，仍然处在"散、乱、差"的状态下。这种"散、乱、差"的汽车生产局面，直接导致了汽车销售市场的散乱状态。

目前，中国以各大汽车整车生产企业为中心向周围辐射形成了几个区域性汽车市场。东北以一汽集团为中心形成的东北汽车市场；华东以上汽集团为中心形成了华东汽车市场；华中以东汽集团为中心形成了华中汽车市场，华北以天汽、北汽为中心形成了华北汽车市场等。当然，各企业集团的产品销售在各个区域的市场中都互有渗透，而且各大汽车集团在全国主要地区和城市都布有自己的销售服务中心和销售服务网点。再加上其他整车生产企业和零部件生产企业在全国设置的汽车销售网点以及为汽车使用维修服务的汽车零配件商店、汽车修理厂，数以 10 万计。这里除了少数以大企业为中心的区域性汽车市场已形成了整车销售、零配件供应、售后服务、信息反馈四位一体结构之外，其余都是分散的功能单一的汽车市场结构。当然，随着汽车生产企业的兼并重组和强强联合的发展，汽车销售市场也将得到重新治理和整合。在这一过程中将构建合理的汽车市场结构模式。

合理的汽车销售市场结构模式应该以汽车产品为主体、经销商为主导、全方位服务为特点、用户为核心，把汽车制造企业、汽车产品（整车、零部件）、汽车经销商、汽车产品用户、汽车维修服务、汽车金融服务、汽车保险服务和工商管理容纳联系在一起。

这种集汽车生产企业、产品（整车、零部件）、经销商、用户、维修服务、金融服务、保险服务、工商管理为一体的有形汽车销售市场，具有仓储功能、批发零售功能、展览功能、信息传递功能、广告宣传功能和全方位服务功能。

2. 国内汽车营销模式的发展状况

20 世纪 90 年代初期以前，由于我国尚主要处于计划经济时代，汽车产品长期供不应求，也无所谓汽车产品的市场营销。但从 20 世纪 90 年代中期开始，随着我国社会主义市场经济体制的建立与发展，汽车市场实现了由卖方市场向买方市场的转变。顺应这种形势，各大中城市形成了一批以店铺经营、集中交易为主要特色的集中型汽车交易市场。这种汽车交易市场因其品种比较齐全，能够满足人们货比三家的消费心理，而且市场内由于商家竞争较为充分，产品价格较低，尤其部分汽车交易市场还提供一条龙服务，为购车者带来了极大的便利。但由于竞争过度，不少商家限于恶性价格战，商家经营规模偏小，从业者素质良莠不齐等，这种集中型汽车交易市场也暴露出诸多缺点，难以适应汽车市场发展和与国际接轨的要求。基于集中型汽车市场所面临的一系列问题，某些城市建设了汽车工业园区。相对于集中型汽车交易市场，汽车园区拥有功能的多元化、管理的体系化、服务的标准化和经营的规模化等优势,但它也要求有更先进的营销模式、多元功能设置和国际商务水准,需要大量的资金投入和成熟的发展过程,尤其是资金问题制约了汽车工业园区未能在全国普及。

另一方面,汽车厂家也在不断致力于建立自己的营销体系。随着国民收入的持续快速增长和汽车市场竞争的加剧,汽车用户的品牌意识与服务意识逐渐增强,自20世纪90年代中期开始,我国出现了以汽车厂家为中心,以区域管理为依托,以特许或特约经销商为基点(专卖店),受控于厂家的营销模式—汽车专卖制。这一制度可以较好地满足用户对汽车品牌档次与服务质量的要求,实现了汽车企业经营观念的转变和营销管理的现代化,而且还产生了分散经营所无法实现的规模效益。目前,总体来讲,汽车企业自己的营销体系尚处于发展和完善之中。

随着数字社会和e时代的到来,网络技术已渗入当今社会和经济的各个方面,电子商务、虚拟现实等网络技术已经走向实际应用,汽车营销也顺应这一潮流而进入网络化。网络营销可以在营销活动的很多方面如资源配置、产品研发调研、市场调查、达成交易、商品配送、客户沟通等,发挥传统营销模式所没有的优势。美国三大汽车公司也发现,市场营销需要把经销商和网络紧密结合起来,从而实现多元化经营。

3. 汽车网络营销的优势分析

1990年,罗伯特·劳特波恩教授首次提出"整合营销传播"理论(Integrated Marketing Communications),即4C理论(Customer,Communication,Cost,Convenience),其核心思想就是以客户需求为中心并全面服务于消费者。该理论要求营销活动以统一的目标和传播形象,实现与消费者的双向沟通,迅速树立产品品牌在消费者心目中的地位,建立产品品牌与消费者之间的长期密切的联系。网络营销作为一个具有有效、快捷、方便、低廉等特性的营销方式,能够较好地满足4C理论的要求。

(1) 面向顾客的需求。在汽车市场竞争日趋激烈的今天,企业比以往任何时候都更重视了解自己的客户是谁、客户需要什么样的产品等顾客需求信息;网络技术为汽车企业进行市场研究提供了一个全新的通道,汽车企业可以借助于它方便迅速地了解到全国乃至全球的消费者对本企业产品的看法与要求,随着上网人数的急剧增长,网上调研的优势将越加明显。企业还可以借助互联网络图文声像并茂的优势,与顾客充分讨论客户的个性化需求,从而完成网上定制,以全面满足汽车消费者的个性需要。与此同时,网络技术为汽车企业建立其客户档案,为做好客户关系管理也带来了很大的方便。企业有了这样的基础平台,就可以致力于做好客户信息挖掘,定期或不定期地了解顾客的各类需求信息,从而赢得市场竞争的主动权。

(2) 实现与顾客的沟通。汽车消费属于大件消费,在短期内尚无法完全做到网上看货、订货、成交、支付等,但是网络营销至少能够充分发挥企业与客户相互交流的优势。企业可以利用网络为顾客提供个性化的服务,使客户真正得到其希望的使用价值及额外的消费价值。网络营销以企业和顾客之间的深度沟通、使企业获得顾客的深度认同为目标,满足客户显性和隐性的需求,是一种新型的、互动的、更加人性化的营销模式,能迅速拉近企业和消费者的情感距离。它通过大量的人性化的沟通工作,树立良好企业形象,使产品品牌对客户的吸引力逐渐增强,从而实现由沟通到顾客购买的转变。

(3) 获取低廉的成本。相对传统营销方式而言,网络营销可以使得企业以较低的成本去组织市场调研,了解顾客需要,合作开发产品,发布产品信息,进行广告宣传,完成客户咨询,实施双向沟通等,从而有利于汽车企业降低生产经营成本,增强产品价格优势。同时,网络营销还具有信息传递及时，增强企业的信息获得、加工和利用的能力，使企业提高市场反应速度，避免机会损失和盲目营销的损失，从而改善营销绩效。总之，网络营销可以为企业节约时间和费用，提升营销效率。即使企业获得低廉的成本，又使客户获得实惠。

（4）便利用户的购买。由于生产集中度和厂家知名度相对较高，产品的同质度也较高，企业比较注重市场声誉，服务体系较为完备，同时对企业营销的相关监督措施较为得力，像汽车、家电等高档耐用消费品，在市场发育较为成熟后就特别适合于网络营销。顾客可以放心购买，不必过于顾虑产品质量等问题。而网络营销，顾客可以浏览网上车市，无须到购车现场就可以在网上完成信息查询、比较决策、产品定制、谈判成交乃至货款支付等购车手续，接下来客户只需等待厂家的物流配送机构将商品车（甚至已办妥使用手续）交到自己的手中，真正实现足不出户买汽车。此外，网上交易还不受时间和地域限制，这也从另一方面给广大汽车用户带来了便利。

虽然在以往的知识营销定义中并没有提到"网络营销"，但是知识营销与网络营销的关系十分密切，因为知识营销与网络营销的思想是完全吻合的。对于现阶段网络营销的核心思想，可以进一步简单解释为：通过合理利用互联网资源（如网络营销工具和方法等），实现网络营销信息的有效传递，为营造有利于企业发展的经营环境奠定基础。

可见，知识营销与网络营销的关系可以这样理解：知识营销需要一定的信息传播途径，网络营销是实现知识营销战略的最佳手段之一；网络营销需要向用户传递有价值的信息，而知识营销的内容是网络营销信息源中对用户最有价值的部分。

实际上，知识营销与网络营销有时本来就是一回事，只不过在网络营销中并不一定用"知识营销"这一比较笼统的概念，而是用博客营销、营销和病毒性营销等更加具体的网络营销术语。比如目前非常流行的博客营销就是知识营销的具体表现形式之一。网上营销新观察对博客营销的定义中提出：博客营销是一种基于个人知识资源（包括思想、体验等表现形式）的网络信息传递形式。因此，开展博客营销的基础问题是对某个领域知识的掌握、学习和有效利用，并通过对知识的传播达到营销信息传递的目的。

同样的，病毒性营销、邮件列表营销等均需要一定的知识为前提，因此都可以理解为知识营销的表现形式，各种不同名称的具体网络营销方法，则成为知识传播的表现形式。

二、汽车营销体系的探讨

社会成员或群体在工作、劳动、生活、娱乐等方面对物质产品和精神产品的需求就形成了物质产品和精神产品的需求市场。为了满足这个市场需求就驱动并产生了物质产品和精神产品的生产者和生产企业。当生产者或生产企业将其生产出来的物质产品和精神产品作为一种商品推向市场，以某种方式销售给需求者（用户、消费者），并通过售后服务满足了他们的要求，便完成了一个产品产销过程。在这一过程中，市场和营销体系起到了很重要的作用。就汽车产品而言，整车产品也好，零部件产品也好，都要进入汽车市场，通过营销体系以某种销售方式销售给用户。

在计划经济时期，汽车生产企业对其生产出来的汽车产品没有直接对用户的销售权，汽车产品由国家统购统销。

现在，中国开始进入市场经济时期，或处在由计划经济向市场经济转轨时期，对于汽车产品，国家不再统购统销了，而是汽车生产企业将其汽车产品直接面向市场和用户。这样，计划经济时期的汽车销售渠道已经不适应市场经济模式，而必须建立能适应市场经济模式的新的汽车营销体系。新的汽车营销体系将有机地把汽车生产企业，经销商和用户联系在一起。由于汽车生产企业和经销商各自经济实力的不同和营销战略的不同，汽车营销体系可有产销一体制和产销分离体制两种模式被选择。后经过发展，出现了汽车交易市场、品牌专卖店、连锁经营店、代理模式和汽车超市几种形式。部分内容在前几章已经介绍过，在这里不再讲述。

三、汽车网络营销的劣势

1. 网络营销的发展策略缺乏系统研究

目前国内汽车企业对网络营销模式还处于实践摸索和向国外同行企业学习的阶段，还没有形成一套适合我国国情的汽车网络营销指导策略。一些汽车企业只习惯于沿用过去传统实体市场的营销策略，不熟悉与网络营销相适应的营销策略，不注意在经营过程中提高企业经营水平、革新企业技术、扩大企业竞争优势等，同国外汽车公司相比较还有较大的差距，因而网络营销的诸多优势在国内汽车营销中尚未体现出来。

2. 网络营销赖以生存的品牌基础有待继续夯实

品牌营销是市场营销的高级阶段，是网络营销的基础与灵魂。网络营销只有建立在知名度高、商业信誉好、服务体系完备的汽车品牌的基础上，才能产生巨大的号召力与吸引力，广大用户才能接受网上购车等新的交易方式，摒弃传统的实物现场购车等习惯。而我国部分汽车品牌缺乏科学化、现代化、规范化的动作系统，品牌实力还有待提升。

3. 网络营销的具体业务还处在初级阶段

目前国内大部分汽车企业只是建立了一个网站，借助网络技术做做网络广告、促销宣传、车型介绍、信息发布、价格查询以及收发电子邮件等简单业务，有的企业甚至只是将企业的厂名、简介、车型、研发成果、通信地址、电话等简单信息挂在网上而已。事实上，上述的几种网络业务根本不能等同于网络营销。企业只有通过大力探索各种具体的营销业务，如电子商务、网上调研、网上新产品开发、网上分销、网上服务等，才能充分利用网络资源，并不断向网络营销靠拢。

4. 网络营销人才缺乏

网络高科技是网络营销发展的推动力。与其他营销模式相比较，网络营销对 IT 技术的要求较高，如营销信息的采集、处理与分析，市场调研与管理决策等活动，都需要强有力的技术支持。而目前国内汽车企业网络营销的整体发展还处在初级阶段，缺乏大量的既懂网络技术又懂汽车营销的复合型人才，需要有一个培养过程。

5. 物流网络不完善

由于网络营销具有信息流与物流相分离的特点，所以物流配送便成为保证网络营销的又一关键环节。目前物流配送的主要问题是缺乏社会化的物流配送支持，物流业的整体发展水平较低，物流企业规模小，技术及设备设施落后，管理经验不足等。因此许多企业要么不得不自建配送中心，形成配送中心无法实现物流的规模化经营，物流作业能力和利用率较低的局面；要么由于受到投资能力的限制，而不能建立地区配送中心，形成不能及时将商品车交付给客户的局面。

6. 网络消费群体尚未形成

网络营销的发展依赖于一个具有一定规模的网上消费群体，即必要的客户基础，而这个群体的壮大主要受到网络速度与上网费用两个因素的影响。据有关调查，有 86.1% 的中国用户抱怨互联网速度太慢，服务质量较差，许多网站无法登录。另外，上网费用也较高，据权威部门计算，我国人均收入不过美国的 1/10，但获取相同的信息量国人要比美国人多付出 12.88 倍的上网费用。低水平的网络服务与高额的收费已经成为制约网络营销发展的一道瓶颈。

7. 政府的指导作用需要加强

网络营销具有全局性、综合性、整体性与复杂性等特点。而在我国，网络营销又表现为跨地区、跨部门、跨所有制经营，各方的利益及运作需要协调和规范，需要在政府的宏观管理和指导下，建立规范和科学的协调机制。

四、汽车网络营销的发展对策

1. 帮助消费者转变交易观念

网络营销的发展首先需要消费者认识网络营销的特点，熟悉网上购物过程，转变传统的商品交易观念，改变以往的购物习惯。为此，网络营销企业需同全社会一起，强化网络营销的宣传，提高公众对网络营销的认知，消除客户对网络营销的陌生感和神秘感，使消费者接受这一新型购物方式。

2. 努力培养网络营销人才

汽车网络营销能否取得成功，在很大程度上取决于汽车企业所拥有的既懂汽车技术又懂网络营销管理的高素质人才，为此汽车企业应着力培养出一批网络营销精英，并借助于这批素质高、能力强、业务精的专业人才，稳步推进汽车网络营销的发展。

3. 认真研究发展网络营销的具体策略

汽车企业应抓住当前IT产业蓬勃发展、网络技术日趋成熟的有利时机，认真做好本企业网络营销的发展规划，拟定具体的发展目标与措施，在企业内外广泛开展网络营销研究，不断开发适合自己的网络营销新手段，抢占营销手段的制高点。

4. 完善网络基础设施

国家要加快网络技术开发，改善网络基础设施，建设信息高速公路，提高网络服务水平，以为网络营销的发展提供一个良好的物质基础。值得一提的是，2002年中国网通宽带高速互联网正式开通，一期工程全长18490km，贯穿我国东南部27个重点城市，这将为国内网络营销奠定强大的通信设施基础。

5. 提高网上交易安全性

网上交易安全问题一方面源自技术层面，另一方面源自商务层面。前者需要技术部门研究和完善电子签名、用户认证、银行加密、资金转账等技术措施，加快电子货币的研究，尽快实现网上安全支付。对于后者需要企业强化商业信誉，提高服务意识与服务质量，同时社会也需要通过建立和完善法律制度来保障网上交易的安全。

6. 健全物流配送系统

国家应鼓励建立一批跨地区、跨部门、跨企业的现代化大型物流企业集团，完善集物流、商流、信息流于一体的社会物流体系，实现物流配送系统的专业化、系统化、网络化、信息化、现代化、规模化及社会化，为网络营销的发展提供有力的社会支撑。

7. 发挥政府扶持和宏观调控作用

政府既要鼓励和扶持网络营销的发展，制订相关发展政策和发展框架，为网络营销的发展创造宽松的环境，又要做好网络营销发展的宏观规划，协调部门、地区之间的利益，保持网络营销有关政策、法规、标准的一致性和连续性，促进网络营销向规范化、科学化的方向健康发展。

8. 建立健全全网络营销的法律法规体系

网络营销在我国还是一种新的营销手段，尚处于导入阶段，需要有一个良好的法制环境。健全网络营销的法律法规体系,一方面要求对原有法律体系进行必要的调整,另一方面又需要制订新的法律法规,以适应网络营销的发展。

【营销视野 9-3】 汽车销售如何利用网络营销

老易是成都一家小型汽车企业在北京的 4S 店负责人。他在为来年做区域推广算了一笔账:在二类汽车杂志封 2 做一期广告是 5.8 万元,在都市类报纸汽车版做半版广告托熟人是 3.6 万元,在互联网汽车类垂直搜索网站右边栏广告是 1000 元一条,如果找信息公司在网上策划互动营销是一个帖 0.8 元,一万条帖起发共 8000 元,包括图片和软文内容的设计和更新。

五、汽车营销模式的建立及应注意的问题

1. 汽车营销模式的建立应符合国情

在过去的计划经济体制下,我国汽车流通渠道较为单一,一般都由国家单位控制、经销,品牌意识极为淡薄。随着市场经济的快速发展,传统的营销模式已不能适应市场的需求。目前,汽车消费已由公款购车转向私人购车,为适应市场的需求,以及汽车工业高速发展,汽车的营销方式也随之变化,集贸市场、超市、百货商场、连锁店、专卖店应运而生。

随着电子商务的流行、专卖店的建立,新一轮围绕"中国汽车营销模式"的探讨与交流越来越多,中国汽车营销究竟走向何方?什么样的模式适合中国汽车市场?真是仁者见仁,智者见智。

中国汽车业虽得以迅猛发展,但是相对于发达国家,尚处于初级阶段,这与整个中国的经济发展有关。在汽车营销模式的探讨中,我们不能忽视中国的经济环境。

首先,虽然中国是一个 13 多亿人口的大国,尽管城乡差别不断缩短,但人均消费与发达国家相比,还有相当大的差距。其次,城市交通状况虽大有改观,但还难尽人意,加之政策的制约,轿车市场很难在短期内攀升。而目前中国汽车市场竞争又极为激烈,相对企业的投入产出比来说,企业很难支撑大额的营销费用。

因此,中国汽车营销模式的建立首先要符合国情,要体现中国特色,再者,必须适合于市场的需求。

2. 汽车营销模式的建立应以消费者为导向

从营销法则上来说,任何营销模式的建立,都应以适合消费者特征,以满足消费者的需求为最终目的,即以消费者的需求为导向的营销模式才是最科学的、最合理的、最有效的。那么,新时代汽车营销模式的建立也必须符合中国的消费趋势。

中国消费者的消费意识已开始觉醒,对于超前消费的倡导已开始接受,并愿意尝试,随着购房、购车的分期付款的实施,引导了新一代消费行为,但是由于受各种因素制约,消费理想并未能真正冲破现实的束缚,消费态度还未趋于明朗化。而中国的消费者总体来说还处在传统型向现代型过渡,消费行为依然固守原有模式,对于新的消费方式还处在排斥状态。由于消费状态处于社会转轨时期,消费信心也未能完全建立,消费者之间的差异化较大。目前,电脑、住房、汽车成为中国人最时尚的消费选择。

随着网络生活的建立,加之办公、学习的需求,电脑在不断普及。住房是中国人传统消费意识中最强烈的需求,安家立业是中国人的传统观念,在相对收入允许的条件下,住房是中国人的首选,而汽车属最为奢侈的消费品之一,因为它不仅仅不会升值,还要消耗。如何有助于刺激汽车消费市场的良性反应,并建立与之相适应的汽车营销模式才是最为现实可

行的。

汽车营销模式的建立还需要从全局出发，构建一个合理均衡的"三角平台"，即厂商利益、经销商利益、消费者利益。只有这三方的利益均衡发展，才能维系当前汽车营销模式的良性运作。

【营销视野 9-4】 上海大众的网络营销品牌：上海大众

执行者：上海大众汽车有限公司。事件背景：视频营销越来越被大企业所重视，成为网络营销中采用的利器，大众作为国内著名汽车生产商，网络营销对其自然也十分重要。如何让自己的宣传在网络传播过程中不被众多信息淹没，达到预期营销效果，成为值得思考的问题。

营销目标：网络消费群体。

实施过程：如何用最小的成本在网络中获得最多的曝光次数也让企业不得不认真思考网络营销过程中应选用哪种形式。而在这一方面，上海大众除将传统的电视广告转嫁到视频博客网站外，还将部分产品线曝光，利用博客让更多网民亲眼目睹上海大众的高科技生产流程，提高网民对企业的关注率。

此外，上海大众与中国建设银行合作推出的国内首张汽车联名信用卡"上海大众龙卡"，除具备普通信用卡的功能外，还可凭卡参与超值积分回馈、汽车消费抵扣、车主俱乐部服务等丰富活动，十分实用。而针对该卡用途，上海大众采用了网络视频营销，推出视频故事《大话西游》1~4集。视频故事中，西游小分队申请了"上海大众龙卡"后，便踏上西行路，但西行路上趣事层出不穷，情节扣人心弦，悬念横生，故事人物每次过关都会用到"上海大众龙卡"。通过这样悬疑又幽默的视频内容，传播在 Groom、Youtube、土豆网、MOP 播客等视频网站上，让网友欲罢不能，潜移默化中加深了众多网友对"上海大众龙卡"的认知度。而上海大众也凭借视频营销，为其带来了数百万的观众，但是成本却比在电视节目中投放广告低得多。

活动效果：通过视频播客网站、视频故事等低成本的网络信息传播方式引起了广大网友对上海大众的关注。而对于市场营销来说，传统电视广告只是"单向"传播信息，而这些基于网络的视频分享和对创意性参与的鼓励更多的是"双向"的沟通。所以，从这点来看，《大话西游》这一营销视频不但节省了成本，更多的是消费者和粉丝对品牌创建的认可。不再光强调消费者是否看到了这个广告，而更多的是强调消费者的参与性，让消费者对品牌的关注由被动转变为主动。

【营销视野 9-5】 网络营销成功案例：腾讯汽车——整合创造价值

没有哪种商品比汽车更适合网络营销了：高昂的价格、复杂的技术使得人们需要搜集更多的信息才能做出购买决策，网络恰好能提供海量而精准的信息辅助决策；汽车消费依赖品牌拉动，网络既是人们娱乐休闲的工具，也是锻造品牌的首要场所；同时，汽车消费与文化密切相关，Web2.0 时代，各种"亚文化"网络群组和社区为用户分享使用体验提供了便利，也成为汽车厂商重点关注的"敏感地带"。

市场的表现支持以上判断：市场咨询公司艾瑞（iResearch）预计，今后中国网络汽车广告市场将继续保持较快的增长势头。然而，汽车网络营销不仅仅是把传统营销方式和思路搬到网络上而已，在国内众多汽车类门户网站中，腾讯汽车频道依托腾讯独有的"IM＋门户＋社区"的整合在线营销平台，与汽车厂商共同打造出了创意与效果兼备的网络营销案例,实践了其"理想购车一站到位"的核心频道理念。

从"知名度到忠诚度"的品牌路径

在腾讯看来,购车行为是一个理性与感性同时发挥作用的过程:消费者从对某个汽车品牌产生认知到形成好感,最后变成忠诚甚至乐于向朋友推荐,在其与品牌情感由弱到强的整个过程中,一个整合的在线营销平台都能以最有效的方式发挥作用,而这正是其他媒体平台无能为力的。

腾讯汽车频道首先是一个以潜在购车者为中心的资讯新闻平台,购车者需要了解的最新资讯,都能在这个平台上找到。对于汽车厂商,这个资讯平台同样成为与潜在消费者沟通的桥梁。由于内容充实、信息量大、传播速度快、覆盖中国超90%的网友,使腾讯汽车能在最短的时间把最新的产品资讯带给用户。同时,QQ Live等媒体平台也能够提供新车上市的视频,更丰富了潜在消费者感受新车的方式和渠道。以此为基础,腾讯智慧更推出的数字接触点DTP(Digital Touch Point)广告投放工具,将对潜在用户的精准告知成为可能。

当消费者对特定的品牌从认知向喜爱,并最终向忠诚发展时,就需要能够承载更多情感互动的网络应用。这时候,"QQ IM和QQ空间"在沟通和分享上的价值,就比单纯的门户更能满足品牌的深度沟通要求。用户在QQ群里分享对某个汽车品牌的整体感受,并组成车友会、训练营、进行自驾游等活动,通过人与人的沟通和交流,加深和强化人与车之间的情感联系,这也是打造品牌忠诚的必经之路。如果没有腾讯对用户强大的粘着力做保证,要进行这种深度的情感分享,就无处下手。正因为此,基于web2.0的沟通与分享渠道,也逐渐成为汽车厂商对网络营销平台最为看重的核心价值点,也恰好是腾讯汽车的竞争优势所在。

网络营销:整合带来价值

事实上,无论是在门户还是社区,作为广告客户,面对的选择都不可谓不多。那么,怎样进行营销投放组合,才符合ROI最大化的要求呢?业内人士认为,广告主需要考虑的一个重要因素是如果用户不得不在多个不同的平台间迁徙,可能导致他们中途对营销活动失去兴趣。举例来说,如果在一个纯粹的门户上做营销活动,而客户发现需要重新注册一个ID才能参与和分享,那他可能会因为怕麻烦而放弃,而在腾讯这样的整合平台上,用户的QQ号就能注册,并可以直接用IM、QQ空间等方式来分享参加信息,这种由无缝连接带来的用户感受的流畅,是网络营销成功的关键。

正是整合平台所具备的协同效应,使得腾讯与奥迪在2009年车展前后进行的"奥迪上海车展体验"活动无论是在影响力、网友参与程度、还是线上线下的整合性上,都取得了成功。业内人士认为,腾讯广告平台以整合取胜,并非巧合,而是与腾讯自身的业务布局现状密切相关。目前,腾讯已经在几乎每一个重要的互联网业务领域布下了棋子,而支持这些业务蓬勃发展的"酵母",就是腾讯在QQ IM上积累的巨大用户资源。这种资源为"门户+IM+社区"的整合平台提供了坚实的后盾,其活跃度又恰好符合2.0主动参与的互联网精神,成为品牌主急需的消费者深度沟通平台。

对于广告主,如今的腾讯网有点像当年的IBM,借助其优势的软硬件产品和服务,为客户提供完整的解决方案。

课后思考题:
你认为网络销售和现实的销售有什么优势和劣势?

第十章

汽车金融信贷

> **学习目标**
> 1. 汽车金融产生的基础是什么？
> 2. 不同经济水平对汽车金融的影响是什么？
> 3. 汽车金融是如何发挥其功能的？
> 4. 国内汽车金融发展差距有哪些？

第一节 汽车金融服务的基本概念

汽车金融服务是在汽车销售、使用过程中，由汽车金融服务机构向消费者或经销商提供的融资及其他金融服务，其内容包括对用户的汽车消费信贷及对经销商的库存融资和融资租赁等。汽车金融服务经过近百年的发展，在国外已成为位居房地产金融之后的第二大个人金融服务项目，是一个规模大、发展成熟的产业，每年平均增长率在3%左右。目前在全世界每年的汽车销售总额中，现金销售额为30%左右，汽车金融服务融资约占70%。我们国家由于文化背景和经济发展水平的限制，通过金融贷款买车的消费者还是少数。

一、汽车金融服务的定义

1. 美国消费者银行家协会（Consumer Banker Association，简称CBA）的定义

美国消费者银行家协会对汽车金融公司的定义是：汽车金融服务公司以个人、公司、政府和其他消费群体为对象，以其获取未来收益的能力和历史信用为依据，通过提供利率市场化的各类金融融资和金融产品以及相应的服务，实现对交通工具的购买和使用。

2. 福特信贷的定义

全球汽车融资行业的领头羊福特汽车信贷公司对汽车金融的具体定义是：以专业化和资源化满足客户和经销商的需要，为经销商和客户提供金融产品和服务，包括为新车、旧车和租赁车辆提供融资以及提供批售融资、抵押融资、营运资金融资、汽车保险、库存融资保险等保险服务，同时围绕汽车销售提供金融投资服务。

3. 中国银监会的定义

中国银监会对汽车金融公司的定义是：汽车金融公司是指依据《中华人民共和国公司法》等相关法律和本办法（指《汽车金融公司管理办法》）规定设立的，为中国境内的汽车购买者提供贷款并从事相关金融业务的非金融机构，包括中资、中外合资和外资独资的汽车金融机构。

4. 本书对汽车金融服务的定义

汽车金融服务是在汽车的生产、流通与消费环节中融通资金的金融服务活动，包括为最终用户提供零售性消费贷款或融资租赁，为经销商提供批发性库存贷款，为各类汽车用户提供汽车保险，为汽车服务企业提供营运资金融资等活动。具有资金量大、周转期长、资金运动相对稳定和价值增值等特点，它是汽车制造业、流通业、服务维修业与金融业相互结合渗透的必然结果，并与政府有关法律、法规、政策，以及与金融保险等市场的相互配合，是一个复杂的大系统。

二、与汽车金融服务有关的各种因素

在上述几种定义的描述下，汽车金融活动就是在汽车生产、流通、消费的各个环节中汽车金融服务涉及的资金融通的方式、路径，即资金在汽车领域是如何流动的。从广义上讲，汽车金融应该包括汽车金融资金在融通中所涉及的几个关键要素，即汽车金融机构（资金供应者）、汽车金融工具（融通媒介）、汽车金融市场（融通场所）、汽车供应者及汽车需求者。汽车金融应该是这几大要素所组成的一个完整的系统。当前对汽车金融的研究主要集中于对汽车需求者（个人）的汽车金融支持上，即金融是如何支持居民购买汽车的，而没有对汽车供应者（汽车生产商）的资金需求、资金融通模式进行系统研究，即使有对汽车生产商的资金需求进行的研究，也是与个人汽车金融分割开来的。汽车金融作为一个完整的整体，其资金融通应是一个全方位的资金融通过程。作为汽车金融领域的资金需求者既应该有汽车需求者，又应该有汽车供应者；作为资金供应者，既应该有银行等金融机构，又应该有资本市场上的广大投资者，还应该有汽车投资基金等新的资金来源。

三、关于汽车金融服务范围的确定

从汽车业的发展过程看，需要金融服务的不仅是购买汽车的消费者，也包括汽车经销商和汽车制造商。他们对金融服务内容的要求，也不仅仅限于资金的融通，还包括减少汽车制造厂的风险、提高用户购买力以及使汽车制造商、经销商、用户在金融业的牵线下，保持长期稳定的关系等。从这方面来说，金融机构是"一手托三家"。由于以上原因，中国银监会在2008年1月24日发布的《汽车金融机构管理办法》中参照西方国家的经验，提出了汽车金融机构的概念。从服务上来看汽车金融机构涵盖了汽车售前、售中、售后的全过程，除了提供汽车信贷服务以外，还包括以担保方式向金融机构借款、购车储蓄、融资租赁、汽车消费保险、信用卡、汽车旅游信贷等业务，可以说是以汽车信贷为中心的专业银行。具体来说，《汽车金融机构管理办法》中规定汽车金融机构可从事下列部分或全部汽车金融业务：发行公司债券及商业票据；以担保方式向金融机构借款；接受股东单位和贷款购车企业3个月以上期限的存款；办理汽车经销商采购车辆贷款和营运设备贷款；提供购车贷款和汽车租赁业务；为贷款购车提供担保；与前述购车融资活动相关的代理业务；经中国人民银行批准的其他业务。

四、汽车金融服务的内容

汽车金融服务的内容涉及范围甚广，在我国常见的有以下几种。

1. 汽车消费信贷服务

消费信贷是由金融机构向消费者提供资金，用以满足消费需求的一种信贷方式。消费信贷的贷款对象是个人，贷款用途是用于消费，目的是提高消费者即期消费水平，合理安排消费者终生消费水平。

汽车消费贷款是对申请购买汽车的借款人发放的人民币担保贷款；是银行或汽车财务公司向购买者一次性支付车款所需的资金提供担保贷款，并联合保险、公证机构为购车者提供保险和公证。贷款的个人要具有稳定的职业和经济收入或易于变现的资产，足以按期偿还贷款本息；贷款的法人和其他经济组织要具有偿还贷款的能力。贷款期限最长不超过5年，一般，法人借款期限最长不超过3年，自然人最长不超过5年。如果消费者所购车辆是用于出租营运、汽车租赁、客货运输等经营用途的，最长期限不能超过2年。

汽车消费信贷可以极大地把汽车消费者的潜在需求转化为现实需求。人们把汽车消费信贷称为汽车产业发展的催化剂，其多样灵活的金融产品和便捷的服务手段有利于汽车市场的不断开拓。同时，它也能给汽车金融服务业带来丰厚的利润。有资料表明，2000年通用汽车金融服务公司的利润占通用汽车公司总利润的36％，福特汽车金融服务的收入也大致占到整个福特汽车公司收入的20％以上。因此，汽车消费信贷不管对汽车制造商，还是对金融服务商均是一块十分诱人的"大奶酪"。对汽车制造商而言，汽车消费信贷最大的效能是开拓汽车销售市场；对汽车金融服务商而言，汽车消费信贷最大的效能则是获取利润。

对购车者来说，需求欲望产生以后是否能够变为现实的购买力，最重要的条件之一就是存在不存在支付能力。对于汽车这种价格相对较高的耐用消费品来说，"汽车消费信贷"正是购车者最期盼的服务项目。数据显示，全球有70％的私人用车都是通过贷款购买的，美国更是高达80％。目前，全球一年的汽车金融服务进行的融资金额达到1万亿美元，且每年以3％～4％的速度在增长。未来，我国汽车金融市场会是什么模样？据专家分析主要将呈现四大特点。

一是贷款消费在整个汽车销售中的比例将有所提升。随着中国在消费观念上的转变以及政策和信用体系的逐步健全，预测中国未来社会的车贷渗透率会达到40％～50％水平。

二是汽车金融服务趋于专业化、全方位、多元化。汽车金融服务公司在汽车销售过程中将向制造商、消费者、经销商提供融资及其他金融服务，包括为厂商提供维护销售体系、整合销售策略、提供市场信息的服务；对经销商的库存融资、营运资金融资、设备融资、财务咨询及培训等服务；为用户提供消费信贷、大用户的批售融资、租赁融资、维修融资和保险等服务。这些金融服务不仅覆盖了汽车售前、售中和售后的全过程，而且延伸到汽车消费及相关领域。

三是融资渠道进一步拓宽，并逐步多样化。

四是有更多的汽车金融公司加入市场竞争中来。在整个汽车信贷市场中，汽车金融公司所占比重将继续提高。

同时，汽车消费信贷是汽车企业重要的"战略后勤"。汽车生产企业的生命线在于生产的实物产品能够得到消费者的认同，并在较短的时间里实现销售，贷款回笼。在企业中，它属于企业市场营销的范畴，若把企业市场营销战略称为"企业战略主体"，那么，为实现企业营销战略的一系列相关的重要服务活动就可以称为"战略后勤"。随着经济全球化的进程加快，人们消费水平的迅速提高，市场竞争的日益加剧，人们对企业的要求越来越苛刻，已不仅仅满足是价廉物美的产品，而且要求提供良好的服务。企业市场营销已扩展到服务营销领域，企业营销活动的成败不单纯依靠销售能力，在很大程度上还取决于"战略后勤"的保障程度。汽车消费信贷恰恰在汽车企业的战略后勤中扮演着十分重要的角色。国外大汽车公司为了开拓中国汽车市场，首先在"战略后勤"上下工夫。据悉，通用、福特、大众等公司的金融服务公司已纷纷申请在中国开展汽车消费信贷业务。从企业营销战略的角度，最理想的模式是拥有自己的汽车金融服务公司，在企业总战略的指导下，为本企业的产品销售活动最大限度地做好战略后勤，为本企业的产品培育和开拓市场。

在我国，汽车金融服务集中体现在消费信贷上。目前，国内汽车消费信贷主要存在三种形式：制造商贷款、经销商贷款和"经销商-银行-保险"三方贷款。

由于中国目前还缺乏个人信贷记录系统及存在银企职责难分、法制不健全等原因，造成了汽车贷款的风险较高，致使汽车金融服务离期望的目标还很遥远。

2. 汽车保险服务

汽车保险始于19世纪末，它目前已发展成为最重要的险种之一。在这一保险中，保险人负责赔偿被保险人因自然灾害和意外事故而蒙受汽车车辆的损失，以及对第三者应承担的经济责任。汽车保险作为一种社会保障功能，为保障遇险人的基本生活和生产的继续进行及维护社会稳定起到了无法替代的作用，所以备受广大汽车用户的青睐。汽车保险是财产保险中的主要险种，它已成为发达国家的一大产业，被各国政府所重视。据日本的资料显示，从20世纪的60~70年代至今，汽车的保有量增长了4倍，而汽车保险费收入增长了11倍，汽车保险的增长速度远高于汽车保有量的增长。

2009年，中国轿车的产销量首次突破1200万辆，超过日本成为世界第二大汽车生产大国。2012年达到了1500万辆，成为仅次于美国的世界第二大汽车金融服务市场。在中国，汽车保险是财产保险的第一大险种，财产险的60%是汽车保险。由于我国机动车辆保险具有相对的强制性，机动车辆保险作为我国财产保险的支柱业务，其保险费收入从20世纪80年代以来一直位居财产险业务榜首。据统计，2011年我国保险市场保持了平稳发展的态势，全年全国实现保费收入1.43万亿元。众所周知，即使在汽车人均拥有量较高的发达国家，机动车辆保险费占全部财产保险业务的比例也大致为20%左右。目前我国还不是汽车大国，机动车辆保险费占全部财产保险业务如此之高的比例在全世界都是罕见的，这说明目前我国汽车保险业尚不成熟也不完善。

随着我国汽车产业的高速发展，汽车保险作为汽车产业链上的重要一环也必然随之快速发展。

汽车保险的险种主要有以下几种。

① 第三者责任险保险。车辆因意外事故，致使他人遭受人身伤亡或财产的直接损失，保险公司依照保险合同的有关规定给予赔偿。这里强调的是"他人"，也就是第三方。保险公司所负的保险责任在保险合同中是这样规定的：被保险人允许的合格驾驶员在使用保险车辆过程中发生意外事故，致使第三人遭受人身伤亡或财产的直接损毁，保险公司依照《道路交通事故处理办法》和保险合同的规定给予赔偿。

② 全车盗抢险。是指保险车辆全车被盗窃、被抢夺，经公安刑侦部门立案证实，满3个月未查明下落，或保险车辆在被盗窃、被抢劫、被抢夺期间受到损坏，或车上零部件及附属设备丢失需要修复的合理费用，保险公司负责赔偿。

③ 车上责任险指投保了本项保险的机动车辆在使用过程中，发生意外事故，致使保险车辆上所载货物遭受直接损毁和车上人员的人身伤亡，依法应由被保险人承担的经济赔偿责任，保险公司在保险单所载明的该保险赔偿额内计算赔偿。

④ 无过失责任险指投保了本项保险的车辆在使用中，因与非机动车辆、行人发生交通事故，造成对方人员伤亡和财产直接损毁，保险车辆一方无过失，且被保险人拒绝赔偿未果，对被保险已经支付给对方而无法追回的费用，保险公司负责给予赔偿。

⑤ 车载货物掉落责任险指投保了本保险的机动车辆在使用中，所载货物从车上掉下致使第三者遭受人身伤亡或财产的直接损毁，依法应由被保险人承担的经济赔偿责任，保险公司负责赔偿。

⑥ 玻璃单独破碎险指投保了本项保险的机动车辆在停放或使用过程中，发生本车玻璃单独破碎，保险公司按实际损失进行赔偿。

⑦ 车辆停驶损失险指投保了本项保险的机动车辆在使用过程中，因遭受自然灾害或意外事故，造成车身损毁，致使车辆停驶造成的损失，保险公司按照与被保险人约定的赔偿天数和日赔偿额进行赔付。

⑧ 自然损失险指投保了本项保险的机动车辆在使用过程中，因本车电路、线路、供油系统发生故障及运载货物自身起火燃烧，造成保险车辆的损失，保险公司负责赔偿。

⑨ 新增加设备损失险指投保了本项保险的机动车辆在使用过程中，因自然灾害或意外事故造成车上新增设备的直接损毁，保险公司负责赔偿。

⑩ 不计免赔特约保险指办理了本项特约保险的机动车辆发生事故、损失险及第三者责任险事故造成赔偿，对其在符合赔偿规定的金额内按责任应承担的免赔金额，保险公司负责赔偿。

3. 汽车租赁服务

租赁，通常是指将商品拥有权从使用权中分开，出租人拥有资产所有权，承租人拥有资产使用权，承租人与出租人双方订立租赁合同，以交换使用权利。根据定价结构，租赁可以分为融资租赁和经营性租赁。这里主要是介绍经营租赁。

汽车的经营性租赁（下简称汽车租赁）是指汽车消费者通过与汽车销售者之间签订各种形式的付费合同，以在约定时间内获得汽车的使用权为目的，经营者通过提供车辆功能、税费、保险、维修、配件等服务实现投资增值的一种实物租赁形式。汽车租赁业的核心思想是资源共享，服务社会按租赁时间可分为长期租赁和短期租赁两种形式。长期租赁，是租赁企业与用户签订长期（一般以年计算）租赁合同，按长期租赁期间发生的费用（通常包括车辆价格、维修保养费、各种税费开支、保险费及利息等）扣除预计剩存价值后，按合同月数平均收取租赁费用，并提供汽车功能、税费、保险维修及配件等综合服务的租赁形式。短期租赁，是租赁企业根据用户要求签订合同，为用户提供短期汽车租赁服务（一般以小时、日、月计取短期租赁费），解决用户在租赁期内与之相关的各项服务要求的租赁形式。

另外，有些租赁用户在租用时间超过一定年限后，也可以通过适当的价格取得车辆所有权。所以，汽车租赁本身也蕴含着潜在的销售行为。

在西方各主要汽车大国，汽车租赁业已有很长的历史，从1918年至今，经过近一个世纪的发展和竞争，在众多的汽车租赁公司中，已经形成了赫兹、阿维斯、巴基特、欧洲汽车和福乐斯等国际汽车租赁业的巨头。2000年，全世界汽车租赁营业收入达到1000亿美元，涉足汽车租赁业务的公司为5000多家。目前，世界汽车租赁市场总规模达到了10100亿美元，年平均增长速度30%，远远高于其他服务行业。

从国外的发展情况来看，汽车租赁业务的发展非常迅速。以美国为例，一年在各地销售的轿车和货车中，有大约1/4进入了租赁市场。主要的汽车厂商用租赁方式销售的汽车数量，占其总产量的30%以上。在加利福尼亚许多家庭中，有50%的新车是租来的。

在日本，半数以上的汽车生产企业都开展了汽车租赁业务，且租赁业务的规模逐年上升，汽车厂商对这项业务的发展持相当乐观的态度。他们认为，开展汽车租赁业务对汽车生产企业、汽车销售商、汽车租赁公司和租车者都十分有利。日本每年的汽车租赁销售规模为200多万辆，约占全国新汽车销售量的15%。

2012年11月，我国持驾照人数已达2.47亿，而且这个数字每年都在增加，但我国汽车保有量约为1.2亿辆，这使得相当一部分人的用车需求得不到满足。而汽车租赁因为具有使用快捷、高效、负担低、灵活方便等特点，很大程度上解决了有照无车者的用车问题。

由于租车可以少占资金，节约人力，免去多项杂费和驾驶员工资，所以不少经营者也是汽车租赁业的固定客户。

2007年，中国汽车租赁市场经历了一场异常迅速的发展，各地的汽车租赁公司如雨后春笋般纷纷出现，国内汽车租赁市场到2007年已拥有2000多家租赁企业，汽车租赁市场的供租赁车接近10万辆，营业额近100亿元。虽然其发展速度比西方汽车租赁行业创始之初要快得多，但中国的汽车租赁市场仍处于起步阶段，绝大多数企业规模很小。截至2011年年底，我国已有汽车租赁公司5000多家，租赁汽车超过10万辆。中国汽车租赁行业，无论是从中国宏观经济的走向趋势还是微观的社会基础来看，都有着无比光明的发展前途。随着中国信用体系的建立，市场经济的进一步完善，中国汽车租赁业将会有更快的发展。预计到2015年，中国汽车租赁市场的租赁车辆需求将达到30万～40万辆，营业收入将达到180亿元。

因为资源共享的属性，汽车租赁服务在提高车辆使用效率、缓解财政控制购买与企业用车之间的矛盾和控制社会车辆总量方面也发挥着很大的作用，这在很大程度上提高了整个社会资源的利用效率，有着很强的社会效应。

汽车租赁业对厂商也存在着显著的市场效应。因为厂商可以通过对汽车租赁市场的介入和占领增加品牌的认知度，扩大市场占有率，从而把潜在市场转变为现实需求。而且它与汽车厂商及保险公司的相互促进与合作，也大大加快了相关产业的发展。由于汽车租赁特殊的市场作用，现在已经被国内外汽车生产企业所广泛采用，成为扩大销售、争取用户的重要手段。

4. 汽车置换服务

汽车置换，从狭义上说，就是以旧换新，经销商通过旧机动车的收购与新车的对等销售获取利益。

广义的汽车置换，则是指在以旧换新业务的基础上，同时还兼容旧机动车整新、跟踪服务、旧机动车再销售乃至折抵分期付款等项目的一系列业务组合，从而使之成为一种有机而独立的营销方式。

以美国为例，1997年美国新车销量不足1500万辆，而旧机动车销量却高达1850万辆，2000年已突破1900万辆的大关。旧机动车作为替代产品，已经对新车销售构成威胁；国内各地的旧车市场虽然起步较晚，但目前的交易规模已经相当可观，狭义置换业务也得到长足的发展。而广义的置换业务在目前国内市场则处于萌芽状态，亟待必要的关心与扶持。

数据显示，截至2011年年底，我国机动车保有量为2.25亿辆，其中汽车保有量为1.06亿辆。北京机动车保有量超过470万辆，天津、上海等城市的机动车保有量超过200万辆，还有23个城市的机动车保有量突破百万辆大关。庞大的机动车保有量也给未来二手车置换带来了增长潜力。

专家表示，以发达国家为例，比较合理的一个二手车交易的规模应该是保有量在1/5左右，目前中国汽车保有量已经超过1亿辆，那么中国二手车的交易规模应该在2000万辆左右。而二手车交易量在 2013 年已超过 500 万辆，离 2000 万辆这个数量还有很大空间。

自 2007 年下半年以来，国内轿车市场呈现多元化全面竞争态势，竞争形式变化多样，从贯穿于整车、配件两大市场的价格战，到愈演愈烈的产品战、广告战、新闻战，以及目前激战正酣的服务战，各轿车厂商均在有限的市场增幅中争夺最大的市场发展空间。在此基础上，销售方式也层出不穷，厂商希望借此刺激需求，打出一片新天地。

各大汽车厂商普遍认为，当前轿车进入家庭的关键问题是相对较高的新车价格与相对低下的消费能力的矛盾。于是，置换业务便应运而生了。开展汽车置换业务可以加快经济发达地区的车辆更新速度，同时刺激经济欠发达地区对车辆的需求，是满足特定消费市场，进一步提高市场占有率的重要手段，而且，作为置换业务商品之一的旧机动车可以在某种程度上调和高车价与低收入之间的矛盾，使其成为轿车真正进入家庭的前奏曲。

地域经济差异使不同地区商品消费水平不同，一辆在经济发达城市淘汰下来的旧机动车在经济欠发达地区可能成为炙手可热的抢手货。两地的消费水平不同导致同样商品在不同消费群当中具有不同的消费剩余，这种消费剩余的差异直接导致地区间供求关系的转化与价差。在置换市场形成以前，有大批的俗称"黄牛"的自由掮客充当沟通旧机动车供求双方的中间人，而且收入颇丰，在某些市场甚至形成"黄牛"行会，这固然说明旧车市场有待加强管理疏导，同时也说明了这一市场具有广阔的发展潜力。1997 年下半年，以国内第一家专业汽车置换公司——上海汽车工业机动车置换有限公司的成立为标志，中国的汽车置换业务正式登台亮相了。

大汽车生产厂商为提高各自市场占有率，对置换业务给予政策扶持，汽车置换业务在中国市场诞生的那一刻起，就是作为整车新车市场的一个辅助市场和竞争手段。从根本上讲，当前置换的主要任务还是加快车辆更新周期，刺激新车消费，这和国外的"旧机动车"市场的经营宗旨是有所区别的，因而具有现阶段鲜明的中国特色。但从另一方面讲，各大汽车厂商为扶持这一新兴市场，也给予了重点照顾。无论是车辆供应品种、资金配套、储运分流，还是其他相关的广告宣传，厂商给予的关怀可谓"无微不至"。这也是置换业务能在竞争日趋白热化的汽车市场获得生存并在短时间内打开局面的一个重要原因。

相关业务利润丰厚是置换业务产生的重要原因之一，除了后援公司的支持以外，汽车置换业务自身就有很大的赢利因素，且不论信息不均衡所产生的地区车价差，单旧车交易与新车置换过程中收取的手续费、交易费等各种费用也会给从业者带来丰厚的利润，更何况随着业务的发展，置换业务将不再满足于旧车收购后的简单再销售，而是着眼于车辆收购、整新、办证一条龙服务。如此，随着置换规模的形成，其所产生的利润将更为可观。

由于置换业务的重点市场主要有两处，即车辆保有量相对大的经济发达城市与相对经济落后但旧车需求量大的经济欠发达地区。因此，应迅速建立行业协会来规划和促进置换销售网络的建设。同时要迅速健全旧车置换的有关法律和法规，使置换市场交易操作规范化、有序化、简便化。还应积极向国外先进交易方式学习，如引进电视拍卖会和电脑网上交易等方式，从而做到置换业务的公平、公开、公正和高效。

无可否认的是，经营质量和管理水平是未来置换业务领域竞争中真正的决定因素。从本质上讲，置换业务真正存在的必要是因其为客户提供了服务，以服务为中心开展置换工作，并不断进行深入挖掘和改进。例如，向客户提供所需要的销售信息或即时行情、不断丰富可置换车辆品种、实行旧车的零公里运输、对商品购买者进行跟踪服务与满意度调查、普及汽车使用知识与置换流程、加强买卖双方情感沟通等，这些举措对树立置换业务形象具有重要意义,"以服务为工作中心"的观念只有成为交易双方的共识时才能改善企业形象,才能奠定企业长久发展的基础。

总之,置换业务是汽车市场激烈竞争和市场需求多样化的必然产物。作为一个方兴未艾的新生事物,它在前进道路上有诸多挑战,但我们有理由对它的未来报以最热切的期望。

五、汽车金融服务的历史和现状

在汽车产业及金融服务体系较为成熟的欧美国家,汽车金融服务是一个广泛的概念,主要是指与汽车有关的金融服务,包括为最终用户提供的零售性消费贷款、为经销商提供的批发性库存贷款,以及为汽车维修服务的硬件设施投资建厂等。从金额上看,零售性消费贷款占整个汽车融资额的75%以上,且其利润远大于批发性贷款,是汽车融资业务的主导。

提供汽车融资的金融机构主要是商业银行和各大汽车集团下的财务公司。商业银行受理最终用户或经销商的贷款申请,一般不与特定的车款车型挂钩,对借款人在何处购车也没有限制。由于汽车产业是一个技术性很强的行业,融资机构进行融资评估需要掌握较高的专业知识,对产品有较深入的分析和了解,这是银行较难做到;同时银行并非为处理旧机动车、库存车的专业机构,因此银行并不是汽车融资的主要提供者。汽车厂商自己组建的财务公汽车金融服务公司,虽然只为自己的汽车品牌服务,但由于用户购车一般是直接找到汽车经销商,选购、筹款、付款或过户等所有的手续都在一地一次完成,给消费者带来极大的方便,因此由汽车制造商组建自己的财务公司,为自己的品牌汽车量身定做金融服务产品才是国际上的主流做法。主要汽车厂商的财务公司,如通用汽车的 GMAC,福特汽车的 FORDCREIIT,标致-雪铁龙的 BNAQUEPSA PSA FINANCE 等,都建有自成体系的一套生产、销售及售后服务模式,构建起了独立的汽车金融服务体系,极大地推动了汽车制造业和金融服务业的发展。20世纪30年代,德国大众集团首先推出了针对该公司生产的"甲壳虫"汽车购车储蓄计划,向"甲壳虫"汽车的未来消费者募集资金,这被业界公认为开辟了汽车金融服务向社会融资的先河。而世界上第一家真正的汽车金融服务公司是美国通用汽车公司于1919年设立的通用汽车票据承兑公司,该公司专门承兑或贴现通用汽车经销商的应收账款。现在,汽车金融公司已遍布全球,其中最大的三家分别是通用票据承兑公司、福特信贷公司、大众汽车金融服务公司。

根据国外的资料统计,全球有70%的私人用车都是通过贷款购买的。可见汽车金融服务对汽车销售的增长起到了助推器的作用。而目前中国汽车销售中最多有20%是通过融资贷款进行的,这一数据大大低于70%的世界平均水平,这反映出我国汽车金融无论在规模上,还是在服务上都还处于一个很低的水平。正是由于潜在的中国汽车市场的巨大利益诱惑才使得跨国汽车金融服务公司急于想进入中国,而中国加入WTO后更加快了跨国公司进入的步伐,而目前国内的汽车金融服务起步较晚,水平较低,还无法与跨国公司抗衡,因而跨国汽车金融公司一旦进入,其优势是可想而知的:在这种形势下,我国的汽车金融服务业将何去何从呢?中国加入WTO以前,对国内汽车金融的保护是通过设置进入门槛达到的,但众所周知的是,落后的产业仅通过保护是无法形成竞争力的,只有在适度开放的基础上,通过不断地学习和达到溢出效应,才能造就出优秀的国有汽车金融服务公司。

汽车金融贷款消费的一个重要障碍在于汽车保险制度的不完善,汽车信贷人意外死亡后,其亲属被无理偿还汽车贷款的情况需要通过信贷保险的方法来解决,于是产生了信贷寿险。

通常客户拖欠贷款的一个重要原因是由于借款人不可预见性的死亡,而其家属又因为不具备履行贷款合同的能力，从而在困难时期承担了精神和经济上的双重重大压力。为了给客户及其家庭带来一份安全保障，个人汽车消费贷款都附送信贷寿险产品，也就是说，如果借款人在贷款期间内由于意外事故而不幸辞世（这类事故必须是信贷寿险合同中指定的），则借款人的家属的还款义务则自动中止，并无需再支付额外费用。

1. 企业员工购车融资及车队贷款

对于知名的企、事业单位的员工，他们将提供统一的主动授权，用于通过授权经销商团购的新车；同时他们也为这些信誉良好的机构和企业提供车队贷款。

① 遍布全国的覆盖网络。
② 透明的信贷政策。
③ 有竞争力的价格。
④ 便捷的申请程序和卓越的客户服务。
⑤ 定制的融资方案。

不少汽车金融公司承诺为全中国授权经销商提供度身定制的商业信贷产品，并将致力于设计专业的融资方案，帮助经销商伙伴尽展潜能、立足于长远发展。目前为经销商提供的融资产品包括：（1）新车库存车融资计划；（2）展厅建设融资贷款。

不管怎么说，汽车金融公司的诞生对于中国车市都是一个极具象征意义的事件。可惜的是，宏观面调控的来临使得它生不逢时。作为首家开业的中国内地汽车金融公司，也许只有上汽通用汽车金融公司才最有资格评说汽车金融元年里的是是非非。

【营销视野 10-1】 上汽通用汽车金融公司的第一年

作为国内首家开业的汽车金融服务公司和至今唯一的合资汽车金融服务公司，上汽通用汽车金融有限责任公司自 2004 年 8 月正式开业一年来发展谨慎而积极，国内业务网络拓展步伐稳健，出色完成预期目标。

截止到目前，上汽通用汽车金融有限责任公司汽车批发贷款服务的国内合作经销商已达 180 家；而在零售信贷业务方面，公司在全国 20 个城市也已与超过 110 家经销商携手，为本地消费者提供零售信贷服务。据统计，目前上汽通用汽车金融有限责任公司零售信贷业务合同数量已经超过 5000 笔。同时，凭借公司良好的专业风险控制管理，上汽通用汽车金融有限责任公司迄今没有任何逾期未还的坏账记录。

上汽通用汽车金融有限责任公司负责人表示，我们的发展战略就是循序渐进地发展中国市场，而将通用汽车多年的全球汽车金融服务经验与上汽对本地市场的深刻认识充分结合，则是我们业务得以稳步推进的关键因素。

对上汽通用汽车金融公司而言，在开业后的数周时间内，采取了一种"谨慎而积极"的策略，控制了业务量的增长以完善业务流程并逐步积累市场经验。到目前为止，该公司的业务进展情况完全符合预期。尽管利率可能并不是市场中最低的，但完全符合相关利率法规，同时他们相信这样的利率也真实地反映了他们提供的服务的价值。他们的目标是把世界一流的服务带到中国来，并成为市场中最优秀的公司，他们不期望通过低价竞争达到这个目标，而且从近几个月的市场反馈情况来看，他们越发有信心确信采取了正确的策略。

目前，国外汽车金融公司还是对中国市场小心翼翼。他们没有全面的进入，不在于政策，而是受到国内市场不明确和整个社会信用体制不健全的约束。从某种程度上来说有关汽车金融公司需要时间熟悉市场的说法，上汽通用汽车金融公司目前的策略也是积极但耐心地逐步积累市场经验。

上汽通用汽车金融公司主要在批发和零售两大领域为通用汽车和上汽在华的合资企业等提供金融服务。批发信贷主要是指为经销商购买采购车辆贷款和营运设备贷款服务，这意味着金融服务公司将为他们提供强大的现金流支持，帮助他们更顺利地开展业务。而零售信贷则与消费者切身利益密切相关，消费者可以从经销商处直接获得关于汽车购买的相关信贷服务。

旨在开放汽车金融行业的这一举动是中国入世承诺的一部分。自从上汽通用汽车金融有限责任公司、大众汽车以及丰田汽车的汽车贷款合资公司获得批准，先后有十几家汽车金融公司获得批准。2013年8月天津长城滨银汽车金融有限公司正式获得中国银监会批准筹建。按照批准文件的要求，该金融公司在6个月内向银监会报送开业申请。

2. 银行全面淡出车贷

从2013年8月份开始，中国人民保险公司宣布暂停"车贷保险"业务，随后人保、平安等多家保险公司相继在全国范围纷纷停办"车贷险"，一时间在车市引起了轩然大波。保险公司的退出，带来的最直接后果就是银行抬高汽车贷款门槛，由原来的10%首付改为30%或者50%的首付，期限也从8年缩短为3年或5年。2008年上半年，信贷紧缩被认为是导致汽车销售增长放缓的主要因素之一。这直接导致2008年年中汽车贷款金额在汽车销售中的比例从40%下降到2009年年初的不足10%。

尽管我国汽车金融发展迅速，汽车消费信贷款快速增长，但由于我国提供的汽车金融服务相对于国外汽车金融上百年的历史尚处于幼稚阶段，除了上述的服务主体单一（商业银行是主要汽车金融服务者），导致汽车信贷风险相对集中，服务内容乏善可陈，远不能达到汽车业对金融服务的要求外，更严重的问题在于：伴随汽车信贷额直线上升，坏账问题也日益严重，由于贷款标的物自身的特点以及整个金融环境不健全，我国汽车贷款的风险一直居高不下。

根据国外成熟汽车市场的统计数据显示，一般汽车金融公司盈利的底线就是贷款比例和销售比要达到25%以上，但目前，国内最好的汽车金融公司这个数据都难以达到这个数字。然而，和贷款比例相比，应该更看重市场销售总量，从目前对市场的判断来看，贷款比例并不是构成汽车信贷公司盈利的唯一标准。可能更多是销量的问题。比如一个汽车经销商如果自己的销量一个月只有几十辆，那么达到25%也不能盈利，只有在销售达到一定量以后，才可以盈利。

虽然近几年汽车市场蓬勃发展，但汽车金融业务却丝毫没有"水涨船高"的势头，国内汽车贷款消费的比例仍非常小。统计显示，目前全部外商汽车金融机构的资金不足千亿元，只占汽车一年销售额的5%以下。从比例上来说，根据新华信公司最新统计数据，2012年国内消费者贷款购车比例仅为8%。

不过，由于持续攀升的利率，使得银行贷款紧缩，汽车金融公司在汽车金融业务上的话语权逐步提升，2008年伊始，上海汽车便适时推出了"金融购车计划"——购买荣威750首付7.5万元两年零利息。加之此前的上海通用别克、凯迪拉克、克莱斯勒300C等车型都在推零利率贷款，首付为车款的20%～50%，期间产生的利息全部免除；2007年10月19日，东风雪铁龙部分网点联合招商银行推出双免活动——"免手续费"和购车款"免利息"；丰田为世界500强企业员工开设三三全融购车贷款直通车；一汽大众则联手大众汽车金融公司，为速腾量身订制"弹性信贷"。

【营销视野 10-2】　2013 中国汽车［金引擎］奖评选调查入选案例

东风日产十周年全民盛宴等你共享

东风日产自 2013 年 7 月 1 日起至 8 月 31 日，在全国范围内推出十周年全民盛宴，向 450 万东风日产车主致谢，回报全体消费者的信任与支持。

东风日产十周年全民盛宴还全面开启了包括十周年置换营销活动、十周年金融巨惠活动和十周年增购营销活动在内的"全民轻松购"行动，不惜成本地给予购车用户最高可达 11000 元的可观优惠，使客户的汽车生活大大增值。

这其中，十周年置换营销活动将为旧车置换客户提供极大优惠。在全民盛宴期间，东风日产的保有客户成功置换东风日产全车系新车，可获得价值高达 6000 元的置换补贴，而其他品牌车型的客户，在此期间成功置换东风日产车型的，也可获得价值 2000 元的置换补贴。

而十周年金融巨惠活动则为贷款购车的消费者减轻了压力，让客户轻松成为有车一族。据介绍，凡在 7 月 1 日～8 月 31 日内贷款购车的客户，不仅可以 2 成首付起易享东风日产任何车型，而且还可获赠价值最高达 5000 元的用车奖励金豪礼，用于在东风日产专营店内支付售后维修、保养、汽车美容、购买精品等消费项目。

最具吸引力的是东风日产汽车金融有限公司提供"一站式"的专业服务，只需在专营店展厅一处即可一次性完成购车、按揭、保险的所有手续。贷款期限最短 12 个月，最长 60 个月，整年起贷。可采用"等额本息法"和"百禄贷款"两种还款方式。

百禄贷款的支付包括首付款、等额月供和最后一个月的弹性尾款三大部分。最低首付仅为购车价的 30%；最长贷款期限为 36 个月；在贷款期内（最后一月除外），客户按月支付等额月供；贷款期的最后一个月，客户结清弹性尾款，弹性尾款最多可达到购车价的 25%。

至于十周年增购营销活动，则是为东风日产现保有车主增购而量身定做的购车优惠方案。据悉，在全民盛宴期间，只要是东风日产的保有车主，本人或给予直系亲属（父母、子女、妻子）再次购买东风日产全系车型，均可获赠价值 2000 元的增购补贴，享受东风日产给予的丰厚回馈。

从这一系列金融贷款业务不难看出，汽车厂商对金融业务可谓信心十足：据悉，大众汽车金融服务股份公司董事长曾表示："目前，中国大约有 10% 的汽车是通过贷款方式购买的。我们希望这个数字在 10 年后会增加到 40%～50%。"丰田汽车金融公司总裁也表示，他们力争把北京地区丰田品牌贷款购车率由目前的 2% 提高到 10%，在未来 5 年的时间里，逐渐将业务拓展到全国范围，并进军经销商贷款领域。

为了抢夺越来越大的市场蛋糕，汽车厂商们更是使出了五花八门的营销手段，以求获得消费者的青睐。零利率降低了消费者的购车门槛，尤其对消费意识比较超前又囊中羞涩的消费者来说，具有很大的诱惑力。然而，这种不惜血本的营销手段，却需要雄厚的资金支持。而资金缺陷，正是摆在汽车金融公司面前的一大难题。根据《汽车金融公司管理办法》，除了动用公司的资本金外，汽车金融公司只能向银行借款，或者吸收境内股东 3 个月以上的存款。目前开业的公司基本是外资全资拥有，一旦业务规模较大，汽车金融公司只能向同是竞争对手的银行借款。

另外，管理办法还规定，汽车金融实际放款业务只有个人消费贷款和经销商融资贷款，汽车保险、抵押等业务却不在经营范围之内。这打破了这些汽车金融巨头服务链的完整性，在很大程度上也限制了他们在中国业务的开展。业内人士分析，汽车金融服务的范围是非常大的，中国开放的只是其中的一部分——经销商的运营和个人汽车的买卖等。

现有的汽车金融服务格局和模式限制了我国汽车金融服务效率的提高。首先，作为汽车金融服务的主要提供者，商业银行与汽车制造商的利益并不完全一致。商业银行提供汽车消费贷款的主要目的是为追求信贷差获取利润。这种业务对于银行来说，与其他的贷款业务没有本质的区别。当经济不景气的时候，汽车消费会下降，而银行此时会由于还款风险的增大而逐步减少放贷规模，这与汽车制造商的目标不一致。另外，由于汽车信贷只是银行业务的一种，商业银行不可能像专业汽车金融公司那样采取高度的专业化经营，这样使汽车金融服务的效率得不到较快提高。其次，服务提供主体主要是商业银行，从而使风险向银行集中。为争夺客户，商业银行纷纷降低购车贷款的门槛。随着购车贷款门槛的降低，还款的风险也在不断增加。面对还款风险的增加，很多保险公司不得不减少或终止车贷险业务，这样商业银行就成为风险的主要承担者，由此造成了银行的不良贷款增加。再次，以购车贷款为主要内容的金融服务无法对汽车制造商提供实质性的支持。汽车金融服务是汽车制造商价值链延伸的重要部分，它的一个重要作用是促使生产资金和销售资金完全分离，实现专业化分工。而购车贷款是面对消费者，汽车经销商得不到资金的支持，从而无法扩大销售规模。这使汽车制造商不得不考虑将一部分生产资金用于帮助经销商扩大销售。

第二节 汽车金融服务的功能及作用

一、汽车金融服务的功能

在金融服务行业中，汽车金融服务业是一个相对独立的金融行业。汽车金融的产生和发展，是同调节生产与消费矛盾的实际需要分不开的。由于社会生产力的发展，加速了生产社会化和消费社会化。汽车等家庭耐用消费品生产的发展，带动了电子工业、材料工业等社会产业结构和技术结构体系的变革，并强烈地刺激着人们的现实消费需求和潜在消费需求。然而，社会满足这种汽车消费需求的能力却十分有限，在市场上形成了生产有余、卖者有货、买者无钱的局面。如何调剂社会消费资金，使其在时间上连续、数量上平衡、供给上充分，是汽车金融服务业在国民经济中的基本职能。汽车金融服务的主要宏观功能如下。

1. 平衡供需矛盾

市场经济是发达的商品经济。在市场经济条件下，汽车金融在经济运行中起着非常重要的作用，同其他消费信用一道，越来越被作为刺激消费和固定资产加速折旧，调节经济运行中供需不平衡矛盾，保持经济平稳运行的手段。具体来讲，它是通过调节汽车工业生产与汽车消费矛盾来实现上述作用的。

① 汽车金融服务本质上属于一种金融创新，即用现代金融原理创造性地解决经济生活中的问题，成功地化解了消费者即期消费和即期收入不对称的矛盾，从而用消费者未来的预期收入来解决当前消费的难题。由于汽车金融服务的协助，经销商可以更加成功地销售汽车产品、回笼现金；银行也增加了利息收入，获得了未来相对稳定的收入来源；消费者用少量的钱和支付利息的代价满足了即期消费的需求，从而实现了效用最大化。

② 汽车产业为了自身的发展，要求金融业不仅在生产流通领域中发挥作用，而且要在消费领域中发挥作用。金融信贷的发展刺激了汽车生产的扩张，扩大了汽车的市场流通规模，加速了资金周转。按照商品货币关系内在矛盾发展的必然规律，作为在汽车消费领域发挥重要作用的汽车金融，同样会在汽车生产和汽车流通中发挥重要的作用。

③ 从汽车金融自身运转和循环来看，汽车金融的信贷（需求）和储蓄（供给）之间存

在内在的互相转化的必然性。汽车金融服务机构的大部分资金来自消费者的储蓄，同样，它应该而且也可以在汽车的生产性信贷和汽车的消费性信贷之间作适当的分配，以调节和保证社会消费基金与社会生产基金之间的平衡。

2. 促进汽车产业的发展

汽车金融服务是为汽车产品生产、消费和流通提供金融支持的一种服务模式。它可以有效疏通汽车产业的上、下游通道，减少产品的积压和库存，缩短资金周转时间，提高资金使用效率和利润水平。同时，汽车金融还有利于汽车生产制造和汽车销售企业开辟多种融资渠道，如商业信用、金融授信，即通过专门的金融机构（汽车金融服务公司）采用直接融资和间接融资等方式向社会筹集资金用于汽车产业，从而较大幅度地促进汽车产业的发展。

3. 具备乘数效应

汽车金融能够推动汽车产业的发展，对国民经济发展产生巨大的投资乘数效应。"乘数"是经济学中的一个基本概念。乘数理论反映了现代经济的特点，即由于国民经济各部门的相互联系，任何部门最终需求的变动都会自发地引起整个经济中产出、收入、就业等水平的变动，后者的变化量与引起这种变动的最终需求变化量之比即是乘数。英国经济学家卡恩（Kahn）于1931年最早提出乘数概念。然而，现代乘数理论主要是沿着凯恩斯乘数模型和里昂惕夫投入-产出模型两大主线发展而来。乘数种类不一。西方学者弗莱彻（Fletrcher）和斯尼（Snee）鉴定了六种乘数：产出乘数、销售乘数或交易乘数、收入乘数、就业乘数、政府乘数和进口乘数，各种乘数具有内在的联系。汽车金融服务作为金融部门专门服务于汽车消费、有着特殊指向性的新兴行业，其对国民经济的拉动作用必须依附于所服务产业功能释放与发挥。由于汽车工业具有"中间投入比重大、价值转移比重大、投资量大、规模经济要求高、与国民经济的很多部门联系密切"等特点，决定了汽车工业的发展既依赖于很多产业部门，又对国民经济的发展具有很大的带动作用；汽车金融对国民经济的巨大带动作用就是通过汽车工业对相关产业的带动作用体现出来的。汽车金融服务的乘数效应主要体现在以下几个方面。

① 汽车金融服务业的"高度关联性"，带动第三产业的发展。国民经济中的第三产业和作为第二产业的汽车业的"高度关联性"体现在两方面：一是在汽车产品的最终价值分配中，第三产业占有较高的比例；二是汽车产业的投入对第三产业的投入有较大的带动作用，后者占前者的比重为30%～80%。也就是说，汽车工业的一定投入，可以导致主要相关服务业增加30%～80%的投入。这里的主要相关服务业包括汽车销售贸易、储运、汽车租赁和汽车保险、汽车配件销售、汽车维修等。

汽车金融利用这种"高度关联特性"，一方面以其自身的发展直接推动第三产业的发展，另一方面以汽车产业为媒介，通过"价值转移"、"引导投资"和"投资乘数效应"等方式，又间接对第三产业的发展提供有力的支持。

② 汽车金融服务业的"高价值转移性"，对其他部门实现其带动功能。汽车产业对其他产业有较高的依赖性，能对其他产业产生"高价值转移"。正是汽车产业具有这种价值转移的特性，汽车金融才能通过为其流通、消费甚至特殊情况下的生产提供金融支持的办法，疏通汽车产业的下游通道，避免产品的积压和库存，缩短周转时间，提高资金使用效率和利润水平，较大幅度地带动相关产业的发展，使汽车产业的"高价值转移性"得以顺利实现。

③ 汽车金融通过自身以及汽车产业在就业方面的较强安置能力，对扩大劳动力就业发挥积极作用：汽车金融所惠及的相关服务部门一般具有很强的直接就业安置能力，如汽车修

理业、运输业、销售、管理部门、研究咨询,以及汽车使用部门,基本都属于劳动密集型行业,具有较强的就业吸纳功能。

此外,虽然汽车制造部门的就业吸纳能力没有汽车服务业强,但它也是第二产业部门在安置就业方面较多的行业。1997年德国汽车产业500万总就业人口中,汽车工业的直接就业为67万人,配套工业行业的间接就业为98万人。温总理所说,汽车是一个产业链条很长的行业,同时在中国也是一个有发展前途的产业,在整个产业链上,对就业的拉动应该也不仅仅局限在主机厂身上。汽车生产企业,从整个汽车产业链上来说,只是位居中间。上游有庞大的零部件制造企业,下游有无数的经销商,外围还有服务于汽车产业的更为庞大的衍生行业。应该说,汽车产业就业所能带动的所有板块中,主机厂只是不大的一部分。国家发改委在2006年就有统计,汽车相关产业的就业人数,已经占到了社会就业总人数的1/6。汽车业在以制造业为支撑的我国,对GDP的贡献超过了5%。

二、汽车金融服务的具体作用

对制造商而言,汽车金融服务是实现生产和销售资金分离的主要途径;对经销商而言,汽车金融服务则是现代汽车销售体系中一个不可缺少的基本手段;对汽车营运机构而言,汽车金融服务是其扩大经营的有力依托;对消费者而言,汽车金融服务是汽车消费的理想方式。汽车金融服务在微观经济中的具体作用如下。

1. 汽车金融服务对汽车生产商起到促进销售、加快资金流转的作用

生产商要实现生产和销售资金的相互分离,必须有汽车金融服务的支持。否则,生产资金容易凝结于库存或客户的应收账款中,导致销售数量越多,生产资金越发枯竭。而有效地利用汽车金融服务,就会大大改善生产企业资金运营效率,提高厂家的劳动生产率。

2. 汽车金融服务可帮助汽车销售商实现批发和零售环节资金的相互分离

批发资金是用于经销商库存周转的短期资金,零售资金是用于客户融资的中长期资金,二者性质不同。通过对经销商的库存融资和对客户的消费信贷,可以促进汽车销售过程中批发资金和零售资金的相互分离,有利于汽车销售商开辟多种融资渠道,促销产品、扩大市场占有率。

3. 汽车金融服务可以帮助汽车消费者实现提前消费

汽车金融服务提供消费信贷、租赁融资、维修融资、保险等业务,解决能力不足的问题,降低消费者资金运用的机会成本。同时还可以享受到维修、咨询等汽车金融服务等一些附加服务。

4. 汽车金融服务扩大了汽车消费规模

高折旧率是汽车消费的一个重要特点,因此,对消费者而言,汽车信贷不仅是解决支付能力不足的问题,更重要的是降低消费者资金运用的机会成本。正因如此,发达国家的消费者通常会利用金融服务方式消费汽车,并且其中融资租赁的比重一般较高。而伴随汽车生产技术的发展,汽车的重置价值不断降低,进一步加速了汽车的折旧过程。这样,汽车消费的高折旧特点无疑使消费者更加大了对汽车金融服务的依赖程度,因而完善的汽车金融服务体系可有效地扩大汽车消费规模。

5. 汽车金融的发展能够完善金融服务体系,拓展个人消费信贷方式

汽车金融业发展不足,制约了个人汽车消费。我国通过消费信贷方式实现的整车销售不到新车销售的25%,远远低于欧美国家60%~80%的比例。而且汽车金融服务具有丰厚的利润,按目前发达国家统计数据显示,汽车金融所赚取的利润是整个汽车链的

30%以上，超过汽车制造本身。汽车金融服务不断扩大无疑为储蓄资金找到了一个高收益出口。因此，汽车金融业的发展将拓展我国个人消费信贷方式，也将进一步完善我国经济金融服务体系。

第三节 汽车消费信贷的模式及流程

一、我国汽车消费信贷的主要模式

我国汽车信贷消费的模式主要有三种，即以银行为主体的直客模式，以经销商为主体的间客模式和以非银行金融机构为主体的间客模式。

1. 直客模式

直客模式是银行对客户信用进行评定后，与客户签订信贷协议，客户以贷款额度选购自己满意的汽车，银行直接面对客户。

直客模式采用银行、保险、专业资信调查公司、汽车经销商甚至律师紧密合作的方式，银行起中心作用，负责指定律师机构出具客户资信报告，要求客户在指定保险公司购买保证保险，在指定经销商处购买车辆。其优势在于"一站式服务"，客户获得车贷额度，购车人提供全程担保，以经销商自身资产为客户承担连带责任保证，并负责对贷款购车人进行资信调查，帮助购车人向银行申请贷款，代银行收缴车款本息，购车者可享受到经销商提供的"一站式"购车服务。

2. 以经销商为主体的间客模式

以经销商为主体的间客模式是由汽车经销商或保险公司向贷款购车人提供全程担保，以经销商自身资产为客户承担连带责任保证，并负责对贷款购车人进行资信调查，帮助购车人向银行申请贷款，代银行收缴车款本息，购车者可享受到经销商提供的"一站式"购车服务。在这一模式中，经销商是主体，与银行和保险公司达成协议，负责与消费信贷有关的一切事务，直接面对客户，风险由经销商与保险公司共同承担，银行只是提供资金，不承担风险。而由于激烈的竞争，这种模式的新发展是客户无须购买保证保险，经销商独自承担全部风险。

3. 以非银行金融机构为主体的间客模式

非银行金融机构是指汽车金融服务公司和直属国内汽车厂家的财务公司。与银行从贷款中获利不同，其提供服务的目的是加速所属厂家汽车的销售，提供增值服务，从而使整个集团获利。

这种模式由非银行金融机构组织对购买者的资信调查、担保、审批工作，向购买者提供分期付款。

二、汽车消费贷款的程序

1. 借款人需要提供的资料

① 对自然人需要提供的资料包括《汽车消费贷款申请书》（自然人）；个人及配偶的身份证、结婚证、户口簿或其他有效居留证件原件；贷款人认可的部门出具的借款人职业和经济收入的证明；与贷款人指定的经销商签订的购车协议或合同；不低于首期付款的银行存款凭证；以财产抵押或质押的，应提供抵押物或质押物清单、权属证明及有权处分人（包括财产共有人）同意抵押或质押的证明，有权部门出具的抵押物估价证明；由第三方提供保证

的，应出具保证人同意担保的书面文件，有关资信证明材料及一定比例的保证金；以所购买车辆作抵押物的，应提供在合法抵押登记和有关保险手续办妥之前贷款人指定经销商出具的书面贷款推荐担保函。

② 对法人需要提供的资料包括《汽车消费贷款申请书》（法人）营业执照、法人代码证、法定代表人证明文件、身份证复印件、《贷款证》；经审计的上一年度及上一个月的资产负债表、损益表和现金流量表或财务状况变动表；经办行会计部门开出的购车首期款存款证明；与银行特约经销商签订的《购车合同》；如果抵押或质押方式，需提供抵押物、质物清单和有处分权人同意抵押、质押的证明文件，抵押物还需提交所有权或使用证权书、估价、保险文件；质物还提供权利凭证。

2. 贷款程序

① 借款人与银行指定特约经销商草签《购车合同》，凭此《购车合同》到银行指定经办行填写《汽车消费贷款申请书》，同时提交有关资料。

② 银行经办行按内部审批程序审批，同意发放的，借款人应按经办行要求办理借款手续，经办行向经销商出具《汽车消费贷款通知书》。

③ 特约经销商在收到《汽车消费贷款通知书》后，借款人即可在经销商处办理缴税费及领取牌照等手续，并在《汽车消费贷款通知书》所规定的时限内，将所有购车发票、各种税费原件及行驶证复印件等凭证直接交予经办行。经办行在收到购车发票等凭证后，通知借款人办理支用手续。贷款连同首期款一起转到经销商账户上。

三、汽车消费信贷的还款方式

1. 等额本息法和等额本金法

等额本息还款法就是借款人每月始终以相等的金额偿还贷款本金和利息，偿还初期利息支出最大，本金还得少，以后随着每月利息支出的逐渐减少，归还本金逐步增大，采用等额还贷法每月还款额的计算公式为：

$$每月还款额 = 本金 \times 万元月均还款额$$

或：每月还款金额 = [贷款本金 × 月利率 × (1 + 月利率)^还款月数] ÷ [(1 + 月利率)^(还款月数 − 1)]

等额本金还款是指贷款人将本金分摊到每个月内，同时付清上一交易日至本次还款日之间的利息。

等额本金贷款计算公式：

$$每月还款金额 = (贷款本金 / 还款月数) + (本金 − 已归还本金累计额) \times 每月利率$$

等额本金的特点在于会随着还款次数的增多，还债压力会日趋减弱，在相同贷款金额、利率和贷款年限的条件下，等额本金还款法的利息总额要少于等额本息还款法。

2. 按月还款和按季还款

按月法是以月为单位分割还款期。按季法则是以每个季度为一个还款期。由这两"大件"可分别组合成按月等额本息、按月等额本金、按季等额本息和按季等额本金，共4种最基本的还款方式组合。在这4种"基本件"中，目前最常用的是"按月等额本息"还款方式，由于这款组合每月还款本息相同，便于记忆，又有利于统筹安排财务支出，故而是大部分购车借款人的首选。其次就要数"按月等额本金"还款法了，这款组合其本金逐月减少的速度要比前一种快，相对应，初期的还款本息总额也比前一种多，所以适合初期还款能力较强或有提前还款意愿的借款人。

3. 递增法和递减法

其含义是每个还款年度的还款趋势。递增法表示在上述 4 种还款方式基础上逐年递增还款，递减法则相反。由此，又可组合出：按月等额本息年度递增法、按月等额本息年度递减法、按月等额本金年度递增法、按月等额本金年度递减法、按季等额本息年度递增法、按季等额本息年度递减法、按季等额本金年度递增法和按季等额本金年度递减法等 8 种还款方式组合。

【课后练习】：

（1）汽车消费信贷有什么作用？

（2）简述汽车消费信贷的三种模式。

（3）你认为汽车消费信贷对社会经济有什么促进作用？

案例分析　　2013 中国汽车信贷消费调研报告发布

2013 年 12 月，理财周报联合新华信国际信息咨询（北京）有限公司共同发布了"2013 中国汽车信贷消费调研报告"。报告显示，近八成被访者认可贷款购车这种消费方式，而 70 后、80 后被访者对贷款购车认可的比例更高。

中国汽车信贷消费市场调查活动是理财周报发起的中国汽车金融"金引擎"促进计划的系列活动之一，2013 年已是第四届，调查通过了解和分析不同地区、不同年龄、不同职业的人群对汽车信贷消费的看法，以及他们在进行汽车信贷消费时所体现的某些共性和特性，为汽车厂家、金融机构制定更加合理的金融政策提供有力的市场依据。

本次调查由新华信提供专业智慧支持，理财周报和网易汽车频道共同推出，历时 1 个半月时间，共收回有效问卷 635 份，覆盖全国 7 大区域。在本次接受调查的人群中，有车人士占 71.6%，无车人士占 28.4%。从区域分布来看，来自二线及三线城市的问卷量最大，分别占 25% 和 28.5%，其次是一线和四线城市，分别占据 23.7%、15.1%。

调查显示，参与调查的受访群体对贷款购车的接受度达到 74.5%，认为贷款购车可以缓解现金流压力，解决汽车需求。但被进一步问及实际购车资金来源时，贷款购车的比例仅为 26.1%，可以看出，虽然目前贷款购车这种消费方式的接受度很高，但实际会选择贷款购车的比例并不高。而 14.7% 的被访者认为贷款购车不可取，其中有还款压力为主要原因。

调查表明，对贷款购车的接受度还随着年龄的增长而降低，70 后、80 后被访者对贷款购车认可的比例较高，而又以 80 后接受度最高。另外，贷款购车的接受度城乡差别较大，但城市之间差别不大，一、二、三线城市被访者对贷款购车更加认可，经济欠发达的城镇乡村地区对贷款购车的认可度最低。此外，贷款购车的接受度跟收入的关系呈抛物线状，相对来说两端低，中间高，低收入接受度最低；从职业来看，个体老板和公司职员的接受度最高，农民、工人的接受度显著低于其他职业。

另外调查还显示，若所选车型不提供贷款服务，34.6% 的被访者可能推迟购买时间，31.6% 的被访者会选择其他可以贷款的车辆，有 23.2% 的被访者会筹集资金仍按原计划车型购买。对于经销商来说，大部分消费者会受是否有贷款产品的影响而产生分流。分年龄段看，60 后选择推迟购车时间、筹款也要买目标车型比例较大，而 80 后则会跟随贷款转移车型；从地区来看，三线城市跟随贷款转移车型比例高，一线城市则相对较低。

从了解汽车信贷的信息渠道方面来看，被访者了解汽车信贷信息的主要渠道为销售人员介绍和金融机构官方网站。在申请贷款时，31.7% 的被访者最看重家人及亲朋好友的意见，

31.5%的被访者完全由自己决定。此外，汽车经销商金融顾问和银行汽车金融顾问的意见也比较受重视。在促销活动方面，零利率零手续费是最吸引被访者的方式，这一比例达到71.8%。

在关于选择贷款购车的原因调查选项中，半数被访者贷款购车是为了节省资金用于其他投资，现有购车资金不足也是被访者贷款购车的主要原因。资金充裕没必要贷款、要还利息不值得和不接受贷款消费这种方式为被访者不接受贷款的三大原因，此外办理手续太繁琐也影响了一部分被访者贷款购车的意愿。

调查表明，被访者选择车贷产品时最看重的因素是信贷利率，占比高达73.8%，此外，首付比例（45.9%）、每月还款额（39.3%）、贷款年限（37.6%）及手续简便（33.4%）也是被访者看重的因素。从不同年龄段来看，60后在贷款购车时考虑的较为全面，70后、80后更关注信贷利率；分城市来看，三线城市最关心利率，而一线城市更为关心首付比例；从收入来看，中等收入更关心贷款利率，高收入对手续简便性要求高；从职业来看，公司职员对利率更为关心，而个体老板对首付比例的关注显著高于其他职业人群。

从被访者贷款机构的选择方面来看，银行为被访者贷款机构的首选，这一比例达到34.6%。首付比例选择上，39.6%的被访者选择三至五成，34.6%的被访者选择二至三成；还款期限方面，半数被访者选2~3年期贷款；月还款占家庭收入比例的选择上，近七成被访者选择11%~30%；服务方面，多数被访者能接受贷款金额1%以内的服务费。

近几年，我国汽车消费已走进寻常百姓家，这为汽车贷款提供了广泛基础，同时，居民消费习惯正在发生变化，提前消费逐渐成为年轻人的生活方式，车贷正在成为房贷以后新的个人消费信贷重点。可以预见，我国汽车信贷市场发展空间巨大，发展汽车信贷正面临着前所未有的机遇。

我国汽车信贷正处于发展阶段，消费者对汽车信贷消费的接受度很高，但最终转化为贷款购车的比例却并不高，企业应关注其中原因，包括合理调低利率、手续费、简化办理手续等都是企业需改善的方面。同时，丰富信贷产品提供更多的信贷服务并注重产品推广与营销也将帮助企业强化自身的金融业务，在这一汽车后市场提前占领市场份额，掌握更多主动权。

【实训操作】

实训一：汽车消费信贷贷款归还本金和利息计算

1. 目的和要求

要求学生掌握不同还款方式贷款本息归还数额的计算方法。

2. 主要内容

一次性还本付息、等额还本付息、等本金还本付息三种不同方法计算一笔贷款每期应归还的本金和利息。

3. 步骤：

① 一次性还本付息法计算一笔贷款的本金和利息还款数额。

② 等额还本付息法计算一笔贷款每月应归还的本金和利息总额。

③ 等本金还本付息法计算一笔贷款首月和末月应归还的本金和利息。

4. 实训作业

10万元借款，贷款年利率为6.56%，期限两年，按三种不同的还款方式计算还款的本金和利息数额。

实训二：借款人的信用分析

1. 目的和要求

要求学生掌握信用分析的基本方法。

2. 主要内容

搜集有关影响借款人信用的各种因素，并分析这些因素如何影响借款人的信用。

3. 步骤：

① 搜集有关影响借款人信用的各方面因素，结合课堂理论教学的内容，做好归纳整理工作。

② 详细分析每一个因素对借款人信用的影响，要分析这些因素如何影响借款人的信用。

③ 认真填写调查表格进行课堂交流，在课堂交流过程中，补充完善调查内容，完成后上交，教师评分。

4. 实训作业：

要求根据调查内容，认真填写调查表格。

借款人的信用分析

影响信用因素	正面影响	负面影响

实训三：熟悉汽车消费信贷业务的基本流程

1. 目的和要求

熟悉汽车消费信贷业务基本流程和风险防范措施。

2. 实践方式

① 学生以购车准客户（欲申请消费信贷）形式实地考察开展汽车消费信贷业务的企业，具体方式有：阅读企业相关业务介绍、搜集企业陈列的宣传资料和业务单据、与客户经理现场或电话访谈、上网浏览企业网站等。根据实地考察所得到的资料，完成教师设计的调查表。

② 进行外出调查情况交流，教师进行前期情况检查和总结，根据检查情况和老师要求，对不全面、有遗漏的调查，要求学生进一步调查并补充完整。

③ 通过企业考察，撰写实践总结报告（作为作业内容），总结要求涵盖汽车消费信贷的市场准入制度、业务流程、风险防范、相关服务收费等内容（如能挖掘相关企业业务拓展的特色和亮点则更佳，作为作业加分依据）。

3. 实践要求

① 外出实践特别要注意人身和财物安全，注意遵守交通规则，保管好自己随身携带的手机和现金。

② 严格按要求完成调查表，要求做到真实、准确、细致全面，如不能取得相关资料，可以实事求是地说明情况，不准胡编乱造。若调查情况事后经指导教师核实出入较大或无中生有、随意编造的，实训成绩记不及格。

4. 实践具体步骤（供参考，可现场自由发挥和调整，但调查要点必须取得一手资料）

每位同学外出调查，在任意一调查点必须做到：

① 实地观察：企业展示的车型和相关业务操作流程、特色介绍等。

② 现场交流：与销售业务代表现场接触交流，听取其对该品牌汽车性能和售后服务及其他相关事项的介绍，主动询问全款购车和按揭购车的不同流程，主动询问按揭购车的准入条件、本人应准备的资料、办理时限、贷款成数和利率等相关问题。向其索取名片、将访谈内容详细予以记录。

③ 索取相关介绍宣传材料，主要包括：展示车辆的介绍材料、对消费信贷的业务宣传材料、有关业务的单据（例如按揭协议、投保单等）等。

④ 实例计算相关费用，一般可向销售业务员询问，请其计算，将结果带回作为调查成果。

5. 实践作业及要求

① 带回索取的名片、相关车辆和业务介绍宣传材料、有关业务单据。

② 访谈内容记录真实准确、细致全面。

③ 指定型号车辆全款和贷款购车相关费用计算大体正确。

④ 根据调查情况，撰写实践总结报告（作为实习大型作业内容），总结要求涵盖汽车消费信贷的市场准入制度、业务流程、风险防范、相关服务收费等内容，特别要注意：报告结论要从调查中实际得出，不能照搬课本理论。

附录

购车合同范本

合同编号：

汽车买卖合同

甲方（卖方）： 乙方（买方）：

甲、乙双方依据《合同法》及其他有关法律、法规的规定，在平等、自愿、协商一致的基础上，就买卖汽车事宜，签订本合同。

第一条 品牌名称、型号、颜色、数量、金额、产地

汽车品牌	颜色	甲方赠送配置	生产地	车辆单价(元)
型号规格	数量(台)	乙方选购配置	生产厂家	车辆总价(元)

合计金额：大写：_____。以上车价不含为车辆办理上牌手续、保险及车辆抵押等所需之各种税费，乙方不再承担任何加急费、手续费、运费、出库费及其他费用。

第二条 质量要求、技术标准

（一）本合同约定的车辆，其质量必须符合国家汽车产品标准，并符合生产厂家出厂检验标准，符合安全驾驶和说明书载明的基本使用要求（甲方应在上述材料上盖章确认），符合青岛市人民政府关于尾气排放的标准。

（二）本合同约定的车辆，必须是经国家有关部门公布、备案的汽车产品目录上的产品或合法进口的产品，并能通过公安交通管理部门的检测，可以上牌行驶的汽车。

（三）双方对车辆质量的认定有争议的，以经国家授权的汽车检验机构（青岛辖区内）出具的书面鉴定意见为处理争议的依据。

（四）甲方必须保证汽车为新车，保证汽车的外观没有任何损坏，不得出现掉漆、磨损等现象。

（五）甲方保证向乙方出售的车辆，在交给乙方使用前已作必要的检验和清洁。

第三条 付款方式

（一）定金

合同签订之日，乙方向甲方交纳定金_____元，如乙方不按约定履行本合同则无权要求返还定金，甲方不按约定履行本合同，应当双倍返还定金。定金日后抵为车款，但定金数额不得超过车款总额的20%。

（二）乙方选择下述第 2 种方式付款，并按该方式所定时间如期足额将车款支付给甲方：

1. 一次性付款方式

_____年___月___日前，支付全部车款，计人民币_____元，大写：_____。

2. 汽车消费贷款方式

（1）_____年___月___日前，支付全部车款的___％，计人民币_____元，大写：_____；

（2）余款计人民币_____元，大写：_____，于_____年___月___日前支付。

乙方可通过双方共同确定的金融机构办理汽车消费贷款支付余款。但如因乙方原因造成以下情况，视为乙方未按合同约定时间付款，应当向甲方承担违约责任：

A. 乙方未能在以上规定时间内办妥有关汽车消费贷款事宜（以实际发放贷款为准，非由于乙方原因造成除外）；

B. 乙方未能在以上规定时间内足额办出贷款（非由于乙方原因除外），且余额未按时自行补足支付。

3. 分期付款方式

（1）___年___月___日前，支付全部车款的__％，计人民币_____元，大写：_____；

（2）___年___月___日前，支付全部车款的___％，计人民币_____元，大写：_____；

（3）___年___月___日前，支付剩余车款，计人民币_____元，大写：_____。

第四条 交车时间、地点及提车方式

（一）交车时间：_____年___月___日前。

（二）交车地点：_____。

（三）提车方式：乙方自提□   甲方送车上门□

（四）交车时，汽车里程表数不得超过____公里。

（五）甲方在向乙方交付车辆时须同时提供：

1. 销售发票。

2. （国产车）车辆合格证或（进口车）海关进口证明及商品检验单。

3. 质量服务卡或保修手册。

4. 车辆使用说明书或用户使用手册（中文）。

5. 随车工具及备件清单。

经双方验收，签订车辆交接书。

第五条 车辆交付及验收方式

（一）车辆交接时当场验收，乙方应对所购车辆外观和基本使用功能等进行认真检查、确认。如对外观有异议，应当场向甲方提出。

（二）乙方验收车辆无误后，甲方向乙方交付汽车及随车文件，双方签署车辆交接书，即为该车辆正式交付。

（三）自车辆正式交付之时起，该车辆的风险责任由甲方转移至乙方。

第六条 售后服务

（一）甲方承诺，为乙方提供以下售后服务。

（二）当汽车生产厂家不履行售后服务义务时，乙方可选择要求甲方履行相应义务。

（三）当汽车出现故障时，如甲方、生产厂家或二者委托的承担维修义务的第三方距发生故障地点超过_____公里时，乙方有权就近选择其他具有资质的维修方修理，事后，乙方可凭发票要求甲方报销。

第七条　无效条款

甲方或生产厂家提供给乙方的说明书及其他材料中，排除或限制乙方权利、免除或减轻甲方责任的条款无效，无论该条款是否通知乙方。

第八条　关于修理、退货或更换的特别约定

（一）关于整车、零部件总成的保修期限执行生产厂保修条款的规定。

（二）在上述保修期内车辆出现质量问题或需要保养，乙方应在生产厂公布的或双方约定的维修站进行修理和保养。但发生第六、（三）条事项时除外。

（三）在车辆使用1年或行驶2万公里内（以先到为准，下同），同一严重安全性能故障累计修理2次（以修理单据和发票为准，下同）仍未排除故障，或关键总成因质量问题累计更换2次后仍无法使用，乙方有权退车。

（四）在车辆使用1年或行驶2万公里内，同一关键零件或总成因质量问题，累计修理2次仍不能恢复使用；或由于质量问题及修理，使得该车停用的累计工作日超过60日（扣除进口零件进货在途时间）；或累计修理5次以上（不含5次）仍不能正常行驶，甲方应负责为乙方换车或退车。

（五）按照本条上述约定退车的，甲方应当负责为乙方按发票价格一次退清车款，但应减去乙方使用该车产生的合理折旧。

（六）非车辆质量问题发生交通事故而造成损坏的，或无有效发票的，或乙方不是消费者权益保护法所指的消费者，可免除本条上述第3项、第4项规定的甲方责任。

（七）由于人为破坏、使用或保养不当和疏忽造成的质量问题，或者由于装潢、改装不当造成的质量问题，或者到公布、约定以外的修理点进行修理造成的质量问题，由乙方自行承担后果。

（八）本合同签订后，国家如出台有关汽车产品修理更换退货的规定，双方按国家规定执行。

（九）生产厂的保修条款比本合同的约定更有利于乙方的，双方按生产厂的规定执行。

第九条　违约责任

（一）一方迟延交车或迟延支付车款的，应每日按照迟延部分车款　　　％的标准向对方支付违约金。迟延超过十五日的，对方有权解除合同，并要求迟延方赔偿本合同价款的　　　％作为违约金。

（二）在___年___月___日前，甲方交付的汽车不符合说明书中表明的质量标准或本合同约定的标准，乙方有权要求甲方承担无偿修复、补偿损失或减少价款的违约责任。乙方也可以选择解除本合同，甲方应向乙方支付违约金_____元。乙方行使上述约定权利时，所发生的一切费用也由甲方承担。

（三）经国家授权的汽车检验机构鉴定，乙方所购汽车确实存在设计、制造缺陷，甲方可依据国家关于召回的法律法规协助汽车制造商主动召回有问题的车辆；由车辆缺陷所造成的人身和他人财产损害，乙方可向汽车制造商要求赔偿，也可向甲方要求赔偿。如乙方选择向汽车制造商赔偿，甲方有积极协助的义务。若该车有特殊的使用要求时，甲方应该明示告知，否则应承担相应赔偿责任。

（四）甲方不履行售后服务义务时，乙方有权要求甲方双倍赔偿乙方为维修汽车而花费的一切合理费用，包括但不限于维修费、购买汽车配件费、交通费等。

（五）因车身超重、尾气不合格等情况导致乙方无法上牌照，乙方有权退车并要求甲方承担违约金＿＿＿元，违约金不足以弥补乙方损失的，乙方有权追偿。

（六）甲方有其他违约情形时，每有一次，应当向乙方支付违约金＿＿＿元人民币，违约金不足以赔偿乙方损失的，乙方有权追偿。

第十条　不可抗力

（一）任何一方对由于不可抗力造成的部分或全部不能履行本合同不负责任。但迟延履行后发生不可抗力或发生不可抗力后没有采取补救措施和通知义务的，不能免除责任。

（二）遇有不可抗力的一方，应在 3 日内将事件的情况以书面形式（含传真、电子邮件、手机短信等形式）通知另一方，并在事件发生后 10 日内，向另一方提交合同不能履行或部分不能履行或需要延期履行理由的报告。

第十一条　解决争议的方式

合同发生纠纷，甲乙双方应协商解决，也可向有关部门申请调解，协商或者调解不成时约定采取下列第＿＿＿种方式解决：

（一）向＿＿＿＿＿＿＿＿＿＿＿＿＿＿＿仲裁委员会申请仲裁。（二）依法向乙方所在地人民法院起诉。

第十二条　双方特别约定

经双方协商，甲方为乙方：

（一）代办保险□　　（二）代办按揭□　　（三）代办上牌服务□

代办上述服务双方另行签订委托服务协议书。

第十三条　其他

（一）双方地址、电话若有改变，应在变更之日起 3 日内书面通知对方，因一方迟延通知而造成损失的，由过错方承担责任。

（二）本合同的未尽事宜及需变更的事宜，双方应通过订立补充条款或补充协议进行约定。本合同的补充条款、补充协议及附件均为本合同不可分割的部分。

（三）本合同的金额应当同时以大、小写表示，大小写数额应当一致，不一致的，以大写为准。

（四）违约方应当承担守约方为进行仲裁/诉讼而支出的一切合理费用，包括但不限于律师费、仲裁费用/诉讼费用、差旅费。

（五）其他约定条款：

＿＿＿＿＿＿＿＿＿＿＿＿＿＿＿＿＿＿＿＿＿＿＿＿＿＿＿＿＿＿＿＿＿＿＿＿＿＿

第十四条　合同的生效

本合同自双方签字或盖章之日起生效，本合同壹式＿＿＿份，双方各执一份。

甲方(签章)：＿＿＿＿＿＿＿＿＿＿＿＿　　乙方(签章)：＿＿＿＿＿＿＿＿＿＿＿＿

住所：＿＿＿＿＿＿＿＿＿＿＿＿＿＿　　　住所：＿＿＿＿＿＿＿＿＿＿＿＿＿＿

证照种类及号码：＿＿＿＿＿＿＿＿＿　　　证照种类及号码：＿＿＿＿＿＿＿＿＿

代理人：＿＿＿＿＿＿＿＿＿＿＿＿＿　　　代理人：＿＿＿＿＿＿＿＿＿＿＿＿＿

联系电话：＿＿＿＿＿＿＿＿＿＿＿＿　　　联系电话：＿＿＿＿＿＿＿＿＿＿＿＿

签约日期：＿＿＿＿＿＿＿＿＿＿＿＿　　　签约地点：＿＿＿＿＿＿＿＿＿＿＿＿

参 考 文 献

[1] 张国方. 汽车营销. 北京：人民交通出版社，2002.
[2] 李刚. 汽车营销基础与实务. 北京：北京理工大学出版社，2008.
[3] 熊云聪. 市场营销. 武汉：武汉大学出版社，2007.
[4] 张毅. 汽车配件市场营销. 北京：机械工业出版社，2004.
[5] 边伟. 汽车及配件营销. 北京：机械工业出版社，2005.
[6] 威文. 第一流的汽车营销. 北京：机械工业出版社，2004.
[7] 王怡民. 汽车营销技术. 北京：人民交通出版社，2002.
[8] 陈文化，叶志斌. 汽车营销案例教程. 北京：人民交通出版社，2004.
[9] 周伟. 售后服务实用手册. 深圳：海天出版社，2004.
[10] 苏卫国. 市场调查与预测. 武汉：华中科技大学出版社，2004.
[11] 孙路弘. 汽车销售的第一本书. 北京：中国财经出版社，2004.
[12] 孙凤英. 汽车营销学. 北京：机械工业出版社，2004.
[13] 菲利普·科特勒. 市场营销学. 第三版. 北京：华夏出版社，2004.
[14] 甘碧群. 市场营销学. 武汉：武汉大学出版社，2005.
[15] 陈永，陈友新. 定价艺术. 武汉：武汉大学出版社，1999.
[16] 韩亮，吴龙泗，杜建. 现代汽车工业贸易实物. 北京：人民交通出版社，1997.
[17] 王重鸣. 心理学研究方向. 北京：人民教育出版社，2000.
[18] 腾立新. 汽车配件管理与技术. 天津：天津科技出版社，1986.
[19] 栾志强，张红. 汽车营销实务. 北京：清华大学出版社，2005.